澄

心

清

意

澄心文化

阅

读

致

远

不是耻辱

珍珠港事件后的六个月

［美］约翰·托兰 / 著

梁国玉 / 译

浙江文艺出版社

Zhejiang Literature & Art Publishing House

BUT NOT IN SHAME: THE SIX MONTHS AFTER PEARL HARBOR by JOHN TOLAND

Copyright: © 1961 by John Toland. Renewed 1989

This edition arranged with BRANDT & HOCHMAN LITERARY AGENTS, INC.

through BIG APPLE AGENCY, INC., LABUAN, MALAYSIA.

Simplified Chinese edition copyright:

2022 ZHEJIANG LITERATURE AND ART PUBLISHING HOUSE

All rights reserved.

本书中文简体字版版权,浙江文艺出版社独家所有

著作权合同登记图字:11-2015-215号

图书在版编目(CIP)数据

不是耻辱:珍珠港事件后的六个月 / (美)约翰·托
兰著;梁国玉译. —杭州:浙江文艺出版社,2022.1
 ISBN 978-7-5339-6658-4

 Ⅰ.①不… Ⅱ.①约… ②梁… Ⅲ.①日军偷袭
珍珠港(1941)—史料 Ⅳ.①E195.2

中国版本图书馆CIP数据核字(2021)第229920号

责任编辑 邵 劼		**责任校对** 唐 娇	
责任印制 吴春娟		**封面设计** 柏拉图创意机构	
营销编辑 张恩惠		**数字编辑** 姜梦冉 任思宇	

不是耻辱:珍珠港事件后的六个月

[美]约翰·托兰 著 梁国玉 译

出版发行 浙江文艺出版社

地 址 杭州市体育场路347号
邮 编 310006
电 话 0571-85176953(总编办)
 0571-85152727(市场部)
制 版 杭州天一图文制作有限公司
印 刷 浙江新华数码印务有限公司
开 本 710毫米×1000毫米 1/16
字 数 436千字
印 张 31.75
插 页 10
版 次 2022年1月第1版
印 次 2022年1月第1次印刷
书 号 ISBN 978-7-5339-6658-4
审 图 号 GS(2021)5828号
定 价 108.00元

目录
CONTENTS

序章　迅雷不及掩耳

1941 年 11 月 26 日，美国国务卿科德尔·赫尔（Cordell Hull）①向日本发出一份措辞强硬的照会。12 月 6 日，华盛顿当局等待着东京方面的回复。根据回复的情况，美利坚合众国与日本很可能迎来两种结局——或是维持岌岌可危的和平，或是遽然爆发战争。

位于马萨诸塞大道的日本驻美大使馆处于极度紧张的氛围，因为外务大臣东乡茂德②刚刚传来三条指令：

1. 针对美方 11 月 26 日发出的提案，政府经过慎重商酌，最终拟出一份对美备忘录，现附于另行的 902B 号电报。

2. 备忘录篇幅甚长，将分为 14 个部分发送，预计你方或在明日接收完毕。如今实为千钧一发之际，备忘录接收完毕后，请暂时秘而不宣。

3. 至于此份备忘录何时提交给美利坚合众国政府，将另有电报通知。等待通知电报时，请完善文书工作，做好万全准备，以便在指示下

---

① 科德尔·赫尔（1871—1955），美国政治家，第 47 任美国国务卿，1945 年获诺贝尔和平奖。
② 东乡茂德（1882—1950），日本外交官，曾任日本驻德大使、驻苏大使，1941 年 10 月至 1942 年 9 月任东条内阁外务大臣。

达之际立即向美方提交备忘录。

此一攸关国家兴亡之日的到来，早在 1940 年的夏末便埋下了伏笔。那时德国不费吹灰之力便攻下比利时、荷兰与法国，征服英格兰似也指日可待；而在地球的另一端，日本对中国不宣而战，在战争之中难以抽身。世界列强之中，唯有美国与苏联尚保持着和平局面。

美国国内的意见分为两派。以富兰克林·D. 罗斯福（Franklin D. Roosevelt）总统为首的干涉主义派坚信，只有帮助各民主国家击败侵略者，才能保障美国的未来，实现长治久安。总统的意见为两大群体所支撑：一是"不列颠包裹"①组织；二是少数族裔——他们的欧洲亲属落在希特勒与墨索里尼的魔爪之中。

反战团体的规模更为庞大，聚集着各种各样的组织与群体：以查尔斯·林德伯格（Charles Lindbergh）为代表的"美国优先"②组织，参议员博拉（Borah）③，德裔美国人族群，由美国共产党及工党主导的"美国和平动员"④组织，以及美国中西部那些同情英国与中国，却又不希望卷入战争的老派孤立主义者。

9 月 3 日，罗斯福与遭到海上封锁的英国进行交易，用 50 艘老旧驱逐舰交换数个基地。⑤ 孤立主义者大为震怒，称此举不过是总统的一项策略，意在掩人耳目般地将美国拖入战争。9 月 27 日，日本正式加入轴心国集

---

① "不列颠包裹"（Bundles for Britain），美国人道主义组织，由女富豪娜塔莉·威尔斯·拉瑟姆于 1940 年创立，主要向英国运送衣物和医疗用品。

② "美国优先"，美国优先委员会（America First Committee），美国反干涉主义倡议团体，成立于 1940 年 9 月 4 日，解散于 1941 年 12 月 10 日。查尔斯·林德伯格曾是一名飞行员，此时作为社会活动家担任该委员会的发言人。

③ 威廉·博拉（1865—1940），美国政治家，共和党参议员，坚定的孤立主义者，一战时曾与西奥多·罗斯福联手反对威尔逊总统的干涉政策。

④ "美国和平动员"（American Peace Mobilization），美国反战组织，持亲苏联立场。

⑤ 1940 年 9 月 2 日，美国与英国签订驱逐舰换基地协议用 50 艘老旧驱逐舰换取 8 个位于英属北美及西印度群岛殖民地的海军港口及空军机场 99 年使用权。协议于 9 月 3 日正式生效。

团,使得情况进一步恶化。德意日三国签署三方协定,承认"日本在大东亚新秩序建立方面的领导地位",同时把"欧洲新秩序"的建立权托付给希特勒及墨索里尼。三方承诺,若任意一方受到"现时并未参与欧洲战争及中日战争的国家攻击",另外两方须予以援助。

三方协定是一封隐晦的恐吓信,警告美国其很可能会陷入大西洋、太平洋两线作战的危险。然而,恐吓却起到了反作用。许多美国人之前还在孤立主义与干涉主义之间犹豫不决,此时发现侵略者已狼狈为奸,认为美国受到直接威胁,于是被迫站到罗斯福阵营中去了。1941 年 3 月 11 日,罗斯福终于获得足够的支持以通过《租借法》(Lend-Lease Act)①。尽管"不直接参战",此时的美国已致力于向同盟国提供源源不竭的军事支援,成为民主世界的兵工厂。

《租借法》通过的 3 个多月后,6 月 22 日,希特勒突然入侵苏联,包括轴心国盟友在内的世界各国无不大感震惊。美国的孤立主义运动原本就势头不振,因希特勒此举便越发衰败下去。对苏联整体持同情态度的"美国和平动员"组织立即崩解,其成员在一夜之间转而支持干涉主义,甚至比罗斯福更加激进。

日本统治阶层也因希特勒此举而产生骚动。部分人士认为应当立即出兵西伯利亚,却遭到陆军否决。诚然,五年来,日本陆军大多数的关键举措都是在针对日益强盛的共产主义力量,但近卫内阁的陆军大臣东条英机大将认为,出兵西伯利亚风险太大。东条主张将矛头指向东南亚,那里遍地是锡、橡胶与石油,堪称宝库。

希特勒对苏开战初期取得惊人战果,轰动世界;而日本也在 7 月 25 日

---

① 《租借法》,全称《增强美国防御法》。第二次世界大战期间,美国向同法西斯国家作战的盟国借贷或出租武器、弹药、战略原料、粮食和其他物质的法规。

兵不血刃便进驻中南半岛①。此时的世界强国之中，仍保持和平的只剩下美国。7月26日，罗斯福下令冻结日本所有在美资产。那是一着险棋，将两国关系推到战争的边缘。海军作战部长担心会刺激并导致武力冲突，但罗斯福执意如此。此举可谓是一场经济闪电战，谁知还有更厉害的后着——美国宣布对日本实施石油禁运，将日本作战的生命线一刀切断。

此举颇见成效。日本是一个极具活力的国家，7400万人口挤在几座小岛上，总面积甚至比不上美国的加利福尼亚州。此类国家往往面临一个选择：要么扩张领土，要么在困顿中沦为二流。日本当然也不例外，其领导人振振有词：近100年来，西方对东方如何地巧取豪夺，全世界都看在眼里，美国当时也并没有置身事外，怎么事到如今，反要在中国问题上摆出一副超然清高的面孔？

在双方极端分子的刺激下，两国关系迅速恶化。其时，日本驻美大使野村吉三郎②正与赫尔国务卿在华盛顿进行谈判，但日本军部领导人认为达成协议的机会渺茫。军部主张迅速定下与美国开战的确切日期，因为日本的石油储备正在急剧减少。

日本为解决这一问题，9月6日在东京召开御前会议。军令部总长③永野修身④严肃地宣布：“日本在诸多领域皆面临资源短缺，能源方面尤甚。一言以蔽之，日本渐趋衰弱，而敌人却日益强盛。”

---

① 中南半岛，又名印度支那，指亚洲东南部东临南海、西濒印度洋的半岛地区。当时中南半岛大部分是法国殖民地。日方通过德国向法国维希政府施压，于1941年7月下旬兵不血刃便进驻半岛南部。日本在进驻之前曾通知美国，辩称此举纯属自卫，但此阴谋被罗斯福识破，因而遭到下文所述经济制裁等打击。

② 野村吉三郎(1877—1964)，日本海军将领、外交官。1941年任日本驻美大使，战争爆发后遭美国囚禁，1942年8月回国。野村虽为外交官，但在海军服役时军衔为海军大将，因此作者在下文也使用“野村海军大将”的称呼。

③ 日本的军令部总长相当于美国的海军作战部长及其他西方国家的海军参谋长。

④ 永野修身(1880—1947)，日本海军将领，曾任海军大臣、联合舰队司令长官，1941年4月至1944年2月任军令部总长。

枢密院议长原嘉道①是保守派领袖，不无忧虑地指出：今后政策是否将以战争筹备为主，以外交谈判为辅，请大本营②给出一个明确的答复。

陆军与海军皆未能给出明确表态。此时，一贯沉寂无言的裕仁天皇突然开口，对大本营的暧昧态度表示遗憾。在众人的震惊与静默中，裕仁诵读祖父明治天皇所作的一首和歌：

今世四海已为一，何见风波不止息？③

"朕素爱此歌，往往诵之。皇祖贵和之精神，常萦朕心，亦恒愿绍述之。"

漫长的沉默之后，永野起身说道："陛下所言甚是，臣等不胜惶遽。臣谨向陛下保证，大本营视外交谈判为重中之重，付诸武力唯是最后手段而已。"

接着，会议提出并通过《帝国国策施行要领》（*Outline of National Policy*）：日本应继续通过外交手段实现诉求；但是，若谈判无休止地被拖延下去，则应向美英宣战。换句话说，日本左手期盼和平，右手筹备战争，时限就在 1941 年年底。导火索已经点燃，只有外交上的奇迹能够将它扑灭。

野村与赫尔在华盛顿的谈判又持续了 1 个月，其间没能取得任何建设性成果。赫尔坚持要求日本脱离轴心国集团，并从中国撤军。无奈之下，日本政府的温和派提出一种妥协方案，即在数年内从中国逐步撤军，但遭到军国主义分子坚决反对。东条大将是其中的代表人物，他表示："陆军原则上不接受任何妥协。我军在中国战场上牺牲甚众，倘若撤军，士气必将一落

---

①　原嘉道（1867—1944），日本政治家，曾任司法大臣，1940 年 6 月至 1944 年 8 月任枢密院议长。枢密院为天皇的咨询机构。

②　日本太平洋战争期间的"大本营"相当于西方国家的最高司令部，为大日本帝国陆海军最高统帅机关。

③　按日本传统，天皇在御前会议上极少发言，即便发言也不会直接表达意见。此首和歌表面是支持和平、反对战争之意，但裕仁之祖父明治天皇吟唱此首和歌的背景却是在 1904 年日俄战争前夜、日俄两国断绝外交关系的御前会议上。因此，此和歌的真实意图遂成谜，并为日本学界所争论不休。

千丈。"

首相近卫文麿无法控制局势，苦恼之余，在 10 月 12 日召集数名主要内阁大臣来到荻外庄①，举行紧急会议。"一旦与美英开战，您认为有何希望结束战争呢？"近卫向东条问道，并指出美国在资源方面优势明显。

"1904 年与俄国开战时，也没见得有取胜的希望。"东条还是日本中世武士的性格，充满热忱与激情，"身为帝国首相，应当具有从清水寺舞台纵身跃下的勇气才是。"清水寺是京都的一座寺庙，临渊而建。此时，东条是在劝近卫亲王应当勇于冒险。

4 天后，无力掌控局面的近卫选择辞任。10 月 18 日，雷厉风行的新首相——东条英机上台。民族主义情绪高涨，达到前所未有的程度。日本民众开始相信，自己有义务建立一个以道德为准则的新世界。西方世界倡导的个人主义与物质主义所招致的诸多损害，如今必须给予抹除。日本民众一遍又一遍地接受思想灌输：让亚洲重回亚洲人之手，乃是日本人的使命。

2 周后，美国驻日大使约瑟夫·格鲁（Joseph Grew）向赫尔发出警告，称日本处在一触即发的形势之中。格鲁写道，基于民族性格，日本人有可能"举国上下孤注一掷，采取不成功便成仁的举措……诚然，一个理智的国家不会出现此等举动，但日本的理智不能用美国的逻辑标准去衡量……日本接下来很有可能以迅雷不及掩耳之势采取某些行动，迫使美日两国陷入无可避免的武装冲突"。

收到信的 3 周之后，在 11 月 26 日，赫尔给野村海军大将及来栖三郎②递交了一份照会。来栖也是一名外交官，日本不久前派他来协助野村大使，应对这场如履薄冰的谈判。此前东京方面曾发来一封照会，提议称：若美国

---

① 荻外庄，日本政治家近卫文麿的别墅，位于今东京市杉并区，因近卫在此组阁并多次召开重要政治会议而闻名。另，日文转写拉丁字母（罗马音）标准并不统一，本书创作年代在 1961 年，与今日日本国内习用标准多有不一致之处，如不区分长短音等等。文中标注原文时一概不改，唯在原文有误时出注说明。

② 来栖三郎（1886—1954），日本外交官，1940 年德意日三国缔结同盟时任日本驻德大使。1941 年美日交涉时，赴美协助野村吉三郎与赫尔谈判。

解冻日本资产，并提供必要数量的石油，日本便从中南半岛撤军。赫尔此时递交的照会，正是对日本上述提议的回复。

赫尔答复在经济方面做出让步，愿意提供日本实现国家繁荣所需的一切资源，但有一点坚决不肯退让：日本不仅要从中南半岛，而且要从中国撤出全部军队。

读完赫尔的照会，野村与来栖大失所望。"我们把您的答复回报给政府，"来栖说道，"很有可能只会招致一片怒火。"两人与赫尔争论片刻，没能得出结论，来栖有气无力地问道："我方会将您的答复视为最后通牒，只是不知阁下是否考虑过暂行过渡方案？"

"我们已探讨过了。"赫尔答道。

"是因为其他大国有意见吗？"来栖问道。中国和英国向美国施压，强烈要求美国对日采取严正立场，在外交界已是众所周知之事。

"我已尽最大努力探讨过了。"赫尔答道。

会谈终告结束。野村与来栖返回使馆。野村知道，东京方面一定会无视赫尔的要求，将照会视作最后通牒。那也意味着野村本人对美交涉的使命宣告失败。

————

在此等情势之下，1941 年 12 月 6 日，华盛顿当局等待着东京方面对赫尔那封"最后通牒"的回复。

当天下午早些时候，日本大使馆的多数员工都在五月花酒店（Mayflower Hotel）参加午餐会，众人期盼已久的答复开始出现在东京—华盛顿的电报线路之中。与其他日本电文一样，这封采用"紫色密码"①的电报，显然也处在美军情报人员的监控之下。

下午 3 点，在华盛顿的另一处，美国海军情报处通讯安全组（Communications Security Group）的工作人员正在埋头解读电文的内容。

————————

① "紫色密码"（Purple Code），日本太平洋战争时期外务省使用的外交密码，正式名称为"密码机 B 型"。由于此种密码使用紫色封皮的密码本，故被美国方面称为"紫色密码"。

他们的工作内容是解读美军历史上最高级别的机密。4 个月前，一个名叫威廉·F. 弗里德曼（William F. Friedman）的退役陆军中校率领一支陆军密码分析团队，将"紫色密码"成功破译。

第一部分　征服的时刻表

第一章　攀登新高山①

1

位于马萨诸塞大道上的日本大使馆中,东京—华盛顿的电报线路陷入沉寂。长电文的前 13 个部分已传递完毕,但最后一段——第 14 部分,要等到次日,即 12 月 7 日早晨才能抵达。12 月 6 日那天是星期六,时间已接近黄昏,使馆解码人员一合计,要把照会交给赫尔国务卿,再快也得星期一,于是决定暂时停止作业。

解码后的文本由一等秘书奥村胜藏亲自输入。此等重大机密文件,不能交给打字员来处理。手头的部分输入完毕后,奥村打算休息一下,便来到地下室。星期六的下午总是安闲宁静,地下游乐室空空荡荡,只有两名特派记者在打乒乓球,其中一人名叫加藤万寿男,是同盟通信社②的特派记者。加藤见奥村下来,便放下球拍,向他打听客船"龙田丸"的消息。"龙田丸"于

---

① 新高山,指位于中国台湾中部的玉山,最高海拔 3952 米。日本在台湾实行殖民统治时期,由于玉山海拔高过日本最高峰富士山,故被改名为"新高山"。

② 同盟通信社,日本通讯社之一,成立于 1936 年,二战期间作为日本军国主义的宣传机构大肆活动。1945 年日本投降后,在盟军最高司令部的命令下解散。

12月2日离开横滨，预定12月14日抵达洛杉矶。大多数在美日裔团体希望乘坐这班客船返回日本，因为冲突的到来显然避无可避。

"那船到不了美国。我可以跟你赌1美元。"奥村意味深长地说道。

两人握了握手，算是定下赌约。而后加藤前往联合车站附近的一家中餐馆吃过午饭，便返回同盟通信社，准备回办公室。乘坐电梯时，一名INS①记者向加藤搭话："总统给天皇发出和平电文，这事您知道吗？"

加藤以为美国记者在开玩笑，可是没过多久，他便发现那记者所言不虚。加藤忧心忡忡。情况比想象的还要糟糕。他回想起与一等秘书奥村那个奇怪的赌约。媒体一整天都在报道，日军正护送船团前往暹罗湾（Gulf of Siam）；人们认为此举是攻击新加坡的某种信号。

加藤把罗斯福呼吁和平一事用打字机写成快讯，并发送给东京。

————

而在美国海军部，通讯安全组所下的功夫更胜日本使馆人员。到晚上8点30分，东京电文前13个部分的解密与输入皆已完成。安全组组长是一名海军少校，名叫阿尔文·克拉默（Alwin Kramer），他发现此封电文的语气比之前都要强硬，于是意识到事情的严重性——日本极有可能中断谈判。

电文内容必须告知上级，克拉默开始给他们打电话。"我发现一则重要情报，还请您立即过目。"克拉默向海军部长弗兰克·诺克斯（Frank Knox）报告。接着，克拉默分别拨号给海军情报处远东科科长、作战计划处处长、海军情报处处长，以及白宫。最后只有一人联系不到：海军作战部长哈罗德·斯塔克（Harold Stark）海军上将。海军作战部长官邸位于马萨诸塞大道上的天文台环路（Observatory Circle），而斯塔克当时不在官邸。

克拉默把交给总统的电文复印件放入一个邮袋中，并加上锁；给其他官员的复印件则分别用文件夹夹住，再放入另一个上锁的邮袋。晚上9点刚

————

① INS，美国国际新闻社，1909年成立，1958年与合众通讯社（名称缩写为UP）合并，称"合众国际社"（UPI）并延续至今。

过，克拉默离开办公室，由妻子驾车前往白宫。他在院内下车，步行前往白宫旁边一座附属办公楼，把给总统的邮袋交给收发室的当值人员莱斯特·舒尔茨（Lester Schulz）中尉。

舒尔茨拿着邮袋进入白宫大楼，工作人员允许他前往二楼总统书房。罗斯福正坐在桌边，与首席顾问哈里·霍普金斯（Harry Hopkins）交谈。舒尔茨打开邮袋，把夹住的一叠文件交给总统。文件上所写的，正是日本拒绝以 11 月 26 日赫尔照会为基础进行谈判的详细原因。大约 10 分钟后，罗斯福读完，一语不发地将它交给霍普金斯。霍普金斯读完后，罗斯福才开口说道："意思就是宣战。"

在舒尔茨等待的时候，总统与霍普金斯谈到日军的部署。罗斯福提到，当天早些时候他给裕仁天皇发送过一封电报，要求日本从中南半岛撤军。而现在一支武装船团离开了中南半岛，朝着暹罗湾进发。日军究竟在盘算什么？

"开战的主导权握在日本手中。"霍普金斯说，"只恨咱们没法先发制人。"

"对，不能先动手。美国人民热爱和平。"罗斯福抬高嗓音，"但我们交出的答卷一向不错。"总统打算与"贝蒂"通话——贝蒂是斯塔克上将的昵称，便给白宫总机拨号，要求转接给海军作战部长斯塔克。接线员回答说，斯塔克在国家大剧院（National Theatre），可以把电话转接到剧院去。罗斯福扣下电话："我过会儿再联系贝蒂。他要是在剧院被叫走，一定会引起公众恐慌，那样不好。"

总统把文件交还舒尔茨，舒尔茨便退下了。罗斯福面临着总统生涯中最为严峻的挑战。日本对英国、荷兰的海外领土虎视眈眈，美国应该做些什么？又能做到什么？英荷的实力不足以自卫，如果美国不施援手，日本便能开疆拓土建立起一个大帝国，国土从阿留申群岛直到印度。问题是美国民众战争意愿不够强烈。征兵草案 4 个月前虽然通过，但只以一票之差险胜。丘吉尔前不久来问美国何时能参战，罗斯福如此答道："我若在国会上提出宣战，他们可能要先争吵上三个月再说。"

总统深知，美国民众不会为拯救新加坡或爪哇而参战。不仅是新加坡、爪哇，就连澳大利亚也是一样。

————

斯塔克上将紧张忙碌好几个月，此时打算放松一下，便在大剧院观看《学生王子》(*Student Prince*)①。但他对歌剧没留下什么印象，事后回忆时，甚至记不清 12 月 6 日晚上自己究竟在做什么。斯塔克满脑子都是远东地区的危机。早在 11 月 27 日，斯塔克还没读过赫尔的照会，便已确信日本会进行报复性袭击。他在 27 日那天向驻夏威夷及菲律宾的舰队司令发出一则令人震惊的指令：

> 见此电文，当视作战争预警。与日本就太平洋地区局势稳定的谈判已告破裂。预计数日内，日本将发起攻击行动。请完善相应防御部署，以执行 WPL-46(战争计划)中所指定之任务。

斯塔克虽然预计日本会发动袭击，却猜不出其究竟会袭击哪里；在陆军中与斯塔克平起平坐的将军——乔治·马歇尔(George Marshall)②也同样感到困惑。暹罗湾附近的武装船团的目标似乎是新加坡，但也有可能攻击菲律宾，甚至是巴拿马运河。好在夏威夷地区的防御固若金汤，为保护珍珠港基地免遭日军空袭，美军制定出夏威夷陆海两军联防计划。斯塔克对该计划很是满意，将其作为范本传达给各驻地司令官。

接近午夜时分，克拉默依然坐在妻子驾驶的车上，前往阿灵顿

———————————

① 《学生王子》，美籍匈牙利作曲家西格蒙德·龙伯格于 1924 年创作的音乐剧。后来也被改编为电影。

② 乔治·马歇尔(1880—1959)，美国军事家、政治家。1939 年 9 月至 1945 年 11 月任美国陆军参谋长，后历任美国国务卿、国防部长。于 1953 年获诺贝尔和平奖。斯塔克的职位是海军作战部长，相当于陆军中的总参谋长。

（Arlington）去拜访海军情报处处长 T. S. 威尔金森（T. S. Wilkinson）海军少将。威尔金森正在家中招待两名客人，一人是罗斯福总统的海军助理贝尔多（Beardall）海军上校，另一人是陆军情报处处长谢尔曼·迈尔斯（Sherman Miles）少将。三人读完电文后，一致认为日本是在打算终止谈判。

克拉默完成送信的职责后，回到办公室，将剩下的电文复印件锁入保险箱，然后问值班人员，第 14 部分是否已发送。值班人员回答称，没有发现任何疑似第 14 部分的电文。不知疲倦的克拉默听到这话，才安心回家。

当时是 12 月 7 日接近凌晨 1 点，华盛顿的许多高官都还没睡，考虑着日本会在何时发动袭击，又准备袭击何地。然而，不仅仅是斯塔克，包括罗斯福、赫尔、史汀生（Stimson）①、诺克斯、马歇尔在内的所有人，都没有料到目标竟会是珍珠港。

2

那时，夏威夷的当地时间是 12 月 6 日 19 点 30 分左右。与华盛顿一样，人们都在担心不久即将爆发战争。罗斯福给裕仁天皇的那封史无前例的电报成为茶余饭后的一大谈资。《星公报》（Star-Bulletin）②在头版刊登出两则自相矛盾的头条，一条说"日本报界呼吁战争"，另一条说"东京紧急制定新和平提案"。不过，即便战争真正爆发，绝大多数夏威夷民众也毫不担心。《星公报》第 10 版引述某参议员接受美联社记者采访时的回答："美国海军能够在任何时间、任何地点击败日本海军。"所有夏威夷人都对此深信不疑。

---

① 亨利·史汀生（1867—1950），美国政治家，曾任美国战争部长、国务卿，1940 年 6 月至 1945 年 9 月二度出任美国战争部长。

② 《星公报》，全称《檀香山星公报》，由《晚间公报》与《夏威夷之星》两份报纸在 1912 年合并而来。

与马歇尔、斯塔克一样，夏威夷地区的陆海两军司令丝毫未曾担心珍珠港遭到空袭。此前，太平洋舰队司令哈斯本·E. 金梅尔（Husband E. Kimmel）曾收到斯塔克的电文警告；而夏威夷军区陆军司令沃尔特·肖特（Walter Short）也收到来自马歇尔的类似警告。马歇尔的警告语气没有那么强烈，但明确提到日本"随时可能采取敌对行动"。同时，肖特收到陆军情报处的另一则电文：

与日本的和平谈判实质上已破裂。日本或将采取敌对行动。预计将出现破坏性事件。

在肖特看来，电文讲的只是一件事：夏威夷的157905名日裔居民可能会做出破坏性举动。肖特向华盛顿方面报告称，已让陆军进入警戒状态，提防破坏。华盛顿方面没有给予答复，于是肖特认为自己已然做好了万全防备。

此时，肖特正在夏夫特堡（Fort Shafter）的自家露台上，与两名部下举行紧急会议：一人是情报军官肯德尔·菲尔德（Kendall Fielder）中校，另一人是反情报军官乔治·比克内尔（George Bicknell）中校。比克内尔带来一份文件，那是美国联邦调查局对一名夏威夷日裔牙医与东京《读卖新闻》编辑通话的监听记录。《读卖新闻》的编辑打听夏威夷各种各样的事物，不仅咨询飞机、探照灯、天气的情况，甚至还问到花朵。就花朵的问题，牙医答复称：木芙蓉与一品红开得正盛。

三名美军将校大惑不解。花朵是某种暗号吗？如果真是暗号，为什么谈到其他军事目标时丝毫不加掩饰？如果不是暗号，为什么要浪费高额的国际电话费谈论木芙蓉？三人绞尽脑汁想了一个小时，此时将军夫人与菲尔德中校的夫人在车旁已等得不耐烦了。最后，肖特决定先不采取任何行动，等到次日早上再说，然后两对夫妻便一同上车，急忙赶往15英里外的斯科菲尔德兵营军官俱乐部，去参加当晚特别举办的一场义演。

那天,大多数海军高级军官也在享受着平静的夜晚。费尔法克斯·莱里(Fairfax Leary)海军中将在"无钥轩"(House Without a Key)①举行晚宴。金梅尔也受邀出席。尽管绰号"印第安公主"(Poco)的参谋长 W. W. 史密斯(W. W. Smith)②海军中将殷勤劝酒,精力过人、一心工作的金梅尔仍与往常一样神经紧绷。晚上 9 点 30 分,金梅尔喝过一杯鸡尾酒,谈过一些必要的话题,便告辞离去,打算回家睡觉。有传言说,金梅尔与陆军同僚肖特将军水火不容,而实际上,两人已约好次日上午一起打高尔夫球;一般周日早晨,金梅尔只会坐在办公桌前。他知道强大的太平洋舰队是美国远东防御体系的基石,自己肩上的责任很重,因此把妻子留在本土,好让自己专心投入工作当中。

金梅尔与肖特面临着同样的困境:夏威夷不仅是前线基地,同时也是训练基地;如果持续保持警戒状态,人员与物资的消耗都会承受不起。此外,华盛顿方面虽然发来警告,但从未具体表明日军可能会空袭珍珠港,甚至连一丁点儿的暗示都没有。因此,两人决定采取折中方案:金梅尔负责防备潜艇袭击,肖特负责防备日裔间谍的破坏活动。12 月 6 日晚上,斯塔克海军上将颇为得意的陆海两军联防计划实际上并未实施,官兵依然享有和平时期的正常休假权。

次日早晨只有例行巡逻与有限的空中警戒,此外没有安排任何计划;保护珍珠港的陆军、海军防空高射炮阵地也只配备少量人员。日本进一步入侵时最难以逾越的高墙正是太平洋舰队——由停泊于巨大基地中的 94 艘舰船组成,其中包括 8 艘战列舰、9 艘巡洋舰。而那天晚上,除当值人员外,绝大多数乘员都已准备就寝。那是另一个风光秀丽、波澜不惊的热带之夜。

---

① 无钥轩,夏威夷著名酒店哈利库拉尼(Halekulani)的餐厅。有同名侦探小说及电影,描绘夏威夷风光。

② 威廉·沃德·史密斯(1888—1966),美国海军将领,太平洋战争爆发时任太平洋舰队参谋长。其绰号"Poco"是"宝嘉康蒂"(Pocahontas)的缩写,此人是早期皈依基督教的印第安部落酋长之女。史密斯因相貌具有印第安人特征而得此绰号。

当夜，只有陆军机场采取特别防御措施，让飞机整齐地排列在跑道上，以便警戒保护。但实际上，陆军所怀疑的破坏行动纯属臆想。整个夏威夷岛上，只有一名日本间谍，此人名叫吉川猛夫，是个粗鲁、暴躁的年轻海军少尉。日裔社群中大多数人拒绝与吉川合作，只有一名二代日裔少女愿意提供协助，但她最后也没能帮上任何忙。最令吉川惊讶的是，那些日裔自认为是忠诚的美利坚公民。他完全想不通，许多日裔还在佛寺、神社里虔诚敬拜，向帝国军队救援基金慷慨解囊，怎么会自认是美国人呢？

吉川找美军水兵闲聊，同样没能得到有效信息。水兵很健谈，对关键问题却闭口不提。吉川最终获取情报的手段既普通又原始：几乎天天纵穿珍珠城(Pearl City)前往半岛尽头，调查战列舰动向；在一切能下水的海域游泳，观测水下障碍物与潮汐状态；至于杀手锏，则是艺伎。能俯瞰珍珠港的山丘上有一家日式料亭，名叫春潮楼；吉川常坐在酒楼的榻榻米上，在艺伎——有时是名叫标香的少女，有时是名叫鞠蝶①的少女——的簇拥下，观察并绘制港内的舰船配置图。有一次，在艺伎的哀求下，吉川带她们前往瓦胡岛(Oahu)进行空中观光。驾驶员丝毫没有注意到，这个身穿亮色夏威夷衫的年轻男子，虽被几个兴奋的漂亮女孩围绕着，眼睛却在观测气象状况，手上却在拍摄军事机场的照片。

吉川向日本发回信息的工作没有得到外界任何的帮助。有一次，他花钱请一个自称卡拉玛的纳粹特工［此人真名叫作伯纳德·库恩(Bernard Kuehn)］给日本潜艇部队传递信息，断断续续总计支付了 17000 美元。不过，至 12 月 6 日晚，卡拉玛还没将信息传递出去，因此吉川发回东京的消息实际上只花费了 600 美元。这个数额，只是吉川刚到夏威夷时事先拿到的活动经费。

6 日晚上，吉川在檀香山的日本领事馆工作到很晚。他在夏威夷的对外身份是名叫森村正的副领事。当夜稍早时分，吉川曾用外交暗号向东京

---

① 两人名字皆音译。本书凡遇中日人名，尽可能确定其原本汉字，无法确定或本无汉字者则注"音译"。

发出无线电报，称珍珠港上空仍未升起防空气球。此时，他坐在办公桌旁，用铅笔写下另一则消息：

"企业号"与"列克星敦号"两航母不在珍珠港内。

吉川按铃叫来无线电室的密码员，把消息字条交给他，然后来到领事馆庭院，随便散步。远处的珍珠港在明亮的雾霭中若隐若现。听不到巡逻飞机的声音，吉川心里有些焦躁，但还是选择回家。他希望明早能够及时起床收听东京广播电台，如果天气预报的中间与结尾都出现"东风，有雨"的语句，那就说明日美关系处于崩溃的边缘，战争即将到来。

预计将于 12 月 14 日抵达洛杉矶的客船"龙田丸"，此时的位置应是在檀香山附近。然而，客船却突然偏离航线，没有向乘客做出任何解释，便掉头返回日本。

3

单枪匹马的夏威夷间谍发回的消息准确无误。金梅尔麾下的两艘航母确实都不在港内。"列克星敦号"所属的第 12 特遣队正赶往中途岛，执行运送飞机的任务；由"企业号"、3 艘巡洋舰及 9 艘驱逐舰组成的第 8 特遣队则位于夏威夷以西约 500 英里处，正在归航途中。第 8 特遣队由海军中将小威廉·哈尔西（William Halsey, Jr.）指挥（此人在报纸上绰号"公牛"，朋友们则叫他"比尔"），任务是将 12 架"格鲁曼野猫"①及海军战斗机驾驶员运往威克岛（Wake Island）。该任务已于 3 天前完成，但由于天气恶劣，"企业号"航母返航的日程比预计晚了一天。许多船员很是不悦，因为他们错过周六晚上在檀香山的港口里休闲的机会，只能观看一部一战主题的电影《约克

---

① F4F 战斗机，昵称"野猫"，美国格鲁曼公司生产的舰载战斗机，是美国海军及海军陆战队在太平洋战争爆发之初唯一可用的战斗机型。

中士》(*Sergeant York*)①聊作消遣。哈尔西总是告诫船员："任何时候，无论白天黑夜，都要随时做好投入作战的准备。"但大多数船员从未想过一场新的大战就在眼前。

哈尔西本人自然知道战争即将爆发，他在司令舱内静静地等待着。11月28日，哈尔西率特遣队驶离珍珠港那天，金梅尔海军上将特别强调这批飞机对于保卫威克岛的重要性。而且，运送行动必须保证绝密，不能让日军打探到半点风声。

"您的意思是让我做到什么地步？"哈尔西问。

"自己想。"金梅尔答道，"用你的脑子自己想。"

第8特遣队刚一驶离港口，哈尔西便发出第一号作战命令："企业号"进入战斗态势；鱼雷安装弹头；所有飞机装备好鱼雷或炸弹；飞行员一旦发现任何船只或飞机，立即击沉。

哈尔西的作战参谋威廉·伯拉克(William Buracker)海军中校看到命令，惊异地问道："长官，这命令真是您的意思？"

"没错。"

"您听我说，长官，不能凭您自己的意愿就挑起战争。真到了那一步，谁来负责？"

"我来负责。不管什么东西，出现在视野中就直接击沉。先击沉再理论。"

离港那天的夜里，晚餐之后，负责率领12架格鲁曼战机的保罗·普特南(Paul Putnam)海军陆战队少校来找哈尔西。"我知道自己的任务是带飞机去威克，但是到了之后，我该做什么？"普特南所接到的命令，仅仅是率领海军陆战队第211战斗机中队中的半数飞机，乘坐"企业号"航母前往威克岛。此项任务看似一次例行的飞行训练，大多数士兵只携带一条换洗内裤与一把牙刷。

---

① 《约克中士》，上映于1941年的美国传记电影，讲述一战时期美军传奇士兵神枪手艾尔文·约克(Alvin York)的生平。

"普特南,你的任务是在威克岛上临机应变,接受我本人的直接指挥。不必向当地指挥官报备任务。"哈尔西伸出手,"祝航行顺利。"

而到此时,12 月 6 日夜,普特南及其飞行部队已经驻扎在威克岛上,距离东边返航途中的哈尔西 1500 英里。由于国际日期变更线的原因,威克岛上的时间是 12 月 7 日夜。普特南明白威克岛是一座战略地位极其重要的岛屿,而自己手下的 12 架飞机是保卫岛屿唯一的空中力量。问题是,普特南及其麾下一众飞行员,在那些矮胖的"野猫"上只有短短数小时的飞行经验。

除普特南等人外,岛上还有泛美航空公司的 70 名雇员、1146 名普通建筑工人、69 名海军官兵、6 名陆军特派通讯员,以及詹姆斯·德弗罗(James Devereux)少校率领的 388 名海军陆战队官兵。除了少量飞机,岛上的其他防御武器是 6 门 5 英寸口径炮、12 门 3 英寸口径高射炮、数挺机枪与勃朗宁自动步枪,以及大约 400 支步枪。

德弗罗的上级给他的任务是击退"小规模袭击"。当地时间 7 日那天,德弗罗时隔两个月后给士兵放了一天假。众人钓鱼、游泳、赌钱作乐。德弗罗回帐篷时,突然想起去年 1 月接受海外调动时的场景。当时他对兄长阿什顿(Ashton)说,自己可能会被派往"某个鸟不拉屎的小岛"。阿什顿问他去那种地方做什么,德弗罗答道:"你问我,我问谁? 不过嘛,等我回来可能就再也吃不下鱼和米饭了。"

4

此时,马尼拉的时间是 12 月 7 日下午 5 点,晴朗而酷热的白天刚刚结束。与菲律宾其他地区一样,马尼拉驻军也深知战争即将来临,只是具体时间还不清楚。亚洲舰队司令托马斯·哈特(Thomas Hart)海军上将认为任何时间开战都不奇怪。而美国远东军司令道格拉斯·麦克阿瑟将军则希望最好在 1942 年 4 月之后再出现敌对行动。到那时候,本土保证会将一切必备增援派给远东军。因此，当收到报告称，主要轰炸机基地克拉克·菲尔德 (Clark Field)上空连续四晚出现不明飞机踪影时，麦克阿瑟也丝毫没有慌张。

此外，麦克阿瑟也没把洛伦佐·阿尔巴拉德(Lorenzo Alvarado)军士长的警告放在心上。此人从1917年起便在情报部门工作，是个老牌特工。15天前，在里扎尔大道(Rizal Street)的三角斋(Triangulo Studio)中，地下组织"劳工兵团"(Legionarios Del Trabajo)召开一场秘密会议，阿尔巴拉德也参与其中。三角斋的主人是个名叫志木·索伊①的日本人，他告诉与会同伙，日军100艘舰船及大量飞机已在台湾集结，很快便会入侵菲律宾。

那天晚上，哈特海军上将感到前所未有的战争危机。作为亚洲舰队总司令，哈特一连几个月都在警告麾下诸将，战事将近，这也正是整支舰队随时待命的原因。哈特的舰队规模不大——1艘重型巡洋舰、1艘轻型巡洋舰、13艘一战时期的老式驱逐舰，以及29艘潜艇，但准备却很充分：弹药通通上架；鱼雷装好弹头；在马尼拉湾与苏比克湾布下水雷；舰队分散开来，兵力从马尼拉湾一直覆盖到婆罗洲。

此前一天，即当地时间6日，驻扎新加坡的英国远东舰队司令汤姆·菲利普斯(Tom Phillips)海军中将来到马尼拉，与哈特、麦克阿瑟进行会谈。提到那支日军武装船团，三人都表示忧心。部队在中南半岛海岸附近曾观测到那支船队，但它很快又消失在蒙蒙迷雾之中。日军是准备直接攻击马尼拉或新加坡，还是仅仅要登陆暹罗？

麦克阿瑟也同意情况紧急，但他仍然强调，预计到1942年4月，自己将拥有一支训练有素的20万人的大部队，且配有256架轰炸机与195架驱逐机组成的强大空中火力。如此一支强军劲旅，不仅能保菲律宾安然无恙，防卫整个东南太平洋地区也不在话下。

"道格，厉害，真厉害。"哈特插话道，"不过此时此刻的防御怎么办呢？"

---

① 音译。

答案不言自明。麦克阿瑟部队的数量确实不少,但那 13 万人中有 10 万是装备简陋的菲律宾师,仅有几个月的密集队形训练经验。菲律宾师的确热情饱满,乐于作战,甚至对麦克阿瑟颇为崇拜;不过除了敬礼,也派不上用场。他们身上背的是恩菲尔德步枪,然而就连这种"老古董",大多菲律宾士兵也从没射过一发子弹。航空部队的情况更糟。纸面上的数据是麦克阿瑟拥有 277 架飞机,但其中只有 35 架"空中堡垒"和 107 架"P-40"能在现代战争中派上用场。

麦克阿瑟离开后,绰号"拇指"的菲利普斯——此人身材短小,比高 5.5 英尺的拿破仑还矮 1 英寸——向哈特提出一个特别请求:英军舰队打算从新加坡到马来半岛东海岸发动一场主动攻击,以对抗日军舰队的威胁,希望美军派出 4 艘驱逐舰作为护卫;英军有 2 艘主力舰——"反击号"战列巡洋舰和"威尔士亲王号"战列舰,却只有 4 艘驱逐舰护卫,因此需要美军额外增援 4 艘。

哈特答应从自己的老旧驱逐舰中拨出 4 艘护卫英军舰队,并下令把它们停泊在巴厘巴板(Balikpapan)。下午 6 点,众人准备分别时,一名传令官进来,将一份发给菲利普斯的快讯大声朗读出来:新加坡基地派出的侦察机在暹罗海岸附近观测到日军武装船团,航向为 240 度。

"将军,"哈特问道,"您说自己何时飞回新加坡?"

"我打算明早回去。"

"我建议您立即起飞,不然恐怕赶不上开战。"

7 日晚上,在马尼拉大酒店,有 1200 名士兵、没有 1 架飞机的第 27 轰炸大队为路易斯·布雷顿(Lewis Brereton)少将召开欢迎会。布雷顿一个多月之前来到马尼拉,就任麦克阿瑟将军的航空部队司令。许多参加者对晚会印象十分深刻,因为那是"明斯基式娱乐①,搞得非常棒"。然而,主宾布

---

① 明斯基式娱乐,指美国人明斯基四兄弟于 20 世纪第二个十年创立的一种表演形式,以脱衣舞等带有淫秽色彩的表演为主要卖点。1937 年,纽约州政府禁止此类演出,明斯基式娱乐遂走向衰落。

雷顿的脑海中，却尽是战争及航空力量不足的悲惨现实。宴会间，布雷顿与哈特的参谋长威廉·普纳尔（William Purnell）海军少将进行交谈，普纳尔表示："两军交火，也就是几天甚至几个小时之后的事情。"数分钟后，麦克阿瑟的参谋长理查德·萨瑟兰德（Richard Sutherland）准将带来战争部的消息——敌对行动很快就会开始。

布雷顿慌忙给自己的参谋长打电话，指示让所有机场进入战斗状态。值得庆幸的是，大量空军增援力量正在路上。彭萨科拉（Pensacola）运输船队正在南太平洋的海上，预计 1 月 4 日便可抵达；船队由 7 艘运输船组成，载有 52 架俯冲轰炸机、2 个炮兵团以及大量急需的弹药与补给品。除运输船队外，数日之内还会有 30 架"空中堡垒"抵达，那样布雷顿的空中力量便可扩充 1 倍。其中 12 架已从加利福尼亚起飞，预计黎明时分会在夏威夷中途降落。

在位于马尼拉西北 50 海里的克拉克菲尔德基地里，16 架"空中堡垒"排成一列且整装待发，另有 3 架还在机库中进行修理和迷彩涂装作业。一马平川的机场，被几棵树与一片齐腰高的白茅丛围绕着，处处是机堡、避弹坑与堑壕。透过月光看去，实有几分妖异，不似此世之物。

附近的一座木制营房中，隶属第 30 轰炸中队的弗兰克·特拉梅尔（Frank Trammell）中士正在努力摆弄业余无线电台设备，希望与住在加州圣贝纳迪诺的妻子诺玛取得联系。此前一个月，每个周日晚上，弗兰克都能用业余电台联系到诺玛；奇怪的是那天晚上怎么也发不出消息，好像连传播信号的空气也已消失。弗兰克唯一能够联系到的城市是新加坡，但部队禁止与新加坡私自通信。

———

面积 220 平方英里的新加坡岛位于菲律宾西南约 1600 英里处，两者之间的距离及相对方位都与纽约和新奥尔良之间的相似。新加坡通过一条堤道与亚欧大陆最南端的马来半岛相连，是盟军防御体系的基石。一旦新加坡失守，马来半岛必将不保，整个荷属东印度的石油、锡及橡胶资源也不得不拱手让人。

那天夜里，新加坡的天空被交叉闪烁的探照灯映得通明。15 英寸口径的巨炮对着海面，防备着海上袭击。20 年来耗资 6000 万英镑建造的巨型海军基地中，停泊着 2 艘强力舰艇——"反击号"与"威尔士亲王号"。

各军事设施中，都充斥着紧张的兴奋感。行动代号"莱佛士"（Raffles）刚刚传达下去，各级官兵便立即整装完毕，只待一声令下。英军、澳军及荷属东印度的士兵一个个都成竹在胸，因为他们相信新加坡是一座坚不可摧的堡垒。

———

新加坡向东北约 1650 英里，是英国在亚洲的另一座堡垒——香港。香港与新加坡的地理情况相似，也有一座主岛，从中国大陆南端乘坐轮渡，仅有数分钟的路程。7 日星期日的晚上，香港几乎已是临战状态。此前数日，从英国驻日大使馆传来的电报内容都十分平和，不过驻港英军司令 C. M. 莫德庇（C. M. Maltby）依然命令麾下 11319 名官兵进入警戒状态。

午夜时分，巨大的港口已陷入沉寂，只有一些小帆船、戎克船和舢板还在水上行动。港内的气氛与前一夜迥然不同，各商船乘员立即归船的通知传遍各大酒店的吧台与舞厅。对香港而言，日本船团出现在暹罗湾只能意味着一件事情：要出大乱子了。不过香港准备充分，有信心应对挑战。

从华盛顿到香港，人们都明白日本很有可能在数小时内发动攻击。不过在另外的许多地方，"摩拳擦掌"依然只停留在口头，很少有人在实际行动上为残酷的战争做准备。对于日本早已为战争制订好周密详尽计划这一情况，更是无人知晓。

5

早在一星期前，即 12 月 1 日，日本御前会议在东京皇居中名为"东一之间"的房间举行，各军事首脑、政府高官及天皇本人出席。与会者都明白，自己参加的或许是日本有史以来最为重要的会议。首相东条英机为人性情激烈，颇有些神经质，一天至少要抽 50 支烟，喝十几杯咖啡。他站起身来，会场顿时鸦雀无声。

"蒙陛下恩准，今日之会议由本人主持。"东条在发言中称，为协调日美外交关系，政府已做出百般努力，然而 11 月 26 日的赫尔照会却要求日本从中国无条件撤军，显然已成为最后通牒。"若就此屈服，大日本帝国必将威严扫地，为支那事变①所付出的一切都将付诸东流，甚至直接关系到帝国之存亡大计。"东条回顾国际形势，随即斩钉截铁地得出结论："为化解当前危局，延续帝国国祚，向美、英、荷三国开战已成为无可避免的选择。"

大本营代表海军大将永野修身发言称，西方列强正在远东地区集结兵力，发动袭击的最佳时机转瞬即逝；此外，由于德国接连取胜，不必担心苏联方面对我方发动进攻："陆海两军全体将士士气高昂，愿为陛下尽忠，为帝国效力，粉身碎骨，在所不辞。"

在报告了一段有关财政状况及粮食供给的乐观情况之后，原嘉道男爵站起身来。此人是天皇的最高咨询机构枢密院的议长，同时也是保守派领袖，其意见对会议而言十分重要："大日本帝国不能在此退让。一旦退让，1894 年日清战争以来的成果便会丧失殆尽。支那事变至今已过去四年还多，我们未从战场上抽身，便要投入另一场战争，此事诚然令人痛心。然而，鉴于政府已做出百般努力，仍无可能与美国政府取得外交成果……故此，只能同意宣战，别无选择。我们必须对忠贞不贰的帝国将士抱以信任，相信他们无往不利；同时，也要不遗余力地长期维持国内环境的稳定。"

东条向原氏保证，只要美国肯以"合理的条款"进行谈判，哪怕是在开战前最后一刻，日本也会取消战争计划。接着进行表决，没有一票反对。东条

① 1937 年 7 月卢沟桥事变后，日本方面将此事变以"支那事变"（China Incident；支那事变）一词称呼；1941 年 12 月太平洋战争爆发后，将太平洋战场与中国战场两处战事合称为"大东亚战争"（Greater East Asia War；大東亜戦争）。译文凡遇中国相关之表述，皆以"中日开战"等字样处理；但原文直接引用军国主义分子言论时，则保留"支那事变""日清战争"等日方用词，以存其真。

说道:"最后我只讲一句,'大日本帝国,如今正站在兴衰存亡的岔路口'。"

　　除了一言不发的裕仁天皇,其他与会者都在开战议案上签字,当天晚些时候便将其提交给天皇。此前一连三天,天皇都在与几名曾任首相的"国之重臣"会谈,希望尽量避免战争。众人言之凿凿地表示,一旦屈服于美国那"不现实且非正义"的要求,日本将很快沦为二流国家。性情随和的裕仁认为,开战已是国民大众不可扭转的意志,进一步否定开战派的观点便是与国民对立,因此批准了议案。

　　翌日,即 12 月 2 日。下午,大本营海军部收到消息称,天皇已批准开战议案。此时,由包括 6 艘航母在内的 32 艘舰船组成的珍珠港打击部队正在太平洋上,朝着夏威夷航行。下午 5 点 30 分,舰队收到无线电报:攀登新高山(Mt. Nitaka)。此一暗号的意思是:战争开始。

6

　　12 月 7 日凌晨 3 点 30 分,美军数艘扫雷舰与驱逐舰在珍珠港入口处巡逻,却没有发现下方海域中潜藏着 5 艘小型潜艇。5 艘日军小型潜艇每艘载有 2 人,早在午夜时分便从母潜艇出发,朝着海港入口移动。

　　凌晨 3 点 42 分,扫雷舰"神鹰号"(Condor)也在驶向珍珠港。驶至距离入港口 1000 码处,一名哨兵忽然尖叫起来。"神鹰号"险些撞上某个物体,那物体显然在朝着港口行进。

　　"神鹰号"十分紧张,搜索几分钟后,于 3 点 58 分向附近的驱逐舰"华德号"(Ward)打信号,称在西面排雷区域发现可疑物体,疑为一艘潜艇。

　　"华德号"舰长威廉·奥特布里奇(William Outerbridge)海军上尉向全员发出战斗警报。"华德号"是艘老旧的四烟囱驱逐舰,上甲板的所有乘员仔细搜索半个小时,最终却一无所获。4 点 43 分,除当值人员外,其余乘员各自回舱睡觉。"神鹰号"与"华德号"皆未向总部报告此事。

　　横亘珍珠港入口的防鱼雷网于 4 点 47 分开始缓缓张开,11 分钟后完全敞开，接着扫雷舰"交喙鸟号"(Crossbill)便驶入港内。下一个预计进港的是"神鹰号"，操作人员认为短时间内关闭再打开太过麻烦，于是防鱼雷网一直保持敞开状态。"神鹰号"于 5 点 32 分通过，而由于 45 分钟后拖船"基奥索奎号"(Keosanqua)预计离港，操作人员决定依然保持大门开放。

因此，对那 5 艘日军小型潜艇而言，珍珠港的入口处毫无阻碍。小型潜艇只有 79 英寸长，但每艘都能够携带 2 枚全尺寸鱼雷。

———

"神鹰号"进入珍珠港后 13 分钟，太平洋战争阴差阳错地拉开帷幕。根据日本大本营的宏伟计划，本应在上午 8 点对珍珠港进行初次打击，而后接连轰炸新加坡、香港岛、菲律宾、关岛及威克岛。日本的总体计划是 6 个月内征服东南亚，上述行动只是该计划的第一步。

"阴差阳错"是过度紧张的结果。两天前盟军观测到的暹罗湾附近的那批日军大型船团，运送的正是计划征服新加坡所需的部队。该船团的一部分船只预定于马来半岛中途停泊，抵达时间却比预计要早。英军防御部队在哥打巴鲁(Kota Bharu)海滩上偶然发现这批入侵船只，并于新加坡当地时间 0 点 45 分向其发起炮击。太平洋战争就此爆发，具有讽刺意味的是，打响第一枪的却是英国人。

此时是日本时间的 12 月 8 日凌晨 1 点 15 分，乘坐旗舰"长门号"(Nagato)的联合舰队司令长官山本五十六海军大将仍身处濑户内海，不知战争已然打响。山本一直没睡，等待着珍珠港奇袭部队司令南云忠一海军中将的报告。南云所率的 6 艘航母此时正位于目标以北约 250 英里偏东的位置，15 分钟后，即夏威夷当地时间 12 月 7 日上午 6 点整，由 40 架鱼雷轰炸机、51 架俯冲轰炸机、49 架水平轰炸机组成的第一波空袭部队便会起飞；两小时后，第一枚炸弹便会落在美军太平洋舰队头上。

山本（"五十六"是山本出生时其父的年龄）在等待报告时，并未感到焦躁或是不安。此人性格坚毅，精力过人，喜怒不形于色。麾下将校与东京高官都对珍珠港袭击忐忑不安，山本却胸有成竹。整个作战计划都已精心筹备,只要南云遵照指示行动,袭击行动便万无一失。

　　山本本人一向反对与英美开战,因为他认为日本毫无胜算;反开战者的计划被用来挑起战争,不得不说是一种讽刺。反开战提案被否决后,山本曾深思熟虑过,错的是不是自己。经过一番研究,山本得出结论:先发制人,以雷霆一击打垮美军太平洋舰队,是日本取胜的唯一希望。山本认为,此举将会限制住美国在太平洋地区的主要军事力量,从而削弱其战斗意志。

　　山本的计划不仅遭到大本营海军部强烈反对,连他本人的部下也不支持。直到 10 月 20 日山本以辞职相威胁时,珍珠港袭击计划才最终获准。

　　尽管成竹在胸,山本仍然希望"攀登新高山"命令能够在最后关头撤销。"野村大将很有本事,"此前不久,山本还对朋友说道,"或许他有办法挽救日美局势。"然而,随着这天晚上的时间渐渐流逝,山本意识到那是一个无法实现的愿望。

———

　　罗斯福总统向裕仁天皇发出的那份电报,直到此时才交到美国驻日大使约瑟夫·格鲁手上。东京中央电报局在参谋本部某官员指示下,将电文扣押了 10 多个小时。格鲁连忙将电文交给外交大臣东乡茂德。

　　尽管已是深夜,格鲁依然请求东乡入宫面见天皇。东乡答应下来,并读了读电文。电文主要内容是对长久以来日美两国友谊的回顾,同时表示,日本从中南半岛撤军后,不会有其他任何国家入侵该地区。

　　罗斯福的提议并不是新内容,但东乡认为有必要请天皇过目。如果要在最后关头实现和平,就只能分秒必争。当天下午晚些时候,东乡已向驻美大使馆发去答复赫尔"最后通牒"的最后一部分,即第 14 部分;同时指示野村,要在华盛顿时间 12 月 7 日下午 1 点,即对夏威夷发动袭击的 30 分钟前提交全部照会。《海牙第三公约》(*Third Hague Convention*)并没有规定宣战与攻击之间的最短时间,东乡按字面意义遵守公约,认为提前半小时发出宣战布告,日后便可避免美国指责日本"偷袭"。

　　东乡给内大臣木户幸一侯爵拨电话。木户同意东乡入宫面见天皇,但必须先将电报翻译成日文。

7

此时，华盛顿时间是 12 月 7 日星期日的早上。前一晚到处递送文件的克拉默尽管熬到很晚才睡，此日仍然准时上班，早上 7 点 30 分刚过，便出现在海军部办公室的桌前。克拉默得知，众人一直等待的东京照会第 14 部分在凌晨 4 点发出，此时基本已解码完毕。几分钟后，克拉默终于读到电文。消息很短，内容却甚是不祥：

> 鉴于合众国政府之态度，帝国政府不得不认为，纵使继续谈判亦无法达成协议，并为此深表遗憾。特此通告合众国政府。

14 个部分终于凑齐，克拉默将它们放入文件袋，又重新开始四处递送。

此时，马歇尔将军正在弗吉尼亚州的家中吃早饭。前一天夜里，提交给罗斯福及各海军高级将领的前 13 部分照会早已自动分发给陆军，而总参谋长马歇尔却对此一无所知。此事说来也怪，因为马歇尔之外的陆军高级将领都已收到，甚至连马歇尔本人的秘书贝德尔·史密斯（Bedell Smith）上校也没有落下。

无论什么原因，总之马歇尔在不知道总统已收到宣战布告的情况下，读了读报，于 8 点 30 分左右离家，开始周日上午的例行活动——骑马。马匹步伐轻快地朝着一片政府的实验农场驰去，那里是五角大楼的建筑地址。

———

波托马克河（Potomac River）对岸，克拉默依然在为照会电文奔波，直到 10 点 20 分才递送完毕。回到办公室后，另一则已解码的消息在等待着他。那是东乡外交大臣给野村的一则消息，注有"紧急、极其重要"字样，其内容更加令人震惊：

劳请大使于当地时间下午 1 点将复照直接递交美国政府。(如可能,请交予国务卿之手。)

克拉默一边将电文放入文件袋,一边匆忙列出一张时间表。华盛顿时间下午 1 点与暹罗湾的日军大型船团究竟有什么联系? 首先是哥打巴鲁,那里是 12 月 8 日下午 1 点 30 分,对于发动攻击而言不算是重要时刻。然后是夏威夷,那里是上午 7 点 30 分;克拉默曾在珍珠港服役过 2 年,知道那是官兵周日吃早餐的常规时间,十分安静。

克拉默连忙出门,沿着海军部的大曲廊向下走,于 10 点 30 分来到斯塔克海军上将的办公室。斯塔克之前刚在庭院与温室优哉游哉地绕了一圈,此时刚刚回到办公室,正忙着阅读那第 14 部分电文。克拉默在办公室外间等待时,与自己的上级——远东科科长亚瑟·麦克拉姆(Arthur McCollum)谈了两句。克拉默指出,"下午 1 点"对马来半岛及夏威夷而言或许具有重要意义。

好不容易读完冗长的照会,斯塔克接着来看克拉默的"1 点钟电文"。有人建议向各舰队司令发出警报,斯塔克则认为无须如此,11 月 27 日的"战争警告"足以让众人保持警惕。

马萨诸塞大道西北的日本大使馆内,负责接收电报的职员早已适应美式的悠闲周末,接收消息的报告没那么及时。野村此时才读到东乡要求下午 1 点递交备忘录的指示,便连忙致电科德尔·赫尔的办公室,要求下午 1 点进行会面。

不巧的是,赫尔国务卿此日已有午餐会的安排。

野村表示见副国务卿也可以,然后电话断了一下。由于野村不断强调事关重大,赫尔最终答应下午 1 点进行会面。

前一日离开使馆时,野村只读过 14 个部分照会的前几个部分,因此一挂下电话,便让人将全文拿来。谁知解码人员前一日早早下班,此时全文还需两三个小时才能全部解码;这让野村大为恼火。当时已接近 11 点了。

乔治·马歇尔总算接到消息称，办公室收到一批重要文件，于是连忙从弗吉尼亚赶往战争部大楼。11点出头，马歇尔终于读到14个部分照会。他读得很细，甚至反复阅读其中某些章节，好不容易读到最后，才发现"1点钟电文"附在最后。马歇尔心中一惊，显然那才是更为核心、更为关键的信息，先去阅读冗长的电报实在浪费了太多时间。

马歇尔立即致电斯塔克海军上将，两人就"1点钟电文"可能包含的意义交换意见。"把递交照会的时间通知给太平洋地区各舰队司令，如何？"马歇尔建议道。

"我们给过的警告已经不少了。再来一条新消息，恐怕只会让他们心生困惑。"

马歇尔挂掉电话。尽管与斯塔克意见相左，马歇尔依然认为有必要向太平洋地区发出警告，便在一张格线纸上用笔写道：

> 日本拟于东部标准时间今日下午1点递交照会，且已下令立即销毁密码机。该照会等同于最后通牒。此一时间所指为何尚不得知，请务必保持警惕。

电话响起，打来的是斯塔克，声音听来有些焦虑。"乔治，日本大使下午1点约见赫尔，那时间可能真有点蹊跷。你说的有道理，应该给海军也发出警告。"他还建议马歇尔使用海军的通信设施。

"谢了，贝蒂，我感觉陆军的通信已经很快了。"

"那，乔治，你能让各级陆军把消息转给海军吗？"

马歇尔答应下来，在字条上添加一句"转达海军"，并将其标记为"最高级机密"，命人将其发送给旧金山、巴拿马运河、菲律宾及夏威夷。马歇尔十分着急，屡次派手下军官去收发中心打听加密、发信所需的时间，好在答案让人放心：30分钟之内。马歇尔根本没有考虑过使用加密电话，因为加密电话向外拨号使用的是一条普通的商用线路，相比于加密电文保密性更差，一旦电话被窃听，日方便会发觉"紫色密码"已被美军破解。

马歇尔手书的警告消息送往收发中心后，很快便加密完毕，于正午过后不久成功发送至旧金山、巴拿马运河及菲律宾；只有夏威夷无法收到。此时直通夏威夷的无线电线路还有两条，一条属于海军，一条属于美国联邦调查局。但负责电报的官员没有意识到时间的宝贵，最终选择把电报交给西部联合通信公司，甚至没有加上"紧急"的字样。

8

5 天前，金梅尔的无线电情报参谋艾迪·雷顿（Eddie Layton）海军上校报告称，无法把握日军第 1 和第 2 航空战队的位置。两支部队一周之前从单冠湾（Hitokappu Bay）神秘消失，此后一直踪影未现。

金梅尔神情严肃，眼神却熠熠生辉："你的意思是，日军现下就在钻石头山（Diamond Head）周围晃悠，只是咱们没发现？"

"最好还是发现他们，长官。"

然而，直到 12 月 7 日早晨 6 点 30 分，南云的珍珠港袭击部队依然处在隐蔽状态。第一波飞机起飞已经过去半小时，此时距离夏威夷只有 90 分钟的路程。

"华德号"驱逐舰此时还在港口之外，年轻的舰长威廉·奥特布里奇海军上尉被枪炮官奥斯卡·戈普纳（Oscar Goepner）海军上尉从床铺上拽醒。奥特布里奇穿着日本和服，拿着望远镜，在朦胧的曙光之中凝视着左舷舰首的方向。"华德号"正在跟随"心宿二号"（Antares）航行，"心宿二号"正拖着一艘木筏准备入港，而那木筏后面则是一个奇怪的物体。

"长官，我们观察好一会儿了。"戈普纳有些紧张，"那东西应该是在动。"

奥特布里奇越看越觉得那是一艘潜艇的司令塔，显然是在尾随"心宿二号"准备入港。"全员各就各位！"奥特布里奇喊道。此时"心宿二号"也打来信号：右舷后方 1500 码发现一艘小型潜艇！

威廉·特纳（William Turner）海军少尉驾驶着一艘 PBY"卡特琳娜"（Catalina）水上飞机，也发现那艘小型潜艇，但当时天色尚暗，特纳认为那是一艘遇难的美军船只。"华德号"飞速驶向潜艇，特纳以为它是前来救援，便朝潜艇投下两枚烟幕弹以掩护"友军"。

距离潜艇只有 100 码时，"华德号"开始炮击。此时已属近距离平射射程，一号炮没有射中，但紧随其后的三号炮成功命中司令塔。小潜艇开始下沉，"华德号"众炮手欢呼雀跃，奥特布里奇却喊道："丢深水炸弹！""华德号"鸣笛 4 声，4 枚深水炸弹从舰尾依次投下。

驾驶 PBY 水上飞机的特纳海军少尉见"华德号"开炮，随即意识到自己的错误，也投下几枚炸弹。炸弹投下后，特纳又反过来想想：万一击沉的真是美军潜艇怎么办？

"华德号"上的部分乘员也怀疑那潜艇可能是友军，但奥特布里奇坚信自己处置正确，并于 6 点 51 分向第 14 海军区（Fourteenth Naval District）总部发出消息：

> 我舰于海域防卫行动中向潜艇投射深水炸弹。

奥特布里奇想了想，觉得语气不够强烈。他确信潜艇已被击沉。于是，6 点 53 分，奥特布里奇发出第二条消息：

> 我舰于海域防卫行动中遭遇潜艇，已进行炮击并投射深水炸弹。

数分钟后，"华德号"又响起警报：船员在禁区海域发现一艘舢板。奥特布里奇下令追逐，发现舢板上是一名日裔渔夫，正举着白旗。

奥特布里奇立刻报告总部：

> 我舰截获一艘舢板，正将其护送前往檀香山。请通知海岸警卫队

(Coast Guard)派出快艇,与我舰进行交接。

由于电文解码有所延误,奥特布里奇发送的第二条攻击潜艇的电文直到7点12分才传到第14海军区参谋长约翰·厄尔(John Earle)海军上校处。

厄尔找到军区司令C. C. 布洛克(C. C. Bloch)时已是7点15分,经过多人转述,奥特布里奇的语气显得不那么急迫了。

"你怎么看?"布洛克问道。

厄尔对消息的真实性存疑:"船员看错的案例为数不少,不可莽撞行事。"

"正是。"布洛克表示同感。过去几个月里,类似的警报有过10多次,没有一次准确。"让'华德号'再仔细确认,看看到底是不是潜艇。"

没过多久,奥特布里奇那条关于舢板的消息传来,第14海军区便松了一口气。众人一致认为,假如"华德号"攻击的真是潜艇,便决计不会离开岗位前往檀香山。

与此同时,陆军防空警报处(Aircraft Warning Service)收到另一则性质不同的警报。在瓦胡岛最北端的奥帕纳(Opana)雷达站,第515防空警报通讯队的小乔治·E.艾利欧特(George E. Elliott, Jr.)一等兵发现雷达上出现一大片反应。一般来说,雷达应于早晨7点关闭,但艾利欧特刚从空军转勤至此,希望多积累些经验,因此在排长的许可下,由搭档约瑟夫·洛克德(Joseph Lockard)一等兵指导,依旧开着雷达,学习示波器的操作。

雷达出现反应是在7点6分,洛克德一把推开艾利欧特,自己进行操作。两人从未见过如此大面积的反应,看起来是两组大型脉冲。洛克德一开始以为是机器故障,检查一番后,才立刻意识到那是一大批飞机正在航行。

艾利欧特此时已在绘图板上完成定位:北偏东3度,137英里。兴奋的艾利欧特提议给夏夫特基地的防空情报中心打电话汇报,洛克德却不同意,

第一章 攀登新高山

027

因为两人的工作原本只持续到 7 点。

艾利欧特坚持要求先把情况报告过去，防空情报中心自然能判断是否有意义。洛克德执拗不过，只得同意艾利欧特的提议。

"大量飞机从北偏东 3 度的位置逼近！"艾利欧特报告道。

防空情报中心的接线员一等兵约瑟夫·麦克唐纳（Joseph McDonald）尽职尽责地将数据记下，同时也告诉艾利欧特，身边没有别人，自己也不清楚该怎么做。

"那你去找个明白人，让他来看看数据。"艾利欧特态度很坚决，说完便挂掉电话。

麦克唐纳找了找，发现柯米特·泰勒（Kermit Tyler）中尉站在制图桌前，便将数据交给他，问道："长官，您看这情况，咱们是不是得做点什么？"

泰勒本职是个飞行员，只是暂时被派遣至此接受训练，因此对麦克唐纳的报告并不关心，只说那群飞机是友军，要么就是本土派来的"空中堡垒"，要么就是某航母上的舰载机。

麦克唐纳给奥帕纳雷达站回电话，接电话的是洛克德。此时洛克德也与艾利欧特一样兴奋起来，因为雷达反应变得更大且更近，距离瓦胡岛只有90 英里。麦克唐纳把电话交给泰勒中尉，泰勒亲自听洛克德汇报一遍，却仍然坚信飞机是友军。"别担心。"中尉说了一句，便挂了电话。

洛克德听到泰勒的话，便暂时放下心来，准备关闭雷达离开，但艾利欧特却想再练习一会儿。两人继续看着雷达屏幕：7 点 30 分，飞机逼近至 47英里处；7 点 39 分，22 英里。接着，屏幕上的反应突然消失，因为飞机来到一片无法成像的丘陵地带。于是两人便关闭雷达，离开哨所去吃早餐。

此时，珍珠港奇袭部队第一波攻势——183 架飞机已来到瓦胡岛西北海岸。1 分钟后，即 7 点 40 分，空袭部队指挥官渊田美津雄海军中佐①拿出信号手枪，发射一枚信号弹。俯冲轰炸机、水平轰炸机、鱼雷轰炸机迅速在

① 渊田美津雄（1902—1976），日本海军军官，以海军中佐军衔参加对珍珠港奇袭，最终军衔为海军大佐。文中日军军衔按日文译出，如"少校"作"少佐"、"中校"作"中佐"、"上校"作"大佐"等。

空中划出弧线,各就各位,准备攻击。

　　讽刺的是,若非1853年美国海军将领马修·佩里(Matthew Perry)率舰队强行进入东京湾,此时的战争是不会存在的。250年前的日本还在锁国,既不允许出海航行,也不允许外国人入境。佩里则乘着满载种种商品的战舰,自诩为封建日本打开新时代的大门,为那些手执长弓、身披重铠的武士带去文明的奇迹。而此时,即日本开港88年后,武士的后裔带着所谓的文明成果,前来给佩里回礼。

9

　　在东京,东乡外交大臣正在与精力充沛的东条首相讨论着罗斯福的电文及裕仁天皇应如何答复。东乡半开玩笑地说:"深更半夜把各位大人吵醒,真有点不好意思。"

　　"电文这么晚才到,其实是件好事。"东条语含玄机,"若是早上一两天到,事情倒更麻烦了。"

　　东乡赶往宫中,将电报的内容读给内大臣木户侯爵听。

　　"没什么意义吧。"木户说道,"东条有什么看法?"

　　"与您意见相同。"

　　接着,东乡面见天皇并阅读电报,解释称,罗斯福在电文中的提议与之前如出一辙;最后拿出一份由自己与东条草拟的答复:不失礼节地回绝。

　　天皇表示准许。3点15分,东乡向天皇告辞时,心中深感触动。从天皇的表情中,东乡甚至读出一种"友爱天下万民的崇高精神"。

　　在侍从官的指引下,东乡穿过皇居长廊,步出坂下门,举头仰望满天星斗。皇居广场寂静无声,东京已陷入沉梦;乘车离开时,"吱嘎"作响的只有车轮下的碎石。东乡说服自己:再过几分钟,世界历史便要迎来最关键的一日,而日本踏入的岔路,乃是独一无二的"正途"。

第二章　虎……虎……虎……

1

珍珠港位于东西两座山峰之间。周日早晨,山峰附近积云密布,港口基地上空却一片晴朗,能见度很好。空中刮着北风,风速为 10 节。

7 点 45 分,数架民用飞机懒洋洋地盘旋在港口上空。海上没有一艘军舰。18 架飞机已从"企业号"航母出发,预计 1 小时内于福特岛(Ford Island)降落。

陆军航空部队中,只有从加利福尼亚出发增援麦克阿瑟的 12 架"空中堡垒"在附近高空飞行,预计 1 小时内降落于福特岛以南数英里的希卡姆(Hickham)基地。然而,在以瓦胡岛为基地的陆军飞机中,没有一架在执行巡逻任务。希卡姆、贝洛斯(Bellows)、惠勒(Wheeler)三座基地的飞机都处于待命状态,两翼相接排列在机场,以防止间谍进行破坏。伊娃(Ewa)基地的海军陆战队飞机同样如此。

整个夏威夷地区的军用飞机中,只有 7 架 PBY 水上飞机在空中巡逻,位置在西南方向,距离珍珠港很远。防空力量也十分松懈。太平洋舰队在珍珠港内拥有 780 架高射炮,但有四分之三根本无人值守。陆军的 31 个防空炮台中,也只有 4 个正常就位。更致命的是火炮附近没有现成的弹药,由于"火药容易分解积尘",演习过后都会放回仓库。

西北 25 英里处,日军先头部队的飞行员望着下方一片碧绿的静谧景色,不禁心生赞叹。朝阳照拂之下,整片岛屿仿佛还没从美梦中醒来。停泊在珍珠港内的舰船纹丝不动,连烟囱也保持着沉默。

7 点 49 分,乘坐水平轰炸机的渊田中佐用摩斯电码发出攻击信号:"To……To……To……"4 分钟后,渊田来到基地上方,巨大的海军基地在他看来好似一块模型图。完全不出所料,没有战斗机前来迎击,防空火炮一声未响。奇袭顺利得难以置信,就连许多日军也大感意外。

渊田等不及先投炸弹,便急切地发出无线电暗号:"ToRa……ToRa……ToRa……(虎……虎……虎……)"暗号随即传给南云中将及位于日本本土联合舰队总部的"长门号"。"长门号"收到消息,立刻报告给山本。山本一言不发,面无表情。传令军官大声念出那简单的电文时,众将校一齐欢呼,激动的喊声将"长门号"湮没。"虎……虎……虎……"暗号的意思是:"我军奇袭成功。"

此时日军仍未投下炸弹。整个檀香山地区除了接近的飞机声,依然十分安静。在美国无线电公司(RCA)的分局办公室,一个名叫渊上忠雄的日裔邮递员正在分拣手头的少量电报。其中一封只在信封上简单写着"陆军司令"几个字,收件人显然是夏夫特堡的肖特将军。电报上所写的,与将近两个小时前马歇尔将军用铅笔写下的是同一内容。然而,由于信封上没有标明"机密""最高优先",甚至连"急件"字样都没有,渊上便决定先投递其他电报。

与此同时,在瓦胡岛中心附近,日军战斗机与轰炸机朝着毗邻斯科菲尔德兵营的惠勒基地开始俯冲。

第 669 航空军械连(Aviation Ordnance Company)的罗伯特·奥弗斯特里特(Robert Overstreet)少尉住在一座木制的两层单身军官宿舍,此时还在睡梦之中,突然被一声巨响惊醒。起初他以为是地震。旁边一人说道:

"听起来像鬼子的飞机。""鬼子个屁，"另一人说，"是海军在演习。"

突然，宿舍的门打开，老友罗伯特·斯卡沃德中尉探进头来，脸色铁青，嘴唇发抖："应该就是鬼子。"

奥弗斯特里特望向窗外，众多橄榄绿色的飞机在上空盘旋。一架飞机冲入兵营中，距离很近，连飞行员与身后的机枪手都看得清楚。机身与两侧机翼涂有鲜明的红太阳。奥弗斯特里特连忙换好衣服，冲出营房，向部队跑去，途中撞上几名战斗机飞行员。

"一群王八羔子，老子非得上天弄死他们几个。"哈里·布朗（Harry Brown）中尉吼道。另一名飞行员指了指着火的机库与跑道。此时，排成一列的飞机早已陷入火海。

"咱们去哈利瓦（Haliewa）。"布朗说道。哈利瓦是北海岸的一座辅助机场，还有几架 P-40 战斗机与 P-36 战斗机停在那里。布朗带着几名飞行员坐上他的新式福特敞篷车，向北驰去；乔治·韦尔奇（George Welch）中尉则坐上肯尼斯·泰勒（Kenneth Taylor）中尉的车，两人紧随布朗身后。

炸弹纷纷落下，建筑物坍塌，大量人员陷入混乱。奥弗斯特里特奋力穿过人群，前往高级将领居住区。战斗机部队司令霍华德·戴维森（Howard Davidson）准将与惠勒基地司令威廉·弗洛德（William Flood）正站在门前，穿着睡衣，一脸茫然地凝望着天空。

"海军何在！"弗洛德喊道，"战斗机何在！"

"将军！"奥弗斯特里特叫道，"此处危险，不宜久留，敌人飞机上有机枪手。"说罢便往弹药库冲去，却没想到弹药库也燃起了熊熊大火。库内存有 100 万发炮弹，原本预定运往中途岛（Midway Island）。突然，炮弹开始爆炸，就像一排排巨型爆竹被依次点燃一般。

惠勒基地向南 15 英里是珍珠港。在珍珠港再往南一点的希卡姆基地里，两名机械师——杰西·盖恩斯（Jesse Gaines）与泰德·康威（Ted Conway）正朝着排成一列的飞机走去。两人起床格外早，因为那天 B-17 "空中堡垒"预定会从本土飞来，两人很想开开眼界。

7点55分,西边突然出现一队飞机,按V字形驶来,接着散开阵形。康威看后说道:"原来他们还要搞飞行表演啊。"

盖恩斯却注意到,排头一架飞机上有东西掉落了下来。他有点紧张,看那东西像是一个轮子。

"飞机上扔轮子?所以那是鬼子的飞机咯!"康威喊道。

盖恩斯说:"你想什么呢。"话音未落,一枚炸弹突然炸裂,正中机场上的那一排飞机。两人开始朝希卡姆酒店奔去,那是一座三层高的军营。盖恩斯发现一堆汽油罐,便躲在后面观察情况。战斗机上的机枪四处扫射,喷着橙色的火光。突然,盖恩斯感到屁股被踢了一脚。

"没见过你这么蠢的兵,"一名老中士喊道,"油罐都是满的!"盖恩斯慌忙跳起,沿着跑道没命地逃。天上不断落下炸弹,盖恩斯感觉都是在朝自己飞来的,惊恐之下开始慌不择路,东跑两步,西蹿一程。

希卡姆基地往北2英里,珍珠港内正中央的福特岛海军航空基地也遭受到第一枚炸弹。当时三等军械员唐纳德·布里格斯(Donald Briggs)坐在一架PBY水上飞机上,还以为是"企业号"航母的飞机坠毁在基地里。谁知接下来一连十几次爆炸,布里格斯甚至怀疑是天塌了。

日军的袭击计划简单却有效。首先,有计划地摧毁各基地机场,防止美军空中力量进行反击。袭击最开始的几分钟里,海军的卡内奥赫(Kaneohe)、福特岛基地,陆军的惠勒、贝洛斯、希卡姆基地,还有海军陆战队唯一的伊娃基地,全部遭到日军袭击而瘫痪。

第一枚炸弹落下后,珍珠港信号塔便立即电话通知金梅尔司令部。3分钟后,即7点58分,海军少将帕特里克·贝林格(Patrick Bellinger)从福特岛向全世界广播:

> 珍珠港遭遇空袭——并非演习。

紧接着,8点整,金梅尔司令部向华盛顿方面、驻扎菲律宾的哈特海军上将及所有海上舰队发送消息:珍珠港遭遇空袭,并非演习。就在发送消息的当口,港内停泊的战列舰群已遭到日军鱼雷机轰炸。

此时,C. C. 布洛克将军正在海军造船厂(Navy Yard)刮胡须,听到声音,本以为是附近采石场的爆破作业,谁知爆炸声接连不断。"什么声音,我出去看看。"布洛克对妻子说着,快步跑出正门,只见一架燃烧的飞机盘旋在上空。"日军来轰炸了,"布洛克回到屋里,"我得赶紧去办公室。你也赶紧去避难吧。"

希卡姆机场附近有一栋海军宿舍,一等金属技工劳伦斯·查佩尔(Lawrence Chappell)躺在床上,听见飞机在头顶"嗡嗡"作响。

"那是些什么飞机?"查佩尔的妻子指了指窗户,"反潜艇轰炸机的话,不至于这个点儿还在工作吧。"

"可能是掉队了,刚回来。"

"太阳旗! 是太阳旗! 日本人!"妻子叫道。

"说什么梦话。赶紧上来睡觉。"话音刚落,又有一架飞机呼啸而至。查佩尔走到窗前,向外一看,发现一架鱼雷机从极近的距离掠过,连飞行员操纵飞机掉头时的样子都能看得一清二楚。查佩尔连忙穿好衣服,跑到外面。防空火炮接连轰鸣,珍珠港大火连天,浓烟四起。

此时,金梅尔站在宿舍附近的马卡拉帕(Makalapa)小丘上,观察鱼雷机的动向。肖特则站在夏夫特堡附近的自家露台上,望着西边滚滚的浓烟,不清楚珍珠港究竟发生了何事。

这浓烟来自太平洋舰队中心部位——福特岛东侧停泊的 7 艘战列舰。由于珍珠港水深仅为 40 英尺,因此美军并未加设防鱼雷网以抵御空中鱼雷。金梅尔与斯塔克就此事有过多次讨论,甚至咨询过英军的意见,最终一致得出结论:空中鱼雷发挥作用最低需要 75 英尺的水深。

结论如此"一致",着实令人咋舌。因为就在前一年,英军在塔兰托(Taranto)与意军交战时,就尝试过特制空中鱼雷,并大获成功。事实证明,轰炸战列舰的那批日军在改造鱼雷方面,与英军同样聪明。日军特别设计出一种木制尾翼，以便空中鱼雷在浅水区发挥作用。

战列舰群不远处，文书军士 C. O. 莱因斯（C. O. Lines）与几名同伴在"拉马波号"（Ramapo）油轮的乘员舱里，副水兵长格拉夫（Graff）突然下来，大喊道："鬼子在炸珍珠港！"

舱内众人盯着格拉夫，像是在看一个傻子。

"真的，没开玩笑。"格拉夫说。

有人奚落道："别闹，回你的甲板上蹲着去！"

格拉夫平日就爱开玩笑，莱因斯尽管不太相信，但还是爬上甲板，跑去船尾看看。就在此时，一记沉闷的爆炸声传来，莱因斯抬头一看，一架飞机正在朝着"加利福尼亚号"战列舰俯冲。

在那 7 艘战列舰中，"加利福尼亚号"位于最尾部的位置，几乎同时遭到 2 枚鱼雷命中。船身倾斜了 8 度，开始下沉。油桶破裂开来，流入底层甲板。此时炸弹开始落下，船身有 6 处着火，随着油助火势，整艘战舰都被烈火包围。舰长立即传令：全员弃舰。

"加利福尼亚号"前方是两艘并排的战列舰，其中"马里兰号"（Maryland）位于靠近陆地的内侧，鱼雷无法直接命中；外侧的"俄克拉何马号"（Oklahoma）保护着"马里兰号"，1 分钟内连遭 4 枚鱼雷击中。眼见船身向左舷下沉，船上的杰西·肯沃西（Jesse Kenworthy）海军中校下令全员弃舰，聚拢到右舷逃生。肯沃西冷静地爬上船舷，翻过发烫的壁架走到船底。"俄克拉何马号"很快便彻底沉没，只有右舷的螺旋桨露在水面上。400 多人还没来得及逃生，便被困在船内，沉入海底。

再往前的两艘战列舰是"田纳西号"（Tennessee）与"西弗吉尼亚号"（West Virginia）。两者的位置与前一组相仿，"田纳西号"在内侧，鱼雷无法命中。而在"西弗吉尼亚号"的舰桥上，领航员 T. T. 比蒂（T. T. Beattie）海军少校听到舰长默文·本尼翁（Mervyn Bennion）海军上校在痛苦地呻吟。

"我不行了。"舰长嘟囔着，无力地躺在甲板上。一块铁片插入他的腹部，一截肠子露在外面。日军的穿甲炸弹落在船上，连旁边的"田纳西号"也遭到破坏，铁片很可能正是来自那枚炸弹。比蒂帮舰长解开衣领，叫人把船上的军医带来。舰长知道自己大限已至，只是一个劲地问"西弗吉尼亚号"反击的情况。火苗很快蹿上舰桥，船上众人没有办法，只得抓住消防水带弃船逃生。

再前面是"亚利桑那号"（Arizona）战列舰。该舰首当其冲遭到鱼雷袭击，所幸未被击中。紧接着水平轰炸机投下炸弹，有 5 枚命中舰身，其中 1 枚把甲板炸裂，直接落入中层甲板，引发大火。不巧的是，中层甲板处违规贮有约 1600 磅火药，那是爆炸物中最危险的一种。火药遇到炸弹，瞬间爆炸，又将前方火药库中的数百吨无烟炸药引爆。

在那些附近船上的人看来，"亚利桑那号"似乎是在大火与碎片之中，从海面上飞了起来。重达 32600 吨的巨舰顿时炸成两截。熊熊烈火与滚滚黑烟在船骸四周，很难想象会有乘员幸免于难。

排在最前面的是战列舰中最强大的一艘——"内华达号"（Nevada）。该舰左舷舰首遭受一枚鱼雷攻击，后甲板被一枚炸弹命中，舰首沉入海中数英尺。

在福特岛的另一侧，拥有 33 年历史的老牌战舰"犹他号"（Utah）成为鱼雷机主要轰炸目标，甲板建筑已被炸飞，暴露出木制的表层，从上空看去倒像是一艘航母。鱼雷机蜂拥而来，第一枚鱼雷于 8 点 1 分命中。4 分钟后，船身开始以 40 度的倾角向左舷下沉，加之甲板遭到日军战斗机机枪扫射，"犹他号"很快便决定全员弃舰。8 点 12 分，老朽的"犹他号"头朝下沉入水底，只有船底龙骨露出水面。短暂的沉寂之后，一些躲在福特岛上新掘堑壕里的士兵听见船内传来微弱的敲击声。未能及时逃生的乘员被活生生地困在船底。

到 8 点 10 分时，港内只有一艘船还在航行——驱逐舰"赫尔姆号"（Helm）试图冲出重围，以 27 节的速度在水道上疾驶，直奔海港入口而去。

数小时前，入口的防鱼雷网为"神鹰号"开着，此时仍未关闭。入口附近一艘日军小型潜艇准备突袭入港，谁知罗盘出现故障，正像没头苍蝇般乱撞。潜艇指挥官酒卷和男海军少尉下令浮出水面。从潜望镜中,酒卷看到港口升起黑色烟柱,十分激动,立马将副官稻垣清二等兵曹叫来,对他说:"空袭成功啦! 真厉害啊! 瞧那黑烟,敌舰上全是火。咱们也得加把劲啊!"

8点15分,酒卷发现"赫尔姆号"正在驶出港口,距离非常接近,连船上美军的白色制服都看得清楚。酒卷敏锐地判断来者只是艘驱逐舰,因此没有开火。潜艇只有两发鱼雷,必须留着对付更大的战舰。潜艇迅速下沉,再次盲目地找寻港口的方位,不料却撞在礁石上。酒卷立刻后退,重新向前开进,谁知此番竟冲到礁石上方,潜艇的指挥塔露出水面。

8点18分,一阵可怕的爆炸声在耳边响起,酒卷估计潜艇已被敌驱逐舰发现。小潜艇剧烈摇晃,酒卷的脑袋遭到撞击,短暂地陷入昏迷;意识恢复后,只见小舱内到处是白烟,晕眩呕吐感阵阵袭来。酒卷操作潜艇后退,打算从礁石上退下来,谁知竟是纹丝不动。脱困唯有一途:酒卷在狭窄的舱内匍匐前进,强忍疼痛,将船首的11磅压舱物转移到船尾。潜艇终于动了起来,酒卷松了一口气。

海面上,"赫尔姆号"仍在朝着那时浮时沉的小型潜艇射击,然而没有命中。突然,潜艇从珊瑚礁上滑落,重新潜入海中。"赫尔姆号"立刻发出无线电信号:

> 鬼子的小型潜艇试图突入港内。

警报在各舰之间传递,而此时,在福特岛西侧,另一艘小型潜艇徐徐浮上水面。该艇当日早晨便通过防鱼雷网张开的珍珠港入口,一直潜伏在海底等待机会。

浮起没过多久,8点30分,美军"布利斯号"(Breese)驱逐舰便发现潜艇司令塔,立刻招呼数艘战舰一同开火。小潜艇将两发鱼雷发射出去,一枚击中码头,另一枚在海岸爆炸。"莫纳汉号"(Monaghan)驱逐舰随即朝潜艇猛撞过去,并在潜艇沉没时连发数枚深水炸弹,将其成功消灭在海底。

此时，空袭已告一段落。金梅尔的参谋长"印第安公主"史密斯得知袭击消息时，还在皇家夏威夷酒店（Royal Hawaiian Hotel）附近的公寓里刮胡子；此时已坐在车上，赶赴潜艇基地。在金梅尔司令部外面，史密斯看到一批海军陆战队士兵用步枪朝着空无一物的天空开火。

舰队司令部内，金梅尔正在与作战司令威廉·佩伊（William Pye）海军中将交谈，并未显得十分慌乱。佩伊刚从旗舰"加利福尼亚号"逃脱，浑身沾满汽油，但与金梅尔同样镇定。史密斯费尽口舌，好不容易说服佩伊与金梅尔分别前往不同的房间，以防一枚炸弹同时炸死两名司令。

数分钟后，8点40分，入侵者的身影再度出现在珍珠港上空。南云的第二波攻势由80架俯冲轰炸机、54架水平轰炸机及36架战斗机组成，从东边和南边来袭，目标是战列舰群及第8艘战列舰——"宾夕法尼亚号"（Pennsylvania）所停泊的1号干船坞（Drydock No. 1）。很快，先头部队的18架俯冲轰炸机从东南方冲米，加入袭击战列舰群的行列。

此时，"内华达号"正试图从燃烧着的"亚利桑那号"旁边缓缓驶过，炮手用身体挡住弹药堆，防止其接触到热浪带来的高温。数分钟后，身中一枚鱼雷的"内华达号"成功驶过"亚利桑那号"，来到沉没的"俄克拉何马号"旁边。露出海面的沉船侧边上还有几名幸存者，看到"内华达号"成功脱困，无不站起身来欢呼鼓舞。

然而，日军飞机已盯上"内华达号"，正在计算射程，并迅速朝战舰投射炸弹，共有6枚击中。舰桥与前部构件燃起大火，"内华达号"连忙左转，凭借两艘拖船的帮助，搁浅在1号干船坞附近的海滩。

正在空袭最激烈的当口，从本土加利福尼亚出发的12架"空中堡垒"分作两个中队抵达此处。指挥第一个中队6架飞机的泰德·兰敦（Ted Landon）上尉见瓦胡岛上空乱作一团，满腹狐疑地飞往希卡姆机场。最终，4架飞机安全着陆；1架飞机遭地面部队射击，断成两截；最后1架飞机掉头向北，在贝洛斯机场紧急迫降。

第二个中队接近威基基（Waikiki）海滩时，指挥官理查德·卡迈克尔

(Richard Carmichael)上尉正在给吉姆·特瓦德尔(Jim Twaddell)上尉指点当地景色。发现前方飞机时,卡迈克尔本以为是海军在演习,直到看见希卡姆机场冒出火焰,才明白那是空袭,于是立刻联系司令塔,请求降落。

"从西往东着陆。"戈登·布雷克(Gordon Blake)少校发出指示,"千万小心,机场正遭受空袭。"

卡迈克尔刚放下机轮,停泊在珍珠港内的战舰便纷纷发射防空炮火。上尉只得迅速掉头向北,打算前往惠勒机场,谁知惠勒机场同样遭受重创。俯冲轰炸机朝着排成一列的飞机投下炸弹,机库与营房惨遭火焰吞噬。

"空中堡垒"绕着柯欧劳山脉(Koola Mountain Range)飞行。剩余燃料只能支撑约 30 分钟,找到降落地点已迫在眉睫。一开始,卡迈克尔打算前往靠近海岸线的贝洛斯机场,但他发现卡内奥赫海军航空基地也遭到袭击。忽然,上尉灵光一现,想起还有一座 P-40 战斗机使用的草皮机场——哈利瓦可以用来降落,便迅速向北飞去,数分钟后抵达那座矮小的战斗机机场。跑道只有 1200 英尺,"空中堡垒"滑行停止时,已逼近跑道的尽头。该中队的 6 架飞机全部安全着陆:2 架在哈利瓦,1 架在卡努卡(Kanuka)高尔夫球场,另外 3 架在希卡姆。

希卡姆机场的停机处,第 11 轰炸机中队的威廉·韦尔奇(William Welch)少尉与另外几名年轻飞行员正在争论最后一架完好无损的轰炸机该由谁驾驶。此时,一枚炸弹落在 50 码外,众人迅速趴伏在地,不敢起身。

"咱们先横穿机场,去对面吧。"一名老练的中士提议。韦尔奇正愁无所事事,便跟在中士后面,来到一块降落区域,谁知 3 架零式战斗机恰好从头顶飞过,紧贴着树梢用机枪进行扫射。子弹从众人头顶掠过,年轻飞行员们目瞪口呆地望着天空。韦尔奇转过身去,掏出 45 式手枪朝最后一架飞机开火。除了这一枪,韦尔奇那天再没找到任何机会开枪。

正在此时,来自本土的数架"空中堡垒"开始着陆。韦尔奇跑过去,示意让他们散开。从第一架飞机上走下来两名衣冠楚楚的上尉,脸上满是讶异之色。韦尔奇说:"请立即填满弹药,准备起飞。"

两名上尉呆立原地，并告诉韦尔奇，飞机并未做好战斗准备。机枪里涂满防腐油，清理出来需要数个小时。

令人震惊的事情同样也发生在惠勒。第二波空袭到来时，人们还处在第一波空袭的混乱之中。奥弗斯特里特少尉想拿一批步枪和手枪，却遭到基地军械处一名中士的阻拦，两人争执不休。

"没有书面许可的情况下，我不能为您提供武器。"中士一脸不情愿地说道。附近接二连三地落下炸弹。

"蠢货，已经开战了！"奥弗斯特里特吼道。最终他总算拿到了枪支。

在福特岛机场的海军士兵同样十分窝火。海军所有战斗机不是已被炸毁，便是无法起飞，一架都没能上天作战。海军少尉埃尔伯特·卡因（Elbert Cain）等 6 名飞行员毫无用武之地，只得躲在棕榈树后，用手枪向敌机开火。

当天上午，只有陆军飞机中的约 30 架成功起飞，面对倾泻如雨的炸弹和鱼雷，完全无能为力。据说，其中两名飞行员——肯尼斯·泰勒、乔治·韦尔奇与 11 架日本飞机战斗，并击落其中 7 架。

上午 10 点，烟雾缭绕的港口上空突然安静下来，第二波攻击已告结束。燃烧的汽油味道刺鼻，战列舰群一片混乱。"亚利桑那号""俄克拉何马号""加利福尼亚号"沉没在泊位上；"西弗吉尼亚号"尚未完全沉没，但舰体着火，已无药可救；"内华达号"在海岸搁浅；另外 3 艘——"马里兰号""田纳西号"，以及停泊在干船坞内的"宾夕法尼亚号"，分别受到不同程度的损伤。

不远处的檀香山，日本海军唯一的间谍吉川猛夫正在吃早餐，蓦地听见窗户"嘎嘎"作响，几张挂画掉在地上。接着，珍珠港方向传来巨大的爆炸声。吉川穿着拖鞋跑到外面，看到总领事喜多长雄站在官邸前。两人面面相觑，一语未发。领事馆其他官员冲进院子里，个个茫然不知所措。

喜多与吉川走进屋内，打开东京广播电台。天气预报中，"东风，有雨"重复了两次。日美已经开战！两人激动万分，冲进总领事办公室，将密码本与机密文件付之一炬。早晨 8 点 30 分，警察赶来领事馆时，除尚未绘制完成的珍珠港草图外，没有留下任何证据。

　　随警察之后而来的是联邦调查局的特工。吉川明白自己的任务已经结束，自言自语道："该与青春永别啦。"吉川的间谍工作十分到位，珍珠港的滚滚浓烟，很大程度上归功于他用 600 美元搜集到的情报。

　　檀香山市的市民并未恐慌。市内有多处爆炸，不过不是来自日军，而是美军的流弹。大多数市民完全不清楚数英里之外发生了何事。第二波袭击之后，檀香山市内才发布广播称"瓦胡岛发生零星空袭"，不过大多数市民都将"零星"一词理解为空袭演习。

　　对檀香山市民而言，那天与平常的周日并无不同。数英里外空袭最严重的时候，市内还有几名夏威夷女孩身着民族服装，臂上缠着花环，来到泛美公司码头向乘坐飞剪船(Clipper)离去的乘客高喊"阿罗哈"①。当她们得知此一传统活动早已结束很久时，便露出疑惑的神情悻悻而去。

2

　　金梅尔的"并非演习"广播发出后，便被旧金山的马雷岛海军造船厂(Mare Island Navy Yard)接收，随即转播给华盛顿。

　　海军部长弗兰克·诺克斯在宪法大道(Constitution Avenue)上的海军部办公。正午已过去好些时候，诺克斯饥肠辘辘，正准备叫餐时，斯塔克海军上将推门而入，带来了金梅尔的消息。

　　"不不不，"诺克斯说道，"肯定是搞错了！绝对是菲律宾。"

　　斯塔克严肃地表示，确是珍珠港无误。诺克斯立即拿起直通电话拨给白宫，告诉接线员转给总统。当时是下午 1 点 47 分，罗斯福正在椭圆形办公室(Oval Room)②与哈里·霍普金斯共进午餐。总统接起电话，诺克斯将金梅尔的消息念了出来。

———————————

① 阿罗哈(Aloha)，夏威夷语，一般用作致意及道别，与"Hello""Goodbye"意思相近。

② 椭圆形办公室，美国总统的正式办公室，位于白宫西厢。

罗斯福与霍普金斯都感到难以置信。日本岂会挑选檀香山下手？总统在电话里谈了谈自己为避免战争而做出的努力，随即冷静下来，说道："倘若报告属实，那局势便超出我的掌控了。"

下午2点5分，罗斯福拨电话给赫尔，要求他接见野村与来栖；同时嘱咐赫尔，不要让两人发觉他已得知珍珠港消息，要与往日一样，态度冷淡地将两人送走。

接着，总统又打电话给战争部长史汀生。"你已经听说了吗？"罗斯福激动地问。

"哦，您说日军在暹罗湾进军的事情？我看过电报。"

"不不，不是暹罗湾，是夏威夷！日军正在轰炸珍珠港！"

过了一会儿，罗斯福又接见时任中国驻美大使胡适博士，建议大使向重庆方面拍一封电报。珍珠港事件既已发生，美国自然而然成为中国强有力的盟友，但罗斯福不希望国民政府喜形于色。

获得总统批准后，斯塔克回到海军部，向太平洋地区及巴拿马的全体舰队指挥官发出指示：

对日展开无限制空战及潜艇战。

隔着斯塔克几扇门的另一间办公室，诺克斯正在与布洛克将军通话。布洛克一边看着窗外，一边描述受损害状况，冷静的态度让诺克斯深感佩服。布洛克表示，损失的确很大，但所幸没有进一步扩大。"俄克拉何马号"与"亚利桑那号"彻底完了，不过"宾夕法尼亚号"与"田纳西号"只是小伤；"加利福尼亚号"嘛，打捞起来也不会太费力。万幸的是，海军造船厂与储油库没事。

诺克斯挂掉电话，立刻赶往白宫传达消息。罗斯福正在召开内阁临时会议，商讨次日国会演讲的内容。

华盛顿时间下午2点20分，距离第一枚炸弹落在夏威夷已过去一个小时,野村大使与外交特使来栖三郎坐在国务卿办公室外间,等待着赫尔接见。原来,电文的解码与键入工作迟滞不顺,两人带着 14 个部分的照会来见国务卿时,已是 20 分钟前的下午 2 点了。

野村曾在 1932 年上海的一场阅兵仪式中遭受炸弹袭击,右眼失明。① 此时,独眼的野村感到十分尴尬:照会不仅未能准时送达,还因键入仓促而存在少量印刷错误。一等秘书奥村本想重新打印一份,而野村早已等不及,一把将文件夺走。实际上,野村也没有时间仔细阅读照会内容,但只是瞥上一眼,他便明白,与赫尔的谈判显然已走到尽头。

下午 2 点 21 分,野村与来栖终于走进赫尔的办公室。"根据外务省的指示,我本应在下午 1 点将此答复交给您。"野村递出照会,并致以歉意。

赫尔眉头紧蹙,神情严肃:"为什么是下午 1 点?"

"我也不清楚。"野村老实承认,心里则纳闷,不过是迟到一个小时,老朋友赫尔何至于如此不悦。

赫尔突然抓过照会,既不看上一眼,也不解释发怒的原因,只是吼道:"过去九个月里,我从未口出半句不实之词;过去的人生当中,我从未见过如此虚伪诡诈的文书!"

两名日本外交官挨着当头一棒,摸不着头脑,黯然离去。回到大使馆,奥村报告说:"珍珠港已遭我军空袭!"大使才弄清事情的始末。

直到此时,美国民众才得知袭击的消息。下午 2 点 26 分,WOR 广播电台②在播放纽约巨人队与布鲁克林道奇队(Giant-Dodger)的美式足球比赛实况时,插播第一则珍珠港遭袭击的新闻快讯。当时,比赛进行到第二小节,道奇队面对东部地区冠军巨人队,首度得分,正准备开球继续比赛;两队所在的波洛体育场(Polo Grounds)现场倒没有广播任何战争的消息。然

---

① 指 1932 年 4 月 29 日上海虹口公园爆炸事件。韩国流亡政府志士尹奉吉在天长节庆祝活动中投掷炸弹,炸死、炸伤多名日本驻华将领及官员,野村即其中之一。

② WOR 广播电台,位于美国纽约市的一家广播电台,成立于 1922 年。"WOR"为该广播电台的呼号。

而，没过多久，喇叭里便响起广播声，要求威廉·J. 多诺万（William J. Donovan）上校立即联系华盛顿方面，引起场内一阵骚动。

下午 3 点整，哥伦比亚广播电台（CBS）播出纽约爱乐乐团（New York Philharmonic）的音乐会之前，珍珠港的消息已传到大多数美国民众耳中。在华盛顿，海军部航海局（Bureau of Navigation）局长切斯特·尼米兹（Chester Nimitz）①海军少将正坐下身来，准备欣赏阿图尔·罗津斯基（Artur Rodzinski）②的音乐会。谁知消息突然传来，尼米兹一跃而起，迅速与副官沙弗罗斯（Shafroth）海军上校一同赶往海军部。

不远处，同盟通讯社特派记者加藤万寿男正乘出租车前往殡仪馆，参加驻美大使馆武官新庄健吉（Kenkichi Shijo）③的葬礼。此人数日前因肺炎去世。

"去他娘的小日本，"珍珠港消息从广播中传出，出租车司机骂道，"不把日本杂种狠狠弄死，绝不能算完。"

对大部分美国民众而言，来自珍珠港的消息的确出人意料，不过并没有造成激进事件或引起恐慌；唯一的变化，只是走在街头巷尾的外国人，会用一种警觉的目光彼此打量。国难当头，个人问题变得微不足道；干预主义者与"美国优先"派的争执，开始变得毫无意义。几乎没有例外，1.3 亿美国公民立时做出选择：接受全面战争。

3

此时英国已是周日晚上，首相温斯顿·丘吉尔正在乡间别墅契克斯

---

① 切斯特·尼米兹（1885—1966），美国海军将领。太平洋战争爆发后，晋升海军上将，任美国太平洋舰队总司令。

② 阿图尔·罗津斯基（1892—1958），波兰裔美国指挥家。文中所述时点正以客座指挥的身份率领纽约爱乐乐团进行演出。

③ 新庄健吉（1897—1941），日本陆军军官。1941 年 1 月受参谋本部之命赴美，以驻外武官身份为掩护进行谍报活动，却因急性肺炎病故。原文拼写错误，当作"Kenkichi Shinjō"。

(Chequers)摆弄着哈里·霍普金斯送给他的便携式无线电台,打算收听晚上9点钟的新闻。丘吉尔对珍珠港事件依然一无所知,甚至连更早些时候马来半岛的战斗也未曾耳闻。英国广播公司的播音员不紧不慢地讲述着俄国战线及利比亚战场的情况,然后提到日军对夏威夷发动袭击。

当时,埃弗里尔·哈里曼与美国驻英大使约翰·怀南特正在丘吉尔处做客,听到广播中的消息,当即惊得身体僵直。

"广播说得没错。"丘吉尔的管家索耶(Sawyer)说道,"刚刚在外面,我也听说了,日军对美发动袭击。"

一阵沉默过后,丘吉尔大步走到办公房间,拿起电话,要求与罗斯福总统通话。前不久,首相曾承诺过,"一旦局势有变,会立刻对日宣战",因此怀南特以为首相打电话是要宣战,忙劝阻道:"您可悠着点儿,别拿无线电广播来宣战啊!"

"那么该怎么办?"

"我先跟总统通话,向他确认一下事实。"

"那你先打,打完别挂,我也要说两句。"

片刻之后,怀南特与罗斯福成功通话。"我有一个朋友想跟您谈两句,"怀南特故弄玄虚地说,"您一听声音,就知道是谁了。"

丘吉尔接过电话:"总统先生,日本这事到底是怎么样的?"

"就是公布的这样,"罗斯福说,"日本对珍珠港下手。现在咱们在一条船上了。"

"这下倒省了不少事。愿上帝保佑贵国。"丘吉尔难掩狂喜之情。美国加入盟军,英国已胜券在握。英联邦与大英帝国终于走出崩溃的悬崖!首相想起爱德华·格雷(Edward Gray)30年前的一席话:美国是一座巨大的锅炉,"一旦点火,其功率没有极限"。

丘吉尔心满意足,那晚他睡得很香。

4

朝阳从东京升起。从珍珠港返回航母的飞机发出的战果报告，直接传达给大本营海军部，引起一阵欢呼。无论多么谨小慎微之人，此时也能够看出，美军太平洋舰队已被击垮，而已在返航途中的南云部队甚至没有遭受反击；美军方向判断错误，正在向南搜寻。山本那异想天开、备受争议的计划所取得的战果，远超所有人之意料。如今盟军在太平洋地区陷入瘫痪，日军便可加快脚步征服东南亚。

下一步计划，便是摧毁敌军在菲律宾的空中力量。

第一枚炸弹落在珍珠港约 4 小时后，美国无线电公司的邮递员渊上忠雄驾着"印第安侦察兵"（Indian Scout）摩托车，终于穿过夏夫特堡的大门。空袭开始之后，可想而知，渊上的行动也受到阻碍。马歇尔让肖特注意的那封电文，直到此时才成功送达；而忙乱之中的夏夫特堡，无人会关心一则来自华盛顿的消息。因此，直到下午 3 点，解码后的电文才送到肖特将军手中。

肖特读罢，愤恨地将这迟来 7 个小时的警告电文丢进废纸篓。

在一系列的偶然错误、阴差阳错与机缘巧合之下，觊觎西南太平洋的日军最大的威胁——美军太平洋舰队就此毁灭。18 艘舰船或沉没或严重损坏；188 架飞机毁坏，159 架飞机受损；2403 名美军死亡。

日军付出的成本则轻微得多。29 架飞机及 5 艘小型潜艇毁坏；55 名飞行员战死；9 名潜艇兵被俘，其中一人是酒卷和男海军少尉。

无论多少年过去，造成珍珠港灾难的原因永远会是人们争论不休的话题。除却政治因素，原因其实十分简单：美军最高司令部从未想过日本能够组建一支独立的航母打击力量，更没想过日本居然会"愚蠢到"攻击珍珠港。

往更深层的意义上讲，责任需要每一个美国人来承担。包括珍珠港在内的许多军事层面的重大失败，其根源都是民族性格的软弱。直到残酷的战争真正爆发,美国人才肯去面对 20 世纪世界在政治、经济方面的种种现实。

此时,美国人民面临着前所未有的重大挑战。突如其来的灾难过后,美国将如何应对一场耗资不菲的漫长战争?

第三章 "克拉克上空发现敌机"

1

珍珠港废墟上空最后一架敌机转身飞去时,新加坡也遭到另一支日军部队的空袭。一个半小时后,菲律宾与关岛遭到轻微轰炸。接着,香港机场遭到袭击,本就微弱的空中力量惨遭歼灭。

值得惊讶的是,空袭过后两个小时,极具战略意义的威克岛环礁依然平安无事。接近正午时分,由于菲律宾与美国本土之间的直接通讯发生故障,陆军通讯分遣队的无线电通讯车中的詹姆斯·雷克斯(James Rex)中士为转发通讯忙得昏天黑地。在那之前,整整一上午,雷克斯都在把珍珠港的消息传递给澳大利亚及新几内亚,但两地的接线员都认为他是在开玩笑,最终雷克斯只能选择放弃。

皮尔岛(Peale)是一座小岛,位于威克岛主岛西北;岛上建有泛美航空的基地,一架飞剪机(Clipper)①上的行李正被卸下,乘客也纷纷下机。拂晓时分,该机本已出发飞往关岛,然而机长约翰·H. 汉弥尔顿(John H.

_____

① 飞剪机,美国泛美世界航空公司于20世纪30年代推出的一种能够进行洲际飞行的飞机,名称来源于19世纪的高速帆船——飞剪船。

Hamilton)在途中听到交战消息,便返回皮尔岛基地。汉弥尔顿准备已做得差不多,自告奋勇希望驾机巡逻,便给海军陆战队第211飞行中队的保罗·普特南少校打电话。少校此时在主岛简易机场边缘的一座帐篷里,两人相距约5英里。

普特南挂掉电话后,走出帐篷,望着3000英尺长的狭窄跑道,跑道上空无一物。8架飞机以50码为间隔分散排列;另外6架正在暖机,其中2架准备上天护卫飞剪机,4架准备与飞剪机换班进行巡逻。尽管空中监视从黎明起就从未间断过,普特南依然忧心忡忡。最近一段时间,威克岛收到过许多设备,甚至包括一台垃圾车,然而偏偏没有防空监听设备,比如雷达。

11点58分,普特南偶然一瞥,发现南边低空阴云密布,一批飞机为避开云层,以1500英尺的低空飞行,悄然无声地朝威克岛扑来。

"轰炸机来袭,全员避难!"普特南吼道。眼见那34架中型轰炸机飞来时,地上大部分人都呆住好几秒,之后才有人做出反应,跑向最近的避弹坑。普特南附近没有避弹坑,但离海角只有100码,他便趁着第一枚碎片炸弹落下之前,拼命向海角跑去。读高中时,普特南跑100码曾取得过10秒2的好成绩;而此时,他有自信在10秒内跑完。余光一扫,普特南发现每架飞机投下大约12枚炸弹;此时机枪声在身后响起,他却还没有跑到海角,于是纵身一跃,头朝下滑入一个粪坑之中,双脚露在外边晃个不停。尽管双手和口鼻沾满污秽,普特南还是感到庆幸不已。

袭击只持续短短5分钟,大多数敌机便扬长而去,不过其中10架又中途返回,朝泛美航空基地扫射一番。酒店惨遭破坏,数栋建筑被彻底炸毁,10名关岛原住民员工死亡。

威克岛上的机场已是人间炼狱。停泊飞机中的7架燃起大火,2个12500加仑的汽油箱也处在烈焰之中,遍地是残缺不全的尸体,伤者在痛苦地呻吟。普特南本人后背被机枪刮伤,还出现短暂的脑震荡症状,但他拒绝接受应急治疗,只想尽快投入重整秩序的工作当中。第211飞行中队陷入瘫痪,士兵死伤比例高达一半,用来保护威克岛的飞机也只剩下4架完好无损。

皮尔岛上，飞剪机也受到些许损伤，整备员正铆足劲在修复弹痕。乘客全部平安无事，重新回到机上。下午1点，在揪出2名企图偷渡的原住民后，飞机尽可能多地载满白人员工，起飞前往中途岛。

日军部队位于威克岛向南650英里的夸贾林（Kwajalein）环礁，此时进攻威克岛的主力部队基本整装完毕。指挥官梶冈定道海军少将并未收到攻陷威克岛的最后期限，因为在东京方面看来，任务简单得不值一提。主力部队的最后一名飞行员登上飞机时，回程的轰炸机传来消息：威克岛上只有4架飞机残留，其余皆已被摧毁。梶冈面临的任务似乎易如反掌，两天之内便可拿下威克岛。

2

当天早些时候，远东军航空部队司令路易斯·布雷顿少将前往马尼拉王城区（Walled City）的维多利亚大街1号，准备向麦克阿瑟报告军情。那时是12月8日凌晨5点，即夏威夷落下第一枚炸弹的两个半小时之后。麦克阿瑟正在与哈特海军上将会谈，谢绝见客，布雷顿便与萨瑟兰德将军攀谈起来。萨瑟兰德往往能够在麦克阿瑟与麾下诸将之间起到缓冲作用。

"我打算把克拉克（Clark）机场的全部B-17轰炸机派去日本占据的台湾。"布雷顿提议派出"空中堡垒"轰炸北方600英里处的台湾南端港口——高雄，天亮立刻出发。

萨瑟兰德让布雷顿做好出发准备，但特别嘱咐，在麦克阿瑟亲自批准之前绝不能行动。布雷顿早已向尼尔森（Nielson）机场的司令部发出指示，让"空中堡垒"为轰炸台湾进行整备；此时他无事可做，只能默默退下，等待批准。布雷顿的本意是想在日本动手之前先发制人，因此接下来的一个小时，他等得痛苦万分。

数分钟后，日军飞机在黎明时分来到菲律宾。来者是一批日本海军的俯冲轰炸机，从东边的岛屿帕劳（Palau）出发，来到菲律宾主要岛屿群最南端的棉兰老岛（Mindanao），对一艘水上飞机母舰——"威廉·普雷斯顿号"（William Preston）及停泊在达沃港（Davao Harbor）的两架 PBY 水上飞机展开轰炸。母舰幸免于难，两架飞机则被击沉；海军少尉罗伯特·提尔斯（Robert Tills）殉难，此人是菲律宾战场上第一个阵亡的美国人。几乎与此同时，菲律宾主要岛屿群最北端的吕宋岛也不安宁：在该岛北海岸的一个大型城镇——阿帕里（Aparri），广播电台遭到日本陆军一批零式战斗机袭击。

远东军航空部队司令布雷顿将军麾下最重要的两个轰炸机机场，一个是克拉克，位于吕宋岛的中心；另一个是德尔蒙特（Del Monte）①，位于棉兰老岛北部。此时已是 7 点 15 分，布雷顿还不知道两个基地附近遭到日军空袭，只是等得心烦意乱，便重新回到维多利亚大街 1 号，径直闯入萨瑟兰德的办公室。布雷顿没有把门关上，因此隔着大厅，麦克阿瑟麾下的一名军官威廉·莫尔斯（William Morse）上校能够听到两人交谈的内容。

"我认为得炸高雄。"布雷顿态度坚决。

"我先问问将军。"萨瑟兰德说道。莫尔斯看到萨瑟兰德参谋长走进麦克阿瑟的房间，很快便又出来。萨瑟兰德说："将军不同意，说不能先动手。"

接着，莫尔斯听到布雷顿抗议称，日军轰炸珍珠港，他们才是先动手的一方。然而，萨瑟兰德认为，布雷顿对中国台湾的侦察工作几乎为零，在信息不足的情况下突袭，太过于轻率；因此告诉布雷顿，航空部队目前的任务就只是防御。

半个小时后，布雷顿回到自己的司令部。司令部位于马尼拉南部郊区的菲尔德机场，四周一片荒芜，毫无地形掩护，机库的屋顶还涂有显眼的黑黄方形图案，作为敌人的打击目标再合适不过了。

司令部内一众参谋军官早已等得焦急，情报官艾里森·英德（Allison Ind）上尉已把轰炸中国台湾的相关资料汇总完毕。尽管地图上没有标出最

---

① 德尔蒙特，美国一家著名食品制造及经销公司，文中所提到的机场建在德尔蒙特公司的一座菠萝种植园内。

佳进攻路线与投弹线，但那也是相当不错的资料，足够在很长一段时间内支持美军进攻。

布雷顿推开办公室门，脸色铁青。"对轰炸台湾一事，各位怎么看？"将军向众军官问道。

众军官从拂晓时分起一直在争论此事，此时已达成一致意见：应立即派遣克拉克机场的B-17"空中堡垒"轰炸中国台湾。

"不，"布雷顿表情僵硬，"咱们必须按兵不动，除非敌人先动手。"接着将萨瑟兰德"做好战斗准备，但不展开行动"的指示传达给众人。参谋军官纷纷表示不可思议。战机转瞬即逝，机不可失，时不再来。

实际上，问题要比航空部队众将士所考虑的更为复杂。诚然，菲律宾事实上受美国管治，但该国名义上是独立国家，有自己的民选政府，并计划着在3年内实现完全自治。

与布雷顿一样，麦克阿瑟也没有收到两座岛屿遇袭的消息，但他心里明白，日本入侵菲律宾不需要太长时间。问题在于，菲律宾当局许多高官都在期冀日本将其视作独立国家，不与菲律宾开战。麦克阿瑟此时若鲁莽行动，那么精心策划的当地自卫计划便有破产之虞。此外，马歇尔前不久也下过一道命令："倘若敌对行动避无可避，最好由日本公然打响第一枪。"

在等待麦克阿瑟批准行动的同时，布雷顿派出数架飞机前往中国台湾进行摄影侦察。此时，绰号"快活"（Hap）的陆军航空部队总司令亨利·阿诺德（Henry Arnold）①少将从华盛顿打来电话，告知布雷顿珍珠港被"打得措手不及"，并警告菲律宾航空部队做好万全防备，切勿步珍珠港之后尘。

————

日军第11航空舰队驻扎在台湾西部，与美军飞行员同样焦躁，同样失望。若没有那笼罩着机场的大雾，原本应在黎明之前便起飞，对美军数个战

————————

① 亨利·阿诺德（1886—1950），美国空军将领，早年曾接受莱特兄弟飞行指导，是世界上第一批军事飞行员之一。太平洋战争爆发时任美国陆军航空部队总司令。其绰号"快活"（Hap）是Happy的简称。

斗机基地进行轰炸,目标不仅包括尼尔森、尼科尔斯(Nichols)、伊巴(Iba),还有最为关键的克拉克空军基地。然而,随着时间流逝,日军飞行员越来越担心来自克拉克的"空中堡垒"会突然出现,把满载燃油、整齐排列在跑道上的日军飞机一网打尽。

陆军航空基地位于海军基地以东,黎明时分雾气便已散去。第一波空袭部队已成功轰炸阿帕里,另外两拨也正在接近目标:一是位于克拉克以北约 85 空英里的碧瑶(Baguio)①,此地曾是菲律宾的夏季首都;二是阿帕里以南 50 空英里的土格加劳(Tuguegarao)。不过,得知陆军机场的天空一片晴朗,海军第 11 航空舰队也并不开心,因为他们明白,陆军飞机只是轰炸战术目标,整个菲律宾战役的成败只取决于海军——具体来说,取决于海军能否迅速摧毁麦克阿瑟麾下的战斗机及轰炸机主力。如果海军机场的天空一直阴沉下去,整场战役可能全盘皆输。

直到上午 9 点,许多菲律宾人依然没有意识到战争已经到来。各个岛屿成百上千的村落办起圣母无染原罪(Immaculate Conception)②的节日庆典。在菲律宾,除去棉兰老岛的穆斯林摩洛人(Moros)、吕宋岛的伊哥洛特人(Igorots)与尼格利陀人(Negritos),以及其他一些未曾接触文明的原始部落外,绝大多数居民都与首个征服菲律宾的国家——西班牙信奉同样的宗教。

不过,马尼拉是个例外。该市的 60 万居民在早饭前就已得知战争的消息,因为报纸出刊号外,KMZH 电台③频道中播音员唐·贝尔(Don Bell)也在重复播报。然而,即便媒体如此宣传,许多美国人仍然不信。人们确实明白战争已然到来,但很少有人已做好心理准备。奥森·威尔斯(Orson

① 碧瑶,菲律宾的夏季首都,亦称"夏都"。是菲律宾在夏季炎热天气下长时间履行首都职能的城市。

② 圣母无染原罪,天主教有关圣母玛利亚的教义之一,正式确立于 1854 年 12 月 8 日。天主教相信圣母玛利亚蒙受天主特恩,与一般人类不同,并不受到原罪的玷辱。东正教与大多新教教派并不承认该教义。

③ KMZH 电台,位于菲律宾马尼拉市的一家英语电台。

Welles)播报火星人入侵事件所引起的恐慌①，对许多人来讲还历历在目。

马尼拉市郊的尼尔森基地对空警报室收到报告，称日军轰炸机群正在朝林加延湾(Lingayen Gulf)前进。此处袭击的目标是碧瑶，但尼尔森基地的美军军官一致认为日军是要轰炸克拉克基地，便向克拉克发出警告。很快，除一架以外，全部"空中堡垒"还未来得及装填炸弹便迅速升空，以避免停在机场被白白轰炸。同时，克拉克与马尼拉郊区的尼科尔斯机场各派出18架 P-40 战斗机，前往林加延湾拦截日机。

大量报告涌入尼尔森：吕宋岛北部海岸发现敌军战列舰，吕宋岛以北岛屿上空发现 3 艘日军飞行艇。消息越积越多，平民作业员又突然收到指示，要求避难以防备空袭。

一片混乱之中，9 点 25 分，又传来两则惊人的消息：吕宋岛内两处基地——碧瑶与土格加劳遭到轰炸。如此一来，也就不再存在所谓"公然第一枪"的问题了。布雷顿抓起电话，向萨瑟兰德报告空袭情况。"如果克拉克基地也遭到袭击，咱们的计划就全完了。"布雷顿恳求再三，最后还是紧皱眉头扣下电话，转身看向B-17轰炸机指挥官尤金·尤班克(Eugene Eubank)，摇了摇头。行动未被批准。上午 10 点 10 分，尤班克启程返回克拉克基地。

4 分钟后，维多利亚大街 1 号打来电话。针对台湾的空袭行动终于得到批准。然而，轰炸高雄港的原定计划为时已晚，布雷顿麾下众参谋连忙开始制订新方案。

10 点 10 分时，台湾的日本海军机场正忙得热火朝天。雾已散去，196架飞机正在暖机，准备起飞。突然，全岛响起警报声：美军飞机正接近台湾。日军连忙分发防毒面具，两支由中型轰炸机与零式战斗机编组而成的飞行部队匆匆起飞执行任务：一支部队由 53 架轰炸机与 53 架战斗机组成，目标是伊巴战斗机基地；另一支部队由 54 架轰炸机与 36 架战斗机组成，准备袭击主要目标——克拉克基地。

---

① 1938 年 10 月底，美国哥伦比亚广播公司邀请著名演员奥森·威尔斯进行广播剧演出，以新闻播报的口吻讲述火星人入侵地球的故事，由于效果过于逼真，引起大量听众恐慌。

两支飞行部队刚刚离开台湾岛，便发现了那群引发警报的飞机。战斗机脱离阵形，加速朝对方冲去，却发现那些"美军飞机"机翼上涂有红太阳图案。原来那是从碧瑶及土格加劳归来的日军轰炸机。

菲律宾上空，大批"空中堡垒"一直在漫无目的地绕着阿拉亚特（Arayat）山打转，生怕落地后被日军轰炸。此时，消息终于传来：敌军目标并非克拉克，警报属于误报，飞机允许返回克拉克机场。"空中堡垒"降落并整齐地排成一列时，执行掩护任务的 P-40 战斗机也降下来补充燃油，飞行员则去吃午餐了。到中午 11 点时，紧张的气氛渐渐消散，克拉克基地重新恢复平静。

伊巴是一座遍地尼帕小屋（nipa hut）①的村庄，濒临中国南海，东距克拉克基地 40 英里，两者之间横亘着一座崎岖不平的三描礼士山脉（Zambales Mountains）。村庄旁边便是一条草皮跑道，西侧与沙滩邻接。在整个菲律宾地区，伊巴是仅次于尼科尔斯的战斗机机场，不仅拥有 18 架整装待发的 P-40 战斗机，还有麦克阿瑟军中唯一正常运作的雷达。

伊巴机场的飞行员十分疲惫。夜里，半埋在沙里的雷达小屋在屏幕上发现异样；于是从凌晨 2 点开始，P-40 战斗机就一直在天上，追逐着无踪无影的敌机。此时，飞行员正坐在飞机里，叼着雪茄，等待下一次警报。有人拿飞行中队指挥官亨利·索恩（Henry Thorne）中尉开玩笑，劝他在开战初日构思一句流芳千古的名言，比如"去他妈的鱼雷，上山跑路"②。

11 点 27 分，雷达发现一支大型飞行部队正横跨中国南海，朝菲律宾接近。索恩下令各机升空。接着，雷达再次追踪敌机。3 分钟后，伊巴机场向尼尔森基地发出警告，称大批敌军飞来，目标恐是马尼拉。马尼拉附近的尼科尔斯机场立即派出 18 架战斗机，前往巴丹（Bataan）半岛及马尼拉湾警戒巡逻。

---

① 尼帕小屋，一种棚屋式建筑，菲律宾文化标志之一。

② 美国南北战争期间海军名将戴维·法拉格特（David Farragut）在莫比尔湾战役中曾留下一句名言："去他妈的鱼雷，全速前进！"（Damn the torpedoes, full speed ahead.）

马尼拉市内空袭警报响个不停，街头却并未陷入恐慌状态。市郊的尼尔森基地接到来自吕宋岛西北岸各城镇发来的电报及电话警报。其中一则警报提到 27 架飞机，一看便知是战斗机；另一则警报则提到 54 架重型轰炸机。面对不断传来的情报，制图员努力理清头绪：显然，一支大部队正逼近马尼拉；而其中几架飞机的目标是克拉克基地。

"空中堡垒"所在的克拉克基地依旧平静如常，没有一声警报，整备兵与机组人员在吃午餐。同样在吃午餐的，还有 1 英里之外斯托森博格堡（Fort Stotsenberg）中的骑兵部队。

11 点 45 分，尼尔森基地的防空警报官亚历山大·坎贝尔（Alexander Campbell）上校发出一封电传（teletype）①，对方没有收到；接着又尝试无线电，仍然没有回音。显然，接线员正在吃午餐。坎贝尔又给克拉克拨电话，终于打通了；在断断续续的电话声中，一名下级军官向坎贝尔保证，会将消息转达给基地司令或作战军官。

11 点 56 分，尼尔森基地四处响起警报，除有重要任务在身的士兵之外，所有人都在空旷的尼尔森机场上拼命寻找掩护。布雷顿则在与萨瑟兰德通话，报告最新拟定的轰炸计划：克拉克基地的B-17"空中堡垒"将于黄昏时分袭击台湾南部已知的数座机场；其余 14 架B-17轰炸机此时停在棉兰老岛上德尔蒙特菠萝种植园里，即将前往克拉克，预计日落后抵达，并准备于次日黎明袭击台湾岛。萨瑟兰德予以批准。

中午 12 点 10 分，吕宋岛上全体飞行员，无论在空中还是地上，都已随时做好拦截敌机的准备；只有克拉克基地的战斗机飞行员除外。40 分钟前，司令部命令位于克拉克以南 14 英里处的德尔卡门（Del Carmen）机场派出 18 架"P-35"前往克拉克上空掩护，但德尔卡门并未收到命令；克拉克基地内那个接到坎贝尔上校电话的下级军官，也还未将消息转达出去。

无论多么机警、多么灵活的战斗机，在通讯不畅、指挥混乱的影响下，也

---

① 电传，旧式通信手段，是传真普及前各国政府机关重要的通信手段之一。与传输既存文件的传真不同，电传在发送过程中需要发信者在电传打字机上键入内容。

只是无头苍蝇。伊巴机场的 18 架战斗机中，12 架仍在机场上空盘旋；编为 B 小队的另外 6 架"P-40"收不到无线电通讯，却在加速赶往马尼拉拦截日机。突然，无线电收到信号。"发现敌机！"无线电那头喊道，"克拉克上空发现敌机！"于是 6 架"P-40"开足马力，掉头向北飞去。

尼科尔斯上空的 12 架战斗机也收到同样的消息，正准备前往克拉克时，中队长威廉·戴斯（William Dyess）通过无线电向尼尔森司令部请示。司令部命令戴斯返航，在马尼拉湾巡逻。

此时，更改目标的 B 小队的 6 架飞机已接近克拉克，放眼望去，基地里平静如常。B 小队判断又是一次误报，便掉头向西，返航而去。

中午 12 点 25 分，停泊着"空中堡垒"的克拉克机场上空依然没有 1 架战斗机掩护。正在此时，27 架一式陆上攻击机伴随着尖锐的呼啸声，从北边 20 英里的打拉上空朝着克拉克直扑而来，红太阳图案在机翼处闪闪发亮。一名菲律宾空中监测兵吓得慌了，连忙跑去电报室报告。

此时的基地里，许多地勤人员正悠然地离开食堂，走向停机线；军械员在给未涂迷彩的庞然大物——"空中堡垒"填弹；乔·莫尔（Joe Moore）中尉领队的 18 架 P-40 战斗机停在机场边缘，由一圈空燃油桶围绕着以作防护措施，飞行员坐在飞机里；另外还有许多人没吃完饭。第 30 中队的食堂里，整备员与"空中堡垒"的机组人员听到唐·贝尔的声音从广播中传出。

"下面是一则未经确认的报道，"贝尔播报道，"克拉克基地正在遭受轰炸。"

食堂原本只是有人谈话，并伴随着刀叉碰撞的声音；贝尔此言一出，顿时爆发出一阵嬉笑声。许多人甚至连珍珠港遇袭都不信，认为不过是某个做事草率的将军希望提高国民的警惕性，才捏造出此类消息。

————

袭击克拉克的 54 架日军轰炸机分作两波，第一波已逼近克拉克。从丹辖上空看去，机组人员能够发现"B-17"停泊在广袤而平坦的吕宋岛中部原野上，在阳光下熠熠生辉，显得十分扎眼。此外，同样扎眼的还有克拉克以东 15 英里的阿拉亚特山。那是一座天然的指向标，海拔 3867 英尺，孤零零地矗立在原野中央；山尖处存在部分凹陷，据当地传说，那是诺亚方舟降落时压出的大坑。

在轰炸机飞行员的眼中，斯托森博格堡的轮廓变得异常清晰：白色的建筑、成排的相思树与芒果树，还有那巨大的马球场。斯托森博格堡向东 1 英里，便是停泊着战斗机的克拉克基地。日军飞行员只见成排的"P-40"与"空中堡垒"停在机场，上空却没有 1 架飞机巡逻，心中无比庆幸，甚至有些不敢相信眼中所见。珍珠港袭击已过去将近 10 小时，克拉克基地没有吸取教训，所有飞机都成了待宰的羔羊。

第二拨 27 架九六式陆上攻击机从后边赶来，插入第一波 27 架一式陆上攻击机的阵形之中；接着，36 架零式战斗机升至轰炸机的上空，像牧羊人一样来回盘旋。一切都有条不紊。时间是中午 12 点 35 分。

乔治·塞泽（George Setzer）是一名出租车司机，其拥有许可证，可以出入斯托森博格堡。此时刚刚驾车驶出大门，便听到一阵刺耳的声音。塞泽与女儿斯特拉（Stella）一同下车，抬头一看，一大群飞机正闪着银光从西北方向飞来。

"援军终于到啦。"塞泽高兴地说。

飞机场外围，隶属第 200 海岸炮兵团（Coast Artillery）的新墨西哥州国民警卫队（National Guardsmen）吃过午饭，正绕着 37 毫米口径和 3 英寸口径高射炮闲逛。他们同样以为轰炸机是友军，喊道："海军到啦！"来自卡尔斯巴德（Carlsbad）的德瓦恩·戴维斯（Dwaine Davis）中士一把抓起那台部队出资购买的电影摄影机，开始拍摄。

"飞机上为什么贴着锡纸啊？"有人问了一句。

"不是锡纸！他妈的是鬼子！"

一阵近似货运列车高速行进的声音传来。

基地西端，第 20 战斗机中队的一名机长正站在作战帐篷前面，抬头一看，连忙叫道："糟了！敌军空袭！"

中队指挥官乔·莫尔听到"空袭"一词，拔腿便向自己的"P-40"跑去；另有 6 名飞行员跟在他身后。莫尔操纵飞机一边迅速滑向离陆点，一边朝空中射击；到位之后，立即掉头，以最大马力升空。莫尔身后的 6 名飞行员只有 2 人成功升空，另外 4 人的飞机被炸弹击中。

"B-17"炮手兼摄影兵道格拉斯·罗根（Douglas Logan）下士此时正在司令部大楼里，听着黑板前的比雷尔·沃什（Birrell Walsh）少校针对台湾侦察摄影任务的说明。尤班克上校站在左边，罗根注意到上校呆滞地望着窗外的天空，而后转身离去。罗根也探头看了看，发现基地里人们都在发疯般地奔跑。

突然，尤班克意识到是怎么回事，连忙跳到窗台上，吼道："弟兄们，都躲起来！敌军空袭！"而后转身离去。

此时炸弹已落在司令部大楼上，屋内众人忙向后门冲去。罗根跑在最后，还没到门口，地板忽然倾斜，把他甩到墙角。出于本能，罗根连忙用双手捂住面部。

空袭警报响个不停。有人大喊"撤离机库"，机库众人连忙夺门而出，抬头一望，发现一大群飞机组成一个精致的 V 字阵形。若不是炸弹落在基地彼端的"P-40"与"B-17"上，他们看得简直快入神了。众人迅速躲入堑壕之中。那是基地司令官莱斯特·马特兰德（Lester Maitland）上校前不久下令挖掘的堑壕，连日来总被士兵嘲笑是"马特兰德式杞人忧天"。

在跑道西侧，无线电操作员杜伍德·布鲁克斯（Durwood Brooks）下士正躺在自己的铺位上，突然听到炸弹落下的声音，便一跃而起冲入厕所，接着又跑出去，准备躲入一排狭长的散兵坑里，不料那里已被一群白衣厨师挤得满满当当。布鲁克斯一抬头，看到敌机用 3 个 V 字形组成一个更大的 V 字形，十分精致，堪称完美。他呆呆地望着，直到 100 码外一枚炸弹落下，才回过神来，意识到那些飞机是要来取走自己性命的，于是便朝图书馆方向跑去，躲在一根大木桩后面。每一枚炸弹落下，布鲁克斯都感到双脚一阵震荡，好像悬浮在空中。

轰炸机不仅把炸弹投落在即将起飞的美军战斗机上，同时也对机库、修理厂及其他各种建筑展开袭击。新墨西哥州国民警卫队操纵 37 毫米口径及 3 英寸口径高射炮，向路过的敌机开火。该部队中绝大多数士兵是第一次实弹射击。在美国本土进行的训练，用的通常是扫帚柄配上盒子或木制模型。因此，即便炮弹远远低于敌机，未能命中，初涉实弹的体验也足以让警卫队士兵心满意足，甚至有些意气风发。

在斯托森博格堡，骑兵部队牵着马匹站在芒果树下。炸弹爆炸声与高射炮开火声从克拉克基地传来，响彻四周，战马却无一惊慌失措，使得骑兵部队颇感自豪。

斯托森博格堡司令部外，绰号"皮包骨"（Skinny）的乔纳森·温莱特（Jonathan Wainwright）少将正观察着克拉克的空袭。一名随从把将军的钢盔扣在头上，朝温莱特跑来，一脸惊慌地问："老天爷嘞！将军，现在怎么办？"

"给我拿瓶啤酒来。"将军的嗓音盖过吼叫声。没过多久，副官汤姆·杜利（Tom Dooley）上尉驾车回来，停在司令部门口。

"汤姆，你小子是疯了还是怎么着？"温莱特怒道，"克拉克下着炸弹雨，你给我横穿回来？"

"您下令以最快速度回报，我才选择最短路线。"

温莱特转身走进司令部，签署一道命令：授予杜利银星勋章（Silver Star）。

骤然之间，轰炸停了下来。布鲁克斯下士脑中依然一片空白，茫然地朝停机线走去。战争是一场崭新而残酷的体验，遍地是残缺不全的尸体碎块。狭长的散兵坑里，躺着两个负责测量定位的菲律宾少年。两人都是布鲁克斯的好朋友，却死在素未谋面之人手中。还有另一个朋友，是个 19 岁的波兰青年，不知出于什么缘故，他的身体像炸裂的气球般散落一地，布鲁克斯甚至感觉那是一具透明的躯体。

生还者从堑壕中挣扎着爬出。陡然安静下来的基地里，回响着伤者的呻吟声。着火的建筑为数不少。大型油库冒着熊熊烈焰,滚滚黑烟蔓延在基地上空。

尤班克上校开始点检受害情况,意外发现两架涂漆尚未完成的"B-17"从燃烧的机库中滑行出来,并未受到损伤。随着进一步的检查,尤班克发现基地中停泊的"空中堡垒",受到损伤的只有寥寥数架。轰炸机部队奇迹般地从空袭中幸存下来。

乔·莫尔中尉驾驶的 P-40 战斗机此时位于克拉克上空约 20000 英尺处,兰德尔·基亚特(Randall Keator)中尉紧随其后;第三架成功起飞的"P-40"由埃德温·吉尔莫尔(Edwin Gilmore)中尉驾驶,落后两机半英里,高度只有 17000 英尺。突然,9 架日军零式战斗机朝吉尔莫尔扑去。莫尔与基亚特连忙前去拦截,刚打一个照面,基亚特便击落一架零式战斗机;那是美军在菲律宾战场上的首次击坠纪录。紧接着,莫尔盯上一架敌机。美军由于弹药紧缺,平时训练,飞行员并不使用实弹;因此莫尔扣下扳机时,心中满是对射击手感的好奇。敌机在面前爆炸,莫尔接着向另一架俯冲而去,并将其成功击毁。

在 14 英里以南的德尔卡门,第 34 战斗机中队飞行员发现克拉克机场升起浓烟,便不待指示,乘上老旧的"P-35"飞向克拉克。途中,数架零式战斗机颇为大胆地前来挑战整整一个战斗机中队;尽管"P-35"早已过时,美机依然轻松将来袭者击退。

中午 12 点 40 分,A 小队与 C 小队各 12 架"P-40"仍然在伊巴上空盘旋,焦急地搜寻敌机踪迹。突然,无线电传来一阵歇斯底里的声音:"全体战斗机,前来克拉克基地集合! 全体战斗机,前来克拉克! 敌轰炸机在基地上空!"接着耳机中便响起爆炸声。24 架战斗机立刻朝东边全速飞去。

"P-40"离开时,古连·凯夫(Glenn Cave)少尉就站在伊巴机场的跑道附近,抬头看着。几分钟后,12 点 44 分,另一名飞行员对凯夫说:"瞧那边'B-17'的编队,多漂亮。"

凯夫向西望去,发现 52 架飞机从 13000 英尺的高空驶来。"可别说笑，"凯夫说道，"菲律宾根本没有这么多'B-17'。"黑色的物体开始从飞机上摇摇晃晃地落下。海滩上避弹坑本就不多，两名飞行员连忙跳入最近的一座，凯夫先跳，另一名飞行员压在他身上。炸弹落下，大地震动，凯夫突然觉得被压在下面倒也不坏。

此时，B小队的6架"P-40"正接近伊巴机场，准备降落。该小队原本飞往马尼拉，后收到克拉克的警报，前往克拉克却发现并无敌情，便自行返航。由于无线电杂音过多，B小队对克拉克遭受袭击一事全然不知。飞机即将降落时，伊巴机场管制塔疯狂地发出消息，提醒他们敌军轰炸机就在他们头顶；然而，因为嘈杂的无线电，他们什么消息都没能收到。

第一架飞机降落时，6架飞机中的掩护机飞行员安迪·克里格（Andy Krieger）少尉看到基地发生爆炸，光芒刺目，便立即让飞机抬头爬升；升到10000英尺处，为冷却引擎，保持水平飞行。往下一瞥，克里格发现一支中队规模的飞行部队在基地上空盘旋，看样子像是"P-35"。跑道都要被炸成齑粉了，降落岂不是自寻死路？突然，克里格发现机翼上的红色大斑点——原来是日军！"P-40"俯冲下去，朝着先头一架敌机开火。几发曳光弹从机身擦过，克里格转头一看：3架"零式"跟在自己身后。

地面上，从避弹坑出来的凯夫少尉也以为来者是"P-35"，机翼上闪烁的是红灯；搞不明白为何基地会受到"P-35"轰炸。突然，一排子弹打在沙滩上，凯夫这才意识到自己成了靶子。一阵隆隆声传来，那是敌轰炸机的援军。凯夫连忙跳回避弹坑，压在另一人身上。望着自己伸在坑外的双腿，凯夫心里七上八下，打起鼓来。

———

A、C两小队还在赶往克拉克的途中，听到克里格少尉发出消息："第3小队战斗机速回伊巴。"12架战斗机中有6架返航而去，但弗雷德·罗伯茨（Fred Roberts）中尉与另外5架"P-40"则与一批准备冲往克拉克的"零式"撞个满怀，无法抽身。"P-40"燃油几乎耗尽，6架中的3架迅速被击落。罗伯茨大惊失色：日军飞机竟比美机更为迅捷，更为灵活，爬升率也更高。日本岂能造出此等高性能飞机？据罗伯茨等飞行员所知，日军根本没有如此优秀的战斗机。

罗伯茨当然不知道，早在1940年秋，美国战争部便收到过"零式"的精确数据。数据统计者是非正规军"飞虎队"（Flying Tigers）指挥官——才气纵横的克莱尔·陈纳德（Claire Chennault）。此人还曾提出一套战术，指导笨重的"P-40"与敏捷的"零式"对抗；可惜的是，无人记起那些躺在文件袋里的资料，所以在此等生死关头未能拯救美军飞行员的性命。毕竟，陈纳德与航空部队的高级将领水火不容。

罗伯茨的机翼出现弹孔。突然，脚边一根缆绳被子弹打断，罗伯茨感到双腿发麻，几乎失去知觉。燃油指示针已接近尽头，罗伯茨掉头向西，全速赶回伊巴。

飞机翻过三描礼士山脉，罗伯茨便看到伊巴机场升起浓烟，小巧的日军战斗机正在上空俯冲盘旋。不过，罗伯茨必须降落，别无选择。谁知刚靠近机场，准备放下机轮时，机轮便发生故障，无法顺利降落。罗伯茨切入一架双座敌机后方，后座那名敌人便开始打起红灯。罗伯茨连忙开火，而后朝海面飞去。燃油只剩下10加仑，此时唯一的办法只有搁浅。飞机以120英里的时速驶向海面；途中，罗伯茨发现距离有所误判，飞行高度过高，便迅速降低机头，最终在距离海滩约50码处的水面上紧急迫降。

罗伯茨游泳来到海滩。不只是军营，其余建筑，包括给油车都在燃烧。一阵猪叫声传来，罗伯茨望向伊巴村落：尼帕棚屋无不烈火冲天；棕榈树七歪八斜地倒下；马车倾翻在地，死去的马匹四蹄蹬向天空；儿童惊恐地尖叫。菲律宾人呻吟着喊道："阿兵哥，救救我。"

跑道上遍地是弹坑；几架"P-40"发出吱吱声；雷达小屋一片惨状，操作员殉职；管制塔被打成筛子，4名航管员身亡。

灾难突如其来。伊巴遭到彻底摧毁。幸存者中绝大多数仍未从震惊中恢复过来。此时最冷静的人并不是战斗机飞行员，而是年轻的航空部队军医弗兰克·理查森（Frank Richardson）中尉。中尉站出来主持救治工作，征用一辆公共汽车，将伤员送往马尼拉。

————

克拉克的幸存者呆望着化为废墟的基地，突然有人叫道："又来了！小心机枪扫射！"

之前在轰炸机上空盘旋的"零式"急冲而下，主要目标正是地上那巨大的"空中堡垒"及"P-40"。紧接着，又有44架"零式"加入进来，它们在伊巴完成任务，正在寻找新目标。曳光弹打在油箱上，伴随着声声巨响，停在地面的"空中堡垒"一架接一架惨遭炸毁。

机库附近一条大沟里，一名军官对众人喊道："快进树林躲避！"3架"零式"袭来，机枪扫射不停。数十名士兵迅速爬出深沟，朝着附近的森林奔去。

陈耀坤①的高级餐厅里也冲出一大群身穿白衣的厨师，一架"零式"一通扫射，地上便躺满一片白色的尸体。不远处，布鲁克斯下士正在拼命找寻蔽身之所。他先是发现一条浅沟，便藏进去，手脚并用地疯狂挖土，谁知还没挖深，便有两架"零式"俯冲而来，子弹打在身旁；布鲁克斯连忙跑出去，找到另一条较深的沟渠，跳入之后才发现压在一名中士身上。

"实在不好意思。"布鲁克斯说道。

"没事，"中士回答道，"压着挺好，子弹要打到我的话，还得多穿过一个人。"

附近一条堑壕中，美军正以一架老旧的水冷式点30口径机枪与敌机交火。一名年轻工兵操纵水泵，为机枪降温。第一波射击过后，那工兵好像灵魂出窍一般，依然在疯狂地抽着水。

一辆卡车突然急转弯，外侧洒出一片鲜血。车里载满伤兵，准备前往斯托森博格堡的医院。有的伤员没能上车，在路上蹒跚而行，目光呆滞。

"零式"在袭击过程中几乎没有受到抵抗，唯一的反击火力来自美军第192坦克营、第184坦克营，以及第200野战炮兵团的机枪。炮兵团的旧式

————

① 陈耀坤(1898—1973)，华人企业家，祖籍广东，自幼在菲律宾生活。后在菲律宾及关岛开设连锁餐厅，并将生意拓展到各行各业，与驻菲美军联系密切。

勃朗宁机枪枪管因过热烧毁后,炮手便拿起步枪,朝着空中的"零式"开火。

毫无预兆地,袭击骤然停止。"零式"来时无影,去时亦无踪。浓烟化作黑云,笼罩在机场上空。机场内停泊的"P-40"、中型轰炸机共30架,以及侦察机皆被烧毁;"空中堡垒"也只剩下3架,其余全部化作废铁。日本海军航空部队只是以一次袭击,便成功消灭麦克阿瑟远东军的半数空中力量。其实,欧洲战场早已总结出经验教训:若无充分的战斗机保护、防空预警及高射炮火力,重型轰炸机部队只是一堆无用的活靶子。可惜的是,美军并没有及时吸取这个教训。

日军返航飞机逐一回归基地。轰炸机全部飞回,战斗机7架未飞回;而报告的战果则是:击坠敌机25架,摧毁及严重破坏地面飞机71架。台湾基地中某些谨小慎微的军官听到报告,甚至有些半信半疑。然而,随着飞回的飞行员越来越多,情况也越来越明朗:即便作战部队夸大战果,即便把飞行员的报告打个折扣,此役也无疑是彻头彻尾的大胜,堪称"珍珠港第二"。

消息传到东京大本营海军部,众将的反应十分狂热。日军征服东南亚面临三座大山:太平洋舰队、麦克阿瑟航空部队,以及绰号"拇指"的英军海军上将汤姆·菲利普斯麾下的强兵劲旅。谁承想,短短半日之内,三座大山中的两座便已崩塌。至于菲利普斯的海军,根据最新侦察报告,"威尔士亲王号"战列舰与"反击号"战列巡洋舰依然停泊在新加坡港口。该港水域太浅,常规鱼雷不起作用,且防空火力也十分完备。

不过,倘若能把两艘战舰诱入海上,那便是另一种情况了。

第四章　故此，目标唯有击沉敌舰

1

　　此时，珍珠港正是 12 月 7 日黄昏时分，天空下着毛毛细雨，支离破碎的舰船冒着浓烟，四处飘散着机油、焦土与尸体的臭味，催人呕吐。

　　夏威夷州陷入恐慌。数小时前，71 岁的州长约瑟夫·E. 波因德克斯特 (Joseph E. Poindexter) 接到罗斯福总统的慰问电话，并在总统的建议下发布戒严令。整个夏威夷流言四起：8 艘鬼子运输舰绕着巴伯海角 (Barbers Point)①转来转去；敌军滑翔机及伞兵降落在卡内奥赫；另外 2 拨伞兵，分别降落在福特岛西南的甘蔗园及马诺阿谷 (Manao Valley)；更有甚者，中午 11 点 46 分，海军报告称："敌军于北岸登陆，身穿蓝色军服，佩红色徽章。"

　　在谣言的描述中，夏威夷处处潜伏着通敌者、破坏分子，以及间谍。有的在开出租车；有的坐在桌旁等待接头；有的假扮成园丁、货郎；有的拿甘蔗插在瓦胡岛地面，为日军指明轰炸目标；有的驾驶送奶车进入机场，将停在地面的美军飞机机尾逐一撞坏；还有的在水源地下毒。如此种种，不一而

---

　　① 巴伯海角，瓦胡岛的一处海角，因 1796 年英国人亨利·巴伯 (Henry Barber) 的船只在此失事而得名。

足。此时已落在联邦调查局手中的吉川猛夫倘若得知，想必会乐不可支。

海军一直处在警戒状态。一个新的讽刺笑话流传开来："今天是个大日子，将军司令也干活。"

海军造船厂里，布洛克将军收到一则更为惊人的警报。海军情报处从华盛顿发来电报，称海军陆战队兵营地下室藏有日军的无线电台。一番搜查过后，连电台的影子都没见到，只有普通的拖把、扫帚与储备粮食；唯一特别的发现是，不知哪个颇有公德心却好信谣言之人在消防栓上张贴告示："水中有毒，请勿饮用！"

夜色之中，外出行动的危险度极高；因为对那些耳聪目明的士兵而言，一点风吹草动都可能使外出者成为目标。在惠勒基地，有人听到一名飞行员说话时提到"汽"（gas）字，那明显指的是飞机的燃油，谁知几分钟后，基地竟响起毒气警报。而在希卡姆基地，兵营已被炸毁，官兵只得在外面宿营。突然，一名哨兵发现一个神秘黑影朝自己走来。那是一名起夜归来的战友，但哨兵没有认出，便连开数枪，顿时引起一阵大混乱。基地内喊声四起："鬼子登陆！小心轰炸！小心偷袭！"高射炮朝着四面八方一齐开火，颇像是在国庆日放烟花。士兵抄起手边的机枪、步枪或手枪，朝着空中便是一阵乱射。医院周边落满了高射炮的弹片与各种子弹弹壳。

晚上7点30分，弗里茨·赫贝尔（Fritz Hebel）中尉从空中联系福特岛管制塔，请求着陆。中尉率领另外5架飞机从"企业号"航母出发，奉命搜索南云的航母，却一无所获，此时正位于钻石头山附近。

"解散阵形，打亮着陆灯。"管制塔回答。

6架飞机从威基基海滩上低空掠过。岛上依然灯火通明，完全无视新的管制规定。珍珠港倒是一片漆黑，只有那尚未燃烧完毕的舰船冒着诡异的红光。飞机冒着浓烟，穿过战列舰群上空。飞行员终于放松下来。多灾多难的一天总算要结束了。

飞机降落至100英尺处，按整齐的右斜线队型排列，按照指示打亮机翼尖端的红绿着陆灯。赫贝尔刚刚放下机轮，突然，海军造船厂射出一发曳光弹，接着又是第二发。

战友赫布·门格（Herb Menge）的飞机在眼前炸毁，赫贝尔连忙向右倾斜，却没能避开子弹。于是，他向下俯冲，准备在艾亚（Aeia）紧急迫降。另一名战友埃里克·艾伦（Eric Allen）已经放弃了在枪林弹雨中的飞机，朝着漂满汽油的海面跳伞逃生。

其余三名飞行员迅速熄灭灯光。盖勒·赫尔曼（Gayle Herman）朝福特岛跑道俯冲下去，飞机中弹 18 处，所幸成功迫降。另外两人收起机轮，朝海面飞去。其中，吉米·丹尼尔斯（Jimmy Daniels）在海上稍作盘旋，等待炮火停下后，驾着没亮灯的飞机正常降落；戴夫·弗林（Dave Flynn）则选择跳伞逃生，落在巴伯海角附近的一片甘蔗田里。

美方的防空火力在打击己方的飞机时表现堪称完美。6 架飞机中，4 架被击毁，1 架受损严重。① 此番面对己方飞机，珍珠港的防空火力没有保持沉默。

不久，港内又从慌乱重归寂静。唯一的光亮来自燃烧的"田纳西号"及另外几艘船只。倾覆的"俄克拉何马号"上也闪烁着火光，那是美军在用乙炔奋力切割船体产生的。船内有 10 名战友幸存，此时已快要窒息。

"西弗吉尼亚号"里也有幸存者。该舰沉没时，船内空气较为充足，此时约有 66 人依然在敲击两侧船体，希望引起注意。然而，没有任何人听到。

2

此时的马尼拉还是傍晚时分。麦克阿瑟正在司令部里，阅读一份来自马歇尔的无线电报。电报称，"战争部完全信任"麦克阿瑟，并保证会对远东军"施以力所能及的一切帮助"。麦克阿瑟数月以来一直在争取人员、物资，

---

① 从上文描述中，很难分辨出 6 架飞机各自的结局。严重受损的是赫尔曼的飞机，遭到击毁的是门格、艾伦、弗林及赫贝尔的飞机，唯一幸免于难的是丹尼尔斯的飞机。另外，6 名飞行员中，3 人死于此次事故：门格当场死于飞机爆炸；赫贝尔与艾伦身受重伤，次日不治身亡。

战争部对此再次做出保证。

然而，讽刺的是，几乎在同一时刻，预定向马尼拉运输飞机及兵员的彭萨科拉船队收到命令，掉转航向去往斐济群岛。前往马尼拉途中的另外 4 艘大型军事运输船——"约翰逊总统号"（President Johnson）、"布利斯号"（Bliss）、"埃托林号"（Etolin）及"加菲尔德总统号"（President Garfield）也被命令返回旧金山。

此类安排，麦克阿瑟一无所知；不仅如此，他甚至不知道，早在珍珠港事件发生以前，美英两国就已曾达成一项秘密军事协定。协定承认，全世界民主国家最主要的敌人是希特勒，并规定大部分兵员及物资必须运往欧洲，远东地区战略只以防御为主。该计划确有其合理性，两国最高司令部对此均无异议。

太阳刚落山，水上飞机母舰"兰利号"（Langley）、轻型巡洋舰"博伊斯号"（Boise）便在两艘油轮的伴随下离开马尼拉湾。哈特海军上将为避免敌军轰炸，下令海军攻击部队向南转移。次日中午，"兰利号"舰桥上的士兵发现一个银色物体在上空若隐若现，看起来像一架双引擎飞机，在流动的云层中上下起伏。

"来者不善。"当值军官做出判断，"传令下去，各炮做好对空战斗准备。"

舰长传令员格斯·佩卢索（Gus Peluso）士官长向全舰发出警报，舰上全部 3 英寸炮旋即向天空开火；"博伊斯号"也加入其中。半小时后，油轮"三位一体号"（Trinity）的导航员向"兰利号"发出闪光信号："贵舰正在射击数百万英里之外的目标——金星。"

到 12 月 8 日的夜幕降临时，除潜艇外，卡维特（Cavite）港内停泊的舰船只有 2 艘维修中的驱逐舰与数艘补给修理舰。海军已将菲律宾地区的防御全部交给地面部队与空中力量。

伊巴已不再是战斗机基地，跑道已被炸成麻绳状，不堪再用。第 3 战斗机小队的飞行员分成两组行动：一组沿高速公路向南赶往马尼拉；另一组则迈着沉重的步伐，惊惶地翻越三描礼士山脉。据传言，日军已在伊巴周边海岸登陆。一名飞行员回想起那天早上众人打趣的自造名言——"去他妈的鱼雷，上山跑路"，却一点也笑不出来。

在克拉克基地，人们的情绪接近恐慌。许多人害怕新一轮轰炸，选择躲在白茅丛中；还有的跑到数英里之外的山上。有关伞兵与破坏分子的谣言四起，当晚人们入睡时，枪不离手，防毒面具不离身。尤班克上校站在停机线上，突然想起威尔·罗杰斯（Will Rogers）①的某些警句，便爬上一辆拖拉机。"弟兄们，"尤班克对周围人说道，"大家都是好样的，就像那优秀的猎犬，只是因为第一次打猎，身边的枪响还听不习惯而已。"

上校的一席话产生奇效，军心开始安定下来。士兵之间口耳相传，说尤班克那个老家伙还斗志满满。袭击带来的恐慌，让许多人不再去考虑战争本身，只是担心自己的落脚之处；在尤班克的鼓舞下，那种氛围在克拉克基地渐渐消失。

在马尼拉，麦克阿瑟估量着远东军的情况。海军算是完了，航空部队恐怕也指望不上；所幸地面部队还在。另外，马歇尔也承诺过：会提供一切力所能及的援助。

3

此时，美国本土的民众正在阅读周一的早报。面对美国历史上最为严重的惨败，大多数美国人深受震撼。在震惊程度方面，华盛顿高官与街头民众没有太大的区别。太平洋舰队惨遭重创，麦克阿瑟航空部队折损大半，整个太平洋战争的概念在一日之间被改变。对美国战争部而言，最可怕的是不知道何处会成为日本下一个袭击目标：是巴拿马运河的水闸，是加利福尼亚沿岸的飞机制造厂，还是再炸一次珍珠港，把漏下的海军造船厂也给毁掉？

① 威尔·罗杰斯（1879—1935），美国演员、幽默作家。在好莱坞广受欢迎，是 20 世纪 30 年代好莱坞薪酬最高的电影演员。1935 年死于一场空难。

随着华盛顿当局对珍珠港损失情况进行公布，许多高官陷入极度焦躁。甚至有人致电白宫，力陈西海岸不足以抵御敌军，要求在落基山脉建立防线。

然而，公众的反应则与之相反。战争的确以一种耻辱的形式揭开帷幕，而民众反将此耻辱视为鞭策。无数电报、信件涌入白宫，请愿美国向盟军提供全面援助与协作。山本算是铸成大错。面对太平洋舰队的重创，美国人民不仅没有胆战心惊，没有就此沉沦，反而斗志昂扬、义愤填膺。美国人民会永远铭记珍珠港。

午后不久，参议员跟随着来自肯塔基州的多数党领袖巴克利（Barkley）与来自俄勒冈州的少数党领袖麦克纳里（McNary），穿过圆形大厅，沿着国会大厦的长廊进入议事厅。身穿黑袍的最高法院大法官坐在讲台左侧，斯塔克与马歇尔也坐在前排。旁听席人山人海，罗斯福夫人也在其中；她身边坐着另一位女士，那是上一次大战时的总统——伍德罗·威尔逊的遗孀，应罗斯福总统要求而来。

中午 12 点 28 分，内阁成员入场。接着，议长萨姆·雷伯恩（Sam Rayburn）敲响木槌要求肃静，并宣布："合众国总统入场！"

由身着海军陆战队上尉军服的长子詹姆斯（James）搀扶着，罗斯福缓缓走上讲台。[①] 议事厅响起热烈的掌声。牧师简短的祈祷之后，总统打开一个黑皮活页笔记本，在一片寂静中开始讲话："昨天，1941 年 12 月 7 日，注定将成为国耻之日。日本帝国蓄谋已久，发动海军及航空部队对美利坚合众国施以偷袭。"

罗斯福称，珍珠港遇袭时，美日两国还处在和平谈判当中。总统的语气轻描淡写，议事厅里却充满紧张的气氛。而当提到其他地区同样受到袭击时，气氛便愈加紧张起来："因此，纵观昨日及今日之事件，日本对整个太平洋地区展开偷袭已是不容置疑之事实。合众国国民对此已有坚定的看法，

---

① 富兰克林·罗斯福患有脊髓灰质炎，生活中必须依靠轮椅行动，但在公众场合通常会借助拐杖等辅助工具及旁人的搀扶行走、站立，因此当时的美国公众普遍不清楚总统的残疾程度。

并充分理解此一事态对人民生命安全之重大影响。

"作为陆海两军最高总司令，我已下令采取一切措施捍卫国防，俾使全体国民永久铭记敌人之偷袭是何等野蛮且残酷。"

一瞬之间，好似是紧张情绪被彻底释放，议事厅爆发出阵阵欢呼。罗斯福抬起头，微笑着挥手示意。全体听众热情地鼓着掌，从座位上起立。

演讲不时被掌声打断，一直持续数分钟。最后，罗斯福讲道："全军上下士气饱满，全体国民意志坚定，合众国必将无往而不利。上帝保佑美利坚。

"在此，我要求国会宣布，自 1941 年 12 月 7 日星期日，日本对美国无端发动卑鄙袭击之时起，美日两国之间便已自动进入战争状态。"

整个大厅响彻着掌声、口哨声、欢呼声及高喊声。罗斯福合上笔记本，挥挥手臂致意，而后握住儿子的手臂，在一片喧闹之中走下讲台。

那是罗斯福就任总统以来，首次讲出全体国民的心中所想。无论政治立场如何，全体美国人都发出同样愤怒的声音。至少在那天，人们将党派政治抛至脑后。美国进入全面战争状态。

意大利此时已是星期一晚上。外交部长加莱阿佐·齐亚诺（Galeazzo Ciano）接到德国外交部长约阿希姆·冯·里宾特洛甫（Joachim von Ribbentrop）的一通电话。德方对日本偷袭珍珠港一事十分兴奋。齐亚诺本身很怀疑日本的优势究竟能保持到何时，只是听着对方兴高采烈，自己也颇受感染；电话一扣下，便又重新担心起来。

———

此时日本是 12 月 9 日清晨，大多数人都在吃早餐。刚刚听说与英美开战的消息时，日本民众还颇感震惊，此时已基本平复下来。中日开战已有四年，日本人已做好全面战争的心理准备。物资管制的实施也是按部就班，手段十分巧妙。四年前荒谬绝伦之事，四年后大众已普遍接受，甚至视之为"无奈之举"。事情发展到如此地步，错都在自私自利的英美两国身上。两国只顾自己在东洋大肆掠夺，却不允许日本分一杯羹，就连船舶运行所必需的石油也不让给日本一点。

日本民众自幼接受教育时，便被灌输要服从权威，并将生命奉献给活在人间的神——天皇。由父及子，由子及孙，日本人经过传统精神的熏陶，在战场上往往表现得无比狂热。

开战首日的惊人大捷对日本民众起到了团结的作用。无论多么极端的现状维持派，此时也暗自下定决心，接受战争；自由主义者也无法摆脱身为日本人的局限，尽管曾为避免战争拼尽全力，此时也意识到，未来之事全然不可预料；还有一些改良主义者认为，战争有助于实现他们长久以来追逐的梦想——国民平等。与美国一样，原本存在冲突的各群体转眼间便团结起来，为着师出有名、堪称圣战的自卫战争摩拳擦掌。在日本，人人都已做好献身的准备。

4

新加坡人得知太平洋战争爆发，是在珍珠港被袭击之后两小时。那是当地时间 12 月 8 日凌晨 4 点，人们在睡梦中被炸弹声惊醒。空袭前半小时，战斗机指挥作战室便收到消息称，距新加坡 140 英里处发现不明飞机；作战室随即给民防空袭总部（Civil Air Raid Headquarters）连番拨打电话，却始终无人接听。

正因如此，市内随处亮着灯光，对袭击者无疑是一份惊喜大礼。实际上，整个空袭过程中，灯光一直保持明亮，因为掌管总开关钥匙的那人联系不上。

空袭共造成 63 人死亡，133 人受伤，日军未损失一架飞机。然而，如此惨痛的结果并未引起新加坡方面重视。当日上午，英国远东军总司令、空军中将罗伯特·布鲁克-波普汉（Robert Brooke-Popham）爵士发布任务时，绝大多数人都为其发言感到安心：

> 我们有备无患，警戒线十分完善，早已经受过检验。……我们信心

十足，防御坚固，武器精良。……敌人情况又如何呢？日本穷兵黩武，在中国战场鏖战四年，早已国力疲敝。……信心与决心，进取精神与奉献精神，都必将成为每一位军人的强心剂；而我们的市民，无论是马来人、中国人、印度人、缅甸人，他们身上那坚忍不拔、处变不惊的东方传统美德，也将成为军人的极大助力，并会为我军最终取得全面胜利做出贡献。

当然，听过罗伯特爵士的发言，也有少数人依然忧心忡忡，比如美联社特派记者耶茨·麦克丹尼尔（Yates McDaniel）。此人对军备情况了如指掌：新加坡防空力量是布鲁斯特公司的水牛式战斗机（Brewster Buffalo），该机型速度缓慢，十分笨重；马来半岛没有一辆坦克；新加坡炮台几乎全部面朝大海，一旦敌人从马来半岛陆路南下，炮台毫无用武之地；而半岛陆军并未经受过专门的丛林战训练，部队也不吸纳原住民士兵。

开战首日早上，大约就在克拉克基地遭受毁灭性打击之后，国泰大厦（Cathay Building）麦克丹尼尔的办公室里响起电话。来电之人是英国海军中将杰弗里·雷顿（Geoffrey Layton）爵士，此人与麦克丹尼尔私交甚笃。

"'拇指'菲利普斯有令，要把2艘主力舰派出去。"麦克丹尼尔从嗓音中听出，雷顿并不支持长官的决定，"你要不要一起上船？"

"预计出航多久？"

"五六天吧。"雷顿讲了讲菲利普斯的计划。原来，日军那支大型船团分作两处，此时正在马来半岛登陆，目的显然是要自陆地南下，从背后袭击新加坡。菲利普斯决定派出海军，沿马来半岛东岸北上，截击尚未完成登陆的日军。

此事听上去很有意思，麦克丹尼尔颇感心动。不过，美联社在市内只有一名特派记者，而且新加坡显然酝酿着山雨欲来的气息，因此麦克丹尼尔最终没有答应。

哥伦比亚广播公司的记者塞西尔·布朗（Cecil Brown）正在著名的莱

佛士酒店（Raffles Hotel）享用餐后甜点，突然接到一个电话。

"有个为期 4 天的报道工作，你参不参加？"来电之人是英远东军负责应对媒体的 C. R. 费舍（C. R. Fisher）少校。

"具体什么工作？"

"具体什么工作，去往什么地方，我都不能说。你现在立刻告诉我去还是不去，马上就要出发了。"

布朗略作犹疑，说道："好，我去。"

此时，麦克丹尼尔正在与雷顿当面交谈，并证实自己的猜测：中将对长官的决定持悲观态度。菲利普斯将"威尔士亲王号""反击号"与 4 艘驱逐舰从相对安全的军港中派出，几乎不配备任何防空措施，便要去攻击一支情况未知的部队。

雷顿表示，自己也曾强烈反对；然而，尽管从资历上讲菲利普斯是后辈，但长官的命令还是无法违背。麦克丹尼尔挂断电话时，心中直打鼓。雷顿是个中国通，对日军的能力也分析得极为透彻。至于菲利普斯，麦克丹尼尔也有一面之缘：此人确有本事，性格刚毅果决；由于身材矮小，站在舰桥上指挥时要踏着箱子，如此奇事让麦克丹尼尔大开眼界。然而，在如此广阔的海域指挥大规模战役，菲利普斯此前并无经验。另外，麦克丹尼尔又想起英美两国元首在"威尔士亲王号"上签署《大西洋宪章》（Atlantic Charter）时，罗斯福总统的大腿上有一只黑猫，心中竟平添几分不祥之感。

舰队出发之前，菲利普斯询问 C. W. 普尔福德（C. W. Pulford）空军少将，空军能够给海军何等程度的支援和保护。普尔福德本是海军出身，很希望帮上忙，但早有消息传来，马来半岛北部的英军机场已被炸毁。最终，普尔福德答应翌日，即 12 月 9 日，为菲利普斯派出空军侦察；至于 12 月 10 日能否派出空军支援，无法确定。

菲利普斯登上"威尔士亲王号"后，舰队副官 L. H. 贝尔（L. H. Bell）海军上校注意到长官神色不安。

"我说 10 日要在宋卡（Singora）上空派遣战斗机援护，"菲利普斯说道，

"此事究竟多么重要，我怀疑普尔福德根本不明白。我还是再写封信吧。得让他尽快地、一清二楚地告诉我，空军究竟能援护到什么地步。"

菲利普斯把信写好，交给贝尔。贝尔前往码头把信交给传令兵，刚回船上，"威尔士亲王号"便起航出发。整个舰队离开新加坡港时，已是黄昏时分。"威尔士亲王号"打头，"反击号"与驱逐舰随后。舰队经过新加坡岛东端樟宜（Changi）信号站时，菲利普斯收到普尔福德发来的电报：

无法派出战斗机援护，实属遗憾。

"好吧，"菲利普斯耸了耸肩，对众参谋说道，"那就不用空军，咱们自己来。"在他看来：2艘大型战舰来到新加坡时，曾引起一阵轰动；如今大敌当前，倘若龟缩港内，那实在太说不过去了。于是，2艘巨舰在驱逐舰的护卫下继续向北航行。

————

翌日，即12月9日中午，冒着阴雨天气，"威尔士亲王号"与"反击号"终于走完半程，预计于次日上午袭击日军船团。哥伦比亚广播公司记者塞西尔·布朗正在与"反击号"舰长威廉·坦南特（William Tennant）海军上校攀谈。布朗本希望登上旗舰，因此颇为不满，说道："在'反击号'上，我还能报道什么？就连'反击号'出海一事本身都不能提。"

"那算什么，"坦南特笑着说，"据我所知，本来就没有媒体报道过'反击号'。"开战两年半以来，"反击号"从未参加过一次行动。船员颇有些跃跃欲试的心情。

下午1点45分，日军伊-56型潜艇发现北上的英军舰队，潜艇指挥官十分兴奋，向司令部回报消息，结果没有回应。原来，潜艇无线电操作员不够熟练，司令部无法理解电文内容。操作员只得一遍又一遍地尝试。

在西贡（Saigon），日军第22航空战队司令官松永贞市海军少将正召开特别参谋会议。根据2架九七式司令部侦察机的情报，"威尔士亲王号"与

"反击号"停泊在新加坡港内。那显然是误报,日军却伤透了脑筋,向各飞行员传令研究港口具体水深及最佳接近方向,并进入警戒状态。

下午3点,松永接收到另一则消息。伊-56型潜艇发来报告:2艘大型战舰与4艘驱逐舰正在普洛康德尔岛(Procondor Island)附近以14节的速度向北行进。飞机与潜艇,该信哪个?经过讨论,众参谋一致认为潜艇传来的报告更为合理,随即传令鱼雷机做好攻击准备。

松永基地内的两支航空部队匆忙为鱼雷机填弹,并解开安全装置。此时,一群陆军军官乘车而来,神色很是兴奋。不知为何,消息已在陆军之中传开:海军要对2艘英军巨舰动手。在一片充满热情与希望的欢呼声中,飞机接连升空。

————

下午3点30分,"反击号"上,塞西尔·布朗来到军官食堂准备享用下午茶,有人前来在墙上张贴通知:"自明日黎明起,全体官兵务必装备战斗服,以防敌军炸弹及炮击造成灼伤。"

接着,菲利普斯海军中将向舰队全体人员发布消息:

> 为躲避敌军空中侦察,我军正采取迂回路线航行,预计于明日,即周三日出之后,对敌军发动奇袭。如今日军巡洋舰及驱逐舰位于暹罗湾,正是我军出动坚船利炮之大好时机。可以预见,防空火力将会受到一定挑战;为此,我军将迅速消灭一切敌舰,而后在日军空中大部队到来之前迅速向东撤离。故此,目标唯有击沉敌舰。

"反击号"众官兵无不暗自兴奋,养兵千日,终于到了用兵之时。晚餐颇为丰盛:热汤、冷牛肉、火腿、肉馅饼、菠萝、咖啡。饱餐过后,一群军官在食堂就日军能力展开讨论。

"鬼子蠢得很。"一人说道,"扩大战场,到处分散兵力,一看就不懂战略。"

"鬼子飞行员不行。"另一人说，"没夜视能力，训练也不够。"

"其实他们的舰船还不错，"又有一人评论道，"就是打不准。"

"大不列颠果然厉害。"最后发言的是布朗，"当初是在挪威，后来是在法国、希腊、克里特岛①，永远把敌人低看一等。"

听到此番激烈批评，众军官无不大感意外。"我们并不是轻敌，"一人告诉布朗，"就事论事，日本真的不行。花了将近五年时间，依旧深陷中国战场；再看看现在什么战略：不会集中兵力在一两处，满世界东开一枪，西打一炮。真谈不上是会打仗。"

晚上 9 点 5 分，军官食堂扬声器里传出坦南特上校的声音。上校称，舰队已被 3 架敌侦察机发现，因此菲利普斯海军中将判断，位于宋卡的日军船团必会散开。

"各位想必失望至极，我很能体会。"坦南特遗憾地说，"不过我相信，诸位一定会对总司令的决断表示理解。总之，本舰即将返回新加坡。"

众军官大感失望，悲叹不已。布朗急忙跑到水兵食堂，去观察士兵的反应：众人围坐在长桌旁，有的眼中噙着泪水。

"长官下令返航，您怎么看？"布朗展开采访。

"'反击号'经常这样。"一人答道。

"这艘舰就是邪门。"另一人说。

事实上，迫使菲利普斯返航的 3 架飞机并非日军的，而是盟军的。要么是飞机没看到英军舰队，要么是看到却没有发信号，才造成如此误会。

————

西贡已是午夜时分，松永海军少将颇感沮丧。当天下午，松永为袭击"威尔士亲王号"派出数十架飞机，结果一艘外国舰只都没有发现。看来正确的还是那份侦察机报告，两艘巨舰确实稳稳地停在新加坡港内。松永决定命令飞机返航。

---

① 此处指 1940 年至 1941 年的挪威战役、法国战役、希腊战役、克里特岛战役，四场战役英军均以失利告终。

———

"威尔士亲王号"上,菲利普斯海军中将收到留守新加坡的参谋长亚瑟·帕利瑟(Arthur Palliser)爵士发来的电报:

> 据报,敌军在关丹(Kuantan)登陆。

关丹位于马来半岛东岸,位置正在哥打巴鲁与新加坡中间,距离返航路线不是太远。当晚天黑后不久,帕利瑟收到报告称,哥打巴鲁机场失陷。如此一来,关丹的地理位置便愈加重要,绝不可落入敌手。

12月10日0点52分,"威尔士亲王号"掉头向西,以25节的速度驶向关丹。事实上,关丹并没有敌军登陆,反倒是日军伊-58型潜艇正朝该海域行驶,与英军舰队的航路渐渐重合。一个多小时后,凌晨2时10分,"伊-58"发现两艘英军巨舰出现在"Fumoro 45"位置——那是日本海军的一种密码,意即"距离关丹140英里处"。潜艇指挥官神经紧绷,操纵着潜艇,等到"反击号"接近,便射出2枚鱼雷,紧接着又射出4枚,结果无一命中。

死里逃生的"反击号"对此毫无知觉,迅速穿过那片海域。

第五章　那船太漂亮了

1

开战第三天，战斗在关岛打响。关岛位于威克岛与马尼拉之间，乃是美国领土，与日本托管地天宁岛(Tinian)几乎隔海相望。按理来讲，关岛的战略地位不可谓不重要，然而国会却不愿花钱修建防御工事，甚至连疏浚港湾都拒绝拨款。

正因如此，关岛驻防部队司令乔治·麦克米林(George McMillin)海军上校手上，也只有一支象征性的小部队：430名海军陆战队及海军士兵、180名原住民警卫队警卫。至于武器装备，同样不值一提：13挺一战时期研发的刘易斯式轻机枪、15支勃朗宁自动步枪，以及170支春田步枪。

12月10日凌晨2时，警卫队民兵胡安·佩雷斯(Juan Perez)二等兵正与三名战友一起，在首都阿加尼亚(Agaña)以东数英里的塔穆宁(Tamuning)海滩巡逻。突然，水面上出现一群令人感到恐怖的阴影，接着传来水花四溅的声音——那是登陆艇在靠岸。佩雷斯拿起勃朗宁，朝最近一艘登陆艇一阵射击，然后便沿道路朝阿加尼亚跑去，好将敌军入侵的消息传达给麦克米林上校。

接近海岸的登陆艇载有日军海军陆战队 400 名士兵；隶属楠濑正雄大佐所率陆军第 144 联队的三个大队也在该岛的另外三处登陆。共计 5400 名士兵分乘 9 艘运输船，在 4 艘驱逐舰、1 艘水上飞机母舰与 1 艘水雷艇的护送下，朝着一座毫无防御措施的岛屿发起突袭。

凌晨 4 点 30 分，美军 100 名民兵及海军陆战队据守阿加尼亚总督府广场，佩雷斯也在其中。黑压压的敌军向广场拥来，佩雷斯等人开枪射击，双方发生激烈交火。

太阳升起时，撤退的军号声响起。佩雷斯与战友连忙退入总督府内。

"要么战，要么死!"有人喊道。佩雷斯扔下打空的勃朗宁，拿起一支春田步枪。

5 点 35 分，汽车喇叭连鸣 3 声，美军停止开火。

眼见部队指挥官 D. T. 吉尔斯(D. T. Giles)从总督府走出，佩雷斯急忙从后门溜走，朝沼泽地爬去。总督府门前，日军指挥官林弘以手势向吉尔斯保证，将尊重原住民的公民权，并根据战争法处置战俘。

美军从未见识过日军的战争法。麦克米林上校出来投降后，日本士兵立马扯掉他的外衣，身上只留一条短裤。关岛战役结束，包含原住民民兵在内，美军共 17 人战死；日军死亡 1 人。

2

10 日那天天亮之前，菲律宾群岛主要岛屿吕宋岛上，也有两支日本船团登陆。一支由田中大佐率领，地点是北海岸的阿帕里；另一支指挥官姓管野，地点是西北岸的维干(Vigan)。田中船团共有 2000 人，任务是在阿帕里附近建造一座机场，此时派出 400 人乘登陆艇先行登陆。指挥官田中透异常庆幸：三天前船团离开台湾，田中一直在防备敌人空袭，结果连一枚炸弹也没见到，便平安抵达海岸。

美军在阿帕里只有 200 名未经训练的菲律宾士兵，指挥官是一名年轻的预备役中尉，名叫艾尔文·C.哈德利（Alvin C. Hadley），正在远眺登陆的日军。在哈德利看来，400人的小部队与一支大军无异。于是，中尉跑到电报室，向总部报告称：日军1万人正在登陆。很快，总部给出答复：立即发动攻击，将敌军赶入海中。

哈德利虽然年轻，却不至于没有常识，立即下令将6挺破旧的机枪收拢起来，然后用手势夹杂着当地口音的英语，告诉手下那一些讲着不同方言的士兵：向南撤退。

登陆维干的管野船团同样由2000名士兵组成，目的也是建造前沿机场。不过，维干甚至连哈德利那样的年轻军官也没有，完全无人驻守，只剩下海浪与日军作战。5点13分，一名中尉注意到登陆日军，此人名叫格兰特·马哈尼（Grant Mahony），正单独驾驶一架"P-40"执行夜间巡逻任务。马哈尼立刻通过无线电报告总部。47分钟后，克拉克基地派出5架最近从德尔蒙特调来的"空中堡垒"前往维干。飞行员情绪十分激动，因为那是开战以来美军轰炸机首次行动。5架"空中堡垒"组成的轰炸机中队由塞西尔·科姆斯（Cecil Combs）少校率领，前往吕宋岛中部后，掉头向西，来到维干上空。自12000英尺高空向下看去，运输舰的白色航迹依稀可见；距离海岸较远处，数艘日本轻型巡洋舰上，高射炮吐着闪亮的火光。

"可算给老子找到了！"有人激动地喊道。

轰炸机中队咆哮着投下炸弹。回旋准备投下第二批时，从陆地起飞的"P-40"赶来支援，俯冲下去朝运输舰投下炸弹，并用机枪对登陆艇展开扫射。

最后，旧式"P-35"部队也从德尔卡门赶来。飞行员饥乏交困，精神萎靡。原本有16架从机场出发，却由于引擎故障，只有7架来到战场。日军巡洋舰及驱逐舰驶向海岸，对运输舰进行护卫；萨姆·马雷特（Sam Marrett）中尉便率领7架旧式飞机朝目标展开低空射击，击沉数艘登陆艇，3艘运输舰燃起火来。马雷特中尉生得尖鼻小脸，人称"耗子"。此时他紧紧盯住最大的1艘运输舰，操纵机枪持续开火。马雷特来回盘旋，死死咬住那舰不放,最后甚至俯冲下去,以贴近船桅的高度低空射击。不料,那运输舰突然爆炸,马雷特躲避不及,一侧机翼被爆炸所产生的气流吹飞。

尽管美军展开猛烈空袭,到中午时,管野船团依然有大量部队成功登陆维干。与此同时,来自台湾的日军中型轰炸机部队也一波又一波地经过维干,向南飞去。

20分钟后,南距维干210英里的尼尔森基地中,警报声此起彼伏。士兵在布雷顿司令部走廊来回跑动,大喊道:"撤离建筑! 撤离建筑! 敌军空袭!"

情报官艾里森·英德上尉一连两天没有合眼,此时趴在办公桌上沉沉睡去。突然,副官劳·贝尔(Lou Bell)朝他喊道:"敌机就在附近,正冲着咱们这一片过来。"

英德瞬间睁开眼:"劳,确实是冲咱们来的?"

"应该是。一支混合机大编队从北边过来,也说不定会中途袭击克拉克,但上边推断最可能是直接来打咱们的。这次可要给他们点颜色看看。"

推断没有错误。来自台湾的中型轰炸机部队分为三队接近:54架一式轰炸机平分两队,分别袭击尼科尔斯战斗机基地与德尔卡门机场,27架九六式舰载战斗机则以卡维特海军基地为目标行进。另外,73架零式战斗机作为援护战斗机在前方开路,此时位于马尼拉以北约40英里处。

接近下午1点,27架一式轰炸机抵达马尼拉郊区上空,随即对尼科尔斯机场兵营及仓库展开轰炸。接着,"零式"发起俯冲,朝着地面停泊的飞机扫射。美军执行高空巡逻任务的战斗机前来与"零式"缠斗,结果苦战不敌,或被日机击落,或因燃油不足而紧急迫降,几乎全军覆没。

美军第31步兵团随军牧师罗伯特·泰勒(Robert Taylor)上尉从伊萨克·佩尔街(Isaac Peral Street)①远眺,关注着战斗进程。第一枚炸弹落在尼科尔斯机场时,爆炸声传到市内,引起市民一阵恐慌。在一片警报声、车

---

① 伊萨克·佩尔街,菲律宾马尼拉市内一条街道,因纪念西班牙工程师伊萨克·佩尔得名,今称"联合国大道"(United Nations Avenue)。

笛声、四轮马车的"哐啷"声中，马尼拉教堂开始鸣钟。泰勒发现教堂鸣钟很能抚慰群众受惊的情绪，那钟声仿佛在说："恢复冷静，坚定信念，保持良知；无论战争还是和平，上帝都与你同在。"泰勒突然意识到，在战火之中为众人提供精神支撑，正是自己的职责所在。

市内向东北约 10 英里处，在扎布兰(Zablan)机场军官食堂里，菲律宾航空部队第 6 战斗机中队队长赫苏斯·维拉莫尔(Jesus Villamor)上尉听到马尼拉教堂的钟声从远处传来。突然，约 6 架"零式"急速俯冲，子弹朝着停机坪上的训练机大肆倾泻。维拉莫尔见状，连忙招呼着手下飞行员，朝机库奔去。

维拉莫尔爬上飞机，两名地勤人员奋力启动引擎，不等暖机，中队长便驾着落伍的 P-26 战斗机沿跑道滑行。"P-26"的着陆架不可收缩，此时看来已是实打实的古董机。起飞后，维拉莫尔注意到一架"零式"从身后接近，蓦地体会到当战斗机飞行员究竟是一份何等恐怖的工作——那是他此前从未有过的想法。天上没有友军援护，只有惊心动魄的追逐。维拉莫尔明白生死只在转瞬之间，猛地向机场边缘一座山谷中扎去。"零式"紧随其后，维拉莫尔也不在意，只顾超低空飞行，接着突然爬坡向右陡升。尽管"零式"还是跟在后面，维拉莫尔此时已恢复自信。他意识到自己确有过人的飞行技巧，只要再来几次急掉头，定能反咬到"零式"身后。

在 500 英尺的低空上，维拉莫尔使尽平生力气，突然急转弯；那动作十分凶险，谁知"零式"轻松追上。接下来数次掉头，依然无法摆脱"零式"，维拉莫尔感到万事皆休：除非天降神助，否则必将命丧于此。

忽然，维拉莫尔发现一排高压电线，便朝着电线俯冲下去。日机判断"P-26"已然坠毁，便重新爬升，去找寻下一个目标。暂时，维拉莫尔性命无虞。

———

此时，第二队 27 架"一式"来到马尼拉上空。第二队原定轰炸德尔卡门机场的"P-35"，但经过先行的零式战斗机袭击，"P-35"已没剩下几架，于是

27 架"一式"转而朝着第二目标——马尼拉湾的舰船前进。

美国驻菲律宾高级专员弗朗西斯·塞耶(Francis Sayre)①站在杜威大道(Dewey Boulevard)的寓所阳台上,望着一大群飞机朝市内飞来,以为自己大限已到。谁知飞机竟突然西转,开始轰炸停泊在港口的船只。

10 英里外,与港口隔湾相望的卡维特海军基地响起警报。负责监督拖船、驳船及渡船情况的塞西尔·布朗(Cecil Browne)在管制塔上发现第三队敌机,即 27 架"九六式",摆成巨大的 V 字形飞越科雷希多岛(Corregidor Island),朝卡维特而来。布朗连忙给指挥室拨电话,却发现敌机径直从头顶经过,并没有投下炸弹。然而紧接着,敌机便掉头飞来。下午 1 点 10 分,卡维特开始遭到轰炸。基地内 9 门 3 英寸口径高射炮奋力反击,炮弹却根本打不到高空飞行的"九六式"。

码头附近遭到严重轰炸。所幸没有炸到弹药库,木材厂、发电厂、诊所、司令部及鱼雷仓库则无一幸免。炸弹如雨般落下,布朗与两名同事站在 40 英尺高的管制塔内,早已吓得呆住了,一动不动。突然,布朗发现刚刚完成轰炸任务的 27 架"一式"接近,瞬间意识到塔里四面都是玻璃。"别在这儿傻站着了!"随着布朗一声大喊,三人连忙离开管制塔,跑到码头下方躲避炸弹。

数千马尼拉市民望着卡维特遭受轰炸的惨状,看得双目发直。哈特海军上将不顾参谋劝阻,登上王城区马斯曼大厦(Marsman Building)顶部,朝着军港方向远眺,神情严峻。《生活周刊》(*Life*)记者卡尔·迈丹斯(Carl Mydans)与《时代周刊》(*Time*)记者梅尔·雅各比(Mel Jacoby)站在马尼拉湾岸边,注视着袭击情况。迈丹斯透过望远镜,注意到日军投弹极为精准,便对雅各比说:苏芬战争(Russo-Finnish War)②那会儿,炸弹利用率可没那

---

① 弗朗西斯·塞耶(1885—1972),美国外交官,伍德罗·威尔逊的女婿,1939 年 10 月至 1942 年 10 月任菲律宾高级专员。20 世纪早期,美属菲律宾由美国派遣的总督治理;1935 年,菲律宾获得自治,成立菲律宾自由邦,美国派遣驻菲律宾的常任使节即称"高级专员"。

② 苏芬战争,又称"冬季战争",1939 年 11 月至 1940 年 3 月苏联与芬兰之间爆发的战争。

么高。

卡维特基地内，第 16 海军区司令弗朗西斯·洛克威尔（Francis Rockwell）海军少将的副官马尔科姆·钱普林（Malcolm Champlin）海军上尉正驾车赶往爆炸现场。

通往海军造船厂有一座桥，车子接近那桥时，对面突然冲出好几辆车，满载着伤员；也有人徒步从桥上跑过。钱普林正前方的一辆卡车为躲避几个奔跑的菲律宾人，与桥对面驶来的一辆卡车相撞。钱普林跳下车，发现双方卡车的驾驶员都是菲律宾人，正挥舞着手臂朝对方叫骂。

"都别吵了！"钱普林一声怒喝，上前查看状况，发现两车保险杠死死地卡在一起，便下令将卡车上的伤员转移到旁边的私家车辆上，自己也跳上卡车后部，帮忙搬运伤员。最后一名伤员满身是血，一只眼睛已被炸飞。钱普林将他轻轻抱上汽车，那伤员睁开另一只眼，看到钱普林胸前的军徽，咧嘴笑笑，喃喃自语道："谢谢长官，谢谢长官。"他的喉咙发出"咕噜咕噜"的声音，突然便咽下了最后一口气。

驶进造船厂，钱普林发现火势凶猛，遍地尸体，车辆行驶缓慢，便跳下车，急忙跑向司令部附近的小型避难所。洛克威尔没戴帽子，只穿着一件鲜血淋漓的衬衫，正在那里搬运伤员。

由于发电厂被炸毁，消防设备无法正常运行，洛克威尔便给马尼拉市内打电话，要求调派所有消防车，从海堤与码头附近抽水过来。挂下电话后，洛克威尔神情紧张地告诉钱普林，必须迅速灭火，以防火势蔓延到弹药库。正说着话，突然风向改变，火势愈加猛烈起来。钱普林环顾四周：基地重要设施化为废墟，弯曲的屋梁歪倒在地上。将近 500 人在轰炸中丧生。

战斗机中队队长、菲律宾原住民赫苏斯·维拉莫尔此时在扎布兰机场上空约 4000 英尺处，观察到 27 架"一式"对卡维特发动两次轰炸后，正准备悠然地北上返航。

维拉莫尔爬升到最大高度，接近那 27 架轰炸机后，朝着排头第一架俯冲下去，用两挺火力微弱的点 30 机枪向敌机开火。没想到的是，敌机竟冒起烟来，无力地盘旋着坠落下去。

维拉莫尔身后跟着 3 名同样大胆的菲律宾战斗机飞行员，其中一个名叫何塞·戈萨尔(Jose Gozar)的中尉，3 次尝试冲撞敌机，无奈"P-26"速度实在太慢。最终，除却维拉莫尔击坠的那架，26 架敌机全部逃脱。

当天接近傍晚时，海军基地的大火仍在肆虐。钱普林上尉与几名挑选出来的志愿者一起，在燃烧的仓库二楼抢救防护面具。搬出 700 个面具后，众人见仓库已支撑不住，迅速逃出；紧接着，仓库便轰然倒塌。

钱普林对那几名志愿者表示感谢。

"接下来我要接受简易军事法庭审判，"一名志愿者说道，"您可否为我作证？"

钱普林答应出庭作证。

其余几名志愿者也纷纷问道："能不能给我们全员作证？"原来，这些志愿者原本都关在基地监狱里，因为爆炸起火才将他们放出。

海军造船厂化为焦土。系泊中的潜艇"海狮号"(Sealion)受到直接打击，身中 200 余枚鱼雷，惨遭击毁。哈特海军上将评估损失后，做出决断：马尼拉已不再能够承担海军基地之职责；并下令将 2 艘驱逐舰、3 艘炮舰、2 艘潜水母舰及 2 艘扫雷舰转移至南方。如此一来，菲律宾的美军亚洲舰队便只剩下潜艇了。

入夜之后，马尼拉谣言四起：美军已抛弃菲律宾；日军伞兵四处降落；破坏分子准备对城市供水系统下手；间谍升起信号火箭，为敌军轰炸机指示目标。

其中，关于伞兵的谣言自那天早上便在传播；此时麦金莱堡(Fort McKinley)为搜寻日军伞兵，已把周边地区翻了个底朝天，航空部队与骑兵部队甚至深入阿拉亚特山脉腹地进行巡逻。恐惧随着时间的流逝渐渐加深，而事实上却是没有一名日军伞兵降落；倒是有几名美军飞行员，因飞机着火跳伞逃生。

3

开战第三日最具关键意义的战斗,爆发于马尼拉西南 1500 英里处的马来半岛沿岸。凌晨天未亮时,日本伊-58 号潜艇传来消息,称发现英军舰队踪迹。第 22 航空战队司令松永海军少将派出 10 架侦察机和 96 架轰炸机进行搜索,然而直到上午 9 点多钟,也未能找到"威尔士亲王号"。

英军 2 艘战舰此时位于关丹附近海域,与英军最为接近的日军飞机在舰队以东,双方相隔 100 英里。菲利普斯海军中将派出驱逐舰"快车号"(Express)侦察关丹港口情况,"快车号"发回闪光信号:"周日午后,细雨绵绵,一切如常。"日军登陆的情报有误。

那天黎明时分,菲利普斯发现 1 艘可疑的拖船与 4 艘驳船。此时,菲利普斯决定暂不返回新加坡,先去对可疑船只进行调查。上午 9 点,2 艘巨舰在驱逐舰"快车号"、"伊莱克特拉号"(Electra)、"吸血鬼号"(Vampire)护卫下,驶向那艘拖船;第四艘驱逐舰"特涅多斯号"(Tenedos)由于燃油不足,前一晚已被命令直接返回新加坡。

此时,日军 96 架轰炸机和 10 架侦察机已对搜索结果不抱希望,侦察机甚至已在返航路上。10 点 15 分,侦察机正准备联系轰炸机通知返航,一名飞行员透过云层,突然发现 2 艘巨舰与 3 艘驱逐舰。侦察机狂喜之下,连忙将情报发回西贡。

10 点 30 分,松永司令部终于与鹿屋航空队①的 27 架一式轰炸机取得联系,并告知英舰的具体位置。"一式"得到消息,便改变航向,并爬升至10000 英尺高空。鹿屋航空队第 3 中队队长壹岐春记海军大尉极其兴奋,将饥饿与困乏抛至脑后,一心只想投入战斗。壹岐中队的 9 架飞机训练有

---

① 二战时日本海军作战编成如下:航空队与战舰组成航空战队,航空战队组成航空舰队,统辖数个舰队或航空舰队者为联合舰队。鹿屋航空队隶属第 21 航空战队,该队与松永第 22 航空战队同属第 11 航空舰队;下文的元山航空队则隶属第 22 航空战队。

素，曾在联合舰队大比武中技压群雄。10 点 50 分，壹岐透过云层发现一架飞机，从外形来看，应该是英军海象（Walrus）侦察机。敌军舰队必在附近无疑。

直到此时，元山航空队第 2 中队队长高井贞夫海军大尉才收到松永发来的无线电暗号消息，得知英舰具体位置在关丹东南 70 海里处。高井将消息传达给下属各机，并掉头朝西北偏北方向前进。第 1 中队并没收到松永的消息，但见到第 2 中队 9 架鱼雷机转向，便也跟随上去；第 3 中队这天早上对归航途中的"特涅多斯号"展开袭击，不料 9 枚鱼雷无一射中，此时早已遗憾地返回基地。

天空中乌云弥漫，透过云隙偶尔能看见海面。众人无不为争抢首功而心潮澎湃。高井十分紧张，手不听使唤地颤抖起来，甚至感到一股异样的尿意；脑海中则在回想早上起飞前，元山航空队司令官前田孝成海军大佐的话——"气沉丹田，全身放松"。

此时，英军舰队也发现日本侦察机，菲利普斯海军中将下令全舰进入一级防空战备状态。"威尔士亲王号""反击号"与 3 艘驱逐舰上，众官兵欢欣鼓舞：终于有仗可打了。

"反击号"上，几名炮手在打扑克牌，哥伦比亚广播公司特派记者布朗则从旁拍摄。突然，船开始呈 Z 字形前行，布朗发现"威尔士亲王号"就在前方半英里处，便拿起相机拍摄。11 点 7 分，船上扩音器传出命令："敌机接近中，全员各就各位！"

布朗向南望去，眼见着 9 架飞机从 12000 英尺的高空飞来，自己竟如身中咒术般，呆立在左舷信号桥楼甲板处，动弹不得。落下的炸弹在眼中越来越大，突然，10 码外的海面上涌起一大股水柱，把布朗与相机浇得湿透。布朗本能地弯下腰，同时听到一阵闷响，船颤抖了起来。

"救生艇甲板着火！下部着火！"扩音器中传来声音。

驱逐舰"伊莱克特拉号"上，炮手 T. J. 卡因（T. J. Cain）望着那群飞机接近时，原本丝毫不担心。日机阵形确实漂亮，但在长年作战生涯中，卡因早已总结出经验：高空轰炸看似可怕，实际破坏力却并不太强。即便是比日军更为优秀的德军轰炸机，面对移动中的船只也没什么办法。

然而，随着炸弹落下，卡因开始对日军的轰炸模式感到震惊，甚至是恐惧。一连串的爆炸几乎包覆着全长 794 英尺的巡洋舰，"反击号"升起一团黑烟，船体被周围涌起的水柱挡住；从驱逐舰看不到"反击号"情况如何，卡因等人一时惊得讲不出话。突然，巨大的巡洋舰重新出现在视野之中，黑烟从甲板上散去。"伊莱克特拉号"上的官兵不禁欢呼起来。

"反击号"发来闪光信号："遭受一击……损伤若干……情况仍在控制内。对于继续作战毫无影响。"信号解码后，驱逐舰官兵又爆发一阵欢呼。

约 7 英里外的空中，壹岐观察着轰炸情况，心情激动，以至于口干舌燥。鹿屋航空队第 3 中队 9 架飞机在壹岐命令下摆出一列纵队，此时，第 1 中队的 3 架与第 2 中队的 2 架"一式"朝"威尔士亲王号"俯冲下去，并发射鱼雷；两个中队另外 13 架则准备轰炸"反击号"。壹岐见状，决定率领第 3 中队袭击"威尔士亲王号"。9 架"一式"迅速突击，壹岐心潮澎湃；然而行至距目标 5 英里处，只见船尾发生巨大爆炸，接着，船头处涌起巨大水柱。"威尔士亲王号"遭到两枚鱼雷直接命中。壹岐稍作思考，便决定掉头北向，前往袭击"反击号"。身中两雷的战列舰已在苟延残喘，没有必要特地去投下最后一枚鱼雷。

此时，"威尔士亲王号"左舷倾斜 13 度，正以 15 节的速度颠簸而行。两舷螺旋桨轴皆损坏，舵机也无法正常工作。

元山航空队两个中队也进入战区。"突击阵形！"通过无线电，高井大尉听到队长下令，"攻击！"第 1 中队开始俯冲，高井紧随其后。按照惯例，第 1 中队会挑选最大的敌舰作为目标，高井的第 2 中队则去袭击体形次之的敌舰。

此处距离新加坡不到 125 英里，却不见 1 架英军战斗机，高井颇感惊异。英舰防空火力几乎将第 1 中队吞没，却没有一门高射炮打到第 2 中队。高井透过双筒望远镜看去，一艘大型战舰冒着细窄的白色烟柱，在 3 艘驱逐舰的陪伴下笔直前行。那是"反击号",而高井却将它看成日军战舰"金刚号"。第1中队朝着那舰冲锋时,高井紧张得血液都要凝固起来了。莫非要演变成自相残杀?高井连忙呼叫侦察员,侦察员颤颤巍巍地答道:"我也觉得像我军的'金刚'。"

高井处在理想高度——1700英尺空中,直到仔细观察那战舰,发现确实不是"金刚号",才下定决心发起袭击。为迷惑敌人,高井先钻入云层,改变航向,而后突然冲出云端时,已接近目标1.5英里处。

"反击号"上喇叭响起,扩音器中传出吼声:"准备弹幕!"

高井麾下9架飞机射出鱼雷,巡洋舰"反击号"上所有大炮一齐开火。

"快看,黄皮杂种来啦。"布朗身边一人说道。身为记者的布朗此时除了"快看",也无事可做。炮身上的喷漆起泡,有网球那么大;炮手大汗淋漓,脸上写满紧张与兴奋;鱼雷接二连三地投落,巨大的战舰笨重地躲避着。接着,攻击戛然而止。

"小鬼子胆量真不小。"布朗身边那人说道,"打得漂亮,之前真想不到鬼子还有这本事。"

布朗感到诧异的是,"反击号"官兵并未欣喜若狂,也没有表现出对敌人的仇视。舰桥上,威廉·坦南特海军上校刚刚看到"威尔士亲王号"升起信号球,称"本舰无法操纵"。上校向旗舰询问损害情况,菲利普斯没有回答。坦南特继续发信号报告:"天佑我军,本舰成功躲避19枚鱼雷。"并补充道,炸弹袭击造成的损害均属可控程度,"反击号"并未丧失作战能力。然而,倾斜的"威尔士亲王号"依然没有做出回复。坦南特不知道菲利普斯是否已将袭击之事告知新加坡,为保险起见,上校自己向新加坡发出无线电报告:

> 我军遭敌机持续轰炸。

新加坡收到此消息是在当地时间中午12点4分。当日黎明时分,新加坡收到报告称,菲利普斯返航抵达时间将会早于预期;那之后,直到坦南特报告传来之前，并未收到任何消息。12 点 15 分，新加坡派出 6 架"水牛"前往救援。

3 分钟后，坦南特问菲利普斯无线电是否发生故障，依然没有得到答复。于是，上校将"反击号"速度降至 20 节，朝"威尔士亲王号"驶去，看旗舰是否需要帮助。然而，就在此时，又有 9 架日军鱼雷机驶来；其中 6 架突然左转冲向"威尔士亲王号"，另外 3 架则直接朝着"反击号"俯冲。坦南特下令"反击号"右转，此时一枚鱼雷落下。上校发现如果继续掉头，会被另外两枚鱼雷命中，于是只得眼睁睁地看着那枚鱼雷击中舰船中央。"反击号"开始向左倾斜，坦南特吩咐下去："命令全员尽可能集中到右舷。"

尽管遭到一枚鱼雷直接命中，"反击号"依然能够以 25 节的速度航行，问题并不特别严重。然而，另一波强敌——壹岐大尉 9 架鱼雷机正在逼近。壹岐迅速俯冲离开云层，出现在 1300 英尺的低空。防空速射炮（pompom）一齐开火，本能告诉壹岐拉起飞机躲避火力，理性却迫使他冲向更低位置，直到飞机从海面上空 125 英尺掠过。"反击号"前方是一片火力墙，壹岐只得奋力穿过，在距离船舰 1900 英尺处狠狠按下发射按钮：鱼雷成功击中舰侧！

壹岐的机翼被打出数个弹孔，连忙急速左转；此时"反击号"正转向右舷，飞机与舰船在某一瞬间呈平行状态。壹岐朝下看去，发现一些水兵穿着类似雨衣的服装，平躺在甲板上，甚至能够看到他们遭到飞机机枪扫射时的表情。突然，壹岐身后桃井敏光一等兵曹驾驶的二号机燃起橙色火焰；田植良和二等兵曹驾驶的三号机爆炸，盘旋着摔落下去。"反击号"舰首随即发生两处爆炸，那是两机坠毁前发出的鱼雷命中的。当壹岐升上 3200 英尺的空中，等待剩余 6 架飞机会合时，又有一枚鱼雷命中"反击号"。

在"伊莱克特拉号"驱逐舰上的官兵看来，壹岐投下的那枚鱼雷从极浅的位置射向"反击号"，命中舰首附近，激起一大根水柱，高度超过上甲板。那水柱还没完全落下，靠近尾部几码外的海面上又升起一股巨大的水柱。巨大的舰船摇摇晃晃，就像一个蹒跚而无助的盲人。

壹岐的鱼雷炸在下级军官休息室附近时，船舵出现故障，"反击号"无法继续操控。坦南特上校明白大势已去。很快，"反击号"又遭到3枚鱼雷击中——2枚在左舷，1枚在右舷。

身为舰长，命令全舰乘员放弃手头工作是一个苦涩的决定，但为拯救众人性命，坦南特毫不犹豫，下令全员登上甲板，并放出卡利式救生艇（Carley float）①。

很快，"反击号"乘员便系好逃生索，在甲板上聚集。舰船左倾已有30度，坦南特从舰桥上往右舷看去，发现约有250人没有来到甲板，依然井然有序地站在原地，抬头看向上校。"反击号"官兵对战斗的渴望，坦南特十分理解。"做好弃舰准备。"上校举起扩音器，冷静地感谢众人英勇奋战，停顿片刻后说道，"上帝与各位同在。"

布朗站在信号桥楼甲板上，发现官兵们居然毫不慌乱，心中大感惊异。众人排成一队赶往上甲板，一名年轻士兵推推搡搡，试图插队到排头。

旁边一名中尉，与那士兵年纪差不多，语气平和地训斥道："行啦，行啦，在前在后都在同一条路上。"那年轻士兵便不再推搡。

中午12点32分，巨大的"反击号"在将倾未倾之际晃了晃，好像还在犹豫是否接受自己的结局。透过一片浓烟，布朗能够看到前方"威尔士亲王号"吐着蒸汽与水，无助地躺在海面上，正在沉没。

————

"反击号"倾斜愈加严重，众人纷纷跳海。布朗看到一个18岁的澳大利亚裔候补军官，名叫彼得·吉利斯（Peter Gillis），从主桅顶部170英尺高的指挥塔跳入海中；另有一人从另一座指挥塔跳下，却撞在船舷上，摔成一摊软泥；第三个起跳者不幸落在烟囱里；还有10余名皇家海军陆战队队员从舰尾附近的甲板起跳，还在半空便被吸入螺旋桨里。

---

① 卡利式救生艇，美国发明家贺拉斯·卡利（Horace Carley）设计的一种救生艇，在两次世界大战中普遍配备于军舰。该艇主要结构为金属管，外面包裹一层软木，最外层缠有防水布，因此颇为坚固，能够承受些许损伤而不影响浮力。

随着水位上升，许多士兵没来得及从货舱爬上甲板，便被困在船内。另有 42 人在模拟烟囱里奋力向上爬行，到达顶端却发现已封上铁丝网，42 人一并沦为"瓮中之鳖"。

"反击号"倾斜已达到 70 度，坦南特上校对身边军官说道："各位也快快下船吧。"

其中一人问舰长是否下船，坦南特只是回答："快走，时间不多了。"

众人见舰长打算以身殉舰，纷纷劝说坦南特下船，其中几人直接将其从走廊推到甲板上。坦南特执意要求留在船上，却架不住数名官兵的力气，硬是被带离舰桥。

12 点 23 分，"反击号"彻底倾覆。布朗悬在舰体上，原本犹豫不决，直到看见身旁一人滑过，姿势优雅地潜入海中，这才下定决心，脚踏舰体，跳入大海；相机挂在布朗的脖子上，左右摇摆。刚一触水，布朗便出于本能地看了看表：12 点 35 分。此时海面已被油污覆盖，布朗的双目被油污刺得火烧火燎，只见"反击号"舰首高高耸起，就像教堂的尖顶，而舰底则呈阴森的红色。

在 5000 英尺高空，壹岐简直不敢相信双眼所见。巨大的巡洋舰沉没下去，舰首直指天空，而后彻底消失在视野之中。意料之外的战果。"万岁！万岁！"壹岐高举双手，大声喊道。随着双手离开驾驶盘，轰炸机高度开始下降。

机上 7 名机组人员同样在疯狂欢呼。壹岐下令斟酒，8 人便在机上满饮一杯。下方海面上依稀可见数百个黑色斑点，那是两艘驱逐舰在实施救助行动。

布朗在布满油污的海面上挣扎，手头只有一张小木桌帮助自己漂浮。"今天发生的一切，只能记在脑子里了。"布朗自言自语道，随即又想，"记下又有什么用？报道永远也没法公之于世。"漂流到救生艇附近时，布朗筋疲力尽，见救生艇已满员，便放弃登艇。一个名叫莫里斯·格兰尼（Morris Graney）的年轻海军陆战队队员将布朗拉上艇。"苦了您啦。"格兰尼问道，

"您相机还在吗？"

"还在。"

"大伙唱支歌吧。"格兰尼提议道，与几名战友唱起来，"爱尔兰人明眸含笑时……"①突然，壹岐麾下的数架飞机在头顶发出呼啸。"小心机枪扫射!"一人喊道。

"快快潜水!"

布朗知道，自己一旦潜入海里，就不再有浮上来的可能，因此他一动不动，只是望着那群飞机。出人意料地，飞机没有理会救生艇，径直向北飞去。海上的英军残兵大多认为，日军不开枪是因为已无弹药；其实壹岐飞机上弹药还算充足，至少扫射幸存者不成问题。在壹岐看来，英军作战英勇，此精神与其认为的日本的武士精神相类似。此时，战争仍处在序幕，双方依然保留着骑士精神、武士精神，还需要一小段时间，双方才会认识到：今日救助的敌人，就是明日夺走你性命的凶手。

12点41分，身中5枚鱼雷、已沉没大半的"威尔士亲王号"仍在奋力尝试前行；见9架日军水平轰炸机袭来，舰上剩余的5门点25口径炮及速射防空炮展开凶猛的弹幕，却硬是无法阻止敌军逼近。12点44分，炸弹纷纷落下：4枚炸在舰船两侧的海里，1枚正中弹射甲板。

35000吨重的战列舰开始剧烈摇晃，驱逐舰"快车号"将舰身横靠在其后甲板右舷。"威尔士亲王号"舰长里奇（Leach）命令全体伤员下船，而后又指示非战斗人员转移到驱逐舰上。

在舰桥上，菲利普斯海军中将依然不愿放弃旗舰："指示'快车号'联系新加坡，让新加坡派出拖船，将本舰带回港口。"

然而，遭受致命伤的"威尔士亲王号"无法支撑下去。数分钟后，海水开始浸入舰体，几乎将船体横梁淹没。里奇下令全员弃舰，自己与菲利普斯站在舰桥上，朝离开的官兵挥手致意。

---

① 《爱尔兰人明眸含笑时》（*When Irish Eyes Are Smiling*），一首向爱尔兰致敬的歌曲，创作于1912年，在英美两国风靡一时。

"保重！"里奇喊道，"谢谢各位。一路保重。上帝保佑你们。"

下午 1 点 19 分，"威尔士亲王号"迅速向左舷倾覆，小个子海军中将与里奇舰长消失在人们视野之中；紧接着，整艘战列舰彻底沉入大海，险些顺带掀翻停靠在附近的"快车号"。

新加坡那 6 架笨重的"水牛"此时终于抵达，四周早已不见日机踪影。空军上尉 T. A. 维格斯(T. A. Vigors)从空中俯瞰，只见成百上千漂浮在海面上的士兵朝自己挥着手，伸出大拇指。维格斯深受震撼。他曾经历过德军对敦刻尔克及伦敦的夜袭，那里的人们面对灾难，也展现出过人的勇气；然而，此时海面上众官兵那顽强不屈的精神，他却从未见识过。维格斯将飞机尽量压低，去观察那些生还者的表情。处在汪洋大海上，随时可能溺水，随时可能遭到扫射，众人却挥着手，相互开着玩笑，看着像是一群去布莱顿(Brighton)①度假的游客。

"伊莱克特拉号"并非第一次目睹惨剧。当初"俾斯麦号"(Bismarck)击沉"胡德号"(Hood)时，驱逐舰"伊莱克特拉号"便在一旁目击，如今已是第二次受编于惨遭毁灭的舰队。梅(May)海军中校立即将消息传回新加坡。望着头顶上盘旋的"水牛"，梅陷入沉思：菲利普斯海军中将为何不早些要求空中援护？

其中一个推想是，菲利普斯之前要求在宋卡上空提供援护时，遭到拒绝，因而认为返航时空军也不会提供援助；又或许是因为，菲利普斯得知日军沿马来半岛南下，北边机场皆已无法使用；一些友人则从其性格出发，认为菲利普斯生性极为慎重，不请求支援是因为不想打破无线电静默，增加被敌军发现的风险。无论如何，正确答案永远无人知晓。因为"威尔士亲王号"所有高级参谋都留在舰桥上，已与菲利普斯、里奇一并沉入海底。

壹岐大尉正在返回西贡附近基地的途中。想到两名捐躯的战友——桃井与田植，壹岐的兴奋之情顿时冷却下来。壹岐很确定是自己的鱼雷命中

---

① 布莱顿，英格兰东南部东萨塞克斯郡的一座海滨城镇，是著名的旅游度假胜地。

"反击号"，但在汇报时，却说首先命中目标的是桃井与田植的鱼雷。

壹岐中队降落时，基地里冲出一批飞行员及整备兵，激动地将各机团团围住，把壹岐等人拖出来，抛在空中高声庆贺。鹿屋航空队司令官藤吉直四郎海军大佐面露喜色，拥抱着壹岐。部队起飞前，藤吉曾对部下训话："且让我等奋战至死，泉下重逢于神社。"

降落后不久，壹岐麾下一名飞行员前来攀谈。交谈过程中，壹岐坦白道："我们俯冲下去准备攻击的时候，我一点都不想按下发射按钮。那船太漂亮了，太漂亮了。"

———

驱逐舰"快车号""吸血鬼号""伊莱克特拉号"共从两艘战舰救回 2081人，此时正停泊在新加坡，安排生还者下船；另有 840 名官兵成为不归之人。市内流言四起，称日军航母派出 1000 架飞机，将"威尔士亲王号"与"反击号"彻底击毁。

日军以一役消灭英军远东舰队，此一消息轰动新加坡。不少海军高层虽然相信两艘战舰是被舰载机击毁的，但怀疑日军的能力，并认为是德军"俾斯麦号"的姊妹舰——"提尔皮茨号"（Tirpitz）在背后为日军提供帮助。

普尔福德空军少将同样心痛不已，殉舰身亡的将士之中，许多是他的亲密战友。见到生还的坦南特上校时，少将说道："您可千万别怪我，我当时确实不知道舰队在哪里。"

应远东军总司令要求，当晚，丘吉尔的特别代表达夫·库珀（Duff Cooper）通过广播向新加坡民众发表演说。库珀指出：我军的确损失两艘战舰，不过新加坡军民绝不应感到颓丧。相反，应化悲愤为决心，面对艰难的现实，誓向敌人报一箭之仇。

对新加坡民众而言，库珀的演说内容十分空洞。号称"永不沉没"的舰队已然沉没；那么当局说新加坡港固若金汤，真的可以相信吗？

战报传到东京，同样给日本军部带来极大震撼。海军高层多是老一辈的人，直呼"荒唐无稽"，行进中的巨型战列舰岂会被区区飞机击沉？海军航空部队高层则大多较为年轻，面对仅以 4 架飞机为代价的丰硕战果，感到欢欣不已：航空称霸的理论终于得到证实。

英格兰此时还是 12 月 10 日清晨。温斯顿·丘吉尔正准备在起床之前打开公文箱看看，电话铃声响起。来电者是第一海务大臣（first sea lord）杜德利·庞德（Dudley Pound）爵士。"首相，我有一事禀报……"庞德咳了两声，"……'威尔士亲王号'与'反击号'双双遭日军击沉——据我等推测，应该是遭日军飞机击沉。"

"确定无误吗？"丘吉尔惊骇不已。那是自开战以来，首相所受到的最为直接的冲击。

翌日黎明，壹岐大尉驾机飞过"反击号"及"威尔士亲王号"的沉没处，向两舰残骸投下两个花圈。

第二部分　崩溃的防御

第六章　殊死对峙

1

12月11日凌晨1点50分,11艘日本船舰悄无声息地驶向威克岛环礁。环礁地处亚热带,是美国在中太平洋地区一座孤立无援的前哨基地。部队由1艘轻型巡洋舰"夕张号"(Yubari)、6艘驱逐舰、2艘巡逻舰、2艘运输舰及560名受过登陆训练的水兵组成,在距离环礁8000码处停下,准备执行威克岛登陆任务。威克岛以南为马绍尔群岛(Marshall Islands),是日本托管地,部队正是来自该处。两艘巡逻舰各自放下一艘装载80名士兵的登陆艇,其时风浪很大,两艇好不容易来到海面。接着,两艘老旧的运输舰也小心翼翼地如法炮制,结果登陆艇撞在陡峭的舰侧,众官兵连忙将其拖回运输舰。两舰通过闪光信号向巡洋舰"夕张号"报告下艇困难,舰队司令梶冈定道海军少将决定将登陆时间推迟到日出之后。

接近凌晨3点,"夕张号"与4艘驱逐舰进一步接近威克岛。最新报告显示,日军连日对威克岛的轰炸至少破坏掉半数以上的海岸炮,并彻底瘫痪岛上的航空部队。梶冈决心将剩余的海岸炮也消灭掉。岸上毫无动静,梶冈认为敌军与平常一样还在梦中。

————

实际上，美军很清楚敌人就在南部海岸附近。詹姆斯·德弗罗少校举着夜视望远镜，从海滩上观察南边海面的情况。由于地形因素，威克岛的防御设施颇为复杂。所谓的威克岛环礁，本质上是一座海底休眠火山露出水面的部分，呈一个开口朝向西北的"V"字形。"V"字两臂各约 5 英里长，两臂尖端各被一条水道切割，因而将环礁分作 3 个岛：右臂末端的小岛叫皮尔岛；左臂末端，也就是偏南的小岛，叫威尔克斯岛（Wilkes）；主岛即威克岛。三座岛都不大，加起来只有 2.5 平方英里，大致相当于纽约中央公园的面积。

德弗罗面临的防御阵地基本属于一张白纸。整个环礁海拔最高点只有 21 英尺，除些许矮树丛、灌木丛外，没有任何蔽身之处。敌军目标显然是"V"字的左臂，而能够用于保卫该处的武器只有 4 门 6 英寸炮，且都被炸得破损严重。岛上一共只有 6 门炮，上述 4 门炮两两一组，分别位于"V"字形环礁顶点的孔雀角（Peacock Point）及南部小岛威尔克斯，各由克拉伦斯·巴宁格（Clarence Barninger）中尉及 J. A. 麦卡利斯特（J. A. McAlister）中尉指挥。然而，4 门火炮测距仪皆已损坏。

指挥所位于孔雀角往内陆约 1 英里处；德弗罗回到指挥所地下室，开始制订防御计划。少校先给麦卡利斯特及巴宁格打电话："收到命令之前，不得开炮。"接着，又打给海军陆战队第 211 战斗机中队指挥官普特南少校；普特南的简易机场位于德弗罗以南约 400 码处，沿环礁南端呈狭窄的横条状，长约 1 英里有余。"您能出动几架飞机？"德弗罗冷静地问道。

"4 架。"

"海岸炮开炮之前，不要起飞。我打算把敌人引过来，如果成功，那就是飞机大显身手的时候了。"

"明白。祝作战顺利。"

天空初露鱼肚白时，"夕张号"朝环礁顶点孔雀角笔直驶去，而在距离约 7000 码处掉头向西，4 艘驱逐舰紧随其后。5 点 30 分，5 艘军舰一同开火。

"夕张号"一路向西,来到左臂尖端威尔克斯岛南部时,便掉转航向,朝环礁逼近数百码,接着向东行驶,一路上持续炮击南部海岸。到达东端孔雀角以南时,5艘军舰再次掉头,并把与环礁之间的距离缩短至6000码。岛上始终哑火,梶冈愈加确信敌军海岸炮已无法使用。

　　威克岛上,德弗罗的电话响个不停。巴宁格与麦卡利斯特不断请求开火许可。德弗罗指示传令兵罗伯特·布朗(Robert Brown)下士:"告诉那两个人,在我下令之前,任何情况都不准开火。"

　　"少校下令之前,两位不能开火。"布朗把德弗罗的指示传达给两人。

　　"那混蛋少校是什么意思?"一人答道,"就是敌人骑到头上,咱吐个口水都不让吗?"

　　日舰每来回一趟,都逼近海岸一段距离;少校却始终沉心静气。6点10分,"夕张号"距离孔雀角上巴宁格的炮台只有4500码时,德弗罗终于发话:

　　"开火!"

　　巴宁格下令炮击,第一轮齐射越过"夕张号"头顶,以些微差距没有命中。"夕张号"大惊,呈Z字形迅速向南逃脱。巴宁格发起第二轮齐射,成功造成跨射①。

　　日军驱逐舰急速赶上前来,试图展开弹幕保护旗舰。威尔克斯岛的两门炮朝驱逐舰"疾风号"展开第三轮齐射,海面升起一阵浓烟;浓烟消散后,"疾风号"已沉没无踪。

　　见击沉敌舰,麦卡利斯特麾下炮手齐声欢呼,手舞足蹈。

　　"都给老子把嘴闭上!"亨利·贝德尔(Henry Bedell)中士吼道,"各回各位! 咱们这是打仗,你以为是打球吗?"

　　6点15分,普特南与海军陆战队3名飞行员在威克岛高空15000英尺处待机,准备给袭击航母后飞来的日机迎头一棒。

　　"鬼子飞机好像没来,"普特南通过双向无线电说道,"咱们也下去玩

────────────

　　① 跨射(straddle),海军炮击术语。炮弹未及目标称为近弹(Short),超过目标称为远弹(Over);一轮齐射若同时出现近弹及远弹,无论是否有炮弹命中,皆可称为跨射。

玩吧。"

普特南驾驶"野猫"突破云层，冲过敌舰猛烈的防空火力，来到3500英尺处陡然俯冲，从1500英尺低空投下两枚碎片炸弹。两枚炸弹各重100磅，弹耳（lug）是手工制品，可惜落入海里，未能命中，距离最近一艘驱逐舰只有约200码。

接着，普特南盯上另一艘驱逐舰。俯冲至舰桥高度时，却发现舰员没有取下舰桥玻璃，阳光反射强烈。普特南把4挺机枪通通对准玻璃，一阵扫射，玻璃碎片飞在空中，映出彩虹的光芒。如此一来，炸弹与机枪弹药都见了底，普特南只得返回基地重新装填。

梶冈4艘军舰呈Z字形拼命躲避炮弹及炸弹。一架"野猫"冲到"夕张号"跟前，对舰桥展开机枪扫射，子弹从梶冈身边掠过。梶冈少将下令全舰南撤，然而美军第211战斗机中队紧随其后。

此时是7点37分，普特南已是第四次起飞，发现撤退的4艘敌舰之中，一艘受损的驱逐舰——"如月号"落在后面。应该先消灭该舰，还是直接去追旗舰？普特南略作犹疑，随即决定从"如月号"头顶飞过，去追击"夕张号"；谁知正在此时，"如月号"突然化作一团火球。7点42分，普特南再向下看去，海面上已空空荡荡，连一点残骸也找不见。有人认为击沉"如月号"的是普特南少校，少校本人却认为应该归功于绰号"男爵"（Baron）的亨利·埃罗德（Henry Elrod）①上尉：上尉早先投下一枚炸弹，在"如月号"上燃起火来，烈焰蔓延至火药库，才将该舰炸毁。

威克岛第一场攻防战就此落幕，敌舰消失在南方地平线上，德弗罗指挥所重归平静。伤亡报告显示：3名美军遭弹片击中，轻伤。德弗罗很是纳闷：日军为何不派出空中援护？为何不先彻底轰炸一遍再靠近？为何不拿

---

① 亨利·埃罗德（1905—1941），美国海军陆战队飞行员，太平洋战争中隶属美军第211战斗机中队。此人绰号有二：一为"男爵"，源自一战时德军王牌飞行员"红男爵"里希特霍芬；一为"铁锤汉克"，疑源自20世纪30年代美国著名拳击手亨利·阿姆斯特朗（Henry Armstrong），此人绰号"铁锤汉克"，且与埃罗德同名"亨利"。

出登陆艇强行登岸?

"总之,今天战果还不错啦。是吧?"布朗下士对德弗罗少校说道。

小个子少校点了点头,脑海中构想着下一场战斗。

2

那天早上,马尼拉流传着一则激动人心的谣言:前一日夜里,林加延湾发生一场激战;日军终于派出登陆部队主力,然而,运输舰大半被菲军第 21 师击沉,死伤惨重,湾内及岸边尸体无数。

《生活周刊》记者卡尔·迈丹斯得到消息称激战仍在进行,便迅速乘车赶赴现场,于正午时分抵达林加延湾,却没有发现一具尸体,也毫无战斗迹象。广阔的沙滩上空空荡荡,只有一些菲律宾士兵把武器放在一边,正在休息。

"在找尸体?"一名美军少校微笑着问道。

"嗯,总部那边传来的消息。"迈丹斯答道,"说此处发生一场激战。"

少校说出事情的来龙去脉:前一日午夜时分,阿格诺河(Agno River)河口附近出现几个可疑黑影,第 21 野战炮兵团某炮连开炮射击;谁知这一开火,四周所有部队竟一齐响应,上至 155 毫米炮,下至手枪,大量火力将海面映得通红。

所谓"林加延湾之战"的"敌人"只是一艘日军侦察摩托艇。美军炮弹一发未中,摩托艇安全回去,并报告称,预计 11 日后展开的主要登陆行动应将地点向北调整 30 至 40 英里,因为此处海滩几乎没有防御设施。

———

两天后,麦克阿瑟从华盛顿收到一则令人振奋的消息:在马歇尔将军的协调下,彭萨科拉运输船队重新开始朝马尼拉行进。船队满载火炮、飞机及兵员,无一不是远东军所急需的资源,然而数日之前却转头前往夏威夷,直到此时才重归正轨。按照新计划,船队会先在澳大利亚的布里斯班

(Brisbane)停靠,而后去菲律宾。

麦克阿瑟对华盛顿风向之转变颇感欣喜,立即与哈特海军上将就船队一事进行会谈,结果却是不欢而散。自 1940 年 7 月麦克阿瑟就任远东军总司令以来,两人关系始终不和,而一周以来灾祸突至,使得分歧越发加深。哈特海军上将给船队支援计划浇上一盆冷水,因为在哈特看来,还不等船队离开布里斯班,菲律宾便会被日军全面封锁;而在麦克阿瑟看来,哈特似乎一早就认定,菲律宾群岛根本守不住。

麦克阿瑟对哈特的失败主义论调大为光火,盛怒之下,便给马歇尔发电报:

> 若要保住西太平洋,必先保住菲律宾。

要说对菲律宾人气质及潜力之了解,整个美国无人能出麦克阿瑟之右。其父亚瑟·麦克阿瑟(Arthur MacArthur)①曾任初代菲律宾军事总督,道格拉斯本人则在菲律宾群岛服役 10 年,从中尉升至准将,统率菲律宾陆军,还做过奎松(Quezon)总统②的军事顾问。

麦克阿瑟一生极富争议。菲律宾人意见较为统一,大多视其为当代重要人物;意见分歧主要来自部下。麦克阿瑟的左膀右臂,比如工兵部队的休·凯西(Hugh Casey)上校,称将军有过目不忘之才,头脑精准如机器;参谋班子也普遍认为麦克阿瑟是当代一等一的军事领袖。至于批评者,十有八九与将军个人往来较少,指责麦克阿瑟刚愎自用,被一群溜须拍马的小军

---

① 亚瑟·麦克阿瑟(1845—1912),美国陆军将领,道格拉斯·麦克阿瑟之父。文章称亚瑟为"初代菲律宾军事总督"(the first military governor of the Philippines),疑误。1898 年美国与西班牙围绕殖民地权益展开战争,8 月 14 日西班牙签署投降条款,美国随即在菲律宾建立军政府,初代军事总督为韦斯利·梅里特(Wesley Merritt)。军政府作为过渡政府存在至 1902 年,亚瑟是第三任军事总督,任期为 1900 年 5 月至 1901 年 7 月。

② 曼努埃尔·奎松(1878—1944),菲律宾独立运动时期的领导人物,1935 年至 1944 年任菲律宾总统。

官环绕,享受着众人将自己捧为一代传奇。批评者嘲笑麦克阿瑟有几个特点:特制的元帅帽、精心打理却日渐稀疏的头发、从不离手的玉米芯烟斗,以及那异常突出的下颏。

麦克阿瑟告诉马歇尔,一旦菲律宾人发现自己被美国抛弃,那么当地一切组织便会立即崩塌,并在电报中写道:"胜负之关键正在菲律宾战场。"电报先是请求华盛顿重新考虑全局战略,立即派遣空中力量阻止日军,而后据理力争道:只要菲律宾最终能够保住,便能证明"将空中力量及各种资源分割给远东军一事"并无不妥。

翌日,即 12 月 14 日,菲律宾紧张局势加剧。消息传来,称日军在吕宋岛南端城市黎牙实比(Legaspi)登陆。不过麦克阿瑟判断,登陆部队只是前来探路的先遣队,与日前在吕宋岛北端阿帕里及维干登陆的小股日军属于同一性质,因此并不大张旗鼓发动攻击,只是静待敌军主力登陆。事实证明麦克阿瑟判断无误。"用兵之道最基本的一点,"麦克阿瑟接受记者采访时说,"就是在敌人主力行动之前,保证自己部队不被消耗。"

然而,马尼拉军民当中,不少人认为敌人主力已经开始登陆,因为报纸一直在报道"林加延湾之战"的消息。麦克阿瑟的新闻发言人勒格兰德·迪勒(LeGrande Diller)少校甚至承认"战役"属实。在记者发布会上,迪勒称日军先前曾试图在林加延地区展开登陆,遭菲律宾陆军部队击退。

媒体记者纷纷将大捷的消息传回各自报社及杂志社,卡尔·迈丹斯却站起身来,向迪勒发出质疑:"抗议。我刚去过林加延,该地并未发生战斗。"

迪勒指着那份自己曾高声朗读的公报:"上面就是这么写的。"迈丹斯心想,媒体对于战争的报道究竟何等敷衍,从此事便可见一斑。整个马尼拉的记者,只有自己去过现场,其他人只是坐守市内,抄抄公报就心满意足了。当然,也不能只怪战地记者本人,各家媒体总社并未要求记者去亲眼看看,也没有提供相关支持。

12 月 12 日那天的公报已经沦为日军的笑料。公报称,日军在阿帕里登陆时,战列舰"榛名号"(Haruna)遭飞行员小科林·P. 凯利(Colin P.

Kelly Jr.)上尉攻击,失去作战能力。实际上,在公报所描述的那天,即 12 月 10 日,"榛名号"位于 1500 英里外的暹罗湾;日军并未将战列舰派至菲律宾海域,莫说击沉,阿帕里附近甚至没有一艘日舰遭到重创。

凯利的事迹在当时成为佳话,随着广泛传播,出现更多添油加醋的描述。其中最为通行的一个版本,许多年后仍为美国人津津乐道:凯利驾机闯入"榛名号"冒出的浓烟之中,撞击敌舰致其沉没,成为太平洋战争中首个自杀式袭击的飞行员,并由此被追授荣誉勋章。

真相与此大相径庭。12 月 10 日上午,美军收到消息称日军航母出现在阿帕里以北,于是克拉克基地派出两架"空中堡垒",其中一架便由凯利驾驶。凯利保持 20000 英尺高度飞行,来到阿帕里上空后,并未发现敌踪,便继续向北飞行,然而直到接近台湾南端,也没有发现所谓航母。当时已是正午时分,凯利便掉头返回菲律宾。

"空中堡垒"回到阿帕里上空时,依然是在 20000 英尺高空。突然,机组人员在海岸附近发现一艘"巨舰"。从体积来看,确实与"榛名号"属于同一量级。令凯利等人疑惑的是,该舰只是径直驶向海岸,并无躲避空袭之动作,甚至无意向"空中堡垒"发射对空火炮。

据美军掌握的情报,阿帕里周边并无如此规模的军舰,那么该舰很有可能是一艘运输舰,如此也能够解释它为何不躲避、不开火。投弹手梅耶·莱文(Meyer Levin)下士操纵着备受好评的诺顿瞄准器(Norden bombsight),从距离目标 10 分钟位置开始测算投弹角度。接着,3 枚 600 磅的炸弹依次投出。除凯利本人外,机上众人都从舷窗往下看,肉眼观察到第一枚炸弹落在敌舰后方 50 码,第二枚炸在旁边,只差一点,第三枚正中敌舰烟囱。舰尾冒出浓烟,凯利在空中盘旋两圈,然而烟雾实在太浓,无法观察到具体的损伤情况。不过,"B-17"上所有乘员都相信敌舰已被击沉。

机上众人兴高采烈,一路向南朝克拉克基地飞去,经过吕宋岛北部蜿蜒曲折的山脉时,凯利将机首略微俯下。领航员乔·M. 比恩(Joe M. Bean)中尉俯下身,正准备检查高度计,突然机内传来一声爆炸,仪表盘被震得粉碎。跟在后面的是日军飞行员坂井三郎驾驶的"零式",其首发机关炮炮弹杀伤力甚大:罗伯特·E.阿尔特曼(Robert E. Altman)一等兵负伤,负责操纵左侧机枪的无线电操作员威廉·J.德拉汉蒂(William J. Delahanty)直接没了脑袋。

紧接着,左翼油箱着火;该油箱并非自动封闭的型号。随即而来的新一轮子弹将"B-17"的升降舵操纵索切断,巨大的"空中堡垒"一头向下扎去。

火焰在机内迅速蔓延,凯利命众人跳伞逃生。比恩与莱文将飞机底部逃生口打开,第一个跳下去的是莱文,接着依次是詹姆斯·E.哈克亚德(James E. Halkyard)中士、阿尔特曼一等兵、威拉德·L.莫内(Willard L. Money)一等兵、比恩,以及副驾驶唐纳德·D.罗宾斯(Donald D. Robins)中尉。突然,飞机发生爆炸,晃晃悠悠地坠落在阿拉亚特山以西约2英里的一条土路上。此时,托马斯·J.H.特拉普内尔(Thomas J. H. Trapnell)少校(笔者著书时,此人已是中将)正率领第26骑兵团的一小股部队来山上搜寻所谓的"日军伞兵",飞机险些撞在少校等人身上。"空中堡垒"的残骸旁边是科林·凯利的尸体,他为拯救同乘战友而牺牲生命,降落伞根本没有打开。

此时,凯利在阿帕里轰炸敌舰一事,已零零散散传到尼尔森基地的布雷顿司令部。获知一艘重型武装战列舰遭到重创,极有可能已经沉没,艾里森·英德上尉激动不已,连忙冲回办公室,翻出《简氏战舰年鉴》(*Jane's Fighting Ships*)。突然,电话响起,来电之人是布雷顿的参谋长——弗朗西斯·布雷迪(Francis Brady)上校。

"不管是'榛名号',还是它的姊妹舰,"布雷迪说道,"总之,肯定是'榛名'一级的战列舰没错了!"

英德对照《简氏战舰年鉴》数据后,承认敌舰确属"榛名号"同一级别。很快,消息在司令部内不胫而走。美军航空部队终于成功证明自己的本领,官兵无不欢欣鼓舞。后来,消息传到麦克阿瑟总司令部。军官向6名生还者详询细节后,给布雷顿提交一份详细报告,称凯利炸弹所造成的损伤"较之敌舰左舷，以右舷为多"，并成功迫使敌舰搁浅。事实毋庸置疑：日军一艘战列舰已失去作战能力。

麦克阿瑟读到报告，未有任何怀疑。于是，12 月 12 日公报称："来自佛罗里达州麦迪逊县的小科林·P. 凯利上尉对敌舰'榛名号'展开轰炸，致其失去作战能力，其勋可表，其勇可嘉。"

于是，美军在二战中的首个战斗英雄火热出炉。原因很简单，那架飞机上，飞行员凯利有爱尔兰血统，而投弹手莱文有犹太血统，对记者而言无疑是梦寐以求的材料。英勇牺牲的凯利被追授杰出服役十字勋章（D. S. C.），当然，他受之无愧；然而，如此大张旗鼓地宣扬凯利的事迹，实际上对当时航空部队的士气是一个不小的打击：当日，菲律宾上空某些飞行员曾拿下更为辉煌的战果，却丝毫没有引起公众注意。比如绰号"罗茜"（Rosie）的小埃米特·奥唐纳（Emmett O'Donnell, Jr.）少校、G. R. 蒙哥马利（G. R. Montgomery）中尉及乔治·谢泽尔（George Schaetzel）中尉那日轰炸战果都更为突出；而绰号"耗子"的萨姆·马雷特中尉驾驶着过时的"P-35"在维干奋勇作战一事，更是已经成为美军航空部队中的传奇。

12 月 14 日上午，"林加延湾之战"成为美国各大报纸的热门话题。纽约《星期日泰晤士报》（Sunday Times）登出头版头条大标题："日军于吕宋西部大败。"《泰晤士报》则报道称：经过一场大捷，美军从日本手中收复林加延湾。

美联社则如此描述道：两军在林加延海滩鏖战三日，守军击毁敌艇 154 艘，敌军遂无一人登陆。

14 日正逢周末，就在美国民众读着报纸、欢欣雀跃之时，德怀特·D. 艾森豪威尔（Dwight D. Eisenhower）将军来到华盛顿，向马歇尔将军报到。晋升准将不久的艾森豪威尔此前一直担任第 3 集团军参谋长，两日前被调至华盛顿，此时还不知道自己的新任务究竟是什么。

马歇尔先将西太平洋的局势概述一番，而后突然发问："你认为我军该在西太平洋采取何种总体方针？"

艾森豪威尔曾在麦克阿瑟身边做过4年高级军事助理,很明白菲律宾问题的极端复杂性。一连数日,艾森豪威尔都在思索马歇尔的问题,而答案则是冷冰冰的现实:太平洋舰队此时不敢前往菲律宾,只有海军恢复原状之后,才能派出大批增援部队;目前的解决方案只有一种——放弃菲律宾,将澳大利亚设为反攻大本营。

12月17日,艾森豪威尔向马歇尔总参谋长汇报。"将军,"艾森豪威尔说道,"若要将大批增援部队派往菲律宾,需要相当长的时间;而在此期间,一旦敌军倾其主力袭击,远东军根本无力抵挡。即便我们派出小股支援,也只是杯水车薪。不过,从人道角度而言,我军绝不能弃菲律宾于不顾。菲律宾、东印度群岛的人民都在注视着美国,他们可以宽恕战败,却不会原谅遗弃。对我国而言,各国人民的信任及友谊十分重要。我军只有将反攻大本营设在澳大利亚……此事风险极大,耗资甚巨,但我军别无选择。"

"同感。"马歇尔的结论很简短,并补充道,"尽最大努力,保住他们。"

此前一天,航海局局长切斯特·尼米兹被海军部长诺克斯叫到办公室,心里并不清楚诺克斯有何吩咐。珍珠港事件以来,海军军官无不处在惊异与忙乱之中,尼米兹也不例外;其主要任务是处理生还者问题,对陷于绝地的太平洋战略一时间无暇关心。

诺克斯不久前曾以个人身份去珍珠港视察过,此时他对尼米兹说,金梅尔及其下属因袭击大感动摇,此事可以理解。不过,动摇之下,金梅尔等人对局势产生另一种判断,从而认为应当重新调整太平洋战争的整体战略。"战列舰遭受重大损失,"金梅尔等人在报告中写道,"我军只得转为战略防御态势,直到海军重整为止。"

诺克斯表示,必须向夏威夷地区派去一位新司令官,一扫当地的阴郁之气、恐惧之感,鼓舞官兵斗志,筹划新的攻势。

尼米兹深表同感。只是一味防御,不可能赢得战争。

"那么你何时动身?"诺克斯问道,"太平洋舰队新任司令,已经定下是你了。"

尼米兹大吃一惊，从未想到金梅尔的继任者竟是自己。按照顺位，尼米兹上面还有 28 名将军。"长官，"尼米兹说道，"首先要解决航海局的问题，我希望兰德尔·雅各布（Randall Jacobs）海军少将接替我的位子。"

"雅各布不行，总统不喜欢他。"

"非此人不可。"

"好吧，那就是他了。"

尼米兹表示，雅各布目前还在海上，自己会通知他一声；结果刚出海军部长办公室，发现雅各布就站在走廊里，不由得惊呼道："兰德尔，你来得正好！我们正找你呢。从今天起，你来做航海局局长。"

3

12 月 13 日清晨，中国大陆最后的印度部队、苏格兰部队、加拿大部队从狭窄的海湾撤离，败退至香港岛。残兵败将的到来引起了公众恐慌，因为此前大多数市民并不清楚战局何等不利：商店照旧开张，公交按时运行，夜总会座无虚席；此日之前，生活一切如常。

上午 9 点，一艘高举停战白旗的汽艇从大陆南端港口城市九龙出发，穿越海峡朝香港岛驶来。汽艇停靠至香港维多利亚码头，一名日本军官走出；此人名叫多田督知，来此是替香港攻略部队（HongKong Assault Force）司令酒井隆中将递交劝降书。酒井在信中写道：劝降是一项人道主义措施，旨在挽救无辜非战斗人员之生命；倘若拒绝，日军将会对香港岛发起猛烈炮击及空中轰炸。

香港岛地形多岩，面积只有曼哈顿 1.5 倍大。杨（Young）总督不卑不亢，断然拒绝投降。于是，日军便将岛屿团团围住。

驻港英军原本在大陆设有一段颇具盛名的防线，名字倒是有讽刺性，叫作"醉酒湾防线"（Gin-drinkers Line）。日军来袭时，防线迅速失守，此事已为香港军民所周知。整条防线最为关键的核心区域是城门碉堡（Shingmun

Redoubt)，却被一小股脚穿运动鞋的日军攻陷。日军只是爬上附近一座山丘；英军士兵躲在封锁的碉堡里面，原本以为安全，却发现日军手榴弹从通风口接二连三地落下。

12月14日，温斯顿·丘吉尔向杨总督及"保卫香港的勇士"发表致辞，岛上1万名官兵深感振奋。

> 驻港将士坚守港口及要塞之英姿，我等无时无刻不在关注。诸位所保卫的，乃是一条连接远东与欧洲的纽带，在漫长的世界文明史中熠熠生辉。面对野蛮无理的侵略，诸将士奋勇抗敌之举，必将为大英帝国历史添加浓墨重彩的一页。

> 面对严酷的考验，我等之心与诸位同在。我军最终必将获胜；而那胜利，正是由诸位之奋战日复一日堆砌而成。

翌日，香港本地单页报纸登载出一则鼓舞人心的消息：国民政府第7集团军距边境只有30公里，很快便会前来解救香港。驻港英军士气进一步提升。

当晚，一批日军乘帆船、小木筏及橡皮艇离开九龙；不料英军早有防备，4艘小艇被击沉，登陆行动失败。

接下来一连三日，英日两军隔海相望，紧张气氛一触即发。最终，12月18日黄昏时分，"殊死对峙"的局面被日军对东北岸的猛烈炮击打破。紧接着，佐野忠义少将麾下精锐部队——第28师团①分为3个团，乘数百艘汽艇及橡胶艇悄无声息地离陆南下。

当日天空阴云密布，时有阵雨，日军登陆艇得以悄然逼近。来到香港东北海岸时，来自大陆的炮弹击中北角（North Point）附近的油箱，海面顿时升起巨大的黑色烟柱，对英军视线造成进一步的遮蔽。

---

① 佐野忠义（1889—1945），日本陆军将领。文中所述时点，佐野已晋升中将，且其指挥入侵香港的部队是第38师团，而非第28师团。

很快，从距离大陆最近的鲤鱼门（Lyemun）到北角那一段海岸线上，已布满日军登陆艇。登陆行动极具迷惑性，战斗也全程静默，因此英军守备部队大多没有注意到香港岛已遭入侵。短短一小时内，鲤鱼门多数山头都已落入日军手中，而相距仅 100 码的鲤鱼门堡垒第 2 炮台依然回报："并无异状。"

晚上 10 点，鲤鱼门堡垒守军听到山上传来喊声："西湾山（Saiwan Hill）已落入帝国陆军之手，尔等休要负隅顽抗。"

黎明时分，情况变得越发紧急。莫德庇将军意识到整个香港岛东部防线有遭切断之虞，便命令鹤咀山上的炮兵部队将大口径火炮销毁，然后撤至赤柱半岛。命令传来，鹤咀山部队恐慌不已，迅速炸掉大炮，沿着光秃秃的悬崖小径朝赤柱半岛落荒而逃；至于弹药、巧克力、换洗衣物、圣诞节布丁以及杜松子酒，通通留在阵地未及带走。

11 点 30 分，杨总督前往地下司令部去见莫德庇将军。听到将军讲述日军如何连战连捷，总督颇感动摇，但依然告诫莫德庇：无论战况如何不利，都必须战斗到底，因为香港每坚持一天，大英帝国就距离最终胜利更近一步。

翌日，即 12 月 20 日中午，日军已占领香港岛半数领土，陈兵南岸浅水湾。不过，酒井将军依然颇感失望。酒井本以为，只要日军一登陆，英军便会立即投降；谁承想守军不顾损失惨重，竟是且退且战，顽强不屈。

此时，莫德庇仍在期盼中国军队援助。前一日，国民政府军队曾电告莫德庇，称 6 万大军已在边境整备就绪，不日便会发动进攻。莫德庇将此消息传递下去，并鼓舞道："各级官兵须不惜一切代价坚守岗位，此等压力数日之内便可缓解。"

然而，当天下午 4 点，英国驻外武官从重庆发回消息称，国民政府正式展开攻势最早也要 1 月 1 日。读罢消息，绝望的氛围便在地下司令部蔓延开来，无论多么乐观的将领，此时也明白香港注定会失守，沦陷之日随时可能来到。

4

12 月 20 日清晨,菲律宾群岛美日两军的"殊死对峙"似乎也要走到尽头。凌晨 2 时,麦克阿瑟司令部收到一份潜艇报告,称林加延湾以北 40 英里处发现一支由 80 余艘运输舰组成的大型船团。

天亮之后,麦克阿瑟收到另一则坏消息:接近拂晓时分,5000 名日军分乘 14 艘运输舰,在巡洋舰中队及"龙骧号"(Ryujo)航母护送下,已接近棉兰老岛南端城市达沃。面对登陆敌军,菲律宾第 101 师的一个机枪分队英勇阻击,却惨遭敌舰炮火击溃。到下午 3 点,整个达沃市内及机场皆已落入敌手。日落时分,登陆日军分出半数部队,开始筹划进攻下一个目标——达沃市附近的霍洛岛(Jolo Island)。由于北婆罗洲(North Borneo)①已在日军手中,因此一旦霍洛岛失陷,那么哈特海军上将的悲观预言便会成真:援助资源会因日军封锁,无法从澳大利亚运至菲律宾。

翌日,即 12 月 21 日,"黄貂鱼号"(Stingray)潜艇发现那支大型船团驶向林加延湾。麦克阿瑟收到报告,当下断定日军主力即将登陆,随即下令坦克部队北进,并指示布雷顿尽可能出动轰炸机,翌晨对林加延湾展开轰炸;同时也将敌军即将登陆一事通知海岸防卫部队。

然而,美军千算万算,终究棋差一着。在美军预想中,日军登陆地点是阿格诺河口周边,因此大炮多半安置在附近;而那支由 85 艘运输舰组成的大型船团真正的登陆地点,却是河口以北 40 英里的一处海岸,美军在那里几乎没有防御设施。12 月 22 日凌晨 1 点,船团逼近林加延湾北部海滩,距离已不到 2 英里。

运输舰所载日军正是菲律宾进攻部队主力——本间雅晴中将所率领的

---

① 北婆罗洲,今称"沙巴"(Sabah),属马来西亚,位于婆罗洲岛北部,与霍洛岛东西相望。

第 14 军①。本间其人身材颀长，接近 6 英尺高，是日本陆军高层中罕见的亲英美派，与亲德派的东条英机水火不容。

本间在英国前前后后工作 8 年，其中包括 1918 年随英国远征军前往法国战场。1937 年南京陷落后，本间公开表示："必须立即停止战争，否则必将后患无穷。"太平洋战争爆发数年后，小矶（Koiso）内阁②成立时，本间亦曾向小矶恳求停战。东条英机就任陆军大臣之前，武藤（Muto）将军③曾向本间咨询意见，不料本间强烈反对；此事导致两人敌对程度达到最高点。而此时，东条已是日本帝国的首相了。

运输舰上，绝大多数第 14 军的士兵不知道自己身处何方。5 天前，部队在台湾及澎湖列岛登船，满腹狐疑地踏上未知之旅。只有一少部分军官明白此行目的地是菲律宾，然而也只是知道去菲律宾而已，并不清楚具体任务。

本间此前曾收到大本营发来的警告，称须提防敌军轰炸。然而，时间一分一秒地流逝，船团毫无阻碍地成功接近目标。行动如此顺利，本间及众参谋甚至不敢相信：美军空中部队何在？海军又何在？

凌晨 1 点 10 分，领航船投下了锚。其时夜色茫茫，舰长发现抛锚位置比预定地点偏南约 8 英里时，为时已晚，后面 80 余艘运输舰自南向北纷纷抛锚，在整整 15 英里的海岸线上接连停泊。其结果是，所有登陆部队必须向北步行约 8 英里，才能到达预定登陆的海滩。

凌晨 2 时，第 14 军 43110 名士兵派出先遣队，开始从运输船两侧下海转乘登陆艇。本间屏气凝神，等待着海岸炮击，然而岸上始终毫无动静，入耳的唯有登陆艇与运输船体的碰撞声。惊涛骇浪之中，小小的登陆艇跌宕

---

① 旧日本帝国陆军不设"军"（Corps）一级编制，而将"集团军"（Army）称为"军"，直接下辖师团。

② 小矶内阁，指小矶国昭（1880—1950）于 1944 年 7 月成立的第 41 届日本内阁。

③ 武藤章（1892—1948），日本陆军将领，对华强硬派。战后遭远东国际军事法庭审判，以"虐待俘虏罪"被判绞刑，亦是日本唯一被处以绞刑的中将。

起伏，看上去好似一堆木片。

　　两个步兵大队及一个山地炮兵大队登艇完毕时，已是凌晨 4 点 30 分。47 分钟后，第一艘登陆艇终于停靠在阿戈奥（Agoo）海滩偏南的位置。然而，包括该艇在内，先遣队所有登陆艇上的无线电设备都被海水浸湿而无法使用。如此一来，本间将军与登陆先遣队之间的联系便被切断了。

　　夜里波涛极其汹涌，部分登陆艇被海浪打到岸边，翻扣在沙滩上。登陆的士兵之中，也有人在摔上岸时受伤，失去了继续作战的能力。本间见登陆计划已被打乱，便命令重炮及其他重型部队暂时待命，等待风浪平静再继续登陆。

　　阿戈奥登陆部队未遭一名敌军迎击，未遇一枚空投炸弹。对本间而言，这无疑是一件幸事。然而，收获意外之喜的本间依然心怀忧虑：85 艘运输舰旁边，如果突然冒出一队美军潜艇，该当如何？

　　此时，林加延湾海域确有 5 艘美军潜艇。清晨 6 点，一艘老式 S-38 潜艇升起潜望镜，发现自己已被数十艘日军运输舰包围。在绰号"月亮"的潜艇指挥官维福德·查普尔（Wreford Chapple）海军上尉看来，运输舰就像停车场里的车，整整齐齐地排在那里。

　　开战之初，哈特海军上将曾警告各潜艇指挥官切勿鲁莽："日军反潜艇能力究竟如何，我军还不得而知。来日方长，各位建功立业的日子还在后头。"然而，查普尔此人性情彪悍，曾在安纳波利斯（Annapolis）海军学院拳击比赛中力拔头筹，见四周尽是敌舰，心想若此时不打，更待何时。查普尔小心避过驱逐舰，来到一个 4 艘敌舰排成一线的位置，射出 1 枚鱼雷，没有命中；接着又连续射出 3 枚，依然无一命中。查普尔认为自己对运输舰吃水深度判断有误，便下令潜回海中，重新装填。实际上，MK-10 型鱼雷发射时通常比设定位置低 4 英尺，而且即便命中目标，有时也不会爆炸。查普尔对此一无所知，因为战前经济状况窘迫，海军从未允许潜艇指挥官试射鱼雷。7 点 58 分，查普尔已被敌舰发现，一边躲避着驱逐舰追赶，一边转移到另一艘运输舰附近，发射两枚鱼雷。30 秒后，一阵爆炸波传来，潜艇感到几分摇晃。鱼雷命中运输舰"巴洋丸"；很快，5445 吨的大型运输舰便在海面之上消失。珍珠港事件以来，美军潜艇仅击沉两艘日舰；此处的"巴洋丸"便是其中一艘。

布雷顿麾下飞机所取得的战果甚至不如潜艇。麦克阿瑟指示航空部队朝林加延湾出动轰炸机，然而当天上午一架都没有来；因为绝大多数轰炸机都在澳大利亚。至于棉兰老岛南部，那座已经落入日军之手的城市——达沃上空，倒是有几架美军"P-40"，朝着日军运输舰稍加扫射，随即便被密密麻麻的"零式"缠上。双方交火时间不长，一架"P-40"挡风玻璃被炮弹击中，碎片插入飞行员眼部。那名飞行员正是绰号"嗡鸣"（Buzz）的瓦格纳（Wagner）中尉，不久前成为开战以来美军首位王牌飞行员。

上午 9 点左右，本间的第一波部队登陆完毕。日军布满了整整 15 英里的海岸，只遭受到些许抵抗：菲律宾第 11 师的一个营在靠近登陆线北端的巴旺（Bauang）奋勇作战，凭借数挺机枪迎击日军。然而，日军不顾巨大伤亡强行登陆，最终击退菲律宾部队，接着向北行军，准备与 12 月 10 日登陆吕宋岛北部的 4000 名友军合流。中午 11 点，南北两支部队取得联系，日军成功巩固了登陆据点。

在马尼拉，麦克阿瑟将军如坐针毡地等待着林加延湾的消息。接下来几个小时乃是关键，美军迫切需要空中力量及海军支援。麦克阿瑟通过无线电联系华盛顿，请求马歇尔多少透露一点太平洋舰队的战略计划，并建议海军派遣航母搭载战斗机，前来菲律宾助战。麦克阿瑟问道：

以此为前提安排今后作战计划，是否可行？

马歇尔回答说，海军断然不肯派出航母。至于飞机方面，麦克阿瑟唯一的指望是彭萨科拉船队，此船队刚刚在布里斯班入港。

下午 5 点，本间依然站在停泊的运输舰上，望着惊涛骇浪汹涌而来，在广阔的海滩上肆虐。此时，步兵及半数坦克部队已登陆完成，然而炮兵几乎还都在船上。本间心想,如此下去,登陆部队有可能落入敌军陷阱,不过开弓没有回头箭,计划依旧要执行下去。沿着海岸有一条铺砌的高速路,名为3号公路;本间命令登陆部队沿该路南下。

无论战斗还是行军,胆大总是能够得到回报。黑暗之中,日军向南推进了5英里,轻松击溃菲律宾第11师及一个轻坦克排。接着,日军掉头向东,朝一座小山丘进发。山顶守军不到500名,是菲律宾侦察兵,隶属精锐部队,第26骑兵团。

第192坦克营C连的坦克部队也在山顶,为菲军提供支援。然而,晚上8点,坦克连突然表示,上级下令撤退,便从东坡下山,朝罗萨里奥(Rosario)驶去。东边坦克连刚走,西边日军坦克就从黑暗中钻出。骑在马上的菲军以为是美军,便放其通行,不料坦克突然将炮管对准士兵、马匹及骡子,随即猛烈开火。

山顶顿时乱作一团,士兵、骡子、脱缰之马纷纷沿着陡峭易滑的公路拼命逃跑。托马斯·特拉普内尔少校试图制止混乱,却发现毫无作用,便跑到山脚,放火烧掉一座木桥。此举对延缓日军行进颇有帮助,至少能够拖住数个小时。

5

就在日军登陆菲律宾的同一天夜里,10点30分,威克岛的德弗罗少校站在那座一半埋在地下的混凝土指挥所屋顶上,远远望着西北方传来异常的闪光。起初,少校以为是船只发出的闪光信号;随着闪光的强度及数量逐渐增加,德弗罗判定那是一场海战正在进行。

闪光引起威克环礁三座小岛全体官兵的关注,众人议论纷纷。大多数官兵猜测那是第14特遣队,前来提供增援部队并疏散岛上的1200名平民。日军自从首次登陆失败以来,连续数日发动空袭,德弗罗炮台上的兵力折损已接近半数,所幸海面传来闪光,重新点燃了众人的希望之火——援军到了。

闪光来自日军舰船。完成珍珠港袭击任务的南云舰队在归航途中,抽出一支包含 2 艘航母在内的特别部队,前来支援梶冈进攻威克岛。当天早些时候,2 艘航母上的飞机将普特南麾下最后一架"野猫"击坠。

此时,日军几乎已将威克岛团团围住。岛屿向南 10 英里,之前登岛失败的梶冈少将决心一雪前耻,派出 9 艘船舰,熄灭灯火,沿着下风侧缓缓驶向环礁;向东约 150 英里,是另一支由 4 艘重型巡洋舰、2 艘轻型巡洋舰及 2 艘驱逐舰组成的日军舰队,与南云的航母一样,以支援梶冈为目的逼近威克岛。

至于威克岛官兵翘首以盼的援军,此时还在岛屿以东约 500 英里处。第 14 特遣队旗舰"萨拉托加号"(Saratoga)航母上,舰队司令弗兰克·杰克·弗莱彻(Frank Jack Fletcher)海军少将闷闷不乐。在漫长的海军服役生涯中,弗莱彻从未度过如此不快的一天。此人 1914 年在韦拉克鲁斯(Vera Cruz)获荣誉勋章,一战中曾指挥驱逐舰英勇作战。舰队上下无人不知司令拥有两副面孔,一副温和,一副暴躁;此日,众官兵面对的是暴躁者弗莱彻,因为在极端天气下,舰队输油极不顺利,大浪扯断了数条拖缆,顺带又把 7 根输油管震碎了。

弗莱彻之所以闷闷不乐还有另一个重要原因:金梅尔被撤职后,尼米兹尚未到任,此时太平洋舰队总司令由威廉·佩伊海军中将暂时接任;而佩伊朝令夕改,表现得不甚坚定。一开始,佩伊命令第 14 特遣队进入威克岛 200 英里范围内,派出飞机搜索敌人并攻击;后来,命令遭到替换,新命令是派出水上飞机母舰"丹吉尔号"(Tangier),前往威克岛护送人员撤离;谁知没过多久,新命令也被撤销。太平洋舰队总部究竟在耍什么把戏,弗莱彻完全摸不着头脑。那支摧毁珍珠港的强大舰队,搞不好正在逼近第 14 特遣队,准备发起进攻;而此类情况,总部远比弗莱彻本人清楚得多。从司令室向外望去,夜色茫茫,弗莱彻看不清任何事物,唯一确定的事情是:自己正处在危机四伏的敌方海域。

那天,面积仅有 2 平方英里的威克岛环礁,将千千万万美利坚民众的心紧紧揪住。广袤的太平洋上,值得称道的战场没有几个,威克岛可以称作美军抗击敌人的一个象征;海军陆战队在此以寡敌众,向日本展示美军的英勇。据说,本土曾慰劳岛上守军,问他们需要一点什么,几名战士答道:"再来一打鬼子。"

新闻播报员将此带有英雄主义气息的话语添枝加叶地发挥了一番,声情并茂地讲述出来;威克岛守军听到后,无不捧腹大笑。德弗罗指天发誓,那话不是自己说的;岛上另一名指挥官温菲尔德·斯科特·坎宁安(Winfield Scott Cunningham)海军中校同样否认。在那光秃秃的荒岛上,任谁都不可能讲出这话;若真要回答那一问题,标准答案应该是:把鬼子给别处匀一点吧。

威克岛官兵普遍认为,那句话是负责公关的政府官员杜撰的;实际上,它还真是威克岛电报里的内容。不过,那是封加密电报,"再来一打鬼子"只是让密文保持通顺的补白文字。谁也想不到,真的有解码人员会机智地从中寻章摘句,按字面意思去理解它。

晚上 11 点,暴风雨席卷而来,西北方向的闪光逐渐减弱,最后彻底消失不见。德弗罗从指挥所屋顶下来时,远处传来阵阵海浪声,听着有些像大炮轰鸣。少校赶回指挥所,往小床上一躺,很快便沉沉睡去。

此时,梶冈的登陆部队距离威克环礁南部仅有 5 英里。打头的是 3 艘驱逐舰,后面是梶冈少将乘坐的轻型巡洋舰"夕张号"。晚上 11 点 30 分,32 号、33 号两艘巡逻舰从"夕张号"旁边经过,抢先一步驶向威克岛。两舰原本是驱逐舰,后来因老旧过时,被改造成运输部队的舰只。突击部队上舰之后才接到命令:以登陆为目的,尽一切可能逼近海岸。

一小时后,即 12 月 23 日凌晨 0 点 30 分,载有 830 名突击部队士兵的 32 号巡逻舰接近一座礁石,该礁石几乎处于 V 字环礁左臂的中间点。

舰长喊道:"小心着陆!"众人紧紧趴在甲板上。巡逻舰冲上礁石,发出刺耳的"嘎嘎"声。由于海浪汹涌,舰上只能放下一艘载有 80 人的登陆艇。

该艇于 0 点 40 分抵达 "V" 字顶端——孔雀角，80 名士兵随即上岸，在珊瑚海滩上匍匐前行。美军全程没放一枪一炮，对日军而言实属意外之喜。

10 分钟后，33 号巡逻舰冲上另一座礁石，就在 32 号左边不远处。舰上放下两艘登陆艇，然而那里海浪更加汹涌，士兵无法转移至登陆艇上。

此时，威克环礁西南 2 英里处，1 艘驱逐舰也放下 2 艘登陆艇，每艇载有 80 名士兵，准备在环礁南部末端的威尔克斯岛登陆；谁知其中一艘在途中迷失航向，向东漂流了一段距离，朝着主岛——威克岛驶去。

凌晨 1 点，美军依然没有察觉，第二次威克岛入侵战已然打响。

第七章　威克岛末路

1

德弗罗的指挥所小屋里，罗伯特·布朗下士已昏昏欲睡，但还是强打精神，听着空袭警报电话。威克环礁上任意两个阵地之间使用该电话网络通话，其他阵地都可以听到。12月23日凌晨1点，布朗突然一惊，坐直身体，随即摇了摇睡着的德弗罗。"长官，"布朗兴奋地报告，"据报，托基角（Toki Point）发现敌军。"

托基角是环礁右臂的最高点，上面设有2门5英寸炮。德弗罗立刻打起精神，问道："确认过吗？"

"还没，长官。"

德弗罗给把守托基角的伍德罗·凯斯勒（Woodrow Kessler）中尉打电话："敌军可有登陆？"

"没有。"凯斯勒回答道。

德弗罗判断，即便托基角真有敌军登陆，那也只是虚晃一枪，主力登陆部队还是在下风侧的南岸；正因如此，主力防御部队也都安排在南侧。不过，说是"主力"，实际上整个南侧长达4.5英里的海岸线上，只有区区200

人把守，其中有海军陆战队、海军士兵，还有民兵。德弗罗剩余的兵力，约有250 名海军陆战队士兵及 100 名义勇兵，都被安置在防空火炮及海岸炮台上。如此薄弱的防御，实在称不上令人安心。

保卫环礁南臂的 200 名步兵中，威尔克斯岛上只有 70 人。凌晨 1 点 15 分，小岛上那座 3 英寸炮炮台的指挥官——克拉伦斯·麦金斯特（Clarence McKinstry）军械长听到海上传来一阵异样的声音。麦金斯特是个壮汉，身高 6.3 英尺，体重 260 磅，生得红髯长须。命令士兵安静下来后，麦金斯特侧耳细听，竟在汹涌的波涛声之中，辨别出引擎运转的声音，便立刻给指挥官打电话。威尔克斯岛指挥官是一名上尉，名叫 H. M. 普拉特（H. M. Platt），绰号"可人儿"（Cutie）；此人出生于南卡罗来纳州，性情随和。

"老麦，确定是引擎声？"普拉特问道。麦金斯特肯定是引擎无疑。于是普拉特下令："开火吧。"

凌晨 1 点 20 分，麦金斯特指挥数挺点 50 口径机枪朝海面开火。就着曳光弹的亮光，守军发现一艘小艇朝海滩驶来。贝德尔中士与威廉·布勒（William Buehler）一等兵自告奋勇，沿着珊瑚海滩跑向海边，发现一艘小艇已冲上沙滩。两人对准艇上的敌军，掷出手榴弹。

———

德弗罗指挥所位于"V"字顶点孔雀角以北 1 英里处。此时，报告接连传来，称敌军在威克主岛上 4 处地点展开登陆。

日军登陆位置很低，5 英寸炮可调整的角度有限，无法瞄准逼近海滩的两艘巡逻舰；而孔雀角以西 1 英里处有一座沙丘，位置可以俯视南边的海滩，沙丘上有一门无人操作的 3 英寸口径高射炮，能够瞄准登陆艇。R. N. 汉纳（R. N. Hanna）中尉是把守机场跑道的机枪指挥官，此时自告奋勇愿去操作高射炮，得到批准后，便带领拉尔夫·霍莱温斯基（Ralph Holewinski）下士及 3 名平民向南跑去，经过四分之一英里的路程，穿过一片粗糙的灌木丛，来到海滩附近的那座沙丘。

汉纳等人来到高射炮阵地时，日军已从那两艘驱逐舰改装的巡逻舰上纷纷上岸。高射炮没有瞄准装置,汉纳只能肉眼瞄准,第一炮便击中 33 号巡逻舰的舰桥。火光燃起,瞬间便将海滩映得通明。

在汉纳位置往东北不足 1 英里的机场里,普特南少校正在与德弗罗通话。德弗罗命令第 211 战斗机中队官兵步行前往高射炮阵地与海滩之间,组成一条防线。于是,普特南等 11 名军官及 11 名士兵从跑道奔向目标地点,不料旁边 22 名负责修理"野猫"的平民站出来,表示自己也要一同前往。

那些平民本职是建筑工人,在一个名叫丹·泰特斯(Dan Teters)的承包商底下工作。自开战以来,泰特斯及众工人都表示愿意服从一切安排。不过,绝大多数平民帮不上什么忙,只能白天躲在隧道或灌木丛中,晚上出来找寻食物。

"各位如果在战斗中被俘,恐怕没有获救的可能。"普特南对 22 名工人说道,"所以不能带你们去。"

名叫约翰·P. 索伦森(John P. Sorenson)的建筑工人,比普特南年长 20 岁,身材却更加魁梧健壮。"少校,您就那么点人,"索伦森上前一步,"也没法把我们保护在后方吧?"

"了不起。"普特南说道,"各位的英勇精神,与海军陆战队的相同。不过,战斗毕竟是战斗,还请迅速离开,与其他平民会合。"普特南等官兵沿 Z 字形穿越灌木丛,前往汉纳阵地;索伦森等人则背着备用弹药,紧随其后。其时狂风呼啸,波涛汹涌,普特南耳中再无其他声音。到达高射炮阵地后,普特南从阵地跟前沿沙丘直到孔雀角划出一条散兵防线,每隔 100 码安排 1 名士兵。普特南本人坐在防线最边上,心里直发毛:日军到底在哪儿?

就在普特南以东 1 英里处,孔雀角附近便匍匐着 80 名日军海军陆战队士兵,正朝北爬向德弗罗指挥所。那 80 名日军也在心里纳闷:美军在哪儿?怎么没人开枪?

不过,日军主力登陆部队依然是在普特南以西,主要集中在 1 英里长的海滩上,共 630 名士兵。其中 550 人是两艘巡逻舰剩余的兵力,80 人来自原本计划登陆威尔克斯岛、却不慎向东漂流的那艘登陆艇。

德弗罗对日军主力登陆地点判断无误。此时，德弗罗手下全部机动力量只有 34 人——20 名海军陆战队队员、14 名平民，分乘两辆卡车，由亚瑟·波因德克斯特（Arthur Poindexter）中尉率领，站在路边待命。德弗罗找到中尉，下令道："把人都带上，在 1 号营地与机场跑道西端之间建立一条防线。"1 号营地位于孔雀角以西约 3 英里处，距离主岛与威尔克斯岛之间的狭窄水路不远。

夜幕之中，两辆卡车绕着机场跑道向西飞驰，最终停在跑道西端，位置大约在普特南以西半英里处。年轻的波因德克斯特在道路两侧各架起一挺点 30 口径机枪，命令其余士兵面朝东南，设起一条散兵防线。

此时，波因德克斯特中尉能够看到几发日军迫击炮弹零散落下，却无法判定具体来自何方，只是告诫部下，先盯准目标才能开火。随着战斗逼近，中尉渐渐感到热血沸腾；有极少数人生性凶猛好战，中尉正是其中之一。

突然，波因德克斯特中尉听到右手边，也就是西边 1 号营地附近，一座沿岸水塔下传来枪声。中尉立马跳上一辆卡车，将阵地交给 T. Q. 韦德（T. Q. Wade）中士指挥，向西驶去。水塔附近海滩上有 4 挺机枪，机枪手都是新兵。中尉推测是有人在黑暗中看到什么，便慌忙开枪，其余人便都仿效他。

"慢着！"波因德克斯特让最近的机枪手停火，接着便发现真正的目标：两艘大型登陆工具已登上他们数百码之外的海滩。前一艘是原本要去威尔克斯岛、却向东漂流的登陆艇，后一艘则是驱逐舰改装而成的 33 号巡逻舰。

实际上，此时两艘舰艇的士兵皆已登陆完毕，舰艇内空空如也的可能性很大；不过波因德克斯特中尉无从得知，只是命令机枪手继续开火。曳光弹打在舰艇上，高高弹起。中尉发现子弹威力不够，需要手榴弹上场，便迅速挑选出 3 个人来：一等掌帆长巴恩斯（Barnes）、炊事长杰拉德·卡尔（Gerald Carr），以及曾参加一战的退役老军官雷蒙德·R. 鲁特里奇（Raymond R. Rutledge）。

"上尉，"波因德克斯特对退役军官说，"带上卡尔，去打那一艘；我和巴恩斯打另一艘。"

四人各携6枚手榴弹,从矮树丛冲到海边,朝着停泊的舰艇掷弹;然而距离太远,无一枚命中。四人跑回掩护的树丛,波因德克斯特中尉命令4挺机枪继续开火;几梭子弹下来,又命令停火。

"咱们再试一次吧,靠得近点儿。"中尉说着,重新奔向海滩,其余三人紧随其后。远处几名海军陆战队老兵望着波因德克斯特,心里搞不清这个中尉究竟是"一名神志不清的疯子,还是当代首屈一指的英雄"。

波因德克斯特与巴恩斯涉入水中,前行10码后来到一座珊瑚礁,朝前面那艘登陆艇掷出几枚手榴弹。

突然,右手边射来探照灯光,打在那两艘舰艇上。波因德克斯特发现舰艇上根本没人下来;莫说船上,四周都看不到日军的影子。于是两人迅速冲回机枪阵地,此时探照灯光突然熄灭。

灯光来自威尔克斯岛;照在波因德克斯特附近的两艘船上,纯属偶然。实际上,普拉特上尉的命令是照亮自己的阵地,也就是麦金斯特那座3英寸炮炮台前方的海滩。

探照灯打亮没多久,便被敌军火力压制,被迫熄灭。然而,就在那短短的时间内,麦金斯特等人已经发现,敌军登陆艇就在自己的正前方,高举刺刀的日军正从两侧下艇。这批敌军正是预定登陆威尔克斯岛的160人中没有偏离航向的那一半人。

麦金斯特想要迎击上岸的敌军,阵地上却没有步枪手,于是他下令道:"把炮弹引信设为零!"随即用肉眼瞄准,操纵3英寸口径炮向敌军射击。敌军短暂后撤,而后改变路线,从两翼包抄麦金斯特,向阵地投掷手榴弹。麦金斯特见把守不住,便命令士兵卸下火炮的击发机构,撤向后方重新建立一条小规模防线。众人跟随麦金斯特穿过粗糙的灌木丛,向东退去,来到与威克岛主岛交界的水路边,发现海滩上空无一人。此时唯有等待,别无其他办法。

凌晨2时30分,威尔克斯岛上的探照灯熄灭后不久,德弗罗少校便与该岛失去联系。实际上,就连威克岛的战况,少校也无法完全把握。巴宁格从孔雀角附近发来报告称，遭到敌军远距离机枪袭击，自己的 5 英寸口径炮无法瞄准对方；此后便再无消息。1 号营地附近的波因德克斯特报告称，自己侧翼遭到攻击；之后也失去音信。普特南则从头到尾未发一语。

德弗罗指示副司令乔治·波特（George Potter）在指挥所以南 100 码处建立最终防线。波特聚起 30 名文职人员及通信兵，前往通往飞机场的道路上掘壕固守。

————

向北约 4 英里处，乃是皮尔岛与威克岛主岛交界的水道。把守此处的坎宁安海军中校正在向佩伊海军中将发电报：

> 大量敌军正在登陆。

接着，坎宁安又联系"梭尾螺号"（Triton）潜艇，希望潜艇对威克岛以南的敌舰发动攻击。

凌晨 3 点 19 分，坎宁安得到佩伊的回复：

> 贵岛周边现无友舰；自此时起 24 小时内，不会存在友舰支援。

凌晨 4 点，三座小岛都降起大雨，战局完全陷入混乱，无论日军还是美军，无人能够真正把握战况。此时已回到自己阵地的波因德克斯特中尉无法联系上 1 号营地。那条一直铺设到机场边缘的战线上不断落下迫击炮弹，已经有数名平民被炸死，五六名海军陆战队员负伤。

"四面八方都是敌人。"韦德中士对中尉小声说道。于是，波因德克斯特命令部下按小队分批向西退去，撤往 1 号营地及威克岛-威尔克斯岛水路。

————

德弗罗收到报告，称皮尔岛并无异状，于是下令该岛尽可能匀出人手，乘卡车前往南边支援波特的防线。正在此时，一名平民突然跌跌撞撞地闯进来,脸上满是惊恐之色。此人是波因德克斯特的手下,刚刚在机场跑道尽头的防线上看到美军机枪手被日军用刺刀击杀。"杀得一个都不剩了!"那人声音里带着惊惶的哭腔。

德弗罗看看表,很快天就要亮了,不知道拨给波特那批士兵来不来得及。此时,布朗依然在旁听空袭警报电话网,突然说道:"长官,好像有情况。"电话里传来一个极低的声音:"日本兵在灌木丛里。"

电话网里另一个人问道:"别慌,你在哪儿?"

"日本兵在灌木丛里。肯定是日本兵,绝对没错。"忽然,一阵枪声从电话里传出,接着便是一片死寂。

"估计是被打死了。"布朗说道。

凌晨5点,坎宁安听取德弗罗关于整体局势的总结后,向珍珠港又发送一封电报:

> 敌军已登岛。具体情况尚不明朗。

2

珍珠港内,佩伊海军中将、M. F. 德拉梅尔(M. F. Draemel)海军少将与C. H. 麦克莫里斯(C. H. McMorris)海军上校正在商议如何处理威克岛危局。经过一番讨论,三人一致承认:无论命令守军撤离,还是派遣援军,都为时已晚。接下来只剩下一个问题:指挥第14特遣队的弗莱彻将军要求西进与敌交战,是否应该予以准许?

很快,结论便通过无线电传到第14特遣队旗舰——"萨拉托加号"上。弗莱彻海军少将当众将佩伊的命令宣读出来:"上面叫咱们回珍珠港。"

此言一出,舰桥上众官兵或扼腕叹息,或愤愤不平;几名参谋甚至鼓动弗莱彻抗命。弗莱彻表示自己不会违抗军令,部下便越发不平;奥布瑞·费奇（Aubrey Fitch）海军少将颇为同情众人，夺门而出以示不满。待命室里准备出战的众飞行员得知消息，纷纷破口大骂，甚至有人流下泪来。

弗莱彻不屑于讨好官兵为自己博得好感，对众人不平之声全然不顾。事实上，弗莱彻本人与部下一样，渴望西进歼敌；然而，抗命需要前提：只有在后方总部不了解战况，而前线将领十分了解的情况下，才可以临机应变。此时弗莱彻对战局一无所知，而佩伊应该拥有更多情报。

然而，佩伊做出此一决定，并非是因为掌握某些特殊情报，单纯是因为珍珠港事件后，整个太平洋舰队都秉承谨慎行动的宗旨。倘若允许弗莱彻继续西进，那么威克岛海岸附近的梶冈舰队便插翅难飞；梶冈没有舰载飞机的保护，在"萨拉托加号"的飞机面前无异于待宰的羔羊。

珍珠港高级军官俱乐部里，众人为召回第14特遣队一事争论不休。当东京玫瑰①在广播里嘲笑说"美利坚海军今何在呀，今何在"时，美军只能无言以对。

佩伊则给斯塔克海军上将发电报，为召回弗莱彻做出解释：

> 对日军发动攻击以救援威克环礁，亦属我部原本之计划。然而，既然敌军已先一步登岛，情况则为之一变：应以总体战略为先，将保存海军兵力视为第一要务。事出无奈，故此下令第14特遣队返航。

3

普特南一直在灌木丛里趴着，打算伏击过路的日军；由于趴伏时间过久，身上肌肉都僵硬起来，然而一个敌人也没有遇到。突然，借着第一道曙光，普特南发现两个人影就在自己身前，当即拔出手枪一通乱射，直到一梭子弹打完为止。那两人都是日军士兵，一个倒向一侧，另一个俯身倒下，头

---

① 二战期间，日军雇用一批英语发音纯正的女播音员对太平洋上的美军发送英语广播，意在勾起美军思乡之情，助长厌战情绪。此类女播音员被美军称为"东京玫瑰"。

盔撞在普特南的头盔上。普特南将两具尸体拖回阵地,接着便听到右手边传来一阵枪声。日美两军已开始贴身肉搏,战况十分激烈。普特南的薄弱防线渐渐抵挡不住,向着身后汉纳炮台的位置退去。随着美军退却,越来越多的日军士兵从灌木丛中跳出。普特南眼睁睁看着平民索伦森冲上前去,向日军投掷石头,最终惨死在刺刀之下。趴在旁边的埃罗德上尉跳起身来,此人是普特南麾下最凶猛的战斗机飞行员,绰号"铁锤汉克",又号"男爵";上尉吼道:"灭了这帮杂种!"端起汤普森冲锋枪疯狂扫射,一时竟将敌军逼退。

日军暂时退却,重整旗鼓后再次袭来。普特南命令众人后撤至汉纳的3英寸口径炮阵地,最终只有4名部下跟随普特南安全抵达,与炮台上汉纳中尉及另外两人会合。此时迫击炮弹落下,众人躲进炮台的钻孔钢板下。不料一枚子弹擦过普特南的脸颊,从脖子射穿过去。少校没有意识到子弹,只是突然感到异常困倦,很快便晕倒在地。片刻之后,普特南短暂恢复意识,嘴里"嘟嘟嚷嚷"叫骂几句后,又重新昏迷过去。

上午6点,把守皮尔岛托基角的凯斯勒呼叫德弗罗,称3艘驱逐舰逼近威尔克斯岛,已进入射程。德弗罗命令凯斯勒开火,而后呼叫坎宁安,告诉他威尔克斯岛上四处升起日军旗帜。显然,威尔克斯岛已然沦陷。至于主岛南部,普特南与波因德克斯特仍未发来任何消息;波特防线则正与日军交火。先头日军距离指挥所已不到300码距离。

————

7点30分,德弗罗再次呼叫坎宁安:"看样子,威尔克斯岛、1号营地、水道、机场跑道,再加上孔雀角,都让鬼子给拿下了。这还算是乐观估计。"

坎宁安略作沉默,而后答道:"那么,是不是该选择投降了?"

德弗罗没有考虑过投降的选项,只是问道:"一支援军也没来吗?"

事实的确如此,甚至连潜艇都没有前来支援。

"我想想办法,再努力一把。"德弗罗让坎宁安给自己拨几名步枪手,然而坎宁安此时也只剩下5名陆军通讯员。

如此一来，任谁也明白大势已去，继续作战只是让士兵无谓地送命。德弗罗咬紧牙关说道："我去宣布投降。"

———

此时，威尔克斯岛上大部分日军都聚集在麦金斯特放弃的那座 3 英寸口径炮阵地；而麦金斯特军械长则带领部下西进，打算重新夺回炮台。在距离炮台数百码的位置，麦金斯特意外遇到战友麦卡利斯特中尉，中尉身后跟着 30 人；双方随即会合一处，共同向西前进，一直走到一块大岩石跟前。岩石后面有 3 名日军士兵，把守着众人前进的必经之路。

"清出一条路来。"麦卡利斯特刚一下令，红须壮汉麦金斯特便要上前。中尉连忙阻止："你回来，派个人去。"

"让我来，长官。"哈尔斯特德（Halstead）下士说道。此人身材短小，行动敏捷，三两下爬上巨岩，悄无声息地举起春田步枪，对准蹲在下面的 3 个敌人。三人突遭袭击，措手不及，一一毙命。下士也不出声，只是招手让战友前进。众人绕到岩石后面，发现 3 具尸体时，无不欢欣鼓舞、斗志高昂。

麦卡利斯特与麦金斯特决定分两路发动进攻。中尉带着少数部下前往海滩，麦金斯特则率领 25 人，分散作一线，穿过矮树丛径直前进。麦金斯特一马当先，接二连三地投着手榴弹，并大声提醒众人注意侧翼。两名平民拼死跟在后面，把新手榴弹递给麦金斯特。突然，一名倒地装死的日军士兵爬起身来，举起刺刀刺向一名中尉的部下，麦金斯特连忙厉声大喝，众人将那"尸体"重新打成尸体。麦金斯特叫道："都去看看，别再有装死的！"

此时，普拉特上尉率领 2 组机枪手及 8 名步枪手，从另一侧也对 3 英寸口径炮阵地发起进攻。不过，麦卡利斯特与麦金斯特并不知道。麦金斯特发现自己右翼已被敌军机枪困住，迟迟跟不上来，便大吼道："继续前进！越是待在原地越是死路一条！"于是右翼继续向前。

附近有一座老旧洞穴，是当初美军用来储藏弹药的；此时，一批日军士兵躲在里面。麦金斯特往洞里投掷一枚手榴弹，顿时燃起火来，紧接着便将弹药引爆。众人向前冲去，哈尔斯特德跟在麦金斯特旁边，不料炮台处日军火力太过凶猛,哈尔斯特德中弹身亡。

一位姓李(Lee)的下士冲向敌军最前排的机枪,突然脚边跳起一个装死的日军士兵,双方展开刺刀白刃战。第一下两人都没能伤到对方;第二下却双双刺中,同归于尽。

麦金斯特向炮台掷出手榴弹,一阵爆炸过后,炮台陷入沉寂。突然,炮台后面出现了一个人影,麦金斯特定睛一看,竟是那个平易近人的普拉特上尉。来自南卡罗来纳州的上尉像往常一样面带笑容,叫道:"老麦,你那粗嗓门哪,我在炮台那边听着,倒有点像天上的仙音了。"

3股美军小部队在炮台阵地汇合,把守的日军死伤大半,只有5人逃入矮树丛中。"老麦,抓个活口回来。"普拉特话音未落,麦金斯特已经冲出阵地,追着逃亡敌兵奔跑起来。正当此时,头顶突然响起飞机声,来自威克环礁西北部两艘日本航母的日军轰炸机对威尔克斯岛展开轰炸。普拉特等人连忙卧倒,尽管那地面上几乎毫无掩蔽物。时间是7点40分。3英寸口径炮阵地上,麦金斯特手下一人匍匐上前,打算扯掉挂在上头的太阳旗,有人从旁喊道:"等等,先别摘。"

水道对面的威克主岛上,上午8点,波因德克斯特依然牢牢把守着1号营地。34名步枪手与10挺机枪排成一个半圆,面朝东南方向的海岸。与普拉特一样,波因德克斯特中尉也一直联系不到德弗罗;不过中尉对战局依然充满信心:防线十分稳固,日军不敢大举压上,只是偶尔派出小股部队试探着进攻。中尉打算向东派出部分兵力,反攻孔雀角,便叫来传令兵,让他回1号营地,把所有能够正常行动且配有武器的男子聚集起来。

传令兵迅速赶往1号营地的避难所,里面挤满大量非战斗人员:探照灯操作员、卡车司机、后勤人员、武器库看守员。"中尉有令,有步枪的人都去水塔另一边的阵地上集合。"传令兵喊道。然而,没有一人起身响应。

突然,一个小个子的18岁少年一跃而起,喊道:"在这儿坐着干等有什么用?"此人名叫费什(Fish),戴着眼镜,是个文职人员。费什一把抓起步枪,冲出避难所;其余人一脸茫然,也跟跟跄跄地跟着他一起出去。

8点30分，波因德克斯特中尉一转头，发现费什踏在珊瑚礁上朝自己跑来，后面跟着20多人。中尉略加计算，手下大约有55名武装人员，足够应付局面。将众人分作3个小队后，中尉下令进攻："准备就绪，出发！"众人摸着路，从矮树丛中出来。

——

德弗罗指挥所小屋外，约翰·哈马斯（John Hamas）军械长厉声命令众人停火："要投降了！少校的命令！"

德弗罗一把推开门，一张瘦长脸上满是愠色："我他妈的还没下令呢！"

此时，孔雀角炮台的电话线终于被修复了，巴宁格给少校打来电话，报告已准备好发动进攻。

"别打了，"德弗罗说道，"销毁所有武器。准备投降了。"

波特防线上武器还能正常使用。消息传来后，众人将步枪枪栓取下扔掉；拿毛毯堵住炮口，然后开炮；各种线路通通切断；照准器、测高仪则用手枪击毁。武器装备全部销毁后，众人拿出那点可怜的存粮，开始坐下来吃饭，等待日军到来。

伯纳德·凯特纳（Bernard Ketner）中士走进指挥所，见德弗罗垂头丧气地坐在电话机前，便伸出手，说道："少校，别丧气。您已竭尽所能，仗打得很漂亮。"

两人握了握手。

岛上有一家医院，位于另一所混凝土小屋，距离日军约400码。德弗罗让电话员给医院打电话，让卡恩（Kahn）升起白旗向日军投降。然而医院无人接听。

"你做一面白旗吧，大小能携带就行。"德弗罗说道，"咱俩亲自去一趟医院。"

于是，唐纳德·马勒克（Donald Malleck）中士便在拖把柄上绑一条白色破布，带着它与德弗罗一起上路。两人来到医院小屋附近，一名手持步枪的日军士兵缓缓站起身，谨慎地朝两人走来，并把德弗罗带到医院的钢制大门前。

"你好，我们来投降了。"德弗罗对一名腰悬军刀的日军少佐说道。

日军少佐给德弗罗递一支烟，并提到自己 1939 年曾在美国参加过旧金山博览会。两人谈得分外激动。此时，一辆美军卡车停在路边，身着蓝色海军制服的坎宁安中校走下车来。

"你俩谁是管事儿的?"日军少佐问道。

德弗罗指了指坎宁安，说道："中校，您来安排正式手续吧。我和马勒克围着环礁转一圈，看看还有没有人没收到投降命令。"

上午 9 点 30 分，投降小队来到汉纳那座炮台。德弗罗穿过日军的包围，爬上一座土墙。"我是德弗罗少校，"少校喊道，"本岛已宣布投降。"无人回应。少校重喊一遍，这才有几个人跌跌撞撞地走出来。保卫炮台的 13 名军民之中，未负伤者只有塔林（Tharin）上尉一人。

普特南终于醒来，因失血过多，身体十分虚弱，不过依然没有意识到受伤一事。"吉米，对不住，"满脸血迹的普特南抬头望向德弗罗，"'汉克'不幸战死了。"绰号"铁锤汉克"的埃罗德在投掷手榴弹时惨遭射杀。听德弗罗说战斗结束，普特南挣扎着站起来，为部下长舒一口气；然而此时他还不知道，自己的战斗机中队阵亡率高达 80%，跟随他的 22 名平民也有一半已经丧命。

离开炮台后，德弗罗、马勒克及一队日军警卫继续向西，朝着威克主岛尽头及 1 号营地缓缓前行。途中，前方传来交火声，众人提高警觉，谨慎行动。

上午 11 点，波因德克斯特中尉正向东赶赴孔雀角，与朝西行进的投降小队走在一条路上。中尉很是得意：在日军阻拦下，部队左翼前进的速度虽耽误 1 小时，不过结局总算不错，前一晚丢失的地盘已全部夺回。此时日军正在节节后撤，中尉认为应该趁夜幕降临之前，去东边孔雀角支援海军陆战队。就在此时，一小撮人举着白旗沿道路向他走来。

中尉远远望去，以为是日军前来投降，便对步枪手说道："打好掩护。"接着小心翼翼地走向道路中央。此时的波因德克斯特形貌甚是恐怖：脸上涂满黑色烧伤药膏；腰间绑着手枪皮套，里面插着一把点 45 手枪；卡其色军服上衣口袋里塞着几枚手榴弹；手里握着的则是春田步枪。

满面春风的波因德克斯特走近投降小队，刚要开口，听到小队里一人喊道："把枪扔下。"

波因德克斯特中尉一惊，这才发现对面那群人中，有一人身材比日军士兵高出许多，正是德弗罗。中尉扔下步枪，呆滞地向前走去；在德弗罗的要求下，又将手枪皮套也抛在地上。来到德弗罗面前，中尉的脸上的表情唯有"惊诧"一词可形容。

黯然神伤的波因德克斯特从上衣口袋中掏出手榴弹；日军士兵以为他是要自杀，连忙四下散去，却发现他连保险也没拉开，只是把手榴弹扔在地上。

"让你的手下也都站起来吧，武器放在地上。"德弗罗说道。

波因德克斯特回去转达少校的命令。见美军纷纷投降，下面那批日军无不欢呼雀跃，山呼"万岁"。那批日军一整天都在与美军作战，此时举起刺刀，便向美军冲来。负责投降事务的日军军官连忙冲到两方中间，命令众人住手。

投降小队继续西进，来到 1 号营地。日军士兵见水塔上方飘扬着美国国旗，便高呼着冲上前去，其中一人爬到塔上。

海军陆战队队员狠狠地盯着那个爬塔的日军士兵。"别激动。"德弗罗喊道，"都给我冷静点。"

1 号营地另一侧，戴夫·拉什（Dave Rush）中士远远地看到日军扯下美国国旗，便用机枪仔细瞄准那人，正要扣下扳机，只见德弗罗匆忙赶来。得知投降一事后，拉什取下击发机构，扔到海中，而后把机枪推入坑里。

此时，1 号营地仍有许多美军不知道全岛已然投降。威克-威尔克斯水道附近，一架日军飞机袭来，约翰·塞梅里斯（John Cemeris）中士以一挺点 30 机枪迎击，打得那飞机直冒黑烟。那枪法着实精妙，不过波因德克斯特与德弗罗远远望见，却是冷汗直冒，生怕此举惹得日军屠杀战俘。两人匆忙赶上前去。"站起来，"波因德克斯特叫道，"双手都举起来。"

———

水道对面的威尔克斯岛上，普拉特已扫荡日军残兵，抓获3名俘虏。正午时分，一艘日军驱逐舰出现在海面上，距岛屿不足2000码；后面还跟随着数艘舰船。普拉特通过无线电命令麦卡利斯特中尉用5英寸口径炮轰击，不料中尉回报称，大炮已被敌军舰载飞机炸坏，无法使用。

哨兵来报，称多艘日军小艇正驶向连接两岛的水道。普拉特下令全员掉头向东，击退敌艇。小艇距离水道还有一半路程时，一名步枪手突然喊道："那边有几个人，正往咱这儿过来。"

麦金斯特命令众人躲在海滩附近一座岩石后面，随即发现其中一人手里举着白旗，心想必是诡计无疑。只听一人喊道："我是德弗罗少校，全岛已宣布投降。不要再做无谓抵抗了。"

直到亲眼看见德弗罗与波因德克斯特，麦金斯特才不得不相信，一脸茫然地拆下手枪，将部件扔到海里。

至此，三座岛上的美军终于完成投降。德弗罗全身酸软，心如死灰，在日军押送下，朝汉纳炮台附近的日军指挥所走去。正在此时，德弗罗发现一队被扒掉衣服、只穿短裤的美军俘虏，一个个蓬头垢面，失魂落魄。排头那人是一名技术军士，名叫E. F. 哈西格（E. F. Hassig），生得髭须浓密，虎背熊腰。哈西格转头瞪着众人，喊道："少在那愁眉苦脸，你们生是海军陆战队的人，死是海军陆战队的鬼！"

众人重新涌起信心，抬起头来，迈着坚定的步伐从德弗罗身边走过。

水路附近，军械长麦金斯特颇感不安，担心之前抓的那3名日军士兵会把自己认出来；毕竟那把红色长髯实在太过扎眼。四处找寻之后，麦金斯特终于发现一把切肉刀，便拿刀剃起胡子来。

几百码外，波因德克斯特在矮树丛中搜寻受伤的美军；一名日军中尉挂着军刀，跟在身后。两人发现一名日军军官的尸体，显然是面部中枪而死。

日军中尉从口袋里掏出一面小型太阳旗，把它盖在尸体的胸前，旗子的一角塞入腰带之中，另一角塞在肩带下面。

两名日军中尉与两名海军陆战队队员合力将那具尸体抬到路边。波因德克斯特偶然发现地上有一个梨罐头，便走过去将它捡起来。

众人将那尸体搬到卡车上，波因德克斯特便坐在尸体旁边，吃起梨罐头来。随后日军中尉也跳上卡车，两人一起吃了那罐头。吃完后，日军中尉掏出一个小圆烟盒，从中抽出一小撮香烟，分给波因德克斯特。

接近傍晚时，梶冈海军少将身着白色制服，胸前挂满勋章，腰间佩戴军刀，来到岛上，正式宣布占领威克环礁，并将其改名为"大鸟岛"（Bird Island）。

第八章 恐慌

1

大约就在德弗罗举着白旗投降的同一时间,一架飞机在华盛顿特区降落;此时乃是当地时间 12 月 22 日下午。一名体形矮胖的男子走下飞机,一身标志性的打扮:头戴硬礼帽,嘴衔大雪茄。机场早有一辆豪华轿车等候。矮胖男子来到后座,握住车上一位微笑男子那强有力的手。两人正是丘吉尔与罗斯福,英国首相为参加代号"阿卡迪亚"(Arcadia)的会议而来到华盛顿。

轿车向白宫驶去。罗斯福夫人为丘吉尔安排的豪华房间与哈里·霍普金斯的房间隔着大厅遥遥相对。时值圣诞节前夕,走廊上堆满了礼物;接下来数日内,罗斯福、丘吉尔、霍普金斯三人将绕过礼物堆,不分昼夜地拜访彼此的房间,商讨彻底毁灭轴心国的计划,并决定西南太平洋地区的命运。

在罗斯福看来,值得倾听的对象不多,丘吉尔正是其中之一;而对丘吉尔而言,值得纵论古今东西的对象很少,罗斯福也恰好在列。在"阿卡迪亚"会议上,两人配合默契。霍普金斯甚至向朋友透露过一则逸事:一次,罗斯福坐轮椅前往丘吉尔房间,谁知丘吉尔刚刚从浴室出来,身上一丝不挂;罗斯福连忙道歉，准备离开时，丘吉尔说道："大英帝国首相在合众国总统面前可是毫无隐瞒。"

从第一次会议那其乐融融的气氛来看，无疑，"阿卡迪亚"会议必将取得成功。至于霍普金斯讲述的那则逸事，丘吉尔后来否认道："我怎么可能一丝不挂地接待总统呢？至少得围一条浴巾吧。"

2

菲律宾与威克岛一样，此时都是 12 月 23 日。黎明时分，布雷顿残余的空中力量终于派上用场，对林加延湾的日军大型船团展开攻击。4 架"空中堡垒"投下数枚 100 磅重的炸弹，随后便掉头向南，前往澳大利亚。

本间将军颇感焦虑，不过事实上，船团受到的损伤微乎其微。已登陆的日军同样进展顺利：主力部队已将特拉普内尔少校焚毁的桥梁修复完毕，兵指罗萨里奥，继续行进，至正午时分，已前进 3 英里，来到一处战略意义重大的路口。菲律宾过去的夏季首都——碧瑶与南部地区只有一条 20 英里的道路相连，该路口正位于那道路南端。麦克阿瑟在东北地区部署的兵力，包括位于碧瑶的约翰·海伊（John Hay）基地，以及隶属第 71 师的一个团，此时由于路口被日军封锁，相当于兵力被分割了。

此前一段时间，约翰·海伊基地指挥官约翰·霍兰（John Horan）中校一直通过无线电向麦克阿瑟通报本间部队的行军情况。就在前一天，霍兰还请求总部批准从那条蜿蜒曲折的山路南撤，退到山路南端的路口处；然而，总部给出的回复却是"纯属杞人忧天"，并要求霍兰固守基地，等待新命令下达。此时，霍兰依旧在等待总部批准撤退的命令，随着心情越发焦躁，便准备给麦克阿瑟再发送一条消息。不过，无线电台与密码本都已被下属毁掉，霍兰只能用未加密的文字含糊地暗示麦克阿瑟：

　　我的右手被虎钳夹着，我的鼻子套着倒置的漏斗，……我的后方空空荡荡，我的南方张牙舞爪。等待指示。

霍兰希望麦克阿瑟总部的情报军官能够从中推断出情况：碧瑶道路已被敌军切断，只有往北或往东逃离。

通往碧瑶的那处路口往南 4 英里，是一条主要干道，由一支菲律宾部队把守。中午过后不久，本间部队朝该地发起进攻。守军是菲律宾第 71 师的另外两个团，大多是仅有 10 周训练经历的新兵，连老式的恩菲尔德步枪也用不好，唯一练熟的是走正步、行军礼。

结局显而易见。与另一个新兵师——菲律宾第 11 师一样，第 71 师溃不成军，逃往后方，把炮兵部队暴露在敌军面前。

消息传来，温莱特少将意识到情况危急，便给麦克阿瑟打电话，称守卫林加延湾实属幻想，请求准许后撤至阿格诺河建立防线。阿格诺河位于林加延湾以南，距离第一个登陆点约 45 英里，是自北向南路上的第一个天然屏障，距离日军最终目标马尼拉只有 90 空英里。温莱特少将认为，只要麦克阿瑟拨出一个训练有素的菲律宾师，从阿格诺河展开反击就不成问题。

马尼拉总司令部里，麦克阿瑟收到两个新兵师接连溃败的消息，心情颇为沉重。不过，面对身经百战且有坦克混编的日军，两个菲律宾师手头除了步枪，只有一批容易卡壳的旧式水冷机枪，失败乃是再正常不过之事。

麦克阿瑟心心念念的作战方案乃是将敌人阻挡在海岸之外；然而，此时空中部队丧失殆尽，海军支援遥遥无期，战局迫使麦克阿瑟正视"橙-3 号计划"（War Plan Orange-3）。该计划由前任驻菲律宾司令制定，其主要着眼点在于马尼拉湾：假如无力阻止日军登陆吕宋岛，且岛上作战压力巨大，则将部队分批撤回巴丹半岛（Bataan Peninsula），在此组成最后一道防线，固守半年左右，以期海军派来补给及增援。麦克阿瑟接管菲律宾地区的军权后，将该计划束之高阁；因为在他看来，只有失败主义者才走得出如此烂棋，实施该计划必将在菲律宾失去民心。然而，此时麦克阿瑟已别无选择，只得拿起电话："执行'橙-3 号计划'。"

———

尽管本间攻势凶猛，除第 11 师、第 71 师以外，菲律宾部队并没有陷入恐慌。

一直把守林加延湾南岸的第 21 师，此时正有序向南撤退，士气依旧平稳。如果 12 月 10 日午夜那场与日军侦察艇之间的"激战"不算在内，那么开战以来，第 21 师还没有遇到过敌军。

第 21 师有一名少尉，此人本职是一名律师，名叫安东尼奥·阿基诺（Antonio Aquino），乃是菲律宾国会议长阿基诺之长子。阿基诺少尉不久前被派往马尼拉，征调 8 辆卡车协助第 21 师撤退。前一天夜里，将卡车送走之后，阿基诺回到打拉。此地位于温莱特提出的阿格诺河防线以南约 30 英里，阿基诺家族在此有一座大型甘蔗园。当地佃户们便与阿基诺攀谈起来。

"先生，"一名佃户面露忧色，神情困惑地问道，"咱们是要跟谁打仗？为什么美国不帮咱们？"

其时菲律宾天气酷热，阿基诺依然装备整齐：身穿橄榄色羊毛衫，肩披一件定制的狩猎外套，头戴钢盔。阿基诺告诉众佃户，美国会派遣援军，但美军到来之前，大部分战斗需要菲律宾人自己来打。

此外，阿基诺也谈到日军正从北部入侵而来，并要求众佃农携家带口撤离到山里。"如果战争失败，请等我回来。我会组织一支游击队卷土重来，就像当年阿拉亚特山里的祖父那样。"阿基诺口中的祖父，乃是当初与阿奎纳多（Aguinaldo）①一起对抗美国的阿基诺将军，"我们决不放弃战斗，并且相信美军一定会来。大家都明白吗？"

众佃户齐声欢呼，心中不再有任何迷茫。

————————

① 埃米利奥·阿奎纳多（1869—1964），菲律宾政治家。美西战争中建立菲律宾第一共和国，与西班牙军作战；西班牙将殖民地权益让给美国后，与美军宣战，打响美菲战争，最终战败被俘，宣布投降。1941 年 12 月日本入侵菲律宾后再度出山，与日军合作，向菲律宾及驻菲美军劝降。二战结束后因通敌罪入狱，后遇特赦而获释。

律师少尉发出指示的次日，大约就在麦克阿瑟下令执行"橙-3号计划"的那段时间，众佃户跟随阿基诺离开大型甘蔗园。阿基诺将园内苗壮生长的甘蔗及水稻付之一炬，而后坐进一辆崭新的黄色敞篷车，与自己的忠实仆从埃拉迪奥（Eladio）一起返回第21师。车子开出1英里后，阿基诺命令停车，转头望向那熊熊烈火、滚滚浓烟，盼望着父亲能够赞许自己的"焦土"战术。

尽管在佃户面前，托尼①·阿基诺提起游击队云云；实际上，他与菲律宾大多数军民一样，从内心相信战争顶多打上半个月或一个月，不会更长。因为一个月内，旧金山出发的那批满载兵员、飞机及大炮的船团必将抵达菲律宾。阿基诺在汽车后备箱装有大量物资，足以支撑到援军到来：一箱苏格兰威士忌、一套齐全厨具、一批狩猎工具、一个收音机、一张便携桌及数把椅子、一大袋乒乓球、一件燕尾服及其配套的鞋子与袖钉，此外还有1000美元零用钱，以备不时之需。

那天晚上，在阿格诺河畔的帐篷里，温莱特正在研究反击计划。不过，该计划有一个前提，那就是麦克阿瑟同意将精锐菲律宾师拨给自己。此时温莱特手下28000人的部队中，训练有素的士兵只有3000人。

电话铃响起，来电的正是麦克阿瑟的远东军总司令部。温莱特心中暗想，如果拨来的是自己曾经指挥过的那个师，就再好不过了。

"'橙-3号计划'已生效。"康斯坦特·厄文上校（Constant Irwin）在电话里说道。

温莱特愕然无语。"橙-3号计划"启动，意味着麦克阿瑟放弃自己一直推崇的战术，即阻止日军登陆海岸；同时也说明战局已经十分危急。

"命令收到否？"见温莱特沉默不答，厄文上校问道。

"收到，皮特。"温莱特平静地答道，"我明白什么意思。"与其他驻菲将领一样，温莱特也始终认为，"橙-3号计划"是保卫菲律宾唯一有效的方法。不

---

① "托尼"是"安东尼奥"的昵称。

过，此时再实行计划，或许有些为时已晚：部队已浪费掉宝贵的 15 天。麦克阿瑟残部逃往巴丹半岛时，日军必将如潮水般涌上；而阻挡那"潮水"的任务，就落在自己肩上。

翌日清晨，远东军总司令部收到消息：夜里，24 艘日军运输舰在马尼拉东南 60 空英里处的拉蒙湾（Lamon Bay）登陆。如此一来，日军便成掎角之势，而那正是麦克阿瑟最为害怕的局面。拉蒙湾当时只有两个不满员的步兵营，没有配备一门大炮。不到 9 点，日军第 16 师便兵分三路，向马尼拉进发。上午 10 点，指挥吕宋岛南部部队的乔治·帕克（George Parker）少将接到麦克阿瑟命令，将麾下两个师缓缓撤至巴丹。吕宋岛南部的战斗，在打响之前已宣告结束。

上午 11 点，麦克阿瑟麾下众参谋齐聚维多利亚大街 1 号，参谋长萨瑟兰德将军宣布，总司令部将于当晚转移至科雷希多岛，并要求众人带好野战装备。

马斯曼大厦附近，哈特海军上将告诉洛克威尔海军少将：海军总部将转移至婆罗洲，以便自己近距离指挥作战舰队；吕宋岛上剩余的海军部队则由洛克威尔接管。

54 岁的哈特吩咐道，马尼拉存储的燃料、柴油及航空汽油都要通通销毁。此时，头顶传来飞机轰鸣声，日军炸弹开始在王城区落下。一枚炸弹落在马斯曼大厦上，哈特不为所动，继续下达指示，称潜艇部队应尽可能从马尼拉起航；接着，又一枚炸弹命中，哈特命令德塞兹（Dessez）海军上校将桑莱岬（Sangley Point）基地及卡维特军港炸空；第三枚炸弹击中大厦时，哈特让洛克威尔把海军陆战队第 4 团（4th Marines）交给麦克阿瑟指挥。

港口地带蔓延大火，场面混乱至极。街上随处可见巨大的弹坑；有轨电车撞在路边建筑里，轨道扭曲成奇形怪状；炸毁的水泥与石头化为粉尘，与地面升起的黑色烟柱一起笼罩着整个巴石河（Pasig River）地区。

一辆崭新的"帕卡德"轿车驶进王城区，却因道路一片混乱，无法通行。布雷顿将军从车里下来，步行前往维多利亚大街 1 号，边走边猜测麦克阿瑟召自己来此的意图。几天前,布雷顿要求麦克阿瑟将自己及众部下调往南部,因为菲律宾已无飞机可用,航空部队继续留在此地毫无意义。走进远东军总司令部办公室时,布雷顿发现众人忙作一团,麦克阿瑟本人显然心烦意乱,言谈却依然简洁明快——允许航空部队司令部前往南部。布雷顿提出,希望自己以个人身份留下并提供协助,麦克阿瑟答道:"不不,路易斯,你到南边去,拿到剩余的轰炸机以及过几天抵达的那批飞机,那样对我的帮助会更大一些。"

布雷顿站起身来。

"咱们在此地作战的事情,"麦克阿瑟继续说道,"希望你能传达给外界,也算保护我作为一名战士的声誉。"

"将军,这是哪里的话,"布雷顿握着麦克阿瑟的手,说道,"此战必助将军成就盛名,何谈什么'保护'。"

在马拉卡南宫(Malacañan Palace)①内,曼努埃尔·奎松总统正与政府高官开会,其中包括文官长豪尔赫·巴尔加斯(Jorge Vargas)、副总统塞尔吉奥·奥斯梅纳(Sergio Osmeña),以及何塞·劳雷尔(José Laurel)。奎松身着美军制服,头戴钢盔,声音哽咽。不久之后,总统、副总统及一部分高官便会启程前往科雷希多;而对于接下来的安排,奎松命令在场人员不得外泄之后,对劳雷尔与巴尔加斯两人说道:"两位留下来,负责协调与日军的关系。"

劳雷尔担心此举有通敌卖国之嫌,不愿从命。奎松表示理解,却不肯改变安排,称留守乃是劳雷尔分内之事。

劳雷尔涕泗横流,请求总统将自己也带去科雷希多。

"总要有人留下,保护人民免遭日军毒手。"奎松说道。

无奈之下,劳雷尔只得从命,且已认识到自己一生都将背负骂名,只有在场众人才知道真相;或许真相永远没有揭开的一天,自己将作为一名叛

① 马拉卡南宫,菲律宾总统府。

徒，世世代代被钉在历史的耻辱柱上。

数分钟后，奎松乘豪华轿车离开马拉卡南宫，前往马尼拉湾。穿过王城区时，炸弹依然在港口地区不断落下。

轿车停在马尼拉酒店附近的栈桥上，奎松与妻子奥罗拉（Aurora）、女儿玛丽亚·奥罗拉（Maria Aurora）及泽娜依达（Zeneida）、儿子小曼努埃尔（Manuel, Jr.）一并下车；仆人则在卡车边上给一家人卸行李，其中包括一只鹦鹉。此时栈桥上迅速聚拢起一批民众，奎松便向他们发表起演说。总统素来能言善辩，此时更是费尽三寸不烂之舌，高声喊着，自己不希望离开菲律宾，只是身为总统，责无旁贷，只得离开。

向众人挥挥手，奎松与巴尔加斯并肩向海边走去，满怀深情地握了握手。奎松此时身患结核，已是面容枯槁、形销骨立，自知不久于人世，只是辞世之前，菲律宾还有许多问题留待自己解决。奎松登上私人快艇，引擎发出刺耳的声音，迅速驶入马尼拉湾。

岸上，柯利尔杂志社（Collier's）特派记者阿奇·冈尼森（Arch Gunnison）向巴尔加斯问道："好啦，那么接下来做什么？"

"谁晓得呢？总之，一段时间内是闲不下来了。"巴尔加斯望着奎松的快艇渐行渐远，朝着岛际邮轮"马荣号"（Mayon）驶去，语气之中便多了几分悲戚，"至于去留嘛，总要有人留下。现在一大堆事情在手头上，只是十有八九都无从下手。"

此时，马尼拉市内街道上已挤得水泄不通，其中有军车，也有征调而来的当地公共汽车，造型颇扁，里面载满士兵及补给品。烈日炎炎加上交通堵塞，众人无不心急火燎，不知何时才能向北离开街道，赶往目的地——巴丹。

马尼拉各军事设施内，人员杂乱无章地朝卡车、轿车及公共汽车挤去，场面乱作一团。航空部队司令部刚刚迁移到麦金莱堡，数名参谋便接到布雷顿将军通知，称要撤到澳大利亚。此一撤退命令属于机密，对司令部内其余人员也不可泄露。最大的问题是交通手段，因为菲律宾的"空中堡垒"早已全军覆没。布雷顿通过电话向海军求助，得知当晚海军会派出一架

"PBY"前往爪哇，机上还有 4 个空位。于是，布雷顿挑选出同乘的三人，四人连忙去整理行装；其余参谋人员预计在"PBY"出发后不久乘运输舰离开，也各自收拾行李去了。

如此一来，航空部队司令部迅速变作一盘散沙。众官兵不知发生何事，只是找不到布雷顿司令，连司令的贴身副官甚至乔治上校也消失得无影无踪。至于部队此时由谁指挥，无人知晓。

尼尔森基地内，众人同样焦头烂额。第 27 轰炸机大队官兵参战以来，从未体验过如此荒诞而疯狂的经历。当天下午早些时候，航空部队司令部传下令来，称上面研究决定，为防止马尼拉遭到进一步轰炸，将宣布该城为不设防城市，航空部队全部转移至巴丹，甚至还敦促尼尔森基地迅速行动。而当尼尔森基地电话回拨麦金莱堡，请求进一步指示时，却不再有人接听。原来，航空部队司令部撂下挑子，集体消失了。

尼科尔斯基地内，第 17 驱逐机中队临时指挥官大卫·奥伯特（David Obert）少尉收到指示称，下午 6 点之前中队全员在马尼拉码头集合。正午过后不久，奥伯特意识到必定来不及，便打算派一部分官兵，带上已打包完毕的行李先行出发。于是，奥伯特赶往麦金莱堡请求批准，却失望地发现，司令部领导班子已人间蒸发。留下的人们四处乱窜，情绪高亢，有的在焚烧文件，有的在收拾行装；在奥伯特看来，整个司令部已是各自为战的状态。

扎布兰基地内，菲律宾陆军航空部队还有 18 架飞机，麦金莱堡却传来命令，要求全部烧毁。该命令的实际下达者，乃是那批情绪高亢的留守军官。菲律宾飞行员忍痛烧毁了飞机，接着又向机库及军营放火。

扎布兰向北 100 英里处，是一座名叫比纳洛南（Binalonan）的小镇，南距温莱特的阿格诺河主防线 10 英里。本间先遣部队登岛之后，一路横行无阻，只在该镇遭到抵抗。从凌晨 5 点起，日军发动猛烈进攻，把守小镇的第 26 骑兵团仅余残部 450 人，虽已精疲力竭，依旧死战不退。

下午 3 点，形势越发凶险起来。日军派出坦克清理路障，菲军却没有反坦克炮。B 中队指挥官巴克（Barker）上尉召集各小队长，询问是否有人自愿前去炸坦克；只有一个名叫索里亚（Soria）的二等兵举手。于是，B 中队其余人员全部退往后方散兵坑，索里亚独自携带数枚手榴弹及 3 个装满汽油的可口可乐瓶，潜伏在壕沟之中。

第一辆坦克隆隆驶过时，索里亚一跃而起，爬上坦克后部，用手枪敲了敲舱口，等待里面把炮塔打开；不料坦克非但没打开舱口，反而掉转炮管，将索里亚横扫下去，接着掉转头，37 毫米口径炮及机枪纷纷开火，朝着壕沟一通扫射。索里亚不顾肩膀被炮管撞伤，硬是从壕沟再度跳出，冲向坦克后方。那坦克的驾驶员显然被索里亚的蛮劲吓到了，略作犹豫，随即便开着坦克逃之夭夭。

温莱特传来消息，命令第 26 骑兵团撤退。该部队已成功完成任务：拖住日军，争取时间，以便阿格诺河加固防线。众官兵从散兵坑爬出，跑向马匹，以 5 分钟小跑、5 分钟慢行的速度赶回阿格诺河。

第 26 骑兵团加上 3 个可乐瓶，成功阻止了一场溃败。温莱特不无自豪地向总司令部回报，称"该部着实英勇，足使三军振奋"。将军本人是骑兵部队出身，或许对骑兵有所偏爱；不过，此事也证明麦克阿瑟平时所言不虚：只要严加训练，菲律宾人同样能够成为勇往直前的优秀士兵。

马尼拉总司令部里，负责新闻媒体的卡洛斯·罗穆洛（Carlos Romulo）少校正坐在办公桌旁，观察着隔壁房间的麦克阿瑟。将军正在接电话，看起来是某个前线指挥官在直接汇报战情。挂掉电话后，麦克阿瑟起身在房间里踱步，手背在身后，脖颈微垂，老鹰一般的面庞上显露出苦涩的表情。突然，麦克阿瑟停下脚步，戴上那顶金边菲律宾陆军元帅帽，朝摆在一边的旗帜、多年收集的东方美术品及那幅胜利"V"字海报瞥了一眼，而后大步走进罗穆洛的房间。时间正是下午 6 点。

面对有过新闻记者经历的罗穆洛，麦克阿瑟平静地说，自己要前往科雷希多指挥巴丹战役，而罗穆洛则要留在菲律宾。"我身在第一线指挥部队时，"将军说道，"与媒体保持联系就变得十分重要，其重要性大于其他任何时候。"麦克阿瑟伸出手，说道，"我会回来的，卡洛斯。"

麦克阿瑟带领大部分参谋军官前往码头,乘上"唐·埃斯特万号"(Don Esteban)。当轮船驶入海湾,朝着不足 30 英里的科雷希多出发时,天色已暗淡下来。明月当空,远东军总司令部一行人穿着长袖衬衫,坐在甲板上,望着远处卡维特军港油库传来的火光,相互低声交谈着。对于习惯天寒地冻、漫天飞雪的美国人来说,如此一个平安夜确实足够新奇。

麦克阿瑟坐在那里,以手托着下巴;威廉·莫尔斯上校看在眼里。

马尼拉已实施灯火管制,各路私家车在漆黑的道路上挤得水泄不通。偶有一些车辆,车灯没有完全关闭,路上便有人大吼一声"llao"(菲律宾语,意为有光),随即"砰砰"开火;行人、司机则冤死街头。那些端着枪在街上巡逻的是一群志愿兵,受灯火管制委员会召集而来,其中许多人来自帮派分子的大本营——臭名昭著的敦洛(Tondo)贫民窟,生性残忍。

巴丹东海岸,第一批自马尼拉撤退而来的军民已在着手整顿利迈(Limay)第 1 医院。其中一位女性中尉,名叫哈蒂·布兰特利(Hattie Brantley),来此之前听说那是一所拥有 1000 张床位、设备齐全的医院,便在心里构想出一座鲜花环绕的美丽建筑;然而来到此地,摆在眼前的却是 30 间细长的尼帕小屋,里面空空如也,灰尘满布。医疗用品在 1918 年的报纸包裹下,存放在附近一座储藏锡的仓库里;里面还有一批婴儿床,不过已经老化,一旦展开便会碎成片。众护士领取衣物时,布兰特利中尉领到的是一套 42 码的工作服与重型军靴。随后,负责人将 50 名护士带到一间木屋平房,说是宿舍,里面只摆有 6 张婴儿床。

"我们是要睡地上吗?"一名护士有气无力地问道。

第九章 黑色圣诞节

1

平安夜那晚,香港宛如地狱。面积仅 32 平方英里的多山小岛,已有四分之三落入日军之手。英军则被一分为二:2500 人被围堵在南边的赤柱半岛;主力部队约 5000 人,则困守西北角,该地区人口稠密,首府维多利亚城亦在此处。驻港英军海上及空中力量没有一兵一卒,甚至连高射炮、迫击炮也寥寥无几,防线已被敌军打得七零八落。弹药用尽暂且不提,淡水区也几乎全部落入敌手,剩余储水量只能支撑一至两天。

此外,守军也已精疲力竭。连续两个星期,来自大陆的三个营轮番作战,中间几乎没有休息;另外三个营及香港义勇军则连续三天作战,中途不曾合眼,更无进食。自战斗打响以来,尽管伤亡惨重,士气却始终高昂;然而此时,底层官兵中间开始产生厌战的想法:战败已成定局,为推迟战败几个小时,牺牲大量生命,值得吗?

英军在九龙半岛的表现不如人意,不过在退守那座崎岖不平的小岛之后,却展现出一股不屈的韧劲。其中,1759 名志愿兵厥功甚伟。该部队由当地英国人、东西方混血儿、华人及葡萄牙人等多人种组成,曾被正规军嘲笑为"少爷兵",然而事实证明,其作战勇敢程度不亚于其他部队。在一些正规军军官看来,就连自己手下那些训练有素的老牌部队,也在从这些志愿兵保家卫国的英勇精神中汲取力量。

日军见香港守军仍不降服,纷纷感到诧异,不明白在如此绝境之下,殊死作战还有何意义。

对杨总督及莫德庇将军而言,丘吉尔要求驻港英军奋战至最后一刻,并非不能理解。两人都明白,香港每坚持一天,每坚持一小时,都对大英帝国整体战局有所裨益。不过,两人同时也意识到,平安夜过后,保卫战便会落下帷幕。电站已被日军把控,新鲜蔬菜及肉类无法流通进来,维多利亚城内175万平民也开始尝到苦头:饮用水带有苦咸的味道,每日只有少量供给,洗漱时则无水可用;抽水马桶遭秽物塞满,豪华酒店里臭气熏天。

南部被围困在赤柱半岛上的英军,派出少量部队在赤柱村挖掘战壕,组成第一道防线;该村位于半岛接近内陆处一座堡垒附近的小丘上,地峡只有700英尺宽。到次日,亦即圣诞节当日凌晨1点,第一道防线已然崩溃,部队撤回至第二道防线;该防线设在圣士提反书院(St. Stephen's College)对面一道海拔不高的山脊上。

如此一来,书院便处在两军交火的中间地带,而该书院已临时改建为战地医院。拂晓时分,葡萄牙裔志愿兵 T. J. 克鲁兹(T. J. Cruz)二等兵站在书院一楼窗边,向外盯梢,不料发现几名日军士兵正朝着"医院"匍匐而来,且刺刀已举起。

克鲁兹大惊失色,连忙请示长官:"咱们怎么办?"

那长官是一名中尉,吼道:"各自临机应变!"

门外几名日军士兵已开始高呼"万岁",克鲁兹及另外几名担架手紧紧握住步枪。

"别开枪,"突然有人喊道,"把枪扔掉,给他们看红十字臂章就行!"

大房间内共有65名伤患,在昏暗的煤油灯光下瑟瑟发抖。随着外面呼喊声越来越大,甚至有人把头钻进毯子下面。前日下午,J.琼斯(此非本名)

二等兵偶然被运到"医院"，发现自己的妻子正在此处充当护士。妻子年纪不大，此时将琼斯推到病床底下，自己也爬进去，与丈夫并排躺着。

突然一声巨响，书院正门被猛地撞开，克鲁兹等担架手慌忙躲上二楼。一群蓬头垢面、满脸胡茬的日军士兵冲过门廊，眼神充满杀气。克鲁兹觉得他们可能来自日占的台湾或朝鲜，此时像是醉酒状态。随后，克鲁兹看见那群士兵冲入大房间，发出凶残的喊叫声，用刺刀去捅躺在床上的伤员。或许是因为前台堆放有一批步枪及汤普森冲锋枪，日军士兵发现它们，便以为里面躺着的是未受伤的士兵，在此打算伏击日军。

正在此时，后面一间房门打开，香港著名医生 G. D. R. 布莱克（G. D. R. Black）中校举着一张白纸闯入，身后跟着中校的副官惠特尼（Whitney）上尉。

"住手！"布莱克一声大喝，便与惠特尼冲上前去，意图堵住门口；日军士兵当即开枪，又用刺刀连续捅戳两人尸体。此举使得日军士兵愈加疯狂，开始对伤员挨个床位进行屠戮。当日军军官冲进来制止屠杀时，一众入侵者正准备前往隔壁房间去杀害另外 30 名伤者。

克鲁兹与 5 名战友躲在楼上一间教室里，楼下伤员的悲鸣、日本兵的怒吼传来；接着则是一阵脚步声，教室门被猛地踹开，玻璃碎裂一地。一名日军士兵端着汤普森冲锋枪，大喊大叫；克鲁兹高举双手，走上前来，另外 5 人也摆出同样姿势。日军士兵用枪托将克鲁兹殴打一番，打手势命令他前往隔壁房间。日军将 40 名幸存者关押至该房间，而后门"哐"的一声关上。外面两军的交战还在继续。

两小时后，日军战斗部队返回该战地医院，闯入一个小房间，里面有 11 名护士，4 名是华人，7 名是英国人。那 4 名华人护士都戴有圣约翰救护机构（St. John's ambulance）的徽章，依然被拖到一个房间，日军对她们进行强奸，而后扔进另一间屋子。接着，日军又从那 7 名英国护士中挑选出较年轻的 3 人，同样进行强奸；二等兵琼斯的妻子也在其中。

众护士的惨叫声传来，克鲁兹等人只见房门打开，一名日本兵操着英语说道："你们很傻。你们应该早早投降。"接着又补充道，"我们会慢慢杀死你们，一次杀 4 个。"随后便关上房门。很快，隔壁便传来撕心裂肺的哭喊声。克鲁兹很害怕，不知道什么时候自己会死。

——

驻扎首府维多利亚城的英军主力，此时也已不堪重负。郊区建筑物内已有日军侵入。上午 9 点，退役少校 C. M. 曼纳斯（C. M. Manners）及平民 A. L. 西尔德斯（A. L. Shields）高举休战白旗，在英军护送下前往日军前线。经过协商，日军同意停火三小时，让英军讨论是否投降。两人回报莫德庇，称日军大炮数量惊人，继续抵抗也无济于事；莫德庇召开临时会议，就投降事宜展开讨论。

此时战局已极端不利，日军甚至已经渗透至防空隧道，不过会议最终决定继续战斗。正午 12 点，三小时停火时间结束，日军重新开始炮击。下午 3 点 15 分，莫德庇终于承认大势已去，向杨总督报告称，部队已无法继续进行有效抵抗；随后便命令各指挥官弃械投降。

很快，投降的消息便不胫而走。在大众看来，投降的屈辱感完全比不上停战的解脱感。毫无意义的屠杀终于宣告结束。格洛斯特大酒店（Gloucester Hotel）里，有人提议将附近豪华酒店内的酒品全部销毁。于是，人们开始往浴室排水管里倒酒，香槟、杜松子酒、波本威士忌、苏格兰威士忌……然而那酒实在太多，排水管被堵塞了，于是众人便直接将酒瓶扔下楼梯；当然，其中不少已被喝光，只剩空瓶。对香港民众而言，那是一场悲喜交加的最后狂欢。

堡垒南边的圣士提反书院，二等兵克鲁兹与 40 名战俘同伴依然被囚禁在斗室之内，听着隔壁房间——众人给那房间起名叫"酷刑室"——每隔半小时传来一阵痛苦的惨叫声；不过，日军一直没有到该房间内提过人。众人心里明白，或早或晚总要轮到自己。下午 5 点 30 分，房门打开，一名日军军官走进来，克鲁兹心想万事皆休，谁知那军官说道："你们运气非常好。香港投降了。现在我们不必杀你们了。"

日军命令一众战俘打扫隔壁房间。克鲁兹刚一进去，险些呕吐出来。那批惨遭强奸的护士已不在屋内，地板被大量鲜血浸泡着，看上去就像铺了一层紫红色地毯。床垫、坐垫也被染得通红，克鲁兹从血泊中拎出一张坐垫，那垫子已被鲜血浸透，变得颇为沉重。战俘将床垫、坐垫收集起来，堆放在院子里，而后用担架将尸体也搬运至院内；尸体遍布刺刀痕迹，有的还被割掉耳朵。众人将那堆床垫点上一把火，将3具尸体抛在火上。然而，整个书院大约有70人遭到屠杀，众人必须将火堆烧得更旺。越来越多的尸体积在柴堆上，火焰在墙上投射出异样的阴影。

香港岛的圣诞节，便在这火焰中落下帷幕。

————

12月26日，英国人迎来一个苦涩的节礼日①。

隶属皇家苏格兰兵团第2连的比尔·斯托克（Bill Stoker）中尉此时尚未被俘，听说圣士提反书院发生强奸惨剧，便于当天傍晚，与两名志愿兵乘车前往赤柱半岛。三人进入战地医院时，里面的日军丝毫不予理睬，而那4名年纪较长的英国护士受尽折磨，几乎神志不清。三人护送4名护士，大胆地从日军面前经过。突然，二等兵琼斯从战俘堆中蹿出，向斯托克打听妻子行踪。斯托克一行四下找了找，并未发现那7名失踪护士的身影。

琼斯担心妻子安危，几近发狂；一名姓河合（Kawai）②的日军大尉见琼斯可怜，便出去帮忙寻找。很快，琼斯便接到河合的电话，冲出去一看，只见一堆物体上面盖着妻子的大衣。稍作犹豫之后，琼斯掀开大衣——下面是3具女性尸体；其中之一正是爱妻，琼斯当场崩溃。

香港仔码头（Aberdeen Harbor）以颇具雅趣的水上餐厅著称，此日，海面上各色帆船及舢板无不悬挂日本国旗。在维多利亚城内，日军正在举行入城仪式；飞机从空中投下宣扬"大东亚共荣圈"的小册子。对日本人而言，那是一场"永存心间的仪式"；而对在旁围观的欧洲人而言，那仪式让人心中

————

① 节礼日（Boxing Day），英国与大多数英联邦国家在圣诞节翌日庆祝的公众假期。

② 音译。

五味杂陈。日本将军坐在排头轿车里,那车前不久还是一名荷兰人的财产,挡风玻璃上还贴着亮色标语:

荷兰将再次崛起。

2

菲律宾的圣诞节同样黯淡。12 月 25 日上午,麦克阿瑟在科雷希多岛上新的总司令部里,就不断恶化的战局进行研讨。该岛形如蝌蚪,坐落在马尼拉湾湾口;市区距此不足 30 英里,只要天气晴朗,便能轻易看到岛上的情况。

就地理位置而言,科雷希多恰似在喉之鲠,控制该岛便意味着控制马尼拉湾。而在麦克阿瑟看来,该岛战略价值不止于此。地形多山的巴丹半岛就位于科雷希多以北不足 2.5 英里处,该半岛迟早要成为菲律宾主要战场。

科雷希多素有"岩岛"(The Rock)之称,乃是一座易守难攻的天然要塞。"蝌蚪"的身体部分平均海拔 519 英尺,植被茂密;美军早将此处岩石凿开,埋下数门主力大炮,且涂有避人耳目的迷彩。岛屿中部,海拔极低,几乎与海平面持平;而此处往尾巴方向再走几百码,又是一块巨大的坚岩,美军称之为"马林塔丘"(Malinta Hill)。该岩石内部凿有一条横贯两侧的巨大隧道,枝杈密布,足供 1 万人长期地生活在潮湿的地下洞穴中,不必担心任何炮击或轰炸。此处即所谓的"马林塔隧道"(Malinta Tunnel)。

麦克阿瑟一家住在一间小木屋里,距隧道东口半英里,更靠近"蝌蚪"尾部的位置。圣诞节上午,麦克阿瑟正是坐在该木屋里,考虑如何对付气势汹汹的日军。麦克阿瑟最钟爱的是以攻代守的打法,然而此时既无空中援助,也无海军力量,原计划已宣告破产,只能含羞忍辱,死守巴丹,等待援军抵达。

那天上午，许多人都认为撤往巴丹半岛的希望微乎其微，拥挤的人群只要遭到敌方的一次有效轰炸，整个局面便会不可收拾。马尼拉湾海面上，无数驳船、游艇、汽艇、拖船缓慢行驶着，将人员、弹药及食物从马尼拉运往科雷希多及巴丹。马尼拉市通往北部的 3 号高速公路已是水泄不通，路上有装载 155 毫米口径炮的敞篷车，有运输舰炮的卡车，还有公共汽车、轿车、马车甚至牛车。马尼拉以北 30 英里是邦板牙河（Pampanga River），该河水面颇宽，无法涉水而渡，卡隆比特大桥（Calumpit Bridge）横亘河上。一旦桥上落下一枚炸弹，整个撤军计划便会泡汤。

穿过大桥 10 英里，大队车辆在圣费尔南多镇（San Fernando）左转。该镇是菲律宾糖业中心，颇为繁华，由于甘蔗园遭到大量焚烧，直到不久前空气中还弥漫着刺鼻的甜味。车辆在镇上遇到更加混乱的交通状况。原来，一批从北向南的车队也涌入镇上，双方卡车及公共汽车的数量不相上下。这一自北向南的车队乃是温莱特将军的主力先头部队，趁友军拖住本间步伐时，向南撤往巴丹。该车队中，混杂着许多没有交通工具的菲律宾士兵，身着蓝色牛仔布军服，头戴防暑帽，把不合脚的军靴与枪管绑在一起，赤足走在毫无半点树荫的公路上。

从圣费尔南多镇向西前往巴丹的道路十分狭窄。中午 11 点 30 分时，长龙队伍已经排到小镇里面。大街小巷、人行道上处处停放着救护车、坦克拖车及火炮车，甚至连火车站及斗技场附近的空地也没空间。困在镇上的人们怀着紧张的心情，时刻凝望着晴朗的天空。此时若有一枚炸弹落下，不仅大量的车辆会遭殃，前往巴丹半岛的通路也将阻滞数日。

巴丹半岛中部有一小镇，名叫奥里翁（Orion）。从圣费尔南多往南 42 英里，乃是通往奥里翁的一条狭窄公路，路上众人同样心怀恐惧。该公路原本简单铺有焦油沥青，却被第一批经过的重型车辆压碎。于是，从圣费尔南多到奥里翁，一路上粉尘飞扬，直冲上空数百英尺，形成一个个粉尘旋涡。如此巨大的标志物，从极远之处也不难看到，十分容易成为轰炸的目标。

接近正午时分，北方传来一阵车辆"隆隆"声，人们放眼望去，发现有的车辆骤然停住，人们争先恐后地下车，躲进甘蔗田或稻田；另一些车辆则开足马力，飞速行驶，显然是为躲避攻击。圣费尔南多镇上众人无处可躲，只得藏身于不甚坚固的建筑物及尼帕小屋里，也有人选择趴在沟渠里。

不久，大量日军飞机便来到挤满避难者的小镇上空，但却没有投下炸弹，也并未分散队形，而是径直向南飞去，全然无视下方恐慌的人们。飞机经过卡隆比特大桥，甚至是堵塞的3号高速公路时，同样全程无视，直到正午时分飞抵马尼拉市区，才在港口地带及王城区投下炸弹；而早在一天之前，麦克阿瑟便指示部队从该地区撤离。飞机投下炸弹后，便返回了台湾，报告任务完成，已对目标进行轰炸。

马尼拉市内港口区域依旧浓烟滚滚，圣费尔南多镇上的队伍终于开始移动。不过，众人丝毫没有放松。或许会有另外一批日军飞机，突然从头顶俯冲而来，投下炸弹。毕竟，从马尼拉到巴丹的路况很差，很难想象日军会放过如此巨大的目标。

一支由20辆卡车组成的车队，载着C口粮①，向北驶过人群。车队指挥官一等兵约翰·康纳（John Connor）感到有些羞耻。那些菲律宾围观民众当中，有人会微笑着，手指摆出V字形，喊道"你好呀，阿兵哥"；有的却只是默默凝视着康纳，似乎在说："你就这么逃跑，弃我们于不顾。"

——

黄昏时分，通往巴丹的道路依然没有遭到轰炸。在北部，温莱特率部成功撤至阿格诺河南岸。该河位于马尼拉以北约90空英里，是"橙-3号计划"中第二道防线，属于强大的自然屏障。

与北部相比，南部战况很不如人意。从拉蒙湾登陆的日军兵分三路，向西北稳步进军，此时距马尼拉仅55空英里。距离马尼拉最近的那支日军，由于菲军第1步兵团奋勇抵抗而迟迟不得前进；谁知圣诞节那天清晨，该团因指挥发生混乱，突然开始撤退。新任南部吕宋军司令阿尔伯特·琼斯

---

① C口粮（C-ration），一种罐装口粮，二战期间主要为美国陆军所采用。

(Albert Jones)准将正在享用圣诞大餐时，一名传令兵驾驶摩托车来到指挥所，带来消息称，第1步兵团正在翻山撤退。

琼斯此人有威尔士血统，性格刚烈，听到撤退消息，大为光火，跳上指挥车便下令驶向前线。麦克阿瑟之所以选中琼斯做新任南部吕宋军司令，正是看中此人敢拼能打的精神，以及对日军毫不畏惧的勇气。车辆开到路易斯安纳(Luisiana)附近，正好遇上撤退中的第1步兵团。该部队的美军军事顾问走上前来，琼斯问道："撤退是什么意思？"

"报告长官，本人受南部吕宋军司令之命撤退。"

"我就是南部吕宋军新任司令，赶紧带队回归原位。"琼斯知道没有时间说服先头部队冲在自己前面，便命令驾驶员朝敌人驶去。如此下去，自己终将撞见日军，琼斯虽知如此，却相信车到山前必有路。此时天色已暗，车辆行驶在一条弯曲狭窄的土路上，两旁种着竹子与椰子树。突然，琼斯发现一辆半履带车停在路边，车侧用粉笔写着几个大字——"俄勒冈小姐"(Miss Oregon)。

车上几名美军架起机枪，对准指挥车，刚要扣动扳机，只听琼斯问道："你们这是瞄准谁呢？"

半履带车上的指挥员是一名中士，下车向琼斯道歉："我们以为是鬼子。"

"鬼子现在在哪？"

"沿这条路下去，大约3公里处。"中士指向东边。

"我准备去探个究竟。"琼斯说着，朝半履带车挥挥手，示意他们在前面开路，那车便沿着黑黢黢的道路向东驶去，中士连忙一跃上车。经过3个间隔1公里的哨所后，车子骤然停下。

琼斯察觉到路边椰子树后有几个人蹿出。

"不许动，"中士坐在半履带车上叫道，"不许动！"但那几个人没有回应。

突然，前方道路拐角处传出一声枪响，正中半履带车上的散热器；紧接着，道路右侧响起机关枪声。琼斯从指挥车上下来，打算转移到半履带车上,不料被敌军机枪瞄准,一串子弹从身边擦过。琼斯纵身跃起,落入左手边的一条沟渠,摔在泥土之中;指挥车驾驶员则压在司令身上。左侧 25 码处,机关枪嗒嗒响个不停。

半履带车上的美军也在使用机枪回击,琼斯感觉自己就像处在枪林弹雨正中,心想恐怕在劫难逃。突然,头顶传来啪的一声,听来十分骇人,琼斯以为是自己挨了枪子,实际却是子弹打在驾驶员的手枪上,那枪从驾驶员手中掉落。

突然之间,枪声停止,四周鸦雀无声。

"走,咱们出去。"琼斯说道。驾驶员迅速冲上指挥车,将车子掉头,琼斯及半履带车上的数名士兵跳入车内,一行人朝着后方疾驰而去。车灯没关,道路两侧有敌军向车辆开枪。

"把灯灭掉。"琼斯指示道。

灯灭掉后,琼斯发现道路太暗,无法正常驾驶,便下令道:"灯打开,把油门给我往死里踩。"

驶出数英里后,车辆遇上返回战线途中的第 1 步兵团。琼斯指示该团不必强行进军,唯以拖延日军脚步为目的,不到最后关头不得撤退。第 1 步兵团害怕日军,却更怕眼前这个发怒的将军。

————

次日,即 12 月 26 日凌晨 4 点,科雷希多岛中部,洛克威尔海军少将麾下的一艘驳船悄无声息地离港出发。船上有 1 名美军船长、3 名菲律宾船员,而唯一的乘客则是马尔科姆·钱普林海军上尉。6 个月前,钱普林还是在巴尔的摩(Baltimore)工作的一名联邦调查局的特工;被召回海军服役一事,钱普林曾大加抗议,不过此时,他乐于接受这一安排。

成为洛克威尔海军少将的副官后,工作变得更加丰富多彩,妙趣横生。比如,此日凌晨,驳船上的钱普林便要偷偷潜入随时可能陷落的马尼拉,指示留守该市的摩塞尔(Morsell)海军上校炸毁市内的巨大油库。油库内的石油分别属于美国、英国、荷兰及法国多家企业所有,摩塞尔需要一一找上门去，通过外交手段说服众人炸毁自家企业的财产。洛克威尔对钱普林特别叮嘱过，此一任务至关重要。驳船驶入科雷希多与巴丹之间的海域时，天还没亮。接着，驳船右转驶向马尼拉，来到某条水道，钱普林发现一艘扫雷艇正在警戒。

"嘿，那边船上的兄弟！"扫雷艇上一人叫道。随着驳船逐渐靠近，钱普林看到那扫雷艇后面跟着 3 艘黑色的大型船只。"能不能带着 3 艘船，穿过那片雷区？"扫雷艇艇长站在舰桥一侧，向驳船喊道。

"不行。"钱普林迅速答道。对那片海域，钱普林也不甚熟悉，只有几个月前乘"哈里森总统号"（President Harrison）来马尼拉时经过一次。况且，钱普林本来也有任务在身。

"你往那边瞧瞧，能看到一堆浮标，对吧？我后面 3 艘船上载的都是陆军，不能留在这里；不然等一会儿天亮，鬼子就要来轰炸了。希望你能帮个忙，带它们去巴丹。"

钱普林发现对方军衔比自己高，于是便答应下来："好的，长官，我会去找浮标。麻烦您去告诉排头那船，让它跟在我后面，但不要跟得太紧。"

扫雷艇艇长表示感谢，将罗盘针交给钱普林上尉，而后便离开了。钱普林改变航向，掉头向西，带领 3 艘大船进入雷区时，不由得想起"科雷希多号"（Corregidor）汽艇。两星期前，该汽艇被水雷炸毁，造成大量伤亡；地点与此地十分接近。钱普林回头看去，发现第一艘船上，官兵在甲板上排成一列。3 艘船并未接受叮嘱，而是加速行驶，紧紧跟在驳船身后，似乎是在期盼着早一步脱离险境。

驳船船头一名菲律宾船员发现一处小水花，钱普林猜测那里便是标志着雷区终点的浮标，便下令改变航向，从水道外侧绕过水花前行。4 艘船依次安全通过。钱普林朝甲板上的士兵挥挥手，接着掉头从雷区原路返回，继续向马尼拉前进。

马尼拉市谣言四起。关于日军此时的位置，有人说已经兵临城郊，有人说还在数百英里之外。钱普林借来一辆车，赶往摩塞尔上校办公室，却发现那里已被废弃，所有工作人员都已前往巴丹。于是，钱普林穿过拥挤的车流，朝北驶向马斯曼大厦，打算去哈特海军上将的司令部，却发现里面同样空无一人。原来，哈特清晨时分已乘潜艇"鲨鱼号"（Shark）离开，此时不知身在何处；而司令部其他人员则在前往科雷希多或巴丹的路上。最后，钱普林好不容易找到一名军官，此人名叫 R. L. 丹尼森（R. L. Dennison），是一名海军中校。"关于石油供给及爆破方面，您可曾接到过相关指示？"钱普林问道。

丹尼森此时的任务是销毁无线电台，并对建筑物进行最后检查；石油之事则未曾耳闻。钱普林明白，任务指望不上丹尼森，得靠自己去办，不过如何处理却是难题。石油公司的负责人身在何处？即便找到负责人，又如何说服他们毁掉自家企业的财产？

正午过后不久，钱普林在陆海军俱乐部（Army-Navy Club）打探到消息，马尼拉大部分石油库存的所有者，乃是标准石油公司一名姓洛克（Rock）的先生，此人应该居住在大学俱乐部（University Club）附近。钱普林沿着杜威大道（Duwey Boulevard）经过半个街区，并在大学俱乐部见到洛克；洛克欣然答应配合工作。

"马尼拉共有多少石油？"钱普林掌握的情报显示，潘达坎（Pandacan）地区的石油储量足以供给亚洲舰队运作两年，"洛克威尔将军说，今天军方便会宣布马尼拉成为不设防城市。鬼子入城之前，还请先生及贵司员工协助本人销毁石油。"

"那可得小心，要是弄不好怕是整座城市都得烧光。"洛克解释道，燃烧的石油可能流入巴石河，那样马尼拉市内各码头、船舶及仓库都会着火。唯一的办法是先把石油排入地下，然后再点火。不过，即便排入地下，也需要100名警察拉起封锁线；因为靴钉擦起的火花、掉落的烟头，一点小问题都会点燃整片区域。

"军方会调动马尼拉全部消防车和警察，您大可安心。"钱普林保证道。

洛克同意美军烧毁标准石油公司的库存，并说道："至于法国和英国的石油公司,可能不会太顺利。"

两人召开会议,邀请各家石油公司高管齐聚一堂;除英国代表外,其他公司高管纷纷应邀前来。洛克首先就销毁石油一事做出大体说明;接着由钱普林解释,此举对盟军战事究竟何等重要。然而,各公司高管无意配合。经过一小时徒劳的讨论,洛克拿起电话。"找 40 个工人,"洛克指示工头,"把咱们公司在马尼拉的所有石油全部销毁,从抗震剂开始。"

洛克以身作则的举动起到了表率作用,会议气氛为之一变,众人纷纷拿起电话,做出类似指示;钱普林则通知政府,安排 8 辆消防车和 100 名警察前往潘达坎。会议结束,两人拿出苏格兰威士忌享受休闲一刻时,洛克提起"壳牌石油控股",认为该公司两名英国高管可能会搞些麻烦。

钱普林想起此前的报道:英军从九龙败退之后,没有任何销毁措施,结果石油被日军缴获,此时正供给日军坦克沿着马来半岛南侵新加坡。"洛克先生,"钱普林提议道,"既然如此,您何不指示工头,私下将壳牌控股的石油销毁。"

洛克拿起电话,做出安排。没过多久,两名身着长袖衬衫、手持网球拍的英国石油商人来到大学俱乐部。钱普林解释道,日军先头部队十有八九已逼近潘达坎地区。

"我们不过是代理商而已。"一名姓克劳福德的英国商人说道,"石油财产属于新加坡总公司,销毁之前,必须经过总公司许可才行。"

"这场战争也是英国的战争。"钱普林说道,"总公司一定会给出同样的答复,我敢保证。"

两名英国商人不肯退让,争论片刻之后,钱普林说道:"两位宁可眼睁睁地让日军夺走石油,也不肯违反总公司的指示吗?"

"没错。"克劳福德说道,"我们不能违反指示。"

钱普林朝洛克点头示意。洛克拿起电话,对工头说道:"照计划施行。"接着便挂了电话。

钱普林为两名英国商人斟酒时,突然,远方传来一声闷响。等两人喝完杯中酒，钱普林说道："两位的石油，现在已化为一片火海啦。"

爆炸声接连响起，黑色烟柱四处升腾，潘达坎地区巨大的火舌将傍晚的天空照亮，马尼拉市内各处重新点起电灯。市民紧急事务管理局（Civilian Emergency Administration）官方播音员唐·贝尔通过 KZRH 电台①宣布，为拯救城市免遭敌军破坏，麦克阿瑟刚刚宣布马尼拉成为不设防城市，灯火管制就此结束。

不过，混乱并没有停止。整整一夜，那批自封"空袭警报员"的匪徒依然端着枪，朝着亮起电灯的窗户开火。蒸腾的暑气之中，又平添几分诡异的恐怖气氛。黑色烟雾升起旋涡，直冲云霄；卡维特军港爆炸声清晰可闻；麦金莱堡及尼尔森基地偶尔传出闷响，那是美军在自行炸毁物资；一切都仿佛是世界末日来临的前兆。不过，许多夜店倒依旧在营业。要享受自由，此时或许是最后的机会。

——

匆忙逃往巴丹的那群人面临着噩梦。现场一片混乱，几乎没有宪兵控制局面，人们出于恐慌和自私的心理，造成公路上事故频发，交通状况进一步恶化。

尽管道路堵塞，依然有大量人员及车队随时拥入巴丹。当地没有任何路标或标志，许多士兵搞不清部队所在。在当地菲律宾居民看来，事情非常突然：无数卡车、轿车、炮车拥入各县城及村庄，呼啸而过，扬起大量尘土，溅在民众居住的竹屋上面。

根据"橙-3 号计划"，军方会疏散巴丹地区居民；然而事实是，不仅没有一名巴丹居民疏散，反倒有大量北部居民，因为害怕本间的第 14 军，乘坐牛车、马车及老式轿车拥入巴丹。没有半个军方人士出言阻止。此外，"橙-3 号计划"还指出，军方将征调 2 万名民工，在陆军工兵指导下挖掘防御工事。不过堑壕也好，防御工事也好，此时还都只存在于纸上。

---

① KZRH 电台，位于菲律宾马尼拉市的一家广播电台，成立于 1939 年。最初是一家英语电台，二战结束后逐渐以菲律宾语广播。

　　更加严峻的是食物问题。"橙-3号计划"要求提供6个月的军粮储备，军需官查尔斯·德雷克（Charles Drake）准将12月24日上午接到命令以来，便努力在科雷希多岛存积粮食，此时储量已足够供1万人生活6个月。然而，巴丹半岛上却只有旧库存3000吨肉罐头、鱼罐头。更多粮食正通过水路、铁路及高速公路运来，然而，巴丹距离被日军封锁还有几天呢？还有几小时呢？

　　根据麦克阿瑟的计划，温莱特将军应尽量拖住本间的主力部队，并坚守枢纽城镇圣费尔南多直至1月8日。此段时间内，巴丹挖掘防御工事，而吕宋岛南部的琼斯也能够取道马尼拉，撤至巴丹。

　　然而，当天午夜之前，日军已多点突破阿格诺河，本间的第14军与圣费尔南多之间最后一道天堑被攻克。如此一来，温莱特麾下那支训练不足、装备简陋、筋疲力尽的部队是否能够坚守至1月8日，实属未知之数；连1月7日、1月6日都未必可能。第一线众指挥官的看法更加悲观，甚至怀疑连元旦那天都坚持不到。

3

　　圣诞节当天清晨，一架大型飞机从东北方向接近夏威夷，机上乘客正是接替金梅尔的太平洋舰队新任司令官——切斯特·尼米兹海军上将。此人相貌端正，一头白发，淡青色的双目似乎能够洞察一切。对于舰队总司令一职，尼米兹不甚满意，他更喜欢在海面上直接指挥作战。此时空中有雨，尼米兹向下望去，能够看到巨大港口里停泊着数百艘舰艇。飞机刚一接触海面，一艘汽艇便靠上来。尼米兹转乘汽艇，与帕特里克·贝林格海军少将握了握手。

　　汽艇缓缓行驶，海面上依然覆盖着油膜。"那些船在做什么？"尼米兹问道。

　　"那些船里面都是尸体，有海军船员，也有海军陆战队队员。"贝林格说道。

很快，尼米兹就发现自己的担忧成了现实：珍珠港官兵情绪极度悲观。自从上面将威克岛救援部队召回后，士气便持续低落。舰队军医告诉尼米兹，12月7日遇袭之后，有些指挥官一夜白头，甚至有部分参谋陷入焦虑状态，强逼军医开出镇静剂。

此次赴任，尼米兹只带来一名舰队秘书。新任司令将旧司令的老部下召集起来，以安抚的口吻说道："人员安排一概不变，我完全信任各位的能力。过程虽然艰辛，但结局必然光明。"后来，尼米兹曾对金梅尔说："对您的处境，我深表同情。任谁在那个位子上，都是无能为力的。"

海军学院的名册上，对尼米兹的描述是"性格开朗，对未来充满希望"。到任伊始，尼米兹便展现出处变不惊的气质，其对属下的信任也有助于提升士气。不过，珍珠港彻底恢复元气，所需时间必然不会太短。至少还要几个月，太平洋舰队才能对日军发起有效的反击。

就在那个圣诞节清晨，沉没战列舰——"西弗吉尼亚号"舰体内传出的敲击声终于消失。最后3名幸存者身穿蓝色羊毛衫，躺在A-111号储藏室的底部，没有了呼吸。旁边放着一本日历，从12月7日到12月23日，每个格子都画着一个叉号。

第三部分　巴丹之战

第十章　通往巴丹之路

1

马林塔隧道外森林中,有一片空地。12 月 30 日下午 4 点,几名男子坐在空地里一座木制讲台上;讲台下则是 150 名神情肃穆的观众,聆听着弗吉尼亚·比利(Virginia Bewley)用手风琴演奏一曲《向统帅致敬》(*Hail to the Chief*)①。如此一场典礼看似离奇,却是菲律宾总统曼努埃尔·奎松及副总统塞尔吉奥·奥斯梅纳的连任仪式。首席大法官何塞·阿巴德·桑托斯(José Abad Santos)宣读誓言后,生着一头灰白乱发的奎松便开始演说。此时奎松行动已需要依靠轮椅,讲话时却中气十足,眼睛里闪烁着昔日的光辉。至于那重返青春的劲头自何处而来,只要听听奎松高声朗读的信件内容,便可体会。那信件是罗斯福总统不久前所写的:"面对日本侵略者,贵国奋起抗争,英勇之精神令美利坚民众无不钦佩。……本人在此郑重承诺,菲律宾人民必将重获自由,菲律宾之独立性必将获得承认及保护。美利坚合众国将倾其人力物力,实现这一承诺。"

---

① 《向统帅致敬》,美国总统的官方进行曲,常见于总统出席的各种场合。

接着发表讲话的是美国驻菲律宾高级专员弗朗西斯·塞耶。最后，麦克阿瑟站起身来，像一只疲倦的老鹰，向台下观众望去。前一日，司令部被敌军轰炸，麦克阿瑟险些丧命。当时，日军派出 72 架飞机前来空袭，麦克阿瑟没戴头盔，站在小丘上，抬着头清点飞机数量。突然，一颗炸弹落下，在指挥部里爆炸。警卫员是个菲律宾中士，名叫多明戈（Domingo），连忙脱下自己的钢盔戴在麦克阿瑟头上。麦克阿瑟三番五次摘下，多明戈一次又一次把钢盔扣在将军头上；正在两人争执过程中，一块弹片飞来，击中了多明戈的手部。

经过死里逃生，麦克阿瑟恢复了几分元气；此外，罗斯福的信对他也是一种鼓舞。或许，拖延和借口都不再会有，政府已决定拿出真枪实弹援助菲律宾。麦克阿瑟低沉、平静的嗓音与奎松高亢、兴奋的演说风格形成了强烈对比，听众无不聚精会神。

"炸弹如雷鸣，带来死亡与破坏，从远处的天空落下，遥遥可闻；前线士兵的吼声，仿佛也清晰入耳；爆炸声回荡在空中。

"就在这片土地上，一个新国家、新政府诞生了。400 年来，菲律宾人始终为着独立自治而奋斗不休。如今，漫长的准备期终于迎来终结，菲律宾面对命运攸关的抉择之日，毫不犹豫，毫不动摇，毫无怀疑，全国上下一致跟随伟大领袖，挣脱奴役，追寻自由。

"奎松先生刚刚正式就任总统，同时也在就职演说中做出重大决定，我等看在眼里。菲律宾将与美利坚合众国、与全世界一切自由国家携手并进，奋斗以争取那最为根本的权利。想必过程中会有种种曲折；不过，最终胜利在手，便是无上回报。"

————

科雷希多岛上慷慨奋发的精神，在通往巴丹的公路上未有任何反映。比起车辆几乎首尾相接的最初两天，此时路况稍微有所好转，不过躲避日军而逃往半岛的车辆实在太多，道路依旧不够通畅。敌军飞机不时从头顶飞过，车里众人抬头望去，吓得心惊胆寒。然而，卡隆比特大桥始终未受轰炸，交通枢纽圣费尔南多镇同样安全无虞。

原来，日军并不理解那路上拥挤的车队究竟意味着什么。本间及麾下众参谋认为，那只是一部分菲军残部在无序败退，不足挂心；只有前田正实(Masami Maeda)①少将持反对意见。前田是本间的参谋长，对美西战争颇有研究，自 10 月以来便预言麦克阿瑟将把主力撤至巴丹。不过，大本营、南方军(Southern Army)高层及本间麾下其他参谋都主张，马尼拉才是此战关键。只要打下首都，菲律宾之战便大功告成；即便麦克阿瑟真在科雷希多及巴丹龟缩数周，也无关大局。

因此，那天日军主力部队不断从南北两面开往马尼拉，却对那些逃往巴丹丛林中的车辆视而不见。巴丹半岛尖端距离科雷希多岛仅 2 英里左右，日军并未察觉两者之间的联系。

在中南半岛，陆海两军召开会议，研讨东南亚地区此后作战方针。海军代表是第 2 舰队司令官近藤信竹(Nobutake Kondo)海军中将，陆军代表是南方军总司令、陆军大将寺内寿一(Hisaichi Terauchi)伯爵，各携一众参谋出席会议。

会议指出，吕宋岛上，本间军长驱直入，逼近马尼拉；马来半岛上，山下军势如破竹，剑指新加坡；两军作战之顺利，超出众人预期。既然如此，何不将入侵爪哇之计划提前一个月？此时盟军尚未完全做好准备，若提前攻下爪哇，便等于将整个东南亚收入囊中。

与会众人一致同意，并做出第一项安排：将第 48 师团从本间军中抽调出来，前去进攻爪哇。第 48 师团属于精锐部队；显然，此时的菲律宾战场已不值得再部署重兵了。

————

那天夜里，琼斯准将正从吕宋岛南部前线返回马尼拉附近的麦金莱堡，该部队后方司令部正设在堡内。琼斯身体十分疲惫，心情却很好。那天一

---

① 前田正实(1892—1953)，日本陆军将领。1941 年 11 月晋升陆军中将，任第 14 军参谋长。

整天,琼斯都在马尼拉以南约 40 英里的一处山脊上部署埋伏部队,准备给接近此处的日军以迎头痛击。

来到麦金莱堡外,琼斯注意到堡内大量汽车正在向北驶去,显然,司令部已被废弃。琼斯怒气冲冲地闯进指挥所,发现里面没剩下多少人。原来,在自己一无所知的情况下,总司令部已下令南部吕宋军撤退至巴丹。麦克阿瑟命令琼斯率领剩余的少量部队,前往马尼拉以北一个名为普拉利德尔(Plaridel)的小镇,阻挡日军主力南下。琼斯的任务是依靠少量部队死守普拉利德尔,为大部队撤往巴丹争取时间。

撤往巴丹的时间比预计早出一周,琼斯意识到,必是温莱特在吕宋岛北部战局不利。跟随先前撤出的部队,琼斯向北离开马尼拉,进入 3 号高速公路;行驶 21 英里后,来到一处 Y 形路口。向左拐依然是通往巴丹的 3 号高速公路,再行驶 9 英里便是横亘在邦板牙河上的卡隆比特大桥。

Y 字形路口向右拐,则是 5 号高速公路;本间正率领九成主力部队,沿该路朝马尼拉南下。琼斯命令司机驶入 5 号高速公路,行驶 5 英里后,便来到普拉利德尔。该镇战略位置极其重要,因为该镇向西伸出一条 6 英里长的公路,直达 3 号高速公路上的卡隆比特大桥。

车辆抵达镇上时,尚在拂晓之前,天色昏暗;新指挥所已设立好,在当地一所学校里面。琼斯瞥了一眼地图,当下便明白普拉利德尔为何非要守住不可。原本守卫 5 号高速公路的两个菲律宾师已被本间击溃,日军先头部队由步兵-坦克混编而成,已达小镇以北 20 英里处,且正在加急行军。

倘若本间拿下普拉利德尔,接下来会有两种选择:一是掉头向西,行军 6 英里抵达卡隆比特大桥,切断琼斯主力部队撤往巴丹的道路;二是继续向南,行军 3 英里前往 Y 形路口,同样能够达成切断美军退路之目的。而对琼斯来讲,答案只有一个:死守普拉利德尔。

为帮助琼斯守卫普拉利德尔,温莱特北部吕宋军派出第 71 师与第 91 师前来援助;至于究竟能够帮上多少忙,琼斯也吃不准。黎明时分,琼斯从南部吕宋军第 51 师中抽出一个营,安排在普拉利德尔正北的道路上,接着

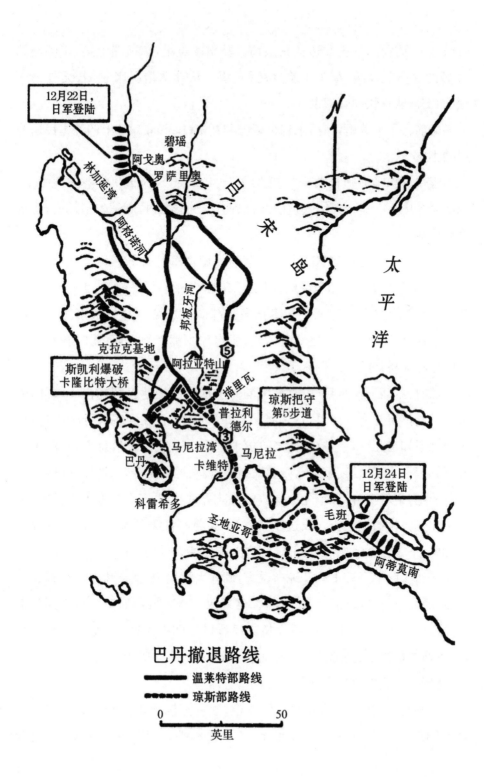

12月22日，
日军登陆

碧瑶

阿戈奥

罗萨里奥

林加延湾

巴东岛

阿格诺河

太平洋

邦板牙河

克拉克基地

阿拉亚特山

5

描里瓦

斯凯利爆破
卡隆比特大桥

普拉利
德尔

3

琼斯把守
第5步道

巴丹

马尼拉湾

卡维特

马尼拉

12月24日，
日军登陆

科雷希多

毛班

圣地亚哥

阿蒂莫南

巴丹撤退路线

—— 温莱特部路线

····· 琼斯部路线

0   50

英里

自己坐上指挥车，前去北边侦察敌情。驶出 4 英里，琼斯遇上第 91 师与第 71 师的一小撮残兵，灰头土脸，狼狈不堪。从部队情况来看，若无外力干预，两支部队很快便会溃散。

又前行了 1 英里，琼斯来到小镇巴利瓦格（Baliuag），镇上四处是民房与尼帕小屋。

很快，第 91 师师长路德·史蒂文斯（Luther Stevens）准将来到镇上。琼斯命令史蒂文斯指挥第一道防线，以便自己回到普拉利德尔指挥所，指挥全局作战。

上午 10 点，麦克阿瑟的参谋长萨瑟兰德将军打来电话称，由于局势混乱，邦板牙河以东所有部队都暂时交给琼斯指挥。"大桥不能丢，直到第 1 旅（菲律宾警察部队）过去。菲律宾警察部队是琼斯南部吕宋军的后卫部队。记住，以 1 月 1 日凌晨 6 点为限，所有部队都必须过河；届时我军会把卡隆比特大桥炸毁。"

此时，本间那支步兵-坦克混编的先头部队已抵达巴利瓦格小镇外，距离琼斯指挥所仅有 5 英里；日军将坦克布置在前，正在准备展开全面进攻。琼斯并不知道此事，一桩更为严重的问题摆在眼前：由于信息不畅，温莱特并不知道第 71 师、第 91 师已归琼斯指挥，便对两师下令，立即撤往巴丹。

于是，下午 2 时，日军先头部队仍在准备时，镇上守军乘上巴士，开始朝卡隆比特大桥撤退而去。没过多久，温莱特将军便来到普拉利德尔的琼斯指挥所，下令道："速速部署部队，固守卡隆比特大桥周边地带。"

"长官，此事万万不可。"琼斯说道，固守大桥周边，就意味着放弃普拉利德尔，撤往巴丹的南部吕宋军必将惨遭歼灭，"本人接到的命令是直到我部全员撤离为止，守住卡隆比特大桥。只有以空间换时间，才能拖住鬼子脚步，以便全员撤离；把部队安排在河边，那就不再有空间了。"

"现在是我在直接命令你。"温莱特怒斥道。

温莱特身材颇高，琼斯仰头望着他，眼神充满挑衅意味。情况并不乐观，温莱特是少将，而琼斯只是准将。"邦板牙河以东所有部队都归我指挥，这是萨瑟兰德的指示。"

温莱特哑口无言。

"撤退一事,恕难从命。"琼斯说道。

突然,一名参谋军官闯入指挥所,上气不接下气,急忙说道:"第71师已从巴利瓦格撤出!"

正在这时,史蒂文斯将军走入指挥所。

"赶紧让他们停下!"琼斯朝史蒂文斯吼道,并指示史蒂文斯,让第71师在日军与卡隆比特大桥之间固守。温莱特离开之后,琼斯考虑到指挥系统之紊乱,依旧放心不下,便乘上指挥车去查看情况,却发现第71师已经过普拉利德尔,距离卡隆比特大桥只有一半路程。琼斯命令司机跟随,行驶数英里后,意识到已不可能追上,于是悻悻地回到学校。

巴利瓦格传来紧急军情:日军坦克已在该镇以东聚集。琼斯命令第192坦克营C连的10辆坦克向北进发,在日军坦克行动之前先发制人;而后命令大卫·巴布科克(David Babcock)中校带6门75毫米口径自行炮对坦克部队展开支援。

此时,唯一一支留在巴利瓦格的部队是哈尔斯特德·福勒(Halstead Fowler)中校的第71野战炮兵团。下午5点,威廉·金特里(William Gentry)中尉率领C连10辆坦克进入该镇,在暮色之中轧过尼帕小屋,冲入日军步兵之中。在狭窄的小镇街道上,美日两军坦克展开零距离激战。很快,日军便有8辆坦克报废。金特里中尉率队离开小镇,紧接着巴布科克的75毫米炮猛烈开火,将巴利瓦格之断壁残垣及镇上残余的日军步兵、坦克一并炸为齑粉。

直到此时,依然有许多步兵将领对坦克部队所知甚少,只是一味嘲笑;此次行动可谓替坦克正名。正是由于坦克C连的奋战,琼斯才争取到宝贵的数小时时间。人事已尽,接下来但听天命罢了。琼斯走出校舍,来到一处喷泉旁,在石板上躺下身去,望着当头明月;夜空中传来缅栀花的淡淡馨香。遥远的南边,似乎传来赶往卡隆比特大桥众车队的"隆隆"之声。后卫部队是否来得及通过大桥呢？

2

12月31日夜里，数百辆汽车涌入巴丹之时，"马荣号"岛际邮轮——正是此前将奎松总统载到科雷希多的那艘船——正准备从半岛最南端的马里韦莱斯(Mariveles)港出发执行任务，将第19轰炸机大队的650名士兵运往南边的棉兰老岛。大队的任务是在德尔蒙特菠萝种植园重建一座机场，并把守此地，防止其再度被日军摧毁。

邮轮离开马里韦莱斯时，绰号"罗茜"的小埃米特·奥唐纳少校短暂地回想起，近些日子美军航空部队是如何屡屡战败。军方没给克拉克基地投多少钱，说是基地，不过是一块草坪机场加一个破烂机库，此外没什么别的东西；"B-17"未配备尾部机枪，在空中面对后方敌人时，只能坐以待毙；战争刚刚爆发时，航空部队没有物资，没有雷达，没有像样的建筑；服役人员中许多是从其他部队退下，来到菲律宾的老兵；第一次挨轰炸时，大量部队陷入恐慌；至于撤往巴丹的路上，那更是乱作一团，令人羞耻得不忍回顾。而接下来所要面对的，恐怕也不会好到哪里去。

"马荣号"向南行驶，月光之下，身后科雷希多的岩石轮廓很快便清晰起来。接着，一艘汽艇从科雷希多驶出，拉着一艘驳船，慢慢驶向巴丹南端的马里韦莱斯港。

驳船上载着的是艾伦·斯托韦尔(Allen Stowell)中校及麾下15名士兵，其任务是在科雷希多到巴丹之间铺设100条线路的海底电缆。麦克阿瑟给斯托韦尔一个月的时间完成此项工作；而到目前为止，日军还没有注意到斯托韦尔的行动。

———

1月1日凌晨1点，琼斯从普拉利德尔喷泉旁的石板上起来，乘车向西行驶6英里，来到3号高速公路途中的卡隆比特大桥前。此时，第51师最后一批部队正在过桥。如此一来，没有过桥的只剩下琼斯的后卫部队。该部队长时间停留在马尼拉南部，防备南部日军北上夹击。只待后卫部队赶上，整个南部吕宋军的撤退任务便圆满完成。

一小时后，在描里瓦立下大功的金特里中尉率 10 辆坦克缓缓地驶过长桥。不久，琼斯便听到南边传来低沉的"隆隆"声。随着响声越来越大，一支卡车与公交车混杂的车队终于驶上那座三跨长桥。琼斯站在桥北端，焦急地望着车队。那正是西蒙·德·赫苏斯（Simeon de Jesus）准将率领的菲律宾警察旅，南部吕宋军的后卫部队。各部队终于撤出吕宋南部，此时只剩下一小股人马在普拉利德尔断后，琼斯终于可以呼叫该部了。

温莱特将军站在琼斯身边，望着吕宋岛南部最后一支部队平安过桥，心中一块大石头放下，便去找到部下哈里·斯凯利（Harry Skerry）工兵上校，问是否已做好炸桥准备。

斯凯利已经准备就绪。不过，麦克阿瑟总司令部绰号"帕特"（Pat）的休·凯西工兵上校称，还有少量部队留在南边，下令凌晨 5 点之前不得炸毁桥梁。原来，N. L. 曼扎诺（N. L. Manzano）少校依然留在南边，率领一个工兵排及数个爆破小组，正在炸毁马尼拉与卡隆比特大桥之间的各处桥梁及重要设施。

凯西本人也在马尼拉市内，正在维多利亚大街 1 号麦克阿瑟旧的司令部，与一名矿工通电话。近日来，凯西雇用数百名矿工，该矿工正是其中之一，此时与几名帮手一起，正在马尼拉以南执行任务。

"卡隆比特大桥很快就要炸毁，你恐怕赶不及了。"凯西说道，"你最好来马尼拉，趁着鬼子还没到，找一艘船，渡海去科雷希多或者巴丹。"

凯西看看手表，接近凌晨 3 点，于是决定在城内迅速再转最后一圈，然后赶往科雷希多。凯西与驾驶员 2 人离开空无一人的旧的总司令部，缓缓穿过王城区废墟。马尼拉市内黑云密布，潘达坎地区烈焰冲天。数小时前，凯西的部下在市内找出钱普林上尉之前漏掉的石油储罐，一一点燃销毁。火焰发出响亮的"噼啪"声，将数百码内的谈话声全部湮没。尼科尔斯基地、麦金莱堡及整个港口地区升起冲天烟柱，马尼拉湾对岸的卡维特海军基地残余的设施也正在燃烧。

凯西别无他法，只得与驾驶员乘上一艘汽艇，驶入马尼拉湾。海面上四处是熊熊烈火、滚滚浓烟，凯西却甚感得意，因为那证明麾下工兵部队把任务完成得漂亮。不远处，马尼拉大酒店灯火闪烁，舞蹈乐队悠扬的曲调传来，颇有几分羁旅愁思。

往北 30 英里处，南部吕宋军后卫部队的最后一辆警用卡车终于驶过卡隆比特大桥，琼斯打电话给自己的参谋长："联系普拉利德尔，让断后部队立即撤退。"

命令下得正是时候。断后部队在洛伦·斯图尔特（Loren Stewart）中校指挥下乘卡车撤出普拉利德尔时，日军正从北方展开射击；本间部队进驻小镇时，恰好望见斯图尔特的卡车向西绝尘而去。凌晨 5 点，卡车顺利过桥；走在最后的是几名高级军官——4 名将军与 1 名上校。

"各部都平安过桥了吗？"温莱特问道。史蒂文斯、琼斯及坦克部队临时指挥官詹姆斯·韦弗（James Weaver）准将一致给出肯定回答。

"好，斯凯利听令，"温莱特转向工兵上校，"爆破大桥。"

斯凯利请求延迟爆破，因为曼扎诺少校的爆破部队尚未抵达，而且南边也没有听到大爆炸声。

"好吧，"温莱特说道，"再等一小时。"

斯凯利抓紧最后时间，先后对公路桥上的 4 吨炸药及向西平行 50 码铁路桥上的 3 吨炸药进行检查。

凌晨 5 点 45 分，温莱特将爆破时间推迟至 6 点 15 分。缺乏睡眠的温莱特、琼斯两人迈着虚浮的步伐，在一辆翻倒在沟渠中的商务卡车中发现一瓶香槟，便举杯小酌，庆祝南部吕宋军成功撤退，兼贺新年。

东方渐白，普拉利德尔传来的零星步枪射击声，越发响了起来。"情况有点不妙啊。"温莱特对其他将军说道，随手拿起战地望远镜，在半昏半明的晨曦之中，发现一支日军巡逻队正朝工兵部队行进。时间已接近 6 点

15 分。

"斯凯利,"温莱特面露憾色,"不能再等了。现在就炸。"

爆破小组挤在桥台上,斯凯利走过去,对小组指挥官德里克(Derrick)中尉说道:

"炸掉公路桥,接着再炸铁路桥。"

众人纷纷躲入掩蔽所。6 点 15 分整,一阵惊天动地的轰鸣声传来,两座平行大桥旋即化为碎屑。温莱特与爆破小组回到河岸,望向那天堑一般的邦板牙河,但见湍急的水流之上,只剩下一堆虬结卷曲的金属块。部队侧翼终于有了屏障,温莱特却叹息道:"好一座大桥,如此壮观,真是可惜。"

部队来到通往巴丹的路上,南部吕宋军已经解散,琼斯重新变回师长的身份。车辆穿过圣费尔南多时,琼斯见如此关键的枢纽城镇依然未被炸毁,心中甚感惊异。从圣费尔南多向西,很快,琼斯便赶上第 51 师队伍尾部。该师在拥挤的道路上挪动着,前面是一条长龙,一直排到巴丹市中心。

整个上午,隶属日军第 5 航空队的轻型轰炸机反复穿过水泄不通的公路上空,时高时低,却没有在车队上空投下一枚炸弹。临近中午,琼斯在头顶发现数架飞机往复盘旋着,看动作显然是在准备投弹。车队早被堵死在路上,无处可逃,众人束手无策,只能各自祈祷。不出所料,日机投下炸弹,却一一炸在甘蔗园及稻田里。琼斯望着掉头离开的轰炸机群,心想:这只能说是幸运。

3

马尼拉市内,大小店铺都已用木板封上。大量家庭乘着轿车、货车,满载金银细软,前往山里及乡村避难;同时,也有许多之前出去避难的家庭,在乡下盘桓数日,又选择回到市内;还有大量居民对此毫不关心,只是坐在家里静待征服者的到来。

本间部队自南北两方朝马尼拉进军。由于南方诸多公路及铁道桥遭凯西炸毁，南部日军此时仍在 40 英里之外，指挥官森冈皋中将只得与普通士兵一起，每日步行，跋山涉水，累得浑身大汗，焦躁不已。

北部日军主力由本间亲自指挥，进军势如破竹。普拉利德尔的琼斯断后部队撤退之后，本间面前便是一片坦途。然而，在距离马尼拉市 17 英里时，本间命令全军止步，在入城之前先重新整顿，打理仪容仪表。本间认为，蓬头垢面的士兵倾向于做出掠夺等行径，军服整洁的部队有序行进的可能性更高。

马尼拉市内码头区域，柯利尔杂志社特派记者阿奇·冈尼森与《生活周刊》记者卡尔·迈丹斯观望着市民掠夺商铺及仓库的景象。上至机动车，下至新胶卷，约 4 万名市民组成一支大型队伍，将一切有价值的物品用货车拉走。

冈尼森注意到不远处有一座由草帽堆成的小山，一名男子坐在下面，被草帽团团包围。"你这帽子可真不少。"冈尼森上前搭话道。"老板喜欢？"那男子笑了笑，"喜欢，拿去。"

冈尼森表示婉拒，那人说道："老板拿去。帽子很多。你有份，我有份，大家都有份。我能搞到更多的帽子。你拿去。"说罢，便起身欲去。

"你不留下？"冈尼森提醒那人，"你要是走掉，帽子可能就被别人拿走了。"

"我的帽子堆，没人会动。"那人指了指路边，到处都是各种商品堆成的小山。赃物到手便是自己的东西，其他人不会偷走。

迈丹斯回到宾馆，妻子雪莱（Shelley）拿出《生活周刊》总部发来的电报。总部希望迈丹斯"再提供一篇第一目击者采访稿；不过，本星期社里要求，以美军发动攻击的报道为优先事项"。

雪莱把拟好的答复给丈夫看：

> 十分遗憾，现场判断，该要求无法满足。

马尼拉市向南约 150 空英里,"马荣号"躲在民都洛岛(Mindoro)一处海湾内等待天黑,以便继续其前往棉兰老岛的危险之旅。第 19 轰炸机大队的 650 名官兵在船上闲晃、赌钱、相互抱怨,无人知道此行真正的目的地。

"这船是要去旧金山。"詹姆斯·霍尔科姆(James Holcomb)中士听人如此说道,"上面是想把咱们培训成随军牧师。"

接近正午时分,一架飞行艇出现在"马荣号"头顶,呼啸着来回盘旋,像是准备发动攻击。

"是友军飞机,把咱们当成鬼子了。"有人喊道。

弗兰克·特拉梅尔中士抬起头,发现机身上涂有鲜红的太阳标志。"大红丸子!"中士叫道。

一名年轻中尉颇为紧张,沿着甲板边跑边喊:"就算炸弹落下来,也千万不要跳海! 跳海会脑震荡,一样是死!"

飞行艇缓缓盘旋,高度渐渐下降,最终投下一枚炸弹,落在 50 码外,没有命中。见炸弹落下,那名紧张的中尉把自己刚才的话忘在脑后,纵身跳入海中;另有十几名士兵与他一起跳海,其中一个下士名叫达沃德·布鲁克斯(Durward Brooks),接触到水面时,感到脑袋像被撕裂一般疼痛,好在戴着钢盔,才保住一命。手枪、水壶及弹药带重量不小,布鲁克斯感到自己不断下沉,连忙解开皮带,脱掉鞋子,好不容易才浮出水面。

第二枚炸弹距离不够;第三枚撞在栏杆上,弹入海中,没有造成损害。绰号"罗茜"的奥唐纳少校望着那孤零零的飞行艇在头顶空转,而后转头进入舱内,抓起一条毯子盖在头上。身旁一人效仿少校,也披上一条毯子,趁着飞行艇高度降低时吼道:"狗娘养的小鬼子,有种继续扔啊!"

飞行艇接连投下 5 枚炸弹,每一枚都险些命中。"马荣号"船长是个西班牙人,喊道:"放油! 让飞机以为已经击中了。"很快,烟囱中便冒出黑烟,柴油流淌到海面上。船长的策略成功骗过敌人,飞行艇盘旋一圈,随即扬长而去。

科雷希多岛上,麦克阿瑟正在阅读马歇尔发来的一份电报,内容是建议奎松总统前往美国建立流亡政府。麦克阿瑟迅速起草答复称，护送奎松离开风险太高，且此举"将导致菲律宾人战意尽失"，同时指出，远东军大半由菲律宾裔组成，"为不辜负众人之奋战，合众国政府必须提供大力支援；否则，远东战事终将一败涂地，合众国将遗臭万年"。

晚上 8 点，麦克阿瑟邀请奎松来到马林塔隧道口附近的小屋，拿出马歇尔的电报及自己拟出的答复，然后询问奎松是否希望前去美国。

"事关重大，得先与战时内阁商议。"奎松立即召开会议，朗读电报内容后，随即发起投票，结果全场一致同意奎松撤离菲律宾。

"我若一走了之，军队士气难道不会一落千丈？"

副总统奥斯梅纳及其他阁僚都认为，情况恰恰相反，奎松留在美国有利于获得更多帮助。然而，当奎松提起麦克阿瑟所拟的答复时，众阁僚态度陡变，忙劝奎松留在菲律宾。眼光最为透彻之人，非麦克阿瑟莫属。

奎松左右为难，便给麦克阿瑟写信："哪一方案更有助于美国政府投入战争，我便遵从哪一方案。"

或许与疾病缠身不无关系，奎松十分烦恼，变得疑心重重。罗斯福承诺倾力提供援助一事，令奎松深感振奋；然而那援助究竟何时到来？空守着没有白纸黑字的承诺，面对着实力悬殊的敌人，去要求菲律宾士兵拼死抵抗，真的合适吗？

———

马尼拉湾对岸 30 英里外，日军已来到马尼拉城下。

城市上空黑云密布，潘达坎油田依然烈焰冲天；麦金莱堡、尼科尔斯及尼尔森基地、卡维特军港的大火也未止歇，偶尔传出爆炸之声。数周之前美不胜收的马尼拉市，如今已烟尘满布，肮脏不堪。

当天下午 5 点 45 分，安部孝一少将率领隶属第 48 师团的 3 个大队，从北进入马尼拉市；森冈中将从日裔平民处借得一辆轿车，从南边入城。市内拘留所中，日本战俘得到释放，高声欢呼着迎接两支入城队伍；道路两边的菲律宾人则只是木然地望着日军，面无表情。

马尼拉湾景酒店（Bayview Hotel）里，卡尔·迈丹斯及其妻雪莱、阿奇·冈尼森及其妻玛乔丽（Marjorie）四人望着街道对面的草坪上，日军两个海军陆战队中队及一个步兵中队正在整队。此处乃是塞耶高级专员的旧官邸，日军把美国国旗降下，旗帜落在地面上时，3发礼炮响起；一名海军陆战队队员解下星条旗，将其踩在脚下，将太阳旗系上。日本国旗缓缓升起时，乐队奏响日本国歌《君之代》。

第十一章　阿布坎之战

1

1月1日那天，美军撤往巴丹的核心点是卡隆比特大桥；而4天之后，核心点转移到另一座桥——莱亚克桥（Layac Bridge）上。该桥位于半岛与主岛相接的位置，是通往巴丹的唯一入口。

1月5日晚上10点，仍有8000名美国人及菲律宾人挤在桥北，排队等待逃往巴丹。此时日军正兵分两路，从后追击：一支部队从圣费尔南多出发，自东边沿主要公路逼近；另一支部队从克拉克基地出发，沿一条土路从北边南下。

北边那支日军威胁更大。部队过桥期间，由菲律宾第21师固守土路，阻挡日军南下。第21师师长马特奥·卡宾平（Mateo Capinpin）准将及参谋长雷·欧迪（Ray O'Day）上校站在莱亚克桥头，望着第11师的卡车、炮车、坦克及疲乏不堪的步兵乱作一团拥入狭窄的桥上，心中一直忐忑不安。第11师全员过桥之前，卡宾平的第21师就只能待在北边数英里外的土路上，任凭日军飞机及大炮轰炸；如果运气更差一些，可能会遭到步兵-坦克部队强攻。

终于,轮到温莱特将军及斯凯利工兵上校的队伍来到桥上。晚上 10 点 30 分,第 11 师最后一人平安过桥。

不久,第 21 师迈着焦急而沉重的步伐,像是找到应许之地一般,从北边捅入巴丹。欧迪望着他们,感到一阵心酸:疲惫至极的士兵背着大到离谱的装备及行李,许多士兵两两一组,抬着一大堆衣物、弹药带、头盔,甚至还有挂着小鸡的竹竿。

部队缓缓向南而来,卡宾平将军兴奋地迎上前去,沿着队伍来回跑动,催促众人加快脚步。欧迪不禁露出笑容:马蒂①果然是天底下最善良的长官。

温莱特上前与两人搭话,开玩笑道:"马蒂,掉队士兵枪毙了几个?"

凌晨 1 点,从北边撤至巴丹的所有步兵及坦克都已平安过桥;剩下的只有一个坦克排,在东边公路上断后,此时也接到撤退命令。欧迪向温莱特报告时,高举右手说道:"经过详细点检,本人保证第 21 师全数部队及坦克都已成功过桥。"报告完毕后,欧迪与卡宾平也过桥而去。

温莱特与斯凯利紧随其后。

很快,断后的坦克部队赶至,指挥官向斯凯利报告时,同样举起右手,保证全数坦克都已过桥。话音刚落,黑暗中传出一阵"隆隆"声,一辆美军坦克蹿出,"吱吱嘎嘎"地驶上桥梁。

温莱特转头看向斯凯利,下令道:"可以炸了。"接着,斯凯利向 A. P. 钱科(A. P. Chanco)上尉打出手势。凌晨 2 点,随着一声震天巨响,通往巴丹的道路就此被切断。温莱特与斯凯利握了握手。

被炸毁的莱亚克桥以南数英里,卡宾平将军与欧迪上校乘着指挥车,赶上第 21 师那批蹒跚行进的士兵。卡宾平依然忧心忡忡,从车上下来,呵斥部队加紧脚步。

"马蒂,他们太累了,一连 24 小时都在赶路。"欧迪劝阻道。

---

① 马蒂,马特奥的昵称。

卡宾平回到车上。车子从队伍旁边经过时，卡宾平探出身子，喊道："放心吧！我去给你们调几辆卡车！"

——

此时，本间依旧没有意识到，麦克阿瑟已经偷偷将吕宋岛上庞大的兵力转移到巴丹。不过，上级给出的指示让本间颇感不安。南方军认为，攻陷马尼拉意味着菲律宾战役实质性的结束，下令将本间麾下第 48 师团调往爪哇。第 48 师团乃是本间最精锐的部队，抽调该师将会大大增添剩余部队的负担，扫荡美军残敌的任务也将越发艰难。

日军之中负责追击麦克阿瑟的那支部队，正是第 48 师团。抽调命令下达之后，追击任务便由俗称"夏日兵团"的第 65 旅团继续执行。该旅团共有7500 人，大半是年迈老兵，前来菲律宾仅是充当占领军，并未经历前线作战训练，也无优良装备。正因如此，旅团长奈良晃中将接到消息时，惊讶之情溢于言表。

奈良此人颇通兵法，曾担任行政职务，早在第 65 旅团前来菲律宾之前，就已被委以旅团长之职。此人毕业于本宁堡步兵学校（Fort Benning Infantry School），也是柯立芝（Coolidge）总统之子在阿默斯特学院（Amherst College)的同班同学。

莱亚克桥遭到炸毁的那天夜里，身材矮胖、已近中年的奈良距离第 48 师团 10 英里，步行赶往前线与该师团交接。

奈良身后跟着步履沉重的第 65 旅团，队伍一直拖到吕宋岛中部。原来，斯凯利上校的工兵在岛上共炸毁 184 座桥梁，日军行军进程已被拖延数日；而暑气蒸腾的热带气候也让许多日军吃尽苦头，其中，第 141 步兵联队联队长今井武夫（Takeo Imai）大佐便遇上某件麻烦事。

热带地区夜色很美，当地花草散发着浓郁的芬芳。今井接连穿过几片灌木丛，灌木丛中聚集着一簇簇萤火虫，颇有几分圣诞树的氛围。突然，今井发现先头部队不知何故脚步迟缓，便让一名传令兵打探情况。原来，是一条小溪阻挡住去路。日军习惯于把沉重的装备补给堆在车里，让水牛拉车行进。在通常情况下，水牛步伐十分稳健，甚至足以让小孩子在牛背上入睡。然而，行进数英里后，水牛嗅到溪流的气息，便发疯一般向前冲去，连货带车一并拖到水中。

麦克阿瑟虽然持续败退，大部队却已全部撤至巴丹，没有损失一支主力部队。温莱特抵挡北部日军，战事艰难，损失 12000 人，但其中大多数并非战死，只是逃亡了；琼斯共损失 1000 人。

如今，麦克阿瑟在巴丹有 15000 名美军及 65000 名菲军。菲军之中，10000 人是正规军精锐部队；剩余 55000 人训练不足，装备低劣，实属乌合之众。接下来，麦克阿瑟就要依靠如此一支部队，坚守巴丹 6 个月。

麦克阿瑟最大的优势在于地利。巴丹半岛地形崎岖，山林茂密，空中侦察不易发现地面防御情况。宽 15 英里、长 30 英里的整座半岛上，几乎只有两座死火山，一座在南，一座在北。道路只有两条：一条通过莱亚克桥进入半岛，沿东海岸平坦多沼泽的主干道向南，经过半岛尖端之后，绕到西侧，延伸至西海岸三分之二的位置；另一条则在两座火山之间，是一条鹅卵石路，将巴丹半岛横断为两部分。

麦克阿瑟于莱亚克桥以南数英里处安排 5000 名士兵，意在拖延日军行动，争取时间完成防线并配置各部队。第一个主要战场设置在莱亚克桥以南约 10 英里处，乃是从马尼拉湾以西至北部火山的一条防线。死火山经过长期的风化作用，形成 4 座锯齿状山峰；东部山峰海拔最高，堪称绝壁，名叫纳蒂布山(Mt. Natib)。

与作战经验不足相比，麦克阿瑟对部队衣食短缺一事更为在意。此前 8 天时间里，军需官查尔斯·德雷克准将从马尼拉发出大量汽艇、拖船及超过 300 艘驳船，将物资运往巴丹。12 月最后那 3 天，一批美国、英国及其他同盟国平民响应广播中的呼吁，不顾头顶的敌机与传闻中正在逼近的日军侦察队，帮助弗雷德里克·沃德(Frederick Ward)上校在马尼拉码头装载最后一批补给品。

通过公路运输的物资相对较少。卡车不足只是原因之一；迂腐、愚蠢与严重恐慌导致许多食粮及衣物被遗弃在麦金莱堡、斯托森博格堡等各处仓库里。塔拉克（Tallac）仓库指挥官查尔斯·劳伦斯（Charles Lawrence）中校在多家日本公司发现 2000 箱罐头及大量衣物，麦克阿瑟总司令部却禁止中校带走，称其无权剥夺个人财产，并以告上军事法庭相威胁。更严重的损失是在甲万那端（Cabanatuan），该市官立粮仓（Government Rice Central）依照法律，禁止跨省转移稻米；于是，足以支撑巴丹半岛上菲律宾人食用半年的 1000 万磅大米，就那样被遗弃在仓库之中。

当夜，麦克阿瑟对德雷克将军提供的食粮储备进行检查后，发现只能为 10 万人提供 30 天营养不均衡的战地口粮。麦克阿瑟痛下决心，下令科雷希多岛及巴丹半岛上所有人员食粮配给减半。

到 1 月 9 日早晨，麦克阿瑟各部队已然就位。连日以来仓皇逃命，众将士心生厌烦，渴望一战。麦克阿瑟划出两个主要防御点，左边，即死火山西侧，交给温莱特军。温莱特部自林加延湾撤退以来受到重创，此时无法立刻投入战斗。

显然，日军最初一定会从莱亚克桥南下，沿东海岸公路发起进攻。死火山东侧防线由乔治·帕克少将率领 25000 名士兵把守。帕克早在平安夜那天就已抵达巴丹，不过直到此时，防线仍未完全建设完毕。该地面临种种难题。巴丹东海岸地势平坦且多沼泽，从海岸线往内陆约 2 英里尽是鱼塘及稻田；再往西 5 英里，则是地势渐升的丘陵，大片甘蔗及竹林生长其间；丘陵尽头地势陡升，纳蒂布山耸然矗立，峭壁之上遍布沟痕，丛林茂密，巨树参天。

防线左翼尽头就安排在纳蒂布山脚下，因为帕克认为，把守此地既不可能，也无必要。如此一座峭壁绝崖，非人力所能翻越。

负责此段左翼防线的正是琼斯将军及其第 51 师。琼斯将一个团的士兵零零散散地布置在纳蒂布山坡上的散兵坑里；另一个团则在右边阿布坎农场（Abucay Hacienda）前方布阵，该农场里尼帕小屋密布，里面居住着一批甘蔗园工人。

帕克防线中段倚靠着巴兰缇河（Balantay River）上游陡峭的河谷，由未经战事的第 41 师把守；该师师长名叫文森特·林（Vincente Lim），西点军校毕业，带有华裔血统。防线右段，沿海公路将稻田及鱼塘一分为二，交给第 57 步兵团把守；该团隶属精锐部队——菲律宾侦察兵，帕克将其安排在右段，是因为该处最有可能首当其冲。

阿布坎防线正由此三段组成。菲律宾人急于证明自己不会辜负麦克阿瑟的信任，第 91 师、第 71 师表现不佳，第 21 师在林加延湾匆忙溃退，并不代表菲律宾士兵的真实本领。

至于美军军事顾问，态度则并不乐观，对菲军自我证明的行径表示反感。从阿布坎防线上撤退极为困难；换句话说，众人只能在战胜与战死二者中选一。

———

防线以北数英里，奈良将军已与第 48 师团完成交接，正率领第 65 旅团 7500 名士兵进行整备，准备发动攻击。该旅那些超龄士兵之中，拥有步枪者不足半数；而且，长途跋涉来到巴丹，众人无不精疲力竭。不过，奈良最为担心之事却不在此，而是对敌军部署一无所知。第 65 旅团手头上只有一张公路图及几幅 1：200000 比例尺的地图。第 14 军也没有给出任何进攻计划，只是命令奈良合兵一处，沿公路南下追击敌军。

奈良曾在陆军学校做过 6 年教官，始终告诫学生，若无准确地图及适当准备，绝不可发起进攻。然而，本间麾下一名参谋信誓旦旦，称扫荡半岛残敌一事易如反掌：情报机构估计，巴丹半岛上残兵败将不超过 25000 人，必将迅速撤至半岛尖端的马里韦莱斯港，稍作整顿之后，便会渡海逃往科雷希多。

奈良提出抗议，请求继续调查敌军详情，然而上级只是下令立刻进攻。无奈之下，奈良只得匆忙拟定计划。除原本的第 65 旅团外，另有两个炮兵联队及隶属第 16 师团的第 9 步兵联队也交给奈良指挥。对于第 9 步兵联队的协助，奈良颇感欣喜，因为该联队联队长武智渐（Susumu Takechi）大佐与自己乃是旧交，此人敢拼能打，十分值得信赖。

奈良只有一天时间制订计划，计划本身十分简单：既然敌军已是残兵败将，那么便由今井大佐率第 141 步兵联队沿东海岸公路径直南下；旧交武智大佐率第 9 步兵联队向西，沿纳蒂布山坡行进，绕过美军阵地，最终与今井在公路会合；至于另外一个步兵联队，则作为后备部队使用。

下午 3 点，奈良听着日军的炮火，感觉巴丹北部的大地似乎都在颤动。长达 1 小时的炮击结束后，今井沿高速公路南下，武智则钻入丛林之中。突然，大量炮弹在今井面前的公路落下，那是帕克部队强有力的炮击。奈良颇感狼狈。显然，所谓"残兵败将"的说法纯属臆造。不过，此时奈良依然没有意识到，本间麾下情报参谋还犯下另外一个错误：美军防线实际位置比日军预估的偏南，奈良部队想要抵达阿布坎防线，还需多走 3 英里路。

———

夜里，温莱特与帕克分别收到来自科雷希多的消息，称重要人物将于翌日早晨前来视察，要求两人做好接待工作。次日拂晓时分，一艘鱼雷艇从科雷希多出发，来到马里韦莱斯港，麦克阿瑟及其参谋长萨瑟兰德将军从艇上走下。两人沿东海岸公路前往帕克指挥部，麦克阿瑟发表演说，鼓舞士气，承诺飞机及大量增援部队很快便到。接着，两人又沿那条 15 英里的鹅卵石道路穿过半岛中部，来到温莱特阵地。

福特轿车在第 1 军指挥部前面停下，麦克阿瑟走上前去，亲切地说道："乔纳森，自你率军北上，好久没见啦。撤退那仗打得漂亮，援护南部吕宋军也是，表现足以青史留名。"

温莱特默然不语，内心怀疑，不知自己是否配得上此等赞美。

"155 毫米口径炮在什么地方？"麦克阿瑟问道。

温莱特表示，可以带两人去看看。

"我不想看大炮，"麦克阿瑟保持着一贯的风趣，"只想听它们响。"

萨瑟兰德告诉温莱特，麦克阿瑟内心颇为担忧，因为东西两座防御阵地之间，即纳蒂布山上，有超过 5 英里的地带全无设防。温莱特则认为，如此险峻的地势无法让大型部队通过。他对麦克阿瑟的意见不予赞同。

————

由于情报参谋给出的地点有误，日军抵达预计中的美军防线位置，没有发现敌军，还以为是美军正在撤退。直到 1 月 11 日上午，奈良才恍然大悟；此时今井的第 141 联队正好接近美军主要防线。为躲避帕克在沿海公路上的猛烈炮击，今井将该联队大部分兵力分散到西侧的旱田之中；其中有一块甘蔗田靠近高速公路，甘蔗长得颇高，今井命令一个大队藏身甘蔗田，等到夜深便发起进攻。

对于高速公路的防御工作，训练有素的菲律宾侦察兵第 57 步兵团颇具信心。前方已用铁丝网层层封锁；矮树丛及竹林已被切开，保证射击区域。无论步兵还是坦克，兵来将挡，水来土掩。然而千算万算，第 57 团偏将公路西侧的那片大型甘蔗田漏掉了。没有一个人有过砍伐甘蔗的念头。

夜里 11 点，日军炮火开始轰击第 57 团左翼；子弹从甘蔗田里射来，打得菲军措手不及。第 57 团要求后方炮火支援；然而，美军刚刚开始炮击，月光之中，一个个日军士兵便在甘蔗田里俯下身。

第一批日军高喊"万岁"，冲到铁丝网跟前俯下身去，跟在后面的日军以之作为踏板，身轻如燕般一跃而起，落在铁丝网对面，向主防线冲去。跃过铁丝网的日军冲锋时不再高呼"万岁"，散兵坑里的美军只能听见日军各级军官发布命令的吼声。

由于菲军阵地后方已被日军渗透，曳光弹看上去就像来自四面八方。军官挥舞着武士刀指挥进攻，连天炮火之中，日军吼叫着冲向阵地。第 57 团立足不稳，防线很快便开始崩溃。

皮特·伍德(Pete Wood)少校是负责该防段的一名副营长。战斗爆发后，他迅速撤往后方组织预备连进击。此人生活中颇为平易近人，战场上却十分勇悍。很快，伍德便找到那个预备连，命令连长欧内斯特·布朗(Ernest Brown)上尉准备发起攻击。

伍德十分焦急，亲自把布朗下面的士官召集起来，命令预备连以分散阵形行动。率领部队开始行进时，伍德发现布朗上尉坐在稻田里抽烟。"你在这儿傻坐着，什么意思?"伍德问道。

"这不您在发号施令吗?"布朗说道，"队伍交给您就好啦。"

性情随和的伍德少校咧嘴一笑，把各士官叫来，说道："我的命令全部作废。从现在起听布朗上尉指挥。"

布朗一跃而起，喊道："跟我冲!"此时天色欲曙，视野中一片灰茫茫，让人颇感不快。预备连迅速冲过旱田，甘蔗田里偶尔传出一两声枪响。布朗跳过阵地第一道铁丝网时，听到一阵撕裂声，原来水壶皮带和手枪套被铁丝网钩住。布朗抓起手枪，突然注意到几英尺外尘土飞扬，于是纵身一跃，跳入一个无人散兵坑；回头一看，却发现伍德少校握着手枪，躲在一辆卡车后面，蹑手蹑脚地逼近一名日军步枪手。突然，只见伍德一个箭步冲上前去，近距离朝那步枪手开火，却没打中；步枪手绕着卡车逃跑，伍德跟在后面追。追到第二圈时，伍德禁不住笑出声来，布朗也笑了。那简直是一场追逐戏，就像麦克·塞纳特（Mack Sennett）①的喜剧。追到第三圈时，一个菲律宾士兵开枪，将那日军步枪手击毙了。

此时天色已亮，布朗打眼望去，发现地上约有250具日军尸体；然而，该营阵地中依然有日军渗入。布朗组织起一支队伍，准备将渗透进来的日军一扫而空，此时一阵呼救声传来：一个日军士兵身负重伤，可怜兮兮地伸出双手。布朗传令下去，不论敌我双方，一律给予急救。那名重伤士兵刚被包扎好，旁边一具日军"尸体"突然发难，抓起步枪开火，射杀一名菲军士兵。布朗对此事久久不能忘怀，并下定决心：不可怜悯日军伤员，不可尊重日军死者，凡见倒地日军，便应上前补刺一刀。

————

西点军校新近毕业生小亚历山大·尼宁格（Alexander Nininger, Jr.）少尉闻讯赶来，协助布朗扫荡残敌。此人不顾枪林弹雨，在各个散兵坑之间

① 麦克·塞纳特（1880—1960），加拿大裔美国电影演员、导演及制片人，人称"喜剧之王"，曾发掘著名喜剧演员查理·卓别林。

奔走,用手榴弹消灭藏在里面的残余日军,最终倒在机枪子弹之下。为确定机枪位置,尼宁格勉强站起,蹒跚上前,掷出最后一枚手榴弹时,一串子弹正中面部。后来,战死的尼宁格少尉获授二战战场上首枚荣誉勋章。少尉虽然战死,却成功击杀敌军机枪组,甘蔗田前方就此扫荡一空。

———

今井大佐距离前线约 1.5 英里,进攻与反击的厮杀声遥遥传来。接着,消息传来,派往甘蔗田里的先头部队折损三分之二,大队长战死。牺牲可谓惨重。

此时,奈良旅团长打来电话,下达一道异常的指示:"立刻率部西进。接下来由你部负责右翼,左翼由预备联队接替。"

奈良之所以做出此等不同寻常的安排,是因为整个右翼的第 9 联队神秘失踪。武智大佐进入纳蒂布山坡上的茂密丛林中后,彻底销声匿迹。奈良没有将此事报告给本间,甚至没有在战争日记或旅部报告中记载下来。因为奈良希望维护旧友的声誉,武智与自己曾是同班同学。

到那天深夜,今井已将第 141 联队转移到西边,填补因武智失踪而留下的空缺。今井只有大约 500 名士兵,其中一半不是步兵,没有步枪,因此无法发动正面攻击,只能在阿布坎防线西侧寻找薄弱点,打算从中穿插过去,从敌后攻其不备。午夜时分,一小拨日军渗透进入琼斯第 51 师与林第 41 师交界处附近;今井给出的命令是:开枪就跑,多点袭击,尽量给敌军造成大军来犯的假象。

接近拂晓时分,一小拨日军向林的第 41 师发起攻击,该师左翼惊惶退却;西边琼斯第 51 师的右翼见状,自己也开始后退。深谷茂林之中究竟发生何等惨事,无人知晓;恐惧的气氛蔓延开来。孤军深入的今井小股部队从侧翼及后方接连开火,流言在各散兵坑之间四处传播。

2

1 月 13 日,即奈良部队向阿布坎防线发起攻击的同一天,美菲两国关系受到一起突发事件的威胁。奎松从科雷希多岛上给罗斯福发出一封电报。自罗斯福承诺帮助菲律宾以来，已将近半月，然而菲律宾仍未见到一架新飞机、一个步兵连。奎松直言不讳地要求罗斯福立刻倾尽国力对抗日本；愤慨之余，又给麦克阿瑟寄了一封信，解释原委：

> 战争并不是菲律宾的战争。……我国决定与贵军并肩作战，一直以来拼尽全力；直至此时此刻，依然如此。只是，孤军奋战的日子还要持续多久？华盛顿方面是否已经做出判断，认为对整体战局而言，菲律宾战线并不重要？因为并不重要，所以在近些日子，至少在守军弹尽粮绝之前，不会有任何援军前来？如果实情真是如此，我希望有知情权，因为我对菲律宾国民负有责任……

> 如果说，菲律宾人民流血与否无关大局，那么我想，我国人民是否该继续献身丧命，决定权应在我手里。华盛顿方面似乎完全没有意识到，菲律宾人民处于何等境地；也没有意识到，安全与福祉完全遭到忽略的菲律宾人民心中，究竟有何种感情……

对于奎松态度的骤变，麦克阿瑟颇感不安，但也承认菲方的要求不无道理。华盛顿方面只知抱怨菲律宾与澳大利亚之间遭到封锁，物资难以运输。但在麦克阿瑟看来，所谓封锁不过是纸老虎，海军特遣队只要下定决心，突破封锁不成问题；问题恰恰出在海军身上——珍珠港袭击之后，海军已经吓破了胆。

因此，麦克阿瑟将奎松给他的信件转发给华盛顿，希望能够引起注意。

1月15日，阿布坎防线上，琼斯处境十分凶险。今井大佐接连从后方发起攻击，第51师士气陡降。

第51师下辖3个团，其中一个团战斗力颇强，在巴丹撤退中大放异彩，此时却是预备队；前线的两个团都是新兵。琼斯判断前哨阵地或许守不住，便向帕克报告称：部队已极度疲弱，若无增援，只能被迫撤出阵地。

帕克接到消息,便向总部请求支援。于是,麦克阿瑟从一个作战经验丰富的菲律宾预备师中抽调出两个团,令其支援阿布坎防线中最为危急的西段。见总部派出援军,帕克便向琼斯发出指示,令其以翌日清晨为期,夺回失地。琼斯此人面对长官素来快人快语,见帕克命令如此荒谬,便回报称:第 51 师一个月来持续作战,有所损失,现已疲弱;盲目反攻风险极大。"此外,"琼斯补充道,"单是守住目前阵地,就已费尽九牛二虎之力。"

尽管琼斯再三抗议,帕克依旧固执己见,并派出一个营前去支援;该营预计凌晨 4 点抵达。琼斯望着疲惫而消沉的部下,怒火中烧,却也只能下令准备进攻,心想:军指挥部那群老爷,只要肯到最前线走那么一遭,也就不会那么异想天开了。

———

夜里,整条阿布坎防线上士气低迷。各基层连长为振奋军心,将麦克阿瑟的信件读给士兵听。当然,写信的总司令本人,对信上的话也并不完全相信。

大量部队及飞机正从美国本土赶来菲律宾。……我军退无可退。巴丹半岛上,我军数量超过日军;物资同样充足;只要决心固守,必将战胜敌军……

本人在此呼吁:巴丹半岛众官兵务必坚守岗位,将来犯之敌一一击退。为着活下去,此乃唯一之途。战,则必胜;退,则必亡。

听众里面,不少士官公开表示愤慨。何来"物资充足"一说?口粮已经减半;手榴弹更是问题,多数都无法使用;斯托克斯(Stokes)迫击炮对敌人没什么杀伤力,对己方反倒颇为危险,7 发里有 6 发是哑弹不说,动辄还会出现故障,把炮膛直接炸裂。

不过,对大多数菲律宾士兵而言,麦克阿瑟的信为他们带来不小的希望与勇气。菲律宾士兵希望证明自己是勇敢的战士,拥有在国旗之下作战的资格。

3

阿布坎战线以北约 150 英里处，乃是一片山脉，旧时夏季首都碧瑶就在山脉以南不远。约翰·海伊基地前指挥官约翰·霍兰中校正在山里，朝着曼卡延（Mankayan）走去；此地正是萨加克（Surjac）金矿与勒班陀（Lepanto）铜矿之所在。由于碧瑶市已遭分断，圣诞节前后，霍兰率领 184 名官兵离开市内，沿着险峻的小径进入山中。此时，霍兰正准备组织一支伊哥洛特人游击队。伊哥洛特是菲律宾当地部族，族民身着兜裆布，作战凶猛，自尊心颇强。两星期前，霍兰决定放弃撤往巴丹，而是留在山上作战，于是将各军官召集起来，告知自己将回到山里领导游击战。此番决定不可谓不苦涩，不过霍兰认为，自己在陆军吃饷 25 年，此举可以算是报恩。

"各位可以撤往巴丹，也可以与我一起回到山里。"霍兰说道，"何去何从，全凭各位自己决定。"

数人选择离开，最终 184 名官兵留在霍兰身边。此时，1 月 16 日上午，霍兰正在曼卡延召集一批矿工开会。

"希望各位帮助我组织伊哥洛特游击队。"霍兰说道，"我们准备炸毁桥梁、道路及悬崖，引发山崩，堵塞道路，并对敌军战斗部队及后勤部队发动突袭，破坏仓库及补给站。"

众矿工踊跃参加。霍兰将众人编入第 31 步兵团，并承诺与麦克阿瑟取得联系后，就推荐他们转入陆军正式编制。会议结束，霍兰返回碧瑶去寻找一个名叫沃尔特·库欣（Walter Cushing）的矿工。此人前段时间曾大胆突袭日本车队，此时在山区已成为传奇人物。霍兰想让库欣做自己的助手。

———

16 日黎明时分，尽管琼斯还没得到承诺的增援部队，但他依然按时发动反攻。日军拼死反抗，却抵挡不住美军一个团的进攻，最终败退而去。接近正午时，该团战线相对友军的，已向前凸出。

今井大佐见美军一部分战线向前突出，判断此处正是弱点所在，当即率部从突出部队东侧发起袭击。正在此时，纯属偶然般，武智大佐与"失踪"的第9联队突然从纳蒂布山坡上的丛林中蹿出。武智发现自己正好位于琼斯突出部队的西侧，便立刻发动攻击。

琼斯突出部队都是新兵，受到左右夹击，很快便开始崩溃。正午时分，日军炮击越发猛烈，该部陷入恐慌，彻底溃败，四散而逃，在阿布坎防线上留下一处2英里长的口子。

第9联队部分士兵依然不知自己所在何处，对今井部队西翼发起攻击。武智很快发现对面是友军部队，连忙停火，赶往奈良将军旅部进行汇报。武智满面疲态，衣着褴褛，饥肠辘辘，说明自己在纳蒂布山丛林之中迷路的原委。奈良满怀同情，默默地看着武智，然后说道："你带第9联队去做预备队吧。"

"是，将军。"武智利落地敬一个礼，转身离去。

奈良长舒一口气。武智率部成为预备队，后方便可保无虞。如此一来，进攻不再有后顾之忧。奈良下令增强炮击火力。

然而，武智却并没有按照命令率部北上，反而率领疲惫的第9联队返回南边，甚至不给士兵补给或休息的时间。心怀不成功便成仁的想法，武智决定率部翻越纳蒂布山。被命令转为预备队，武智感到颜面尽失，并误以为那是奈良对自己迷路的惩罚。

琼斯将军与往常一样身先士卒，此时并不知道后方司令部里，吓破胆的众参谋害怕左翼遭到包围，已下达撤退命令。下午3点左右，左翼那个团撤出阵地，沿着崎岖山路向西南方向退去。如此一来，阿布坎防线整个西段已不复存在。

直到黄昏时分，琼斯才知道自己的师已经溃散，连忙赶往南距阿布坎防线2英里的桂特尔小径（Guitol Trail），在一处路口等待逃兵，并将逃兵布置在该小径的各关键位置。谁知逃兵刚一就位，趁长官不注意，便继续逃往后方。

黑暗之中，琼斯手下 100 名官兵躲在散兵坑里。第 51 师只剩下区区 100 人，琼斯不无自嘲地说，天底下那么多师，自己是最弱小的一个。阿布坎防线整个左段，就要靠这 100 人来把守。琼斯把小径附近一个泥坑当作新的指挥所，在里面给大后方的帕克第 2 军指挥部打电话。经过漫长等待，军长终于接起电话。"我自己的任务，"琼斯没好气地说道，"已经结束了。"说罢便挂了电话。琼斯知道自己免不了被撤职的命运，不过现在自己还是师长，就要继续率部作战。

接着，琼斯又打电话给副官皮特·珀金斯（Pete Perkins）中尉。中尉没有步兵作战相关经验，此时正在现场指挥"百人师"。

"敌军正在渗入。"珀金斯说道。

琼斯拿卫生纸把战地电话包裹起来，以防日军侦察兵听见铃声。给珀金斯做出详细指示之后，琼斯终于得到喘息之机，躺在泥坑里打算睡一小会；电话机则一直放在耳边。

阿布坎防线最西端 3 英里已空空荡荡，除琼斯的 100 名士兵外，日军面前可谓畅通无阻。然而，运气总是关照菲军及美军。今井大佐担心自己后路被切断，掉头向东去攻击林的第 41 师；武智大佐则绕过阿布坎防线持续向西，为挽回名誉而奋力行军。

午夜时分，经验不足的第 41 师遭到猛烈攻击，伤亡超过 1200 人，却依然死战不退。

天色伸手不见五指，两个隶属菲律宾师的精锐团正在夜幕中火速前进，准备去填补防线西段的口子。其中之一是第 31 步兵团，该团官兵全部是美军，其中一个上尉名叫杰克·埃利斯（Jack Ellis），入伍前曾是一个美式足球明星。他朝路上逃兵喊道："来啊，现在正是加入强队的机会。"

然而，另一个团——菲律宾侦察兵第 45 步兵团，却在夜色之中迷失了方向。没有月亮，没有星光，没有路标，甚至连道路本身都看不清楚。队伍停下脚步，路易斯·博斯贝克（Louis Besbeck）上尉听到北边不远处传来火炮速射之声,黑暗中有火光闪现。接着,一大批菲律宾士兵从北方逃窜而来,眼含恐惧,大喊道:"鬼子来了!"

博斯贝克拦下一名准将,向他询问道路。"太可怕了。"准将一脸茫然,显然是在战斗中受到心理冲击,"部队都没了。"

博斯贝克又询问一遍。

"太可怕。部队都没了。"此时,北边夜幕之中又出现了几个人影,准将嘴里念念叨叨,跟着那几人一起离开了。

向左约 1 英里处,连续 3 天没有睡觉的琼斯准将感到头晕目眩,躺在泥坑指挥所里,准备入睡。指挥所里一共 6 人,睡时彼此握住对方的脚踝,以便日军侦察兵出现时相互提醒。此前一个小时里,琼斯被副官安德烈·索里亚诺(André Soriano)上尉吵醒数次,每次都是误报。此时,索里亚诺又一次扯了扯琼斯的脚踝。

"去你妈的,安德烈,"琼斯骂道,"再吵我一次试试,有你好果子吃。"

没过多久,上尉再次扯动脚踝。琼斯一跃而起,吼道:"那帮孙子他妈的都在哪儿? 来了正好,老子一个一个都毙了!"随即掏出手枪,连续开火。"好了,现在鬼子知道咱们的位置啦,好好睡一觉吧。"琼斯说罢,便倒头沉沉入睡。

第十二章 退却

1

直到 1 月 16 日午夜,巴丹半岛西部依旧风平浪静。原因很简单,西海岸线上,没有一条道路通往半岛,丛林密布的纳蒂布山向西一直延伸到南海。

不过,温莱特将军的悠闲日子不会持续太久。5000 名日军通过海路及山道迅速逼近,此时已抵达美军前线小镇莫伦(Moron);该镇位于西海岸线从北向南约三分之一的位置。1 月 17 日将近傍晚时分,美军被赶出莫伦,撤至该镇后方数英里处的山脊之上。

1 月 18 日上午,日军指挥官木村直树少将抵达莫伦,发现温莱特防线仅有 5 英里长,从海边延伸至纳蒂布山西坡,于是决定派出一个约 700 名士兵编制的大队,绕过温莱特右翼,从后方包抄切断。该大队指派给中西宽中佐指挥,此人进取心甚强,在军中颇有名声。1 月 21 日拂晓时分,中西悄然绕过温莱特防线,陡转向西,于上午 10 点抵达通往半岛尖端的西海岸高速公路。如此一来,温莱特前线部队 5000 人便被中西所率奇兵切断开来。

第 1 军指挥部得到消息称,前线与指挥部之间发现一处日军路障。军长温莱特立刻带上身边 20 名官兵,乘车向北查看情况,经过数英里山路后,终于来到中西布置的路障面前。温莱特在附近找到一个菲律宾排,加上自己的 20 人,试图炸毁路障,一连两个小时未见成效。温莱特登上道路东侧一处土丘,警卫员休伯特·卡罗尔(Hubert Carroll)中士突然揪住将军的裤子,一把将温莱特拽倒在地。

"将军,你不要命啦。"卡罗尔讲话带有得克萨斯口音,"站得那么高,脑袋要被打飞啦。"话音未落,一串子弹飞来,两名士兵正好站在温莱特身边,惨遭射杀。

与此同时,身处前线的贝弗利·斯卡登(Beverly Skardon)中尉带领一个连南下袭击中西。然而,日军身处死地,掘壕固守,反将斯卡登击退。

2

1 月 21 日晚,巴丹半岛东侧阿布坎防线在奈良部队连番攻击下,已濒临崩溃边缘。在纵横丘壑、茂密丛林之中,填补西段防线空当的两个精锐菲律宾团难以动弹。此前 5 天里,两个团发起猛烈进攻;然而此时,指挥官已经发现,在如此险恶且陌生的地形上坚守左翼实属不可能之任务。部队中大量官兵连续数日缺粮断水,伤员也无法顺利运往后方。

而在中段防线上,林将军第 41 师经过连日奋战,也已饥乏交加,不堪再战。日军炮击间歇时,便有飞机从头顶掷下炸弹,或者今井步兵从侧翼发起进攻。为加剧菲军恐慌心理,日军不断向防线后方发射鞭炮;鞭炮炸响时,总会有菲军惊呼:"咱们被包围了!"

夜里,林将军与众参谋在第 41 师指挥部里,听到外面传来轻型武器与机枪的声音。众人窃窃私语。"情况不太妙啊。"该师军事顾问马尔科姆·福蒂尔(Malcolm Fortier)上校说道。此时已无预备队可用。

不久,林将军麾下一个名叫里戈韦托·阿蒂恩扎(Rigoberto Atienza)的上尉偶然听到一名菲律宾电话接线员在说梦话:"守护天使与麦克阿瑟同在。"众人听到这话，都没当回事。突然，那接线员猛地跳起，喊道："你们这群美国佬，为什么总是袖手旁观？为什么一直龟缩死守？你们是不是害怕进攻？我来领头！守护天使与麦克阿瑟同在！"

接线员举着手枪，走进树林，没过多久便回到指挥部，双目充血。"你们怎么不跟来？"接线员怒吼道，"你们不用怕，我来打头阵。一群孬种！就因为你们孬，所以才打不赢！"

阿蒂恩扎与几名战友上前安抚接线员，说他是过度劳累，应该休息一下。

"我不累。混蛋美国佬就是孬，咱们是在替那群孬种打仗。"

"闭嘴。"助理作战参谋说道，"不想挨耳光，就把嘴闭上。"

"长官，我不是跟您吵架。问题出在美国佬身上。"

一个魁梧汉子从阴影中走出，用低沉的嗓音说道："我就是美国人，纯种美国人。你想和我吵架，还是乖乖闭嘴？"

接线员愤愤地朝向那美国汉子，似乎想要动手，接着扑到正在监听电话的福蒂尔上校身上。一众菲律宾军官上前，将那接线员拖走。

"去他妈的美国孬种！"接线员一边尖叫，一边奋力挣扎。最后，似乎是狠狠挨了一拳，接线员瘫软无力地倒在地上。

———

奈良将军与林将军在本宁堡步兵学校读书时，曾是知交好友；此时，奈良忧愁之程度不下于林：武智及其第 9 联队没有前往后方，而是又一次神秘地消失在纳蒂布山的丛林之中。与之前一样，奈良依然选择保密。

本间麾下参谋一直在责问奈良，为何不纵兵直入，全歼敌军。在与菲律宾侦察兵第 57 团作战后，奈良已暗下决心，绝不沿海岸公路突破，因为此举必定损伤惨重。如果说存在速胜之机，那么唯一的可能性就是从阿布坎防线瓦解的西翼发动全面进攻。奈良不忍心命令今井担此重负，经过连日作战，第 141 联队已极度疲劳，中队级军官多半已战死。

"率部将敌军逼向东南，"奈良对今井下令，"然后就地歼灭。"攻击行动预定于翌日，即 1 月 22 日正午开始。

22 日那天，麦克阿瑟的参谋长萨瑟兰德将军恰好前来巴丹，目的是"视察战场全貌"。晚上回到科雷希多时，参谋长告诉麦克阿瑟，局势极端不利，应当从第一线立即撤退，在横通半岛的那道鹅卵石道路后方建立防线。

麦克阿瑟询问详情之后，同意萨瑟兰德的判断，给帕克及温莱特打电话，命令两人翌日趁着夜色撤离，前去第二道，亦即最后一道防线。

————

22 日晚，巴丹西海岸附近，一艘美军 PT-34 鱼雷快艇正在例行巡逻。鱼雷艇中队指挥官约翰·D. 巴尔克利（John D. Bulkeley）上尉也在艇上，腰间别着两把手枪。此人生得长髯乱须；因夜间执勤及睡眠不足，双眼充血，眼眶通红。

突然，水面上传来一阵微弱的光线；巴尔克利下令朝光线处驶去。原来，是一艘形状奇特的船只，正在发送陌生的闪光信号。不过，巴尔克利下令禁止开火。此地位于温莱特前线以南 10 英里处，属于美军海域。

"那边那艇，听得到吗？"巴尔克利举着扩音器喊道。

那船径直朝美军海岸驶去，同时射出一串曳光弹；巴尔克利这才看清，来者竟是一艘满载日军士兵的登陆艇，艇首艇尾覆有装甲。"PT-34"上 4 挺点 50 机枪齐发，登陆艇则灵巧转身，以防艇侧受到攻击。巴尔克利持续开火，最终将登陆艇击沉。接着，美军海岸火力便开始朝"PT-34"开炮。

"岸上那帮蠢货，十枚炮弹有五枚打在自己人身上。"巴尔克利对鱼雷快艇艇长 R. G. 凯利（R. G. Kelly）少尉说道。一枚炮弹落在 200 码外，"PT-34"撤回，继续执行巡逻任务，不久便发现另一艘日军登陆艇，随即开火。敌艇即将沉没之时，巴尔克利跳上艇去，独自带回 3 名俘虏和 1 箱机密文件。

巴尔克利还不知道，此时还有大量日军登陆艇朝海岸驶来。恒广成良中佐率 900 名士兵，拟于温莱特防线后方登陆。此地公路距离西海岸约 2 英里，若日军成功占据公路，那么第 1 军后勤补给路线将被完全切断。

然而，受到巴尔克利"PT-34"的攻击后，日军登陆艇被迫分为大小两支队伍,恒广登陆计划被打乱。大队伍有 600 名日军,恒广本人也在其中,由于潮汐状况不佳,地图亦不清晰,最终只能在目标以南 5 英里处登陆;剩余 300 人的小队伍更是偏离路线,漂流到接近巴丹半岛尖端的位置。

次日一早,恒广等人发现自己身处一处狭窄的海滩;该地名叫奎诺安海角(Quinauan Point),位于巴丹半岛尽头与温莱特防线中间。悬崖上方传来些微动静与窃窃私语,没有枪声。众人沿一条险峻小径向崖上爬去,潜入茂密的灌木丛中。

悬崖上驻扎的是美军第 34 驱逐机中队飞行员。事实上,早在午夜过后不久,该中队察觉到崖下有日军动静,吓得肝胆俱裂,丢下机枪,便向后方逃跑。约一小时后,凌晨 2 点 30 分,消息传到克莱德·塞勒克(Clyde Selleck)准将耳中。准将深感任务艰巨,自己的任务是把守自温莱特防线到半岛尖端那段崎岖不平的海岸线。然而,配备的部队却由菲律宾人、美军飞行员、整备兵、海军与海军陆战队组成;该部队装备简陋,训练不足,许多人甚至从未使用过步枪。

塞勒克命令菲律宾警察旅派出一个营,将登陆日军逼回海上。然而,等到该营抵达海边时,恒广部队已潜入奎诺安角茂密的丛林之中。

日出之后,接近半岛尖端的位置,一处海军瞭望台发现 300 名日军出现在港口城镇马里韦莱斯外的小山坡上。海军身穿芥末色迷彩的衬衫,抽着烟,大声交谈着拨开灌木,朝日军猛冲过去。

日军大惊失色,以为来者是一支新式自杀部队,故意打扮得色彩鲜艳,连忙撤回密林之中。

———

1 月 23 日下午,奈良对阿布坎防线的进攻已持续整整一天,依然看不到明显进展。性格温和的奈良将军此时也急躁起来,全然没有意识到,今井持续不断的猛攻已使美军濒临溃败。根据前线回报,今井没能向前推进半步;而武智依旧音讯全无,他违反军令,正试图翻越纳蒂布山。奈良为旧交武智考虑,命令飞机在山上几处重要位置空投补给。

不过,武智并没有收到补给。武智原本打算遵照奈良第一次的命令,越过萨利安河(Salian River),但由于缺少地图资料,虽成功爬过了险峻的山,最终也没有找到萨利安河,反而多走了数英里,来到阿波阿波河(Abo Abo)才掉头向东,开赴沿海公路。武智并不知道,当天黄昏时分,阿布坎防线上的美军总体撤退,正要经过那条公路;若武智能够及时抵达,便可将美军拦腰截断。

就疲惫程度而言,奈良麾下连续发动猛攻的日军士兵与美军、菲军不相上下。一处日军前线大队阵地内,隶属政宣部队的鹿野久通①少尉正准备带队去前线,用小型扬声器进行劝降。鹿野曾在英格兰、美国纽约及新泽西游学 7 年,能说英语,还会演奏菲律宾民谣。

前线大队大队长是个 40 岁的中年男子,时常忧心忡忡,告诫鹿野晚上不要前去劝降。原来,每当鹿野到前线喊话时,阵地总是受到敌军集中炮击。此时阵地上风平浪静,乃是连续数日所未见的光景,大队长希望继续保持下去。突然,电话铃响起。“是,长官。”大队长说道,“这就派出侦察队,探明情况!”挂掉电话后,大队长根本无意组织侦察队,只是下令道:“让弟兄们拿轻机枪随便开几枪。”鹿野听到外面传来一连串机枪声,很快又回归沉寂。“看来敌人是撤了。”大队长长舒一口气。该大队各级军官伤亡惨重,只有两名中队长从战斗中幸存;大队长本人直属部下也半数战死。

电话再度响起。“没有,长官。”大队长撒谎道,“侦察队还没回来。”挂掉电话,大队长对部下说道:“上面让咱们一小时内发起追击战,咱等到明天天亮再说吧。”

鹿野此前只知军人视死如归,见大队长如此胆怯,不由大吃一惊。天色一黑,鹿野不顾大队长反对,带着 4 名部下向前线而去。经过最后一个哨所后,几名政宣兵爬进一片漆黑的无人丛林之中,拿起扩音装置。

“你军已被左右夹击。”鹿野的声音飘荡在阿布坎防线上空,“皇军正沿

---

① 音译。

主干道南下，自右发起包围；另一个联队已将你军左翼粉碎。若要保住性命，速速出来投降，或者离开此地，撤往南方。"

美军阵地没有任何反应；若在以前，必会回敬以炮火。鹿野将一张菲律宾唱片放入机器里，那曲调颇为感伤；对方依然没有回应。回到大队指挥所附近时，鹿野突然听到身后几步外一声枪响。

"长官，扬声器坏了。"一名政宣兵面露喜色，"你看，美国佬把它打得千疮百孔。"

鹿野知道那是政宣兵自己开的枪，却没将此事点破。前线没有备用扬声器，政宣部队只能返回马尼拉。

那晚鹿野的讲话没有引来炮击，原因是美军和菲军撤退的第一阶段才刚刚开始。后方部队与炮兵部队此时正向南撤往新阵地；前线部队则停止开火，不想惹出意料之外的麻烦。按照预计，前线部队将于次日，即1月24日的晚上撤离。

———

马林塔隧道中，麦克阿瑟正在写电报，准备向马歇尔报告远东军已损失约35％，即将把防线撤至皮拉-巴加克高速路（Pilar-Bagac Highway）后方。该道路即横亘半岛中部的那条鹅卵石公路。

> 该防御地点由本人亲自选定及筹备，十分坚固。

电报结尾，麦克阿瑟提出，若自己战死，希望由萨瑟兰德接任总司令。

> 麾下诸将之中，此人对整体战局把握最为全面。

麦克阿瑟明白，接下来的24小时，将会决定巴丹半岛的命运。倘若日军将薄弱的断后部队击垮，强行突破；或是对沿海公路展开轰炸，美军不免伤亡惨重，整个远东军亦将迎来末日。

莱亚克桥

奥隆阿波

纳蒂布山

武智违反军令，
率部翻越纳蒂布
山发起进攻

今井部

中西布置路障

莫伦

琼斯部

林部第57团
阿布坎
农场

阿布坎

毛班

巴兰加

第1师撤退

巴加克

萨马特山

卡巴本

马里韦莱斯

科雷希多

阿布坎防线

0   10

英里

———

1月24日晚上7点，大量卡车、巴士及步行人员开始从阿布坎防线后撤。正在此时，前线传来一阵日军轻型武器及机枪的猛烈射击声。美军之中许多人猜测，恐怕是撤退一事已被日军侦察兵发现。事实上，奈良将军根本没有想过美军放弃阿布坎的可能性，仅仅是服从本间总部"迅速终结巴丹战役"的命令，发动例行攻击而已。

美军断后部队虽然羸弱，然而面对奈良越发强大的火力却始终不退，为战友争取撤退时间。众军官在前线四处奔走，鼓舞士气。第45步兵团阵地里，没有钢盔的戴德利·斯特里克勒（Dudley Strickler）少校头戴一顶卡其色帽子，握着手枪，在各个散兵坑之间来回巡视，鼓励士兵继续坚持一段时间。

午夜时分，通往后方的山路挤得满满当当。公交车里满载着面露疲态的菲律宾士兵，身穿蓝色牛仔布军服，头戴卡其色帽子；指挥车里的军官形容憔悴，军服破烂不堪；此外还有卡车及大量步行人员。那天夜里没有月光，众人很难分辨彼此身份。日本人与菲律宾人身高相仿，此时若混在其中，也很难被人发现。

队伍来到桂特尔附近一处要冲路口时，行军速度变得越来越慢。没有宪兵维持秩序，人员及车辆卡在路口，混乱情况不断加剧，各部队相互走散。军官也无能为力，只是命令人员及车辆尽量向南移动，并祈祷敌军不要轰炸此地。

场面虽然混乱，却很少听见呼喊，也没有士兵失去理智。混乱之中，依然保有纪律。撤退队伍之中，有试图弥补左段防线，最终发现徒劳无功的那两个菲律宾团；他们知道自己当时已被左右夹击，很快便会四面受敌，因此对撤退命令心怀感激。琼斯的第51师的残部也在其中，迈着沉重的脚步，满脑子都是劫后余生的念头。只有林的第41师的士兵心怀愤懑：在把守阿布坎中段防线的第41师看来，日军并未在自己手上讨得便宜，众多战友牺牲性命守住的防线，如今却要拱手让人，究竟是何道理？

凌晨 3 点,前线断后部队在坦克及 75 毫米口径自行火炮的掩护下,开始蛙跳式行动①后撤。该重型火力隶属一个临时坦克大队,由韦弗将军指挥,此前撤退时受到断后步兵保护,此时反过来投桃报李。很快,步兵便成功穿过坦克组成的防卫线。众人连续 9 天没有洗脸刮须,此时饥肠辘辘,面无表情,活像一具具行尸走肉。

不久,今井大佐便亲率一支纵队,沿小径南下追击自前线撤离的美菲部队。直到此时,今井才意识到,阿布坎防线上取胜的是自己。今井回想起一本军事书,里面曾提到:指挥员不应因部队疲惫而放过穷寇;因为多消灭一些残敌,下一场战斗便会少一些伤亡。

今井部队刚一来到开阔地带,便被韦弗部队发现。坦克静待今井部队接近,突然之间,37 毫米口径炮震天齐鸣。今井大吃一惊,以为自己撞上敌军炮兵阵地,连忙命令部下分散隐蔽。正当日军准备再次进攻时,夜幕之中,一支从阿布坎防线后撤的美菲部队孤零零地朝今井所在之处跑来。如此一来,敌我双方乱作一团,枪声四起,今井及团部人员慌忙掘壕藏身。今井立刻给奈良发去消息,报告自己遭到敌人包围。

撤退行动一直持续到次日。从黎明到黄昏,日军飞机朝山道和沿海公路展开轮番轰炸。飞机在头顶轰鸣时,菲律宾士兵就像待宰羔羊一般无助地抬头看看,争先恐后地逃到沟渠之中,不过里面没有多少掩蔽物;美军士兵也四处逃命,趴在地上时嘴里还在狠狠咒骂日军。日军轰炸行动造成数百人伤亡,但并未阻拦住美菲部队撤退的脚步。

韦弗的坦克及 75 毫米口径自行火炮依旧留在原地,阻挡今井的正面攻击,为撤退的友军提供援护。然而,倘若武智部队自东边袭来,那么韦弗也只能束手就擒。对美军而言,幸运的是,武智的位置更加偏南一些,此时距离沿海公路还有数英里。假如美军的幸运再持续一段时间,部队全员都能

---

① 蛙跳式行动(leap-frogging),一种军事战术。该战术通常将部队分为至少两组,一组开火压制敌军时,另一组朝目标地点移动并寻找掩护;到达掩护地点后,角色交替。与后来麦克阿瑟指挥盟军进逼日本本土时采用的"蛙跳战术"并非一事。

够从天罗地网之中逃脱。

3

巴丹半岛另一侧,纳蒂布山以西,温莱特军的前线部队也在为撤退拼尽全力。到 1 月 25 日正午时分,5000 名遭到分断的前线部队兵士沿着崎岖的山路,已向西来到狭窄的海滩。指挥官 K. L. 贝里(K. L. Berry)上校认为:通往后方的公路已被中西中佐的 700 名士兵封锁,自己手下的 5000 人饥乏交加,无力作战,硬闯无异于送死,不如绕过中西部队,从西海岸的海滩南下。

烈日无情地灼烧着皮肤,众人踏上艰难的征途,沿着崎岖的海岸线向南行进。许多士兵已把枪支扔掉,军服脱下;军鞋则被锋利的岩石划出口子,到次日黎明时分,包括贝里在内的全体官兵,已没有几个还穿着鞋子。最终,长长的一支队伍掉头向东,艰难地爬上悬崖,径直朝公路而去。

前方便是小镇巴加克(Bagac),贝里令部队停下,自己独携一支春田步枪,迈着沉重的脚步进入小镇打探情况。横贯半岛的鹅卵石道路上,一辆帕卡德(Packard)驶入巴加克。一名身材颀长的男子下车,朝贝里走来;此人正是"皮包骨"温莱特。贝里颇为尴尬:自己擅自撤退,不知要被将军怎样地训斥。

"贝里,来得好,真是太好了。"将军说道。

"部下全员目前都在海滩和树林里藏身,我只身前来探察情况。"

温莱特指着南边:"继续南下,直到第 9 步道路口。把守路口就是你的新任务。"将军皮革般的脸孔露出一丝笑容,"我看看能不能给你弄个勋章。"

———

1 月 26 日,美军新防线终于建立完毕。该防线位于两座死火山之间,紧贴着横贯半岛的鹅卵石路,从马尼拉湾一直布置到南海。众官兵拖着疲惫的身躯,或坐在散兵坑里,或躺在地下掩蔽所里,为着新的一天里没有炮击与轰炸而感谢上帝。

傍晚时分，韦弗的坦克及 75 毫米口径自行火炮穿过巴兰加（Balanga），也在朝新防线赶去。此前把守阿布坎防线时，步兵部队总是抱怨没有坦克支援；然而，过去两天里，韦弗部队在撤退时断后表现突出，步兵之中表示感谢者不在少数。

日军本可以轻而易举击溃麦克阿瑟，却再一次错过机会。此时，虽然温莱特与帕克两军疲弱不堪、食不果腹、伤亡惨重，远东军却并没有被摧毁，美军依然存一战之力。

新防线阵地里，服役于菲律宾师总部连（Headquarters Company）的亨利·G. 李（Henry G. Lee）中尉正在创作一首以阿布坎撤退为主题的诗歌——《巴丹仍在》，诗歌写道：

> ……又是一日平安；
>
> 任他饥肠辘辘，伤痕累累，烈日炎炎；
>
> 任他身躯渐衰无力，撤退步履维艰；
>
> 任他胜机虚无缥缈，败局近在眼前……

美军新防线与之前同样分作东西两块，西半部交给温莱特，东半部交给帕克。不过，与上一道相比，此防线更为坚固，协调性也更强。防线后方通讯十分便捷；密林也被切开，建立起补给线，道路足以容纳卡车。除一些连通性质的小径外，大多都是南北向道路，以供资源从后方输送至前线。

那些道路之中，第 2 步道乃是最为重要的一条。1 月 26 日上午，克利福德·布鲁梅尔（Clifford Bluemel）准将走在第 2 步道上，去往前线视察自己的防守区段。该防守区段处于帕克军中心位置，宽 2.5 英里有余，然而布鲁梅尔手下只有自己的第 31 师，以及琼斯第 51 师的余部。

布鲁梅尔有个习惯，总是像普通步兵一样，随身携带一支加兰德步枪（Garand rifle）。那并不是装腔作势，因为确实有日军狙击手躲在暗处猎杀军官。一众菲律宾参谋有气无力地跟在布鲁梅尔身后。将军对新防线后方路线的熟悉程度,已超过那群本地参谋。

布鲁梅尔与琼斯将军有一个共同点:珍珠港事件之前,基层军官对两人又恨又怕。布鲁梅尔很早就认定菲律宾必将爆发战事,因此对军官态度严厉,语多辛辣。如今,那批和平时期憎恶将军的军官,心中则产生截然相反的感受。因为,阿布坎防线上鲜血的洗礼让他们认识到,布鲁梅尔那些恶狠狠的训话,一字一句都是在战场上拯救性命的经验之谈。

布鲁梅尔还不知道,自己的防守区段已空空如也。那天一早,帕克未通知就擅自将布鲁梅尔大半兵力抽到东边数英里处。如此一来,布鲁梅尔防守区段正面最为敏感的中央部分便出现一大段空白。第 2 步道两侧的防御部队也已不见踪影。

两名军官率领一支步兵部队正从前线沿道路而来,布鲁梅尔认出两人隶属第 31 步兵团某营。"你们去哪?"将军问道。

"报告长官,我等在找厄文上校。"

约翰·厄文(John Irwin)负责的防守区段在布鲁梅尔以东数英里。"混账,"布鲁梅尔说道,"上校在马尼拉湾岸边呢。"

"我等即将编入厄文上校的部队。"

布鲁梅尔火冒三丈:"厄文管不着咱们师,你们岂能擅自将部队带离阵地?"

两人之中有一人是营长,称是受帕克军长的命令。

"你俩归我管,没有我的直接命令,不可率部擅离岗位。"布鲁梅尔难平心头怒火。此时日军若对第 2 步道发起攻击,巴丹东侧定将立时失守。30分钟后,布鲁梅尔在第 2 步道右侧发现数处废弃的散兵坑。第 33 步兵团也已离开防守区段。

布鲁梅尔怒不可遏,没想到军指挥部竟犯下如此愚蠢的错误。自己的防守区段大半已空空荡荡,只剩下一个团留守。布鲁梅尔给该团团长约翰逊(Johnson)上校写下一张便条:"速将你团预备营带往第 33 团防守区段,该团已被调走。立刻行动。"然后,将军转头望向自己的得力部下——情报官萨尔瓦多·维拉(Salvador Villa)少校:"今晚你回到军指挥部之前,确保每个坑里都有人。"

接着,布鲁梅尔着手处理第 2 步道左侧,沿着防线四处找寻游荡的士兵,最终发现隶属第 31 野战炮兵团的某营本部炮连 65 人。该炮连目前承担步枪手任务,在将军亲自带领下进入前线。

炮连指挥官是个斗志昂扬的菲律宾人中尉。"必须坚守阵地,宁死不退。"布鲁梅尔对中尉指示道,"我会安排第 32 步兵团的一个营,带着机枪在你们右翼阻拦鬼子。你们必须死守,否则巴丹就完了。"

————

奈良第 65 旅团在阿布坎防线上吃尽苦头,7500 名超龄士兵中,伤亡超过 2000 人。不少士兵首次感受到战斗的恐怖,此时无力继续战斗。奈良命令部队休整;此举虽在情理之中,对美军而言却是极大的幸运。

武智及其失踪的第 9 步兵联队终于传来消息。该联队一名联络官来到奈良旅部,称武智已带队跨越"绝崖天险"——纳蒂布山。不过,由于丛林中行军速度有限,武智实际上并未抵达沿海公路。"我部已一星期未曾进食。"联络官报告道。

奈良把自己的面包及香烟交给联络官,笑眯眯地看着他去接受采访。报刊想来会出现此类报道:武智部队出兵神速,跨越险峻的纳蒂布山,打得美军心惊胆战,最终放弃阿布坎防线。

日军后方圣费尔南多,本间参谋部对麦克阿瑟突然后撤一事颇感兴奋,正筹划下一次进攻,以期迅速终结巴丹之战。一段时间以来,不仅南方军寺内将军,连东京方面都在给本间施压。众人都想不通,一座小小半岛上扫荡残敌,怎么会需要那么长时间。

此时,本间面前终于出现希望,速战速决,扬眉吐气,似乎不再是梦。那份大礼其实来自美军:马尼拉一座地下室内,日军发现一张机密地图,绘有美军在巴丹的整个防御工事。紧贴着皮拉-巴加克鹅卵石路画着一道红线,横贯整个半岛,正是麦克阿瑟的新防线;不过,由于该线绘制过于草率,本间参谋部推测那只是一道前哨线。红线以南约5英里绘有另一条线,参谋部断定那才是美军新设立的主要防线。

基于错误推断,本间制订出新作战计划:森冈将军率第16师团继续南下,务必将温莱特军逐入西海岸;奈良则首先扫荡美军"前哨线",而后沿第2步道南下攻击"主要防线"。攻击行动力求尽快开始。

凭借布鲁梅尔的远见卓识与不懈努力,1月26日午夜,3个营已勉勉强强将当天上午露出的空缺补上。第2步道两侧每个散兵坑里都有士兵,众多菲律宾青年军官在各散兵坑之间来回奔走,激动地传达着布鲁梅尔那颇具感染力的口号:"坚守阵地,宁死不退。"不过,守卫此段防线实际上需要1个师的兵力;换言之,每个士兵都需要承担3个人的任务。

次日上午,本间命令传至第65旅部。奈良本不想让部队连续作战,但军令不可违,只得迅速拟定计划,并于上午11点传达给麾下两个联队:武智与位于左翼的今井协作,下午3点沿第2步道南下发起进攻。

攻击行动如期展开。武智很快便来到鹅卵石公路上,找到第2步道北端路口,开始向南进军。前几百码路程倒是畅通无阻,然而继续向南,布鲁梅尔部队便发起猛烈攻击,武智只得躲入竹薮之中。奈良收到回报,思前想后,推测武智只是处于前哨线深处,命令继续加强进攻。

次日,即1月28日黄昏时分,奈良部队开始炮击。炮击持续一小时后停止,武智步兵继续沿第2步道发动进攻,不久抵达一处低矮的路堤。日军爬上路堤后,发现两排数英尺长的带刺铁丝网,沿着小树丛缠绕着。突然,布鲁梅尔麾下的菲律宾士兵从散兵坑中冲出,高举刺刀对日军发起袭击。武智部队慌忙退后,依然有十多个人被铁丝网困住,不得脱身。残酷的战斗你来我往,一直持续到黎明。

天亮后,把守第2步道的菲律宾士兵发现,前方150码的狭窄道路上,躺着97具日军尸体;其中20具尸体距菲军散兵坑只有5码。

奈良得知行动受挫,心中怀疑第14军给出的消息有误,却也无可奈何,只得要求继续进攻。武智的第9步兵联队与奈良自己的"夏日"旅团尽管灰心丧气，疲惫不堪，依然一次又一次发起猛攻，却一次又一次被菲军击退。战斗一连持续三日，第2步道附近的竹薮已如屠宰场一般。

1月31日上午，奈良深知第9步兵联队已不堪再战，于是命令旧友武智日落后撤退，派遣另一支部队与之交接。奈良整体攻势一直遭到帕克第2军炮火阻碍；下午5点，日军飞机对帕克炮兵展开轰炸。一小时后，日军发起预备炮击，声音震得奈良将军双耳发麻；炮弹笔直地沿第2步道飞去，几乎落在布鲁梅尔师指挥部跟前。共持续90分钟的炮击结束后，在夜幕掩护下，前往与武智交接的那支步兵队伍悄悄出发。

菲军第31师主要防守区段前方有一条河流。正在此时，布鲁梅尔下令朝河对岸浅滩开火。随着美军炮弹炸裂在河堤上，已在路上的日军步兵吓得心惊胆战。第2步道旁早有布鲁梅尔的机枪等候；日军一出现，右翼便受到猛烈攻击，最终丢盔卸甲，仓皇逃离。

9名菲律宾士兵想探探情况，便从散兵坑爬出来。向前走出75码后，九人不小心跌入一条日军工兵挖掘的壕沟。该壕沟向菲军方向延伸，里面堆满了日军死尸，早已臭气熏天。九人急忙回到散兵坑，报告日军对第2步道的进攻已经结束。布鲁梅尔凭借薄弱的防线，暂时挽救了巴丹的命运。

第十三章　海角与孤地

1

1月31日，正是第2步道上的战斗宣告结束的那天，巴丹半岛尖端马里韦莱斯港口，洛克威尔海军少将的副官马尔科姆·钱普林海军上尉从船上走下，进入一辆破旧的轿车，由一名海军士兵驾驶，沿着尘土飞扬的西海岸公路前往温莱特将军指挥部。

温莱特曾向科雷希多方面要求配备一名海军顾问，钱普林来到巴丹正是为此。此前，日军一支部队曾登陆奎诺安海角，大致位于美军防线至马里韦莱斯的中点位置；4 天之前，温莱特防线后方出现日军第二拨登陆部队，企图与奎诺安海角的日军会合。温莱特担心日军此后会连续登陆，因此希望钱普林借助其海军方面的知识，帮助推断接下来的登陆时间、登陆地点。

第二波登陆部队只有一个中队，此时还没能与第一波 600 名日军会合。美军航空部队、警察、菲律宾陆军——负责海岸防卫线的虽尽是些经验不足的部队，却也在拼命搜索敌人踪迹；那 600 名日军为躲避追捕，每晚都会更换阵地。

第一波登陆部队另有 300 人漂流至马里韦莱斯附近，此时依旧躲在海港附近那个植被茂密的山坡上。8门12英寸口径的迫击炮从科雷希多朝那山坡开火，也未能将其驱散。

汽车沿着崎岖的沿海公路行驶约一小时，一名菲律宾士兵走上前来，挥了挥手，示意车辆不能继续向前。温莱特将军指挥部位于此地右边300码的树林之中。钱普林爬上一座小丘，发现那树林位于山脊边缘，几张竹子与藤蔓编织而成的桌子摆在一堆帐篷中间。新长官温莱特将军是名身材高瘦的男子，正坐在桌旁与几名军官谈话。

将军抬起头，微笑道："小伙子来啦。东西放下，就赶紧来小屋，咱先谈一谈。"温莱特站起身，钱普林发现此人身体虚弱，与想象中魁梧壮硕的军人大不相同。在钱普林看来，将军一张瘦脸上，令人印象最深的只有那双目光如炬、顾盼有神的眼睛。

钱普林的行李中有一个包裹，那是洛克威尔给温莱特的礼物。到帐篷中略作休整后，钱普林打开包裹，里面是一瓶苏格兰威士忌。"将军会喝酒吗？"钱普林转头问汤姆·杜利上尉，此人是温莱特的副官。

"那能不会吗？"杜利双眼放光，"走，跟我来……你那瓶子拿稳了啊。"

钱普林跟随杜利穿过一片藤蔓，来到小屋，将酒交给温莱特："长官，洛克威尔将军谨以此祝陆海两军合作愉快。"

温莱特轻轻举起酒瓶，就着昏暗的灯光，翻来覆去地研究："小伙子，这可是最上等的苏格兰威士忌哪。而且我已经好几个月滴酒未沾了。"

次日一早，钱普林、温莱特、杜利三人沿一条树木茂密的小径乘车去往前线；驾驶员是一名下士；卡罗尔中士站在车侧踏板上，观察天空中飞机动向。不久，车辆就抵达前线。三人视察各连指挥所，与官兵亲切交谈，然后踏上归途。途中，日军发动炮击，小径上不时有炮弹落下。汽车停在路边，众人步行前往一处树林，里面有几处散兵坑。

钱普林等人焦急地等待温莱特将军躲进坑内，谁知将军却拉起一名骑兵上尉的胳膊，坐在一排沙袋上攀谈起来，全然不顾炮弹从头上飞过。

钱普林从未亲眼见过有人能在炮火之中如此镇定自若。炮击停止，众人回到车上后，钱普林说道："温莱特将军，您统率着巴丹半岛上半数部队，为何刚才要冒险暴露在敌军火力之下？在我看来，此举实属愚不可及。"

温莱特微微一笑，缓缓说道："钱普林，你仔细想想。给那些前线弟兄，咱们到底能提供什么？食粮吗？不可能，食粮一直不足。弹药吗？弹药也即将见底。各种补给、装备、坦克、飞机、医药品呢？什么都给不了。咱们能提供的，只有勇气而已；那也是我最主要的任务之一。所以，我每天都要到前线去，在其他人奔走寻找掩蔽物的时候，坐到沙袋上，暴露在炮火之中。此事对我的重要性，你现在理解了吧？"

次日，即2月1日夜里，一轮满月之下，十数艘大型登陆艇正沿巴丹半岛西海岸向南航行。船上所载的是日军第20步兵联队第1大队700人，由木村三雄少佐率领，准备与前两波登陆奎诺安角附近的友军会合。三支部队一旦会合，就有1500人兵力，下一步便是南下攻占马里韦莱斯。若攻陷该镇，日军便能切断温莱特军的补给线，平定巴丹也就指日可待。

前两次登陆对守军而言无异于两支奇兵。最南端距离马里韦莱斯仅数英里的那一小股日军，此时刚被菲军荡平；不过，奎诺安海角〔此时美军称之为"奎宁"（Quinine）〕另外两支滩头部队依然完好无损，给另一支菲律宾侦察兵部队——第57团造成不小的损失。

第三拨登陆不再新奇；登陆艇距离目标尚远时，便被一名美军海军信号兵发现，并通过电话报告给钱普林。钱普林连忙赶去小屋，告知温莱特将军，日军极有可能打算在奎诺安海角展开新的一波登陆。然后，钱普林又打电话给科雷希多海军总部，建议将巴尔克利海军上尉正在巡逻的鱼雷艇派至附近。海军通话的当口，温莱特派出第26骑兵团前往海角；而麦克阿瑟远东军航空部队4架整修完毕的"P-40"也从卡巴本（Cabcaben）附近的跑道起飞，前来支援。

登陆艇接近海角时，第88野战炮兵团D炮连和第75野战炮兵团E炮连的155毫米口径炮分别开火；沿海悬崖上的机枪也疯狂射击；越过马里韦莱斯山脉的4架"P-40"发现敌艇，便投下数枚100磅炸弹，接着俯冲而下，用机枪展开攻击。

不久,巴尔克利海军上尉率领两艘鱼雷艇抵达战场。上尉本人乘坐的是MTB-32型,乘员突然发现探照灯光朝自己打来,接着两枚炮弹从上空呼啸而来,炸在艇前几码处。原来,不远处有一艘日军布雷舰,为援护登陆艇而发动炮击。MTB-32型鱼雷艇径直驶向布雷舰,躲避齐射,发出两枚鱼雷。巴尔克利以为自己成功击沉敌舰,实际上对方只受到些轻微损伤。

美菲两军士兵站在悬崖上,望着皎皎月光之下,海、陆、空三方面对敌艇展开打击,心想日军此次登陆行动算是彻底泡汤。数艘登陆艇遭到击沉,余者则向南逃去。

然而,木村少佐颇为顽强。此番任务之重要性,本间将军曾亲自强调;此外,友军也在岸上期盼援助。半数士兵葬身海底,木村依然率领剩余部队抵达了奎诺安海角以北约 1 英里处的海滩,并在岸上发现第二拨登陆的200 名友军。午夜过后不久,两支合流部队消失在茂密的丛林之中,开始寻找第一波登陆的 600 人。海角之战(Battle of the Points)重新打响。

2

海角东北约 7 英里处,温莱特防线中段,一场非常规的战斗正在进行。此处是一片植被茂密的丘陵地区,西距南海不到 4 英里,北距美军主要防线约 1 英里。

一星期前,当奈良在巴丹东侧,面对第 2 步道上的帕克军受到挫败之时,本间命令巴丹西部日军对温莱特军发起进攻。温莱特军成功击退全部敌军,却唯独漏下一个点,即其防线中段。早在菲律宾士兵完成防线设置之前,吉冈赖胜大佐就已率领 1000 名日军突破此地,向南行进约 1 英里,而守军却毫未察觉。

此事谈不上奇怪。两座死火山之间,起伏不平的山谷之中,是一片荒凉的丛林,那地形酷似迷宫,1000 人藏身其中并非难事。热带藤蔓与爬山虎从参天的桃花心木垂下；榕树成排生长，为山体形成天然的木质屏障；海拔较低的丘陵地带则长满浓密的甘蔗与竹子；地图极其简陋，连美军军官都没法辨认出哪是托尔河（Tuol），哪是柯塔河（Cotar）。

正因如此，吉冈部队一连三天没有被发现；即便有美军发现，也只认为是"17名狙击手"渗入后方。直到2月1日，日军第三次登陆时，温莱特才意识到，防线后方两条重要道路的交叉点遭到一支强大的日军队伍占据，于是派出一个菲律宾侦察兵营前去消灭"17名狙击手"，反倒被对方打得七零八落。

吉冈将兵力一分为二：一个连安排在防线后方600码的一座山丘上，名曰"小孤地"（Little Pocket）；主力部队安排在"小孤地"后方1000码的第5步道、第7步道交叉口，并在此地掘壕固守，名曰"大孤地"（Big Pocket）。如此一来，情况便更为复杂了。

此外，位于温莱特防线接近正中位置的第7步道作为一条南北向道路，恰好是一条分界线，将威廉·布劳尔（William Brougher）指挥的温莱特军右翼与琼斯准将指挥的温莱特军左翼分断开来。此事使得战况复杂性进一步上升。菲军三番五次试图扫荡那两处孤地，不断发出吼声："Petay si la！"（灭了他们！）然而，直到2月2日那天，也没有太大的进展。

温莱特将军亲自上前线观察"大孤地"状况，却遭到一名脸部涂有绿色迷彩的狙击手袭击，险些丧命。回到指挥所后，将军命令坦克部队加强支援。

第11步兵团团长格连·汤森德（Glen Townsend）上校得到一个由4辆坦克组成的坦克排支援后，便筹划发动一次步兵-坦克联合攻击。敌军位于第11团以北，在一株大榕树底下设有机枪阵地。上校命勒罗伊·安德森（Leroy Anderson）中士率坦克沿第7步道北上，摧毁该阵地。罗伯特·罗伯茨（Robert Roberts）中尉请缨率一个步枪排提供支援，D连连长威利巴尔德·比安奇（Willibald Bianchi）中尉也请求一同前往。

下午4点，4辆坦克"隆隆"驶上第7步道，安德森所乘的坦克一马当

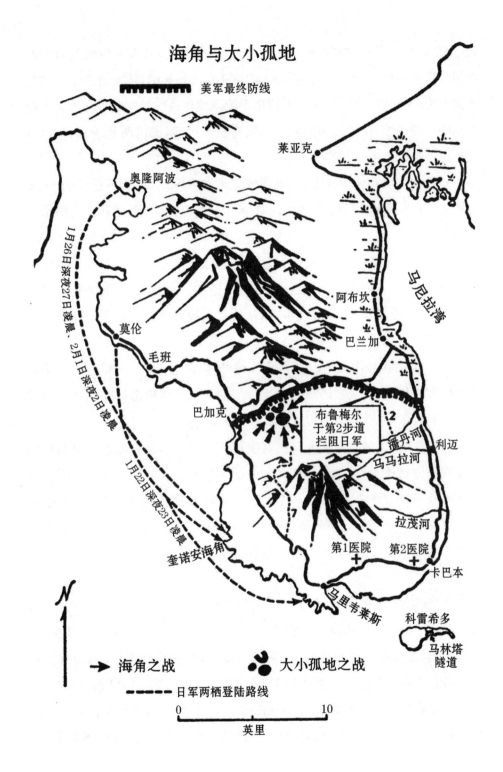

海角与大小孤地

美军最终防线

奥隆阿波

莱亚克

莫伦

毛班

马尼拉湾

阿布坎

巴兰加

巴加克

布鲁梅尔
于第2步道
拦阻日军

2

潘丹河

利迈

马马拉河

拉茂河

第1医院

第2医院

卡巴本

奎诺安海角

马里韦莱斯

科雷希多

马林塔
隧道

1月26日深夜27日凌晨，2月1日深夜2日凌晨

1月22日深夜23日凌晨

N

➡ 海角之战

🦠 大小孤地之战

▬ ▬ 日军两栖登陆路线

0   10

英里

先，遭到涂有迷彩的敌军机枪及重型步枪猛烈迎击。比安奇以安德森的坦克作为掩体前进，左手持步枪射击。坦克接近大榕树时，比安奇左手遭两枚子弹击中，于是放下步枪，用右手掏出手枪继续作战。那两发子弹来自大树西侧的一挺机枪，位置颇为隐蔽。比安奇快步上前，掷出两枚手榴弹，将那挺机枪连带机枪组一并炸飞。

安德森将坦克朝榕树驶去，很快便逼近敌方阵地，距离不过几码；谁知距离太近，37毫米口径炮无法压低瞄准敌军机枪掩体，坦克只能白白遭到火力袭击。

见安德森处境危险，比安奇一跃跳上坦克顶端，朝日军机枪掩体连续开火，甚至在两颗子弹击中胸部后，依旧毫不退缩。突然，坦克炮塔附近发生爆炸，比安奇被爆炸卷入，遭受重伤，从坦克上摔落下来。菲军士兵连忙将他拉回后方。

安德森的坦克引擎失灵，弹药引发爆炸，内部也传出巨大的闷响。乘员头发已被烧焦，纷纷从炮塔跳出逃生。罗伯茨及其步枪部队朝榕树后方散兵坑内的日军不断射击，为坦克乘员吸引火力，争取时间。

另外3辆坦克的37毫米口径炮接连开火，很快，领头那辆在道路右侧又发现一座机枪掩体。趁着坦克火力压制住机枪手，爱德华·斯图尔特（Edward Stewart）中尉带领一名菲军士兵向前匍匐而进。"来一发手榴弹。"中尉低声命令道。那名菲军士兵掷出一枚手榴弹；谁知转眼之间，那手榴弹又从掩体中飞出，炸在斯图尔特不远处。菲军士兵又投出两枚，同样被一一掷回。

"里面那批杂种，手也忒快了。"斯图尔特说着，与菲军士兵打手势，同时掷出两枚手榴弹。一声巨大闷响之后，机枪陷入沉寂。领头坦克继续前行，没走多远，却撞在一棵大树桩上；乘员不得已，只能放弃坦克，匍匐逃往后方。倘若之前没有消灭掉路旁那座机枪掩体，此时后果不堪设想。

美军在"大孤地"南侧打出几码长的口子，却付出两辆坦克的代价。显然，潜入防线后方的日军绝非少数。一场漫长而残酷的战斗正拉开帷幕。

众人用担架抬着口吐血沫的比安奇，沿第 7 步道撤往后方。阿德里安斯·范·奥斯登（Adrianus van Oosten）少校与比安奇交好，连忙拦下担架，问比安奇是否有什么话要交代。"范，"比安奇说道，"照相机就交给你了，照顾好它。"

———

当天下午晚些时候，钱普林海军上尉回到科雷希多，向洛克威尔将军汇报情况。此时，绰号"麦克"（Mike）的 F. W. 芬诺（F. W. Fenno）海军少校来到海军隧道。原来，芬诺刚刚乘潜艇"鳟鱼号"（Trout）抵达科雷希多，为岛上带来 70 吨 3 英寸口径高射炮弹药，此时正准备离开。然而，卸下 70 吨弹药后，芬诺给潜艇装满燃料及鱼雷，依然重量不足，于是前来请示，是否能够迅速找到 25 吨压载物。

数日以来，有一个问题始终让洛克威尔、塞耶、奎松及麦克阿瑟头疼不已；芬诺此一请求，恰好为众人解决掉一个麻烦。原来美军撤退时，从马尼拉银行带走大量黄金、白银，此时正堆在科雷希多岛上。总部一声令下，2 吨金条和 18 吨银比索迅速装车运走，扔在"鳟鱼号"升降口，看上去就像一袋袋土豆。

马林塔隧道东口外的小屋里，麦克阿瑟正在为更大的问题而忧愁。"鳟鱼号"刚刚带来的 70 吨弹药，恰恰提醒麦克阿瑟杯水车薪。要拯救巴丹，需要更为大规模的援助；华盛顿方面必须拿出行动。麦克阿瑟给马歇尔拍电报称，盟军倘若继续维持现行战略，必将大祸临头。不应在澳大利亚集结军力以作防卫，而应对海上绵延 2000 英里的日军联络线发起进攻。击败日本的唯一途径是主动求战，而非消极避战。

麦克阿瑟希望本土那群高枕无忧的高官能够意识到，菲律宾剩下的时间已不多了。

———

2 月 5 日清晨，布劳尔将军派遣部下里德（Reed）中尉前去规劝"大孤地"投降。日军以猛烈火力作为答复。

此时，温莱特意识到那两股部队问题非同小可，于是在第 1 师指挥部召开会议。上午 10 点，温莱特、琼斯、布劳尔、塞贡多（Segundo）4 名将军齐聚一堂。温莱特表示，为避免指挥权问题混乱，自己打算挑选出一位将军，不分防守区段所属，整体指挥此次行动。接着，温莱特问琼斯有何良策。

"逐一歼灭。"琼斯说道，"首先要把两支孤立部队分割开来，每支都围上警戒线。"警戒线布置完毕后，再发动主力进攻，先打"小孤地"；"小孤地"荡平之后，再慢慢料理"大孤地"。

温莱特与琼斯两人意见时有龃龉，但彼此十分了解，也都深受前线诸将信赖。

"那好，琼斯，"温莱特说道，"你来指挥此战。"

———

另一边海角上，数日以来，战况同样严峻。菲律宾侦察兵某些连已达 50％的伤亡率。日军狙击手面涂迷彩，爬在树上，不时放冷枪，让菲军士兵提心吊胆；加之食粮不足，进一步影响到了士气。运输补给必须经过奎诺安海角附近那批危险的茂密丛林，因此食粮只能分成小批送到士兵手中。食粮不足会直接导致战斗力下降，军官为此忧心不已。

此处也有坦克部队支援；不过，密林地形决定舞台的主角必然是步枪，坦克虽表现刚猛，也派不上太大用场。守军打算，一旦将日军逼至南海海岸，就加以歼灭，一个不留。到 2 月 7 日，菲军已将全部登陆日军围困在奎诺安海角附近一片 4000 码宽的地带，美军航空部队与菲律宾警察部队也迅速赶来，协助完成艰难的扫荡行动。

奎诺安海角正位于此片地带最南端，被逼至海边的第一波登陆的日军 600 人正躲在一座陡崖底部的山洞里。扫荡行动眼见即将结束。

威廉·戴斯上尉原是一名战斗机飞行员，此时无飞机可用，率领第 21 驱逐机中队 70 名部下蹲在悬崖顶部。四处都是日军尸体：狙击手悬在树上，步枪手依然蹲踞在散兵坑内。

戴斯的部下小雷·亨特（Ray Hunt, Jr.）中士原是整备兵，此时正用棉花塞住鼻孔，以便在尸臭熏天的环境中吃晚饭。亨特看到一道堑壕里，两具尸体旁边挤着一个尚未死透的日军士兵，腕部戴着三只手表，伤口上已爬满蛆虫。

亨特朝崖下瞥去一眼，发现一个日军士兵从山洞里飞奔而出，穿过沙滩，跳入海中。亨特心想：这里是南海，要游回日本，路途太长。旁边一名菲军机枪手见状，轻轻放下饭碗，不慌不忙地走到机枪位置，仔细瞄准，扣动扳机。那游在海里的日军士兵动作顿时停住，自身体向四周散发出一片红色圆圈，渐渐扩大。在亨特看来，那是一种亮红的颜色，与大海永恒的翠绿色形成鲜明对比，美得令人心神荡漾，却又毛骨悚然。

此处向南 1 英里，也有两个日军士兵跳入海中，正在向北游去。此两人并未被守军发现，身上各带有一支竹筒，里面装有两份内容相同的书信。那是木村少佐给长官的报告书，内称敌军步兵及坦克攻势猛烈，最后写道："我部决心以身殉国。"

———

次日，即 2 月 8 日，海角之战迎来结局。戴斯上尉带领 20 名久别天空的飞行员，乘上两艘小艇，从马里韦莱斯出发。H. W. 古道尔（H. W. Goodall）海军少校率领两艘配有 37 毫米炮及机枪的海军装甲快艇，从旁提供援护。

上午 8 点前后，戴斯从古德尔的快艇上望向悬崖，发现有床单从崖顶悬下。戴斯指着床单下方的洞穴，告诉古道尔说，最后一批负隅顽抗的日军就躲在那洞穴中。于是，两艘装甲快艇开始朝洞穴射击。10 分钟后，一名艇员报告，日军一架俯冲式轰炸机正从东方朝此地飞来。

"飞机交给你们处理。"古道尔说着，转头朝向戴斯，"上尉，咱接下来打哪儿？"

美军 4 艘船艇朝着岸边驶去，枪炮齐鸣，全然不顾 100 磅的炸弹在四周炸开。很快，一艘小艇与一艘装甲快艇接连遭炸弹击沉。紧接着，另一艘小艇也开始下沉。接近海滩时，最后一艘快艇，即古道尔的快艇旁边落下一枚炸弹,快艇当场报废,将众人掀入海中。

戴斯和其 20 名部下游到岸上,从两侧爬往洞穴;同时,美军航空部队飞行员也小心翼翼地从崖顶爬下。到正午时分,洞穴已扫荡完毕,俘虏日军仅一人。

如此一来,海角之战终于落下帷幕。

3

2月8日那天,本间将军在圣费尔南多制糖中心改造而成的指挥部中召开军事会议。天气闷热,气温高达 95 华氏度。本间表现得颇为平静,内心却极度痛心。巴丹战局十分不利,甚至可以说充满挫败。日军战斗减员已有 7000 人之多,另有 10000 名士兵身患疟疾、脚气及痢疾。

温莱特军后方奎诺安海角登陆的两个营音信全无;另有一个营被困在防线后方,成为一支孤军;至于东海岸,奈良刚刚在第 2 步道吃过不少苦头。

此外,南方军及大本营依然在催促本间,命令第 14 军在数日之内结束巴丹之战。在本间看来,先将第 14 军唯一精锐部队——第 48 师团抽走,又提出此等要求,着实是强人所难。本间两次要求军方高层对整个菲律宾局势重新进行审视。当然,抗议的措辞并不严厉。身为中将,在此类情况下通常不可能请求增援;本间只能靠自己手头的兵力打下巴丹。

战局不利的原因不仅是地图不详细,而且本间还收到不少错误情报,比如菲律宾民众对身为征服者的美军怀恨在心,密谋反抗;此外,参谋军官对麦克阿瑟其人能力与意图做出的判断同样差距甚大。就好像是东条刻意打算让本间出丑。两人关系水火不容,已是众所周知之事;彼此之间互有怀疑,亦非旁人所能调解。3 年后,入狱的本间在日记中写道:"据称,东条氏近日亦将入狱,真乃一等一不悦之事。狱中要与此人相见,实难忍受……"两周后的日记写道:"下午 1 点,东条入狱。望见此人面目,便觉一阵反胃。东条走来,但云:'本间阁下,近来可好?'我只是点头,不发一语。"不过,又过一周的日记里,本间吐露道:"十人有九人都对东条氏表示厌恶,某种程度上,我十分可怜此人。"

会议由第 14 军参谋长前田将军主持;本间则按照日军司令的惯例,扮演倾听者的角色。与欧美军队不同,日军倾向于让参谋人员多多进行思考,拿出方案;好像只有如此,参谋才算有事可做,才能保住饭碗。

本间面无表情地听着前田对战局做出概述。情况远比自己想象的更加恶劣。先是阿布坎防线损失了大量兵力;接着是三重灾难——第 2 步道、大小孤地、海角之战;此时,整个巴丹半岛上只剩下 3 个日军大队!倘若麦克阿瑟了解到这一情况,完全可以迅速歼灭第 14 军。

接着发言的是和田盛哉少佐与牧达夫(Tatsuo Haki)①大佐。牧大佐表示,针对麦克阿瑟新防线发起的攻击已陷入停滞。在部队迅速减员的情况下继续进攻,后果将不堪设想。高级参谋中山源夫大佐则提出相反意见。"打还是要继续狠狠打,"中山说道,"不过,主攻方向应该放在东海岸,而非西海岸。"

前田清了清嗓子。此人是第一个猜出麦克阿瑟意图而固守巴丹的参谋,也是本间的得力爱将。本间很希望听听前田的看法,前田说:"我认为应当停止攻势,先去攻占其余群岛,对巴丹只是封锁。到最后,松笠('麦克阿瑟'的讹音)将军弹尽粮绝,自会投降。"

闷热的天气中,讨论激烈地进行着。然而,本间明白,两种主要看法都不可行。前田所谓停止攻势,转移至安全阵地的主张很有道理,但该方案将胜利寄托于美军自身的失误,东京方面必将斥之为可耻,断然不会批准;若真采取此一战术,本间自身也将颜面尽失,沦为笑柄。

本间发言称,必须加大力度,发动一场新攻势。为此,本间只能低声下气,向上级请求增援。

身材高大的将军脸上流下两行泪水,会议室里众人都看在眼里。在秋

---

① 牧达夫(1901—?),日本陆军军官。姓氏"牧"读音"Haki"有误,当作"Maki"。

山纹次郎中佐看来：本间秉性正直，很有人情味；在公开场合，从不批评部下，甚至嗓音都不会太高，堪称一位完人。在和田少佐看来：本间颇具人文素养，对年轻军官十分照顾。众参谋准备离开会议室时，一封电报交到将军手上。

打开电报，本间看到落款是大本营。东条十分不悦：香港已然攻克；山下将军即将攻下新加坡，建立日本军事史上前所未有的殊勋伟业；除菲律宾外，各处都掀起胜利的浪潮。牧大佐发现本间表情极度痛苦，突然一头倒在桌子上；于是忙与另外两人一起，将昏迷的本间司令带到隔壁房间。

4

2月8日那天，一线将领与军方高层之间，并非只有日方存在不睦的问题。

科雷希多岛上流言四起，称华盛顿准备放弃并"出卖"菲律宾。部分军官认为，罗斯福与马歇尔打算让麦克阿瑟在菲律宾自生自灭。马歇尔与麦克阿瑟关系不和，此事在军中并非秘密。第一次世界大战后，麦克阿瑟官运亨通，后来更是火速晋升四星上将；而在麦克阿瑟任陆军参谋长时，仅小1岁的马歇尔还是一名中校。① 有传言称，麦克阿瑟在任期间没有将马歇尔提拔为将军，故而遭马歇尔怀恨报复。

当天，麦克阿瑟得知广播中正在播放罗斯福的一场演说，称即将派遣数千架飞机前往欧洲战场。显然，该消息必会激怒奎松总统。麦克阿瑟派情报官查尔斯·威洛比（Charles Willoughby）上校立刻去见奎松，安抚其情绪。

---

① 麦克阿瑟1930年至1935年以正规军少将军衔任美国陆军参谋长；1941年接受罗斯福任命远东军总司令一职时，麦克阿瑟连跳两级，于6个月内从二星少将晋升为四星上将。马歇尔1933年才从正规军中校晋升上校。另，麦克阿瑟与马歇尔同为1880年生人，但麦克阿瑟生于1月26日，马歇尔生于12月31日，相差接近1岁。

马林塔隧道入口附近一座山坡上搭有帐篷,奎松正在帐篷里。威洛比进入帐篷时,奎松正坐在轮椅上,怒色满面地听着罗斯福的演说。演说结束后,奎松难抑激愤之情,语气尖锐地连番谴责美国;那番谴责的话用的是西班牙语,威洛比恰好也懂西班牙语。奎松指着远处吕宋岛上燃起的烽烟,说道:"30年来,我为国民鞠躬尽瘁。现如今,民众为了一个无力保护他们的国家,忍受着家园被烧毁,生命遭到践踏。我对着苍天说句良心话,美国总是偏袒英国,偏袒欧洲,到底算怎么回事?一大批飞机运给欧洲,好威风。无耻之尤!自己女儿在后院惨遭强奸,美国却在为远房表弟的命运痛心疾首。"

奎松急得喘不过气来,威洛比连忙安抚他。当天晚些时候,奎松坚持要见麦克阿瑟。此时的奎松语气颇为低沉,对麦克阿瑟说道:"我继续留在科雷希多,或许也没什么意义;倒不如去马尼拉,进日本人的监狱。"近日来,东条承诺允许菲律宾独立;奎松担心民众相信东条的甜言蜜语。"我入狱之后,继续反对日本;那样更能鼓舞全体菲律宾国民,增强对抗日本的决心。"

麦克阿瑟不以为然:"依我看,日本人会让您单独住进马拉卡南宫,身边不允许带半个菲律宾人。然后过一段时间,菲律宾民众就会收到一份劝降声明,署名是奎松总统。"麦克阿瑟认为,奎松此举会被外界误认为屈膝投降。

"外界怎么看,我不在乎。"奎松怒目而视,随后又恢复平静。毕竟,麦克阿瑟是自己的知交好友,值得信赖。"我再仔细想想。"奎松希望成为新时代的阿波里纳里奥·马比尼(Apolinari Mabini)。此人是菲律宾伟大的民族英雄,美菲战争中身陷囹圄,半身瘫痪,依然拒绝向美国宣誓效忠。

此时,一名年轻的菲律宾少尉正在海上,打算游泳前往科雷希多。此人正是甘蔗大亨、菲律宾国会议长贝尼格奥·阿基诺(Benigno Aquino)之长子安东尼奥·阿基诺。当初,阿基诺少尉与卡宾平第21师一起撤至巴丹;此时,第21师正布置在战略要地第2步道左侧数英里的位置。近日菲美双方紧张气氛日益加剧,阿基诺颇为忧心,便与卡宾平将军商议。

"战局不利,蚊虫肆虐,食粮不足,美军就在化为焦土的菲律宾作威作福。"阿基诺告诉卡宾平,自己手下的菲律宾士兵十分憎恨美军傲慢的态度,其仇视情绪明显可见。更重要的是,菲军士兵为美军的口粮更好而感到不平。阿基诺请求去一趟巴丹①,将情况告知奎松总统。

得到卡宾平的批准,年轻少尉阿基诺立即乘上黄色敞篷车,向南驶去;车身此时已有几处弹片刮痕。车辆好不容易来到东海岸公路,最终来到小镇卡巴本;该镇位置接近半岛东端。

接近日落时分,阿基诺登上一条小渔船,前往科雷希多。然而,就在渔船距科雷希多岛只有1英里时,船夫不肯继续开船,因为美军海岸部队总是不分敌我胡乱开炮。阿基诺只得脱掉衣服,浑身浇满柴油;又将一个袋子背在身后,里面装有几十个乒乓球,权当救生圈用;最后将衣服捆成结,一头扎入水中。

三个半小时后,阿基诺终于游到马林塔隧道附近的海滩,先把衣服晾了晾,而后进入隧道,前往奎松一家的住所。灯火通明的走廊上,阿基诺看见奎松的两个女儿——妮妮(Nini)与蓓比(Baby)。两个女孩最初没有认出阿基诺;军旅生活让阿基诺瘦了20磅,皮肤也晒出了黑色。

两个女孩带阿基诺进入父亲的房间。

"爸爸,看看谁来了。"妮妮说道,"是托尼·阿基诺哦,从海上游过来的。"

阿基诺先是敬礼,而后吻了一下奎松的手,以示对长辈的尊重。

"托尼,快坐。"奎松说道,"让我好好看看你。巴丹情况怎么样?"

阿基诺坐下后,疲劳感一扫而空,不顾喉管里有东西涌上,一口咽下,说道:"巴丹很好,阁下。卡宾平将军向您问好,祝您身体健康。"接着,阿基诺便对奎松提起美菲两军士兵之间的对抗情绪。

奎松不动声色地说道:"理解对方之前,首先要了解对方。美国人办事

---

① 原文如此:"Aquino then asked permission to go to Bataan and inform……"此时阿基诺已在巴丹。通过下文可知,阿基诺实际是请求去一趟科雷希多。

就是比较粗野、鄙俗，习气如此。"

"先生，还有一事。军中认为，美菲两军士兵在口粮方面应当平等。菲军士兵只有鲑鱼与沙丁鱼可吃，30名士兵分食一罐，每日配给两罐。"

"此话当真?"奎松大吃一惊。

"千真万确。一罐鲑鱼供30人食用；早餐则是两甘塔①米加两罐炼乳。"

"竟有此事!"奎松惊呼，"我从未听说。"

正在此时，麦克阿瑟推门进来。阿基诺起身立正。

"将军，这位是托尼·阿基诺，"奎松说道，"他父亲是农商部长贝尼格奥。"

"你好啊，小伙子。"麦克阿瑟与阿基诺握了握手。

奎松让阿基诺把刚才的话重复一遍。阿基诺讲话时，奎松注意到麦克阿瑟身后的几名美军军官眼神闪烁，表情尴尬。

奎松转向麦克阿瑟，说道："希望将军能够改善口粮问题。"

麦克阿瑟表示同意："小伙子，你做得不错。"与阿基诺再次握手，麦克阿瑟转身离开。

"如果年轻40岁，我也跟你一起上战场。"奎松面露愤愤之色，对阿基诺说道，"大革命②期间，我就在巴丹作战，那块土地上的一草一木，我都了如指掌。上帝之庇佑永在，菲律宾必将获胜。莫要失去希望!"

阿基诺也离开后，奎松将方才之事在心中回味再三，最终下定决心，召集内阁成员开会。阁僚聚齐后，奎松说道："菲律宾未来怎么走，答案已呼之欲出。我准备发表一份宣言，要求美国立即给予菲律宾绝对的、完全独立的主权。首先要就发表宣言之事，征求罗斯福同意。"一旦获得独立主权，奎松便要解散军队，宣布菲律宾为中立国，要求美日两国各自从菲律宾撤军。

———————

① 甘塔(ganta)，菲律宾旧容积单位，相当于公制3升。

② 大革命，指1896年至1898年间，菲律宾人民为争取摆脱西班牙的控制，对西班牙殖民者进行的革命战争。

曼努埃尔·罗哈斯(Manuel Roxas)很担心如此一份提议会对罗斯福产生怎样的影响，不安地摇了摇头。副总统奥斯梅纳与罗哈斯意见一致："罗斯福肯定会对此举的动机产生误解。"

讨论渐渐激烈，奎松声调也随之上升，并指出，巴丹半岛上食粮见底，弹尽粮绝的菲律宾军队无法继续坚守下去。

突然，奎松剧烈咳嗽起来，无法继续讲话。奥斯梅纳与罗哈斯意识到，不应冒着风险，继续讨论那不切实际的计划。继续表示反对，可能会危及总统生命。于是，内阁一致同意将提案发送给罗斯福。

不久，该提案也送到麦克阿瑟手中。一段时间以来，奎松总是担心菲律宾遭到美国抛弃；这种怀疑程度日益强烈，麦克阿瑟则负责安慰，加以缓和。然而，麦克阿瑟嘴上安慰奎松，内心也有自己的疑虑。

就私人关系而言，麦克阿瑟十分尊重罗斯福，也知道自己同样受到对方尊重。然而，1933 年两人发生的那场争执，依然如在眼前，无法忘怀。当时，罗斯福下令削减陆军预算，麦克阿瑟作为陆军参谋长争辩称，一旦国难当头，预算遭到削减的陆军绝无可能保持高昂士气。在白宫举行的决定提议的会议上，两人唇枪舌剑，各不退让。最后，麦克阿瑟站起身来，说道："该政策必将导致美国陆军走向灭亡，若总统先生执意如此，本人别无选择，只得公开表示反对，并立刻请求卸任参谋长，从陆军退役，将会议上我等之争议，一五一十地告知国民。"麦克阿瑟敬一个礼，转身走出白宫，在草坪上呕吐。不久之后，削减预算一事便撤销了。

麦克阿瑟明白，奎松心意已决，旁人无力阻止他发送那份震撼性的文件。不过，事已至此，借助奎松的表态，未必不是一条良策。麦克阿瑟决定赌一把。在奎松的文件之外，麦克阿瑟附上自己的一份报告，详述科雷希多与巴丹的真实情况，并写道："我等濒临悲剧边缘，乃是不容否认之事实。"

同时，麦克阿瑟补充道，菲军士兵"对美军士兵堪称恨之入骨"。报告最后总结道，从军事角度看，"奎松总统的计划不存在其他问题，唯一的问题就是，计划是否有可能提供一个最佳解决方案，帮助军队摆脱即将到来的悲惨末日"。

奎松的计划充满疯狂的念头；不过，华盛顿方面有可能受到疯狂念头的刺激，从而采取行动。麦克阿瑟将自己整个军事生涯赌在两份文件上，并没有后悔的念头。

———

次日，即 2 月 9 日，琼斯将军不顾身患痢疾，依旧在前线亲自指挥"孤地之战"。虽然痢疾十分严重，但是琼斯却竭力立直身体，拒绝离开前线。那是一场非常规的战斗，高潮正在逼近。K. L. 贝里上校率第 1 师已夺取"小孤地"，此时也加入到围攻"大孤地"的队伍中来。

不过，另有一事使得情况略为复杂。两天之前，森冈将军为解救身陷绝境的友军，对第 7 步道上温莱特军主防线发起疯狂猛攻；该防线位于"大孤地"以北 1400 码。日军攻势猛烈，眼见即将突破防线时，格连·汤森德上校率领第 11 步兵团的伊哥洛特人部队发起反攻。坦克封得严严实实，一些身着兜裆布的部落民骑在坦克顶上，用棍棒敲打车体，为驾驶员指引方向。第 11 团的反攻成功逼退日军，然而，防线已被敌军突入约 600 码。此处突出地带被戏称作"上孤地"（Upper Pocket）。

汤森德在主要防线抵挡日军时，琼斯正组织部队从四面八方对"大孤地"发起猛攻。迫击炮弹从日军头上飞落，爆炸之后的寂静里，美军士兵能够听到日军伤员哭泣的声音。夜幕降临后，奇异的诵经声从"孤地"传来，而后便是接连不断的砍伐声。日军仿佛不知疲倦，为建造防御设施及开辟射击区域，大量砍伐树木。

"大孤地"里，5 名沦为俘虏的菲律宾士兵被绑在一棵巨大的檀木上。五人在被俘后噩梦般的 10 天里，眼见着"孤地"资源不断减少，士兵因饥饿而渐渐虚弱。最初，"孤地"边缘有托尔河流经，因此饮水不是问题。最开始那几天，5 名俘虏每晚都要在日军监视下，偷偷潜到河边，汲水运回阵地。然而，此时托尔河——所谓"托尔河"，实际上只是一条大型溪流——已落入美军手中。河堤已堆满尸体，臭气熏天；那些都是耐不住干渴，大胆潜入河边而遭到击杀的日军。

2月9日夜里，5名菲军俘虏发现日军态度有所变化，无不心惊胆战。此变化可能是处决战俘的信号。

态度变化的真正原因是，吉冈大佐收到一份飞机空投的撤退命令。困守"孤地"的日军终于得到一线生机，因为若无命令，擅自撤退与死战到底都是同样的结局。吉冈清点残部，原本1000名士兵只剩下不足600人，其中还有100名伤员。与几名幸存军官商议之后，吉冈决定：马匹不带走，剩余3门小型山地炮与47毫米口径反坦克炮埋入土中，翌日夜里向北突围。尚有行动能力的伤员一并带走；至于无力行走的伤员，自然会选择切腹。

5

华盛顿此时还是2月9日下午3点，富兰克林·罗斯福总统与战争部长史汀生及萨姆纳·威尔斯（Sumner Welles）①一起，正在起草对奎松的答复。菲律宾突然提出一份向日本投降的计划，而麦克阿瑟与塞耶两人不仅未见劝阻，甚至还有一点附议的意味；罗斯福为此感到危机重重。

大西洋之战刚刚步入关键时刻。德军U型潜艇在美国东海岸横行霸道。据统计至1月底，北大西洋沿岸共沉没31艘舰只，总计近20万吨。2月第一周，沉舰数量直线飙升。如果情况不能好转，预计2月底之前，至少有70艘舰船要毁在德军手里。此外，破坏分子与潜艇同样具有威胁。仅举一例，2月9日那天，法国定期船"诺曼底号"（Normandie）在纽约市西49街（West 49th Street）尽头处船坞里神秘起火；人们立刻将其与破坏分子的活动联系在一起。

北非局势同样有变。隆美尔再次出击，兵锋颇盛，誓要将英军逐回亚历山大港。

---

① 萨姆纳·威尔斯（1892—1961），美国外交官，1937年5月至1943年9月任美国副国务卿，同时作为外交政策顾问深受罗斯福总统信任。

华盛顿方面普遍接受的战争政策是以击败希特勒为第一目标，罗斯福知道，奎松与麦克阿瑟对此不可能表示赞同；同样，两人也不会相信，美国正在尽最大可能将一切资源运往太平洋战场。拨给西南太平洋地区的兵员及物资已超过其份额。1月里，三支船队和一艘海军补给舰"哈蒙兹波特号"（Hammondsport）分别从旧金山和纽约出发，前往澳大利亚。波士顿的"玛丽王后号"（Queen Mary）、旧金山的"蒙特雷号"（Monterey）及"马桑尼亚号"（Matsonia）正在装载兵员。到3月中旬，派往太平洋前线的兵力预计将达79000人，乃是派往欧洲战场人数的4倍。至于飞机，目前可用的不多，不过其中大多数也正在朝着东方航行。

　　罗斯福明白，自己必须将以上情况传达给奎松，但不能使用威胁或指责的口吻。答复的措辞及语气，将会决定菲律宾的命运。

　　2月10日，奎松收到答复电报。罗斯福在答复中称，美国绝不会同意奎松的提议；不过，无论奎松做出何种选择，美国都不会放弃菲律宾：

> 　　只要合众国星条旗还在菲律宾大地上飘扬，……我军定会誓死守卫。无论发生任何事态，现驻菲美军绝不会放弃努力，必将坚持下去，等待增援部队在菲律宾群岛集结，最终重新夺回菲律宾本土，将侵略者彻底驱逐，不留一兵一卒。

　　全文没有一个谴责的字眼，甚至找不到半分绵里藏针的威胁。身在病中的奎松大受感动。自罗斯福担任海军助理部长（Under-Secretary of the Navy）以来，两人一直保持着私人友谊；而如今，奎松在朋友的身份之外，更将罗斯福视作一位伟人。罗斯福将捍卫菲律宾的重担，全部压在美国人民肩上。

　　奎松暗自对天起誓，只要自己一命尚存，就会与美国站在同一阵线，无论自己或菲律宾人民将为此承担何等后果。烦恼与犹豫一扫而空，奎松崭新的行动方针已然确立。

麦克阿瑟此时也在阅读罗斯福的一份答复电报：

> ……抵抗日军侵略直至最后，乃是我国不可逃避的一项责任；在菲律宾问题上，该项责任之重要程度超过其他一切义务……
>
> 美军上至将帅，下至兵卒，皆具求胜之决心、不屈之信念；务将此事永远深植于菲律宾全体民众心中。
>
> 正因如此，尽管明知绝境近在眼前，仍有一项至为艰巨之任务留待将军完成。如今，将军率领合众国官兵奋力死战，此事对祖国之贡献实难评估。在此之上，本人要求将军迅速组织防御力量，在情况允许的范围内，展开有效的抵抗行动；在人力所及的情况下，尽可能长时间地坚守下去。

读着答复，麦克阿瑟终于明白：菲律宾已遭到彻彻底底的遗弃，此时唯一的价值不过是充当一个象征，向世界展示美军将会抵抗到底。

次日，即 2 月 11 日，麦克阿瑟给罗斯福回电报，称自己服从总统安排，将会与家人一道留在菲律宾，与驻菲美军同生死、共命运；将会在巴丹半岛、科雷希多上奋战至最后，让美利坚战士的名字永远在那片土地上流传下去。

> 本人绝无丝毫屈服之意，也绝无允许麾下菲律宾士兵投降之打算。……部队之间从未出现过一丝动摇。

巴丹半岛上士气呈现出空前的昂扬状态。自阿布坎撤退以来，日军行进脚步屡屡受挫。那批菲军士兵刚刚撤入巴丹之时，如同惊弓之鸟；此时经过战火的洗礼，已成长为伤痕累累的勇士。部分美军军事顾问甚至不敢相信，眼前这批菲军士兵，与当初在林加延湾仓皇败退的竟是同一支部队。许多基层军官承认，早期战事之所以失利，正是因为自己力有未逮，指挥不当。

巴丹士兵食不果腹，衣衫褴褛，饱受痢疾、疟疾折磨，却依然充满信心，斗志昂扬。

围攻"大孤地"的琼斯将军痢疾病情加重，无法正常行走，被强行抬回后方。琼斯原本不肯离开，直到听说残忍的围攻作战已告结束，才放下心来。部队从数个方向冲入"孤地"，不知道到前一日夜里，森冈将军已带领不足400名的饥肠辘辘的残部悄悄突围了。

呈现在美军面前的是一个地狱般的战场。数百个坟墓林立，其中有些奇形怪状，前面插着几支香烟；不过，仍有许多尸体暴露在外，在热带高温下散发出刺鼻的恶臭。一具尸体手中攥着一大块生马肉，那是日军士兵生前唯一的食物。巨大的青蝇群围绕着尸体"嗡嗡"作响。美军军官目睹此幅惨象，下令立即烧毁现场，以防传染病蔓延。有几名美军步枪手也饿得发昏，打算徒手从死去的马匹身上抠点肉吃，克洛（Crow）少校等人连忙加以阻拦。

"孤地"只有两名幸存日军士兵，其中一人大腿负伤，被带到贝里上校的指挥所。贝里见此人衣不蔽体，面容枯槁，便给他一套短袖衣裤，又拿出一罐奶昔；那奶昔是用仅剩的食材——糖与牛奶调制而成。日军战俘狼吞虎咽吃下那罐甜食，突然面露痛苦之色，试图站起身来。贝里惊讶地看着他拼命挣扎，始终站不起来，最后俯下头表示感谢，大口地将奶昔呕吐出来。

第四部分　两个帝国的灭亡

第十四章　不设防之岛

1

马来半岛南端的岛屿——新加坡,正是大英帝国在亚洲的基石,也是东方世界与西方世界的分割点。半岛上,代表东方的山下奉文中将正率领精锐日军26000人,斗志昂扬地朝着战略要地新加坡南下,誓于3月1日之前,将代表西方的盟军逐入海中。

与山下对垒的乃是 A. E. 白思华(A. E. Percival)中将指挥的 86895 名盟军士兵。中将身材高瘦,两颗门牙有些像兔牙。作为参谋军官,此人头脑冷静,颇具人望;不过,部分评论家认为白思华魄力不足,无法将麾下英、印、澳各部队有效团结起来。

英军购买的美产"水牛"战斗机极为笨重,在空中遭到"零式"的全面压制;仅仅一周,马来半岛制空权便全部落入日军手中。而在地面上,白思华同样面临重重困难。整个马来半岛没有一辆盟军坦克,因为英方专家曾断定,装甲部队不适于进行丛林战。日方专家的看法显然有所不同,此时盟军吃尽坦克的苦头,其中印度部队情况尤为严重:印军大多数士兵从未见过坦克,望着那金属怪物沿着道路冲锋而来,无不吓得两腿发软。

　　圣诞节那天，山下距离新加坡还剩下三分之二的路程。当天中午 11 点 20 分，哥伦比亚广播公司记者塞西尔·布朗向美国发回另一份言辞恳切的报道："今早，我与众人交谈之时，发现大家无人肯说'地上平安归与人'①，甚至没有相互祝福的念头。日军距离新加坡太近了。大多数民众都知道，新加坡总是怀着不切实际的幻想，针对战争的准备不足，这个圣诞节必将自食苦果……50 年来，新加坡针对当地民众采取一种异常的管理体制；近一年来，又在军事上出现无作为问题。新加坡已病入膏肓，除非能在圣诞节一夜之间补偏救弊。就拿近一年来说，军方一厢情愿地认为日军不会有动作，远东不会爆发战争，直到临近战争 3 天之前，这幻想才算破灭。之所以我说新加坡的圣诞节愁云惨淡，原因正在于此。英军随着战争打响才开始着手筹划，而日军已攻陷马来半岛西北，并掌握制空权。在我看来，新加坡圣诞节的悲剧不仅限于一个方面，因为英军足够勇敢，对光荣赴死并无畏惧……"

　　不过，在不少英国政府官员及军官看来，战况依然一片光明。他们认为，澳军部队尚未投入前线，只要派出澳军，守住防线可谓轻而易举。

　　澳军司令戈登·贝内特（Gordon Bennett）少将态度并不乐观。此人满头红发，性格粗野，在马来半岛的诸将之中最有老兵风范；早年曾是一名精算师，后来入伍参加一战，在加里波利战役中荣获杰出服务十字勋章（DSC）。经过数次前线视察，贝内特得出结论，要阻挡山下进军，必须采取非常手段。"目前军中进取精神极度匮乏。"贝内特给墨尔本的澳大利亚陆军总司令部写信，认为若要阻止日军脚步，只有发动反攻，并立即提供空中支援。

　　澳大利亚总理约翰·科廷（John Curtin）收到消息后，同样感到忧虑，于圣诞节当天给正在华盛顿举行阿卡迪亚会议的罗斯福、丘吉尔两人发电报，

---

　　① 《新约·路加福音》第二章第十四节："在至高之处荣耀归与神，在地上平安归与他所喜悦的人。""地上平安归与人"本是耶稣降生之时，天使向牧羊人报喜的话，后成为圣诞节常用的祝福语。

珍珠港战列舰群。由日军第一批鱼雷机上的某飞行员拍摄。

子虚乌有之役。1941年12月11日中午时分,《生活周刊》记者卡尔·迈丹斯摄于林加延湾海滩。菲军误以为首支日军主力部队在此登陆。当时多家美国报纸报道如下:林加延湾于12月10日爆发战斗,激战持续三日,共击沉日军舰只154艘,歼敌无数。

1941年12月10日,"威尔士亲王号"乘员在舰只沉没前最后一刻弃舰逃生。

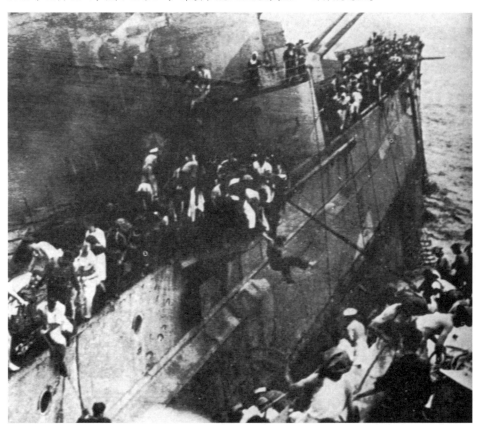

照片来源：环球图片

1941年12月24日,本间雅晴陆军中将走在林加延湾海岸。此人是日军第14军军长,一生饱受争议。照片拍摄后不久,此人便成为历史上首个击败美军大规模部队的将领。

卡维特海军基地,弗朗西斯·W.洛克威尔海军少将(左)与其副官马尔科姆·钱普林海军上尉。

威克岛——日军征服计划首度实现之地。

1941 年 12 月 26 日，为防止日军将数百万加仑燃料收入囊中，钱普林海军上尉下令，将位于马尼拉附近的潘达坎地区油罐炸毁。此事过后数星期内，上尉始终提心吊胆，不知道自己会被授勋嘉奖，还是会站上军事法庭。

照片来源：环球图片

詹姆斯·德弗罗海军陆战队少校（左）与雷蒙德·R.鲁特里奇；后者是一名平民劳工，但曾朝日军登陆艇投掷手雷。照片拍摄于上海，其时两人已投降被俘。

照片来源：美国陆军　　　　　　　　　　照片来源：环球图片

1942 年 1 月 10 日，麦克阿瑟巡视阿布坎防线。右侧之人是阿尔伯特·琼斯准将，此人所率的师在照片拍摄两星期后减员至100人。

武智渐陆军大佐。此人穿越有"天险绝壁"之称的纳蒂布山，成功对美军整条阿布坎防线展开侧翼突袭。直到20世纪60年代初，其上司奈良将军才公开实情：此举并非自己授意，乃是武智抗命所为。

奈良晃陆军中将。此人曾在阿默斯特学院与柯立芝总统之子同窗求学，其麾下的"夏日旅团"将琼斯部队打垮，最终击溃阿布坎防线。

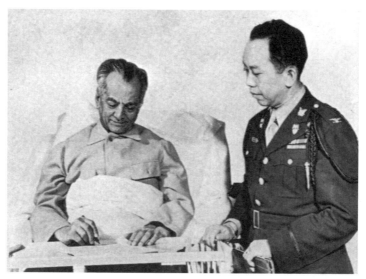

菲律宾总统曼努埃尔·奎松（左）与卡洛斯·罗穆洛陆军上校。20世纪60年代初，罗穆洛的身份已是菲律宾驻美大使。

照片来源：美国海军

克利福德·布鲁梅尔陆军准将。巴丹战役中，此人临机应变，成功对奈良将军做出阻截，避免其迅速攻克美军部署于第2步道的第2条——也是最后一条防线。

约翰·D.巴尔克利海军上尉。1942年3月11日至13日，此人指挥PT鱼雷艇，载麦克阿瑟穿越敌军海域抵达棉兰老岛，一时传为佳话。

照片来源：美国陆军

科雷希多岛马林塔隧道中，麦克阿瑟与其参谋长理查德·K.萨瑟兰德陆军少将（1941年12月24日从准将晋升为少将）相对而坐。照片拍摄后数日，麦克阿瑟展开一场富有冒险精神与戏剧性的逃亡之旅，前往澳大利亚。

照片来源：美国陆军

日军心理战传单。"投降票"
上所写的日文是：持此票者
希望投降，严禁杀害投降之
人——大日本军司令官。

巴丹之役中，日军第141步兵联队攻克利迈山。该山的沦陷最终导致日军在"圣周五"之日的进攻势不可当。为表彰联队长今井武夫大佐(下方中央)，奈良将军将山名改为"今井山"。

一行人逃离新加坡，却遭遇海难，漂流至苏门答腊周边某座小岛。美联社特派记者耶茨·麦克丹尼尔（最右）与另外131名逃难者原本乘坐"公和号"；照片拍摄前一日，亦即1942年2月13日，该船遭到轰炸，众人被迫弃船逃生。前排左侧女子即多丽丝·林，此人的逃难历险最终以悲剧收场。

荷属东印度盟军舰队司令——康拉德·E.L.赫尔弗里希海军中将。此人生性好战，明知以寡击众，仍然决心与日军一较高低。

美军在菲律宾群岛首度品尝屈辱的苦果。1942年4月9日,小爱德华·P.金陆军少将就巴丹投降事宜与中山源夫陆军大佐展开严肃讨论。面对镜头四人由左至右分别是:埃弗雷特·C.威廉姆斯陆军上校、金将军、韦德·科特兰陆军少校、阿基里·提斯代尔陆军少校。

"死亡行军":72000名美菲战俘前往战俘营,其中绝大多数身染疾病,濒临饿死边缘;也有许多人在路上遭到殴打甚至杀戮。该照片由日军所摄,后在日本占领时期被几名菲律宾人盗走。

"死亡行军"中约有2330名美国人丧命,照片中正是其中5位。
该照片亦是菲律宾人从日军手中盗走之物。

"死亡行军"最后一段路程,九死一生的美菲战俘扛着战友走向奥唐纳战俘营。

1942年5月6日,美军投降官兵聚集于科雷希多岛马林塔隧道口。

1942年5月6日，巴丹半岛卡巴本镇卡斯蒂略宅邸中，乔纳森·M.温莱特陆军中将与本间将军初次会面。因在投降条款方面意见不一，会议很快结束。左侧三人从左至右分别是：温莱特、路易斯·C.毕比陆军准将、托马斯·杜利陆军少校。

"昨日与本间将军告别时，双方尚未达成一致；而在那之后，本人决定以人道主义之名义，接受提议……"1942年5月7日深夜、8日凌晨，温莱特在马尼拉被迫宣读日军提供的投降声明，向菲律宾群岛上仍在抵抗的友军劝降。

1942年5月8日,在珊瑚海战役中受到致命创伤的航空母舰"列克星敦号"燃起熊熊大火,船员并未慌乱,排成一队准备弃舰逃生,有人甚至在吃冰激凌。

源田实海军中佐（左）。此人在中途岛海战中做出左右日军命运的决断。20世纪60年代初，源田已晋升将官，官至日本航空自卫队幕僚长。

照片来源：美国海军

"就算只剩下最后一机，也要勇敢冲刺，坚决攻击。"中途岛之战前夜，第8鱼雷机中队指挥官约翰·C.沃尔德隆海军少校在给部下的信中写道。战斗当中，中队成员奋勇作战，最终只有乔治·盖伊海军少尉一人生还。

请求趁事态尚在控制之中，派遣增援前往新加坡。之后，科廷担心两位领导人心思全部放在希特勒身上，意识不到新加坡局势何等危险，于是又联系身处华盛顿的澳方官员：

> 务请清醒认识到，如今事态已非提议和批准之阶段……局势万般紧急，丘吉尔、罗斯福两位如何以宏观角度处理该问题，将决定新加坡未来的命运。

罗斯福与丘吉尔回应澳方请求，任命陆军上将阿契博尔德·韦维尔（Archibald Wavell）爵士为西南太平洋地区最高司令官，并从战况激烈的中东战场上尽可能多地抽调飞机、坦克及兵员，运往新加坡。

1月7日，韦维尔飞抵新加坡，立即进行前线视察。前一天夜里，15辆日军坦克冲破印军第11师防线，通过战略要地仕林河（Slim River）大桥，此时距离新加坡不到250空英里。韦维尔将军乘车北上，发现整个第3军陷入混乱，印军第11师则彻底溃散，于是下令部队后退近150英里，撤至柔佛州（Johore Province）。该地驻扎有贝内特及其澳军部队，乃是盟军在半岛上的最后防线。

目睹半岛上盟军惨败之状，韦维尔尚未平复心情，便返回新加坡检查北侧防御工事。新加坡号称"岛屿要塞"（Fortress Island），谁承想防御情况竟一塌糊涂，甚至连一份针对地面攻击的详细作战方案也拿不出。韦维尔深感震惊。岛上几乎全部大炮都面朝南边大海，无法掉头瞄准自北边陆地入侵而来的日军。徒有固若金汤的美名，新加坡事实上相当于不设防。

2

6天之后，即1月13日，一支美国大型船队出现在新加坡港外。军中顿时风声四起，称盟军并未放弃新加坡，终于派出真枪实弹前来增援。突然，一批日军飞机出现在北部上空，轰鸣声渐渐逼近；谁知随着敌人接近，忽地一阵乌云卷来，天降暴风雨，日机竟没有发现船队。众人连呼天降神迹。很快，增援部队成功登陆，分别是 4 支英军部队——第 53 步兵旅、第 6 重型高射炮团、第 35 轻型高射炮团、第 85 反坦克团，以及 51 架飓风战斗机（Hurricane）。

第二天，前线指挥权交到猛将贝内特手里，军中多了几分乐观氛围。与白思华不同，贝内特认为，英军那套龟缩死守的战术必须抛弃，应当以强有力的反击对抗日军；通过机动作战及频繁伏击，山下进军的步伐并非不可阻止。在日记中，贝内特写道：马来亚聪明的军官太多，敢打的战士太少。此时，贝内特终于得到证明自己理论的机会。新加坡西北约 120 英里处有一座利民济大桥（Gemencheh Bridge），大桥两旁是一片茂密的丛林，贝内特麾下的澳军正潜藏其中。

当天下午 4 点，一股日军部队分作五六支纵列，骑自行车来到桥上。在丛林中的澳军看来，就像一批大型野餐团队。约 250 人过桥后，突然一声爆炸，木材、自行车与肢体一并飞向空中。接着，隐蔽在两侧的布伦轻机枪（Bren gun）、汤普森冲锋枪及步枪一齐发难，朝路上疯狂开火。

日军突遭袭击，措手不及，甚至无暇将枪支从自行车上拿下。短短 20 分钟，尸体与濒死伤兵堆满那条约 300 码的道路。

新加坡士气本就因增援抵达而颇为高涨，马来半岛上澳军首次大捷的消息传来，更燃起一把希望之火。翌日上午，澳军又击毁日军 5 辆坦克，使另外几辆坦克失去行动能力。新加坡斗志昂扬，广播电台宣布"在汹涌的邪恶洪流面前，澳大利亚皇家远征军化作大堤，保卫新加坡"，从而将战局一气扭转。

不过，胜利之火并没有燃烧太久。1 月 17 日上午，美联社记者耶茨·麦克丹尼尔听闻一场惨败，便乘车赶往前线。此人出生在中国，双亲是在华工作的传教士，中日战争爆发时，他是第一个发回报道的西方记者；许多同事都心悦诚服地承认，此人是对亚洲了解最深的西方媒体工作者。35 岁的麦克丹尼尔身材颀长，额头宽阔，眼睛呈浅棕色，光滑白净的皮肤给人一种诗人或修道士的感觉；然而，就是这样一位看似弱不禁风、温文尔雅的男子，却曾在充满险阻的亚洲大陆腹地跋涉旅行，那是许多白人无法完成的壮举。

接近正午时分，麦克丹尼尔在一座橡胶园边找到贝内特将军；将军正准备去找两名同僚议事，一人是白思华，另一人是刚刚改组的印军第11师师长B. W. 凯伊（B. W. Key）准将。军队出现继续撤退的论调，红发将军贝内特对此提出批评，接着告诉麦克丹尼尔战斗详情：两天前，印军第45旅把守麻坡（Muar）西海岸公路时遭到日军袭击，该旅作战经验不足，一触即溃；澳军随即前往支援，此时正奋力作战，但依然处于下风，左翼已被击溃，整条防线濒临失守。贝内特表示，此时正应发起反攻，军中却以撤退为主流观点。

白思华加入两人对话。在麦克丹尼尔看来，白思华此人颇有勇气，却是一个注定走向失败的悲剧人物。接着，凯伊准将也到了。3名将军坐在一株倒落的大树上，开始讨论战况。白思华音量不低，态度却很平和，慢条斯理地把想法娓娓道来；凯伊不太发言；贝内特则怒气冲冲，要求部队采取更加凶狠的态势。讨论持续一小时，没有谈出结果，麦克丹尼尔与贝内特一起回到澳军指挥部。所谓指挥部其实只是一个小帐篷，里面支着一张简易床，十分朴素。

"我军必须发动反攻。"贝内特重复说道，"夜战多多少少会损失一些兵力，那都很正常，不必在意。"消息来报，称左翼遭敌军进一步渗透。贝内特情绪越发低落。

返回新加坡的路上，麦克丹尼尔发现一群衣衫褴褛的英军士兵，便停下吉普车，与他们交谈。一个什罗普郡（Shropshire）出生的士兵称，自己与战友一周之前被俘，好不容易才逃出来。当晚，麦克丹尼尔以那名死里逃生的英军士兵为主题，撰写出一篇前线观察专题报道。"彷徨于今日之公路，"他在报道开篇写道，"我遇到一个什罗普郡的少年。"

英国新闻审查官将报道驳回："耶茨，文章提'什罗普郡'，部队番号就暴露了。"

"马来半岛上根本没有什罗普郡兵团。"

"总之地名就是不能出现。"审查官态度坚决。

"拿掉地名，就没重点了。"麦克丹尼尔无奈地解释道，开头文字是化用豪斯曼（Housman）的一首诗歌的诗句①。

审查官始终固执己见。

被审查官刁难的新闻工作者不止麦克丹尼尔一人。早在 9 天前，哥伦比亚广播公司记者塞西尔·布朗就被禁止广播报道。禁令并不是因为布朗在广播中有什么过失，而是因为审查官发现，布朗的最新报道太不合时宜。

———

马来半岛上战况持续恶化，使得丘吉尔与澳大利亚总理科廷关系进一步恶化。丘吉尔给科廷发出一封颇为伤人的电报，言辞之间充满怒火；1 月 18 日，科廷以同样的措辞向丘吉尔做出答复：

> 澳大利亚已尽可能向该地区（新加坡）提供陆军部队、航空部队及作战物资，并致力于加强防卫。然而，此时却有一种声音，建议盟军满足现状，听之任之，全然不顾日军正在马来半岛火速南下……

> 就希腊战役及克里特岛上的事情，敝人曾发表过一些观点，但那并非谴责阁下，也不针对任何人。只是有一点无可否认，那就是空中支援未能达到所承诺的规模。……对澳大利亚民众，我已将战况一五一十地讲明。在我看来，与其让民众满心欢喜，以为战事顺利，最后在冰冷的现实面前产生幻灭，还不如从一开始，就将事实公之于众。

> 对于英国民众做出的巨大努力，澳洲同胞致以最大的敬意。澳洲民众也做出过一些努力，虽然贵国有时对此视而不见，横加指责，我等也毫无辩解之意。毕竟大英帝国各地域立场各异，能力非一，亦分别有其特殊国情；对此，您自是再清楚不过了。

---

① 阿尔弗雷德·豪斯曼（1859—1936），英国诗人，代表作为诗集《什罗普郡的少年》（*A Shropshire lad*）。

丘吉尔乘飞行艇离开美国,刚一回到伦敦,便去翻阅出差时积下的电报。韦维尔将军一封电报称,新加坡北岸毫无防御能力,战争爆发以来,当地将领甚至没有采取任何有效措施建设防御工事。丘吉尔读到电报,大感震惊,甚至有些难以置信。新加坡北岸不设防之事,从未有任何官员向丘吉尔报备过。

与众人一样,丘吉尔本人之前也对"岛屿要塞"新加坡信心十足。此时,丘吉尔深感自责,恨自己没能早些了解情况。手下官员没有向自己汇报,固然有错,但自己以公务繁忙为由,没去主动过问一下,也负有一定责任。然而话又说回来,谁能想象到新加坡没有陆上防御措施呢? 就好像谁也不会去问一艘战列舰是否装有底板。丘吉尔意识到没有时间追究责任,亡羊补牢才是第一要务,于是迅速通知陆海两军总参谋长:

> 韦维尔 16 日电报着实让我大吃一惊。……我丝毫没有想到……新加坡要塞朝着北面,除掉一条窄处半英里、宽处 1 英里的壮观护城河,竟没有半点防御设施。不能起到堡垒的作用,我们建造那岛屿要塞有什么意义……当初讨论西南太平洋防卫情况时,两位总参谋长没有一位向我指明此事,是何道理? 此事实属不该,因为……我曾反复提及,面对敌军大举围攻,我军不能依靠克拉地峡(Kra Isthmus),只能依靠新加坡岛……
>
> 必须不惜一切代价维持新加坡防御;另外,守军亦必须为整座岛屿殊死奋战,直至岛上每一块地域、每一处据点沦陷。
>
> 总之,新加坡市必须发挥其堡垒作用,坚守至死。投降的选择不在考虑范围内。

至此,澳大利亚的恐慌感终于传达到唐宁街 10 号。

———

新加坡 200 万市民已切身感受到战争的滋味。1 月 22 日上午,日军 50 架轰炸机分两批对新加坡展开轰炸,民众从废墟中抢救出数百名伤亡者。不过,军民士气并未因轰炸而受到挫伤。日军飞机撒下大量传单,称"日军不希望看到城市化为灰烬"。新加坡市民由多民族组成,此时展现出高度一致的精神,集中表现在总督府悬垂的横幅上:"大钟永不停歇。"①

翌日,塞西尔·布朗准备离开新加坡。乘上机场巴士后,两个陌生人认出了布朗。

"既然您要离开,"其中一个是美国人,说道,"希望您能把此地的种种情况记录下来。"

另一人是个英国人,也帮腔道:"您受到的待遇实在不公正,英格兰民众有权知道新加坡的真实情况。"

抵达机场,一名审查官翻阅布朗的报道、广播稿及日记,然后说道:"布朗先生,我可是久闻大名了。"布朗心想日记本怕是保不住了,谁知那审查官突然降低声音:"希望您能把新加坡的一切公之于众,让真相大白。"审查官眨眨眼,说道:"好了,箱子收起来吧。下一位。"

当天晚些时候,科廷与丘吉尔之间再度上演唇枪舌剑。事情的起因,是丘吉尔 1 月 21 日写给陆海两军总参谋长的那封电报,偶然被澳大利亚驻伦敦代表厄尔·佩奇(Earle Page)爵士看到。丘吉尔在电报中有所犹疑,考虑是否应该立即破坏掉新加坡码头和炮台,将兵力集中在缅甸和滇缅公路上。

> 面对一个艰难的选择,在我们举棋不定之际,很有可能新加坡会失守,滇缅公路也保不住。显然,一切都取决于新加坡岛的防御究竟能够维持多长时间。倘若只能坚持数周,那么新加坡就不值得我们搭上全部增援部队和飞机。

---

① 指维多利亚纪念堂大钟楼,新加坡著名地标之一。

佩奇见此电报，迅速誊出一份发给科廷。科廷读罢大怒，又给丘吉尔拍电报：

> 据佩奇传来消息称，国防委员会已在考虑撤离马来亚和新加坡。鉴于贵国对澳方做出的种种承诺，从新加坡撤军一事必将被我国和其他各国家、地区视作背信行为。

丘吉尔收到电报后，陷入两难抉择，最终还是命令第18师按原计划赶赴围城新加坡；而在心里，却认为此举纯属浪费兵力。后来，丘吉尔写道："英国'蓄意自戕'之举，不知对世界各国，尤其是对奋战于科雷希多的美国而言造成何等恶劣的影响。毫无疑问，英国没能做出纯粹的军事考量。"

3

到1月23日，马来半岛眼见就要彻底沦陷。贝内特指挥部的一次会议上，希斯（Heath）与凯伊两位将军都表示，自己麾下的士兵无法继续维持战线。贝内特称自己的部队还能作战，不过友军既已崩溃，澳军也只能选择撤至新加坡。

撤退行动一切顺利。到1月31日午夜，白思华麾下绝大多数英军部队都已成功跨越那座70英尺宽的堤道，从马来半岛跨海抵达新加坡岛。

贝内特望着部队迈着沉重的步伐走过，然后自己也撤往岛上的指挥部。"从现在起，我军的任务是尽早夺回马来亚。"贝内特在撤退之前的日记中写道，"那是一份义务！不仅是对国家，更是对我们自己！"

到2月1日拂晓时分，苦战数日却功劳甚微的印军部队平安渡过大堤，跟在后面的是澳军及贝内特的部队。队伍最后，传来一阵《百名风笛手》[1]

---

① 《百名风笛手》(The Hundred Pipers)，一首苏格兰歌曲，创作于19世纪中期。文中演奏该曲调的阿盖尔兵团，全称"阿盖尔郡及萨瑟兰郡高地兵团"，正是一支苏格兰部队。

的曲调，那是阿盖尔兵团（Argyll）的一个营，仅剩下 90 个士兵，迈着矫健的步伐走上大堤。走在队伍尾部的是营长伊安·斯图尔特（I. MacA. Stewart）准将①，撤离马来半岛的最后一名军人。目睹这一幕，围观众人纷纷流下热泪。

爆破小队在大堤上安置炸弹，上午 8 点，炸药引爆。伴随着一阵沉闷的炸裂声，烟尘落定之后，岛上部队看到大堤裂开一道约 70 英尺的口子，海浪从其中奔涌而出。于是，新加坡守军满心以为已将敌军隔绝在外；没有几个人意识到，那道口子里的海水，退潮时只有 4 英尺深。

————

另外两座岛屿威克岛与香港岛已上演过攻防战，新加坡的面积要比上述两岛大出许多，东西 26 英里，南北 14 英里，足足有曼哈顿 10 倍之大。至于新加坡岛与马来半岛的距离，各地段长短不一：堤道有 1100 码长；而西海岸柔佛海峡（Strait of Johore）则只有 600 码。

新加坡大部分人口集中于南部和东部，岛上其余地带以橡胶园与丛林为主。小山丘多多少少有几座，但最高海拔也只有 481 英尺。

围城开始的最初几日，日军照例发动空袭，偶尔加入几次炮击，此外没有什么特殊事件。2 月 5 日那天，负责把守西海岸的澳军听到半岛传来锤打与锯切的声音。往东 15 英里的新加坡市中心，空袭伤亡人数日益增加，市民却不慌不忙，生活依然如故。丘吉尔曾呼吁新加坡市民不分男女，拿起铁锹，协力挖掘防御工事；不过直到部队抵达，也没有任何成果。单论空袭遇难平民人数，新加坡已超过马耳他（Malta）两年以来的总和②，然而岛上还不见一处民用混凝土掩蔽所。

---

① 伊安·斯图尔特（1895—1987），英国陆军军官。二战期间率阿盖尔郡及萨瑟兰郡高地兵团第 2 营在马来亚作战。此人 1944 年方才晋升准将，文中所述时点军衔不明，疑为少校或中校。

② 指二战期间的马耳他围城战，意军及德军自 1940 年 6 月至 1942 年 11 月对地中海小岛马耳他发动围攻，始终未能攻克该岛。文中所述时点，距马耳他围城战打响尚不到两年，盖取其约数。

白思华将军亲自负责岛屿防御,摆在将军面前的是两种选择:一是分散士兵,呈薄弱防线守卫海岸;二是放弃海岸,集中兵力在岛屿内部进行决战。面积 200 平方英里的岛屿海岸线超过 70 英里,守卫起来颇有难度,不过白思华依然选择在海岸迎击。之所以做出如此选择,是因为岛上弹药库位置比较分散,白思华认为,如果日军登陆,势必会有部分弹药库落入敌手。此外,士气因素也不得不加以考虑。倘若日军上岸,军民之中很有可能发生恐慌。

单从纸面数据看,情况要乐观一些。日军此次攻势预计投入 60000 人;而盟军方面,由于英军第 17 师及印军第 44 旅已经就位,白思华手中一共有约 85000 人的兵力。不过,其中 15000 人是非战斗人员,另有许多部队都是新兵,训练不足,装备匮乏。此外,还有一事令白思华颇感沮丧:岛上共有 4 座机场,其中 3 座在日军炮火射程内,飞机不敢停驻,新抵达的那批飓风战斗机,只有一个中队留在岛上,其余都只得派往苏门答腊(Sumatra)。

接下来的两天,日军火力明显增强。2 月 8 日,西海岸受到的炮击格外强烈,贝内特将军甚至怀疑那是登陆之前的密集炮击。当天傍晚,贝内特在市中心以西数英里的武吉知马(Bukit Timah)村,睡在一座小洋房里。躺在床上,将军心想,最近一段时间恐怕不会再有安稳觉了。

贝内特的部队来到新加坡岛上之后,颇为失望。部队负责的一片沼泽地上,没有一条战壕,只有一座未完成的反坦克障碍。需要把守的西北海岸超过 20 英里,该段海岸线恰恰毗邻那道距离半岛路线最短的海峡,然而部队却只有 2500 人。

入夜之后,炮击越发猛烈起来。贝内特从床上起来,给当值军官 C. B. 道金斯(C. B. Dawkins)少校打电话:"去问问第 22 旅,看前线哨所有无军情回报;另外让他们把海滩探照灯打开。"贝内特回到床上,却再也睡不着。此时,敌军炮击声已如鼓点般密集。贝内特放弃睡眠,并于晚上 10 点 30 分乘车前往作战室。

——

此时，日军一批驳船、浮船及折叠式船艇就在新加坡西北岸不远处。约15000名日军步兵正准备登陆，而那登陆海滩只有贝内特2500名士兵把守。

日军驳船上载有一门射击角度固定的迫击炮，炮弹发射后，正好在船队前方不远处炸开，升起一片烟雾以作掩护。随着船队向前移动，烟幕同样也在向前。晚上10点30分，第一波登陆船艇抵达林厝港路（Lim Chu Kang Road）尽头的海滩。澳军第24机枪营朝敌军船艇猛烈开火，成功击燃一艘弹药驳船。就着该船燃起的火光，澳军能够看到几艘驳船与小艇沉没海中。其余船艇则在附近的红树林沼泽地带成功登陆，此地防御力量十分薄弱。

澳军整夜奋力抵抗，始终无法阻止日军登陆。凌晨，数十辆坦克登陆，与步兵组成混合部队离开海滩。守军联想到澳大利亚国内的山火，抢救山林的灭火部队有时会反遭山火包围。到2月9日拂晓时分，山下军已在新加坡岛西部地区站稳脚跟，朝着东南方向仅10空英里的市区进军。

次日，韦维尔将军从爪哇总部起飞，冲过岛屿周围的日军防空系统，成功抵达新加坡。然而，由于一系列判断失误，新加坡指挥系统已陷入混乱。白思华有一份周边防御①计划，尚在个人筹划阶段，属于机密，却被人不小心传达给全体一线指挥官。一线官兵面临无力回天的战况，已是筋疲力尽，心神不宁；收到此份计划，便贸然认定是撤退命令，纷纷撤至最后一道防线周边展开防御。

军中谣言四起，称司令部已四分五裂。有谣言称，针对白思华放任日军登陆一事，韦维尔怒不可遏，严加斥责；还有谣言称，韦维尔身为"ABDA（美、英、荷、澳）"四国部队总司令，对贝内特的论调已十分厌倦，甚至命令贝内特"带着混账澳洲佬滚出去"。

谣言自然有所夸张，不过事有不谐确属实情。当天上午晚些时候，韦维尔获悉众多一线指挥官正在撤往后方，便立刻下令发起反攻；只是反攻很快

---

① 周边防御（perimeter defense），一种较为密集的防御阵形，呈圆形或三角形，能够360°方位进行射击。此处指缩小防守地带，将防线从新加坡岛海岸撤至内地。

以失败告终。当天,韦维尔还曾发布一道丘吉尔授意的命令:

> 我军在新加坡岛上的兵力无疑远超日军。此战只许胜,不许败。英军善战之美名,正与大英帝国的命运一道,面临着严峻的挑战。美军在巴丹半岛上条件更为艰苦,依旧死战不退;俄军正给德军精锐部队以迎头痛击;就连扛着旧式装备的中国军队,也与日军周旋 4 年半之久;新加坡易守难攻的声名在外,我军兵力又远超敌军,若将堡垒拱手让出,尚有何颜面以对世人。
>
> 决计不可吝惜部队或平民,亦不可以任何形式对软弱表现出怜悯。诸将与高级军官须亲率部队,必要之时须与部队共赴黄泉。
>
> 投降不在考虑范围之内,莫要存有此类念头。各官兵须与敌军短兵相接,奋战到底。……大英帝国拥有优秀的战斗精神,希望诸位能够通过不屈不挠的战斗,向我证明:那精神仍在;我们有能力捍卫那精神,使之永存。

2 月 11 日凌晨,山下军已占领新加坡岛近一半地区。早晨 6 点,白思华被一阵机枪声惊醒,坐起身来,得知日军正沿着武吉知马公路朝市区进军,此时已逼近赛马场(Racecourse),而赛马场距离莱佛士酒店只有 7 分钟车程。

白思华打算亲自看看情况,乘车去往武吉知马公路,发现一片奇异的光景。大量弹幕覆盖着天空;公路平日里车水马龙,此时却空空荡荡。抬头望去,日军飞机在空中肆无忌惮地找寻目标,只有地面防空火力对其形成些许阻碍。汽车行驶在空旷的公路上,白思华坐在车里,感到彻底暴露在敌军火力之下。"国家为何如此短视?"将军扪心自问,"大英帝国竟不派遣足够的空中支援,便让子民与敌军作战。"

2 月 11 日是日本最重要的爱国主义节日——纪元节(Foundation of the Empire)。那天早上,日军飞机在新加坡上空投下 29 个木箱,每个长约

18英寸，里面装有一封山下写给"英军驻新加坡最高司令官"的信件：

> 贵军秉持大不列颠传统精神，困守孤城新加坡，奋勇作战，敝人谨在此致以真诚敬意。……然而，事已至此，新加坡大势已定。城中尚有成千上万非战斗人员，继续负隅顽抗，非但徒劳无益，亦将陷其于战火之中，招致更进一步的苦痛与恐怖；同时，将非战斗人员卷入战争一事，对贵军之声誉亦绝无积极影响。

白思华仍然记得韦维尔最后那道"奋战到底"的命令，甚至没有给山下做出答复。

不顾头顶盘旋的飞机与炸在近处的炮弹，新加坡市民依旧走在大街上，去国泰大厦电影院排队观看《费城故事》（The Philadelphia Story）。日军飞机投下带有"号外"字样的传单，称罗斯福刚刚与日本单独议和，并要求日本宣称新加坡为中立城市；市民对此视而不见。阿德菲酒店（Adelphi Hotel）里，瑞勒乐队（Riller's Band）仍然在演出；莱佛士酒店里，大量参谋军官推杯换盏，发些牢骚，消磨时间。

《海峡时报》（The Straits Times）此时是一份单页报纸，依然在给民众鼓吹希望。每篇文章顶部都添有一句标语："新加坡必须奋起，新加坡应当奋起——H. E 总督。"不过，军方高层显然明白败局已近，已下令将150万瓶葡萄酒、白酒，以及6万加仑的中国烈酒——三蒸酒（samsu）通通销毁。

新加坡市民面对日益加剧的枪炮之声，表现得如此镇定，耶茨·麦克丹尼尔感到颇为惊讶。此时留在新加坡的外国记者，只剩下麦克丹尼尔一人。其妻已与其他外国平民一道撤离，麦克丹尼尔则秉持自己的原则：只要通讯不断，就要留在当地。走过一面墙壁时，麦克丹尼尔发现墙面上有一串粉笔涂鸦："英格兰是英国人的；澳洲是澳大利亚人的；至于马来亚，谁想要就是谁的。"显然，对于整个战役，也有澳大利亚人在直言无讳地表达看法。

过了一会，麦克丹尼尔写下一篇报道，心想这可能是自己生前写的最后一份稿子,便去国泰大厦准备发送。走在路上时,一群欧洲人正在匆匆赶往码头区,其中有军人,也有平民。原来,那群人搞到一批海岸艇,正准备乘船逃离新加坡。一瞬之间,麦克丹尼尔产生强烈的念头,想与他们一起上船,但最终还是决定留下来:新加坡仍有未完成的报道。

进入国泰大厦,麦克丹尼尔发现英国审查官正在打包行装,问道:"你们都走了,那我工作还怎么做?"

审查官不带恶意地骂了两句,匆匆抽出几张白纸,盖上"审查通过"的印章:"想写什么尽管写,想发什么尽管发。我得赶紧走了。"

麦克丹尼尔在白纸上写道:"要塞正在崩塌,本文可能是我最后一篇报道……"

4

次日清晨,战斗变得愈加激烈。上午8点之前,山下军的坦克部队已经过赛马场,沿武吉知马公路南下,不到半小时便抵达新加坡郊区的华文中学(Chinese High School);该地距市区不足3英里。一支只有步枪的英澳混编部队在华文中学阻挡住山下军的去路,那也是日军登陆之后首次停下脚步。

听闻出现新的紧急军情,白思华再次乘车驶向前线,观察情况是否危险。只往前线望了一眼,白思华立即命令印英两军部队从北海岸、东海岸撤回,在危如累卵的城市跟前组成一道紧密的防御弧。

而在国泰大厦的房间里,美联社记者耶茨·麦克丹尼尔刚刚完成稿子:

今早,我身在曾经美丽、繁荣且平和的新加坡市内,望着远处的大火升起十几道浓烟,将天空染成一片黑色,写下最后一篇报道。炮击与轰炸震得打字机"咯咯"作响,双手因恐惧而汗出如浆。不需要官方公报,我清清楚楚地知道,9个星期前爆发于400英里之外的那场战争,如今已蔓延到大英帝国这座摇摇欲坠的堡垒跟前。

可以断定，热带地区明媚的太阳就悬在头顶，我所在的屋子采光也不错——然而，周围还是一片漆黑，不开灯就无法继续写稿。

战场低空处，日军飞机三番五次地盘旋，最终俯冲而下，对我军发起致命袭击；我军战士奋勇反击，却没有战斗机为自己提供掩护。当然，空中也不全是日军的天下。就在写稿时，我刚刚看到两架"牛羚"——一种旧式双翼飞机，航速每小时 100 英里——低空飞过日军阵地，"轰隆隆"地投下炸弹。看看自己，坐在打字机前，又想想那些飞行员少年，不知他们能否平安，我感到一阵羞愧，心跳的速度简直超过"牛羚"的引擎。如果说，不朽的荣耀属于勇士；那么，在这个上演着一幕幕悲剧的清晨，荣耀属于皇家空军（R. A. F.）飞行员。

今天，新加坡勇士辈出。不远处是一座高射炮阵地，为获得宽敞的射界，高射炮组不惜暴露在敌军火力之中。（插入两句闲话，不好意思。刚才一捆炸弹落下，距离太近，为躲避爆炸波，我躲在一堵墙后面，所幸平安无事。）日军飞机持续逼近，高射炮组不顾烟雾掩护不足，瞄准敌机接连开炮。

警报解除喇叭响起，真是闹出大笑话——我从窗子里就能看到，不到 1 英里外，3 架日军飞机上蹿下跳。另外，几分钟前，有一份通话内容酿成悲剧。马来亚广播局（Malayan Broadcasting Corporation）编导埃里克·戴维斯（Eric Davis）与总督珊顿·托马斯（Shenton Thomas）爵士通话，请求允许摧毁郊区广播站。珊顿爵士认为情况还没恶劣到如此程度，未予批准。于是戴维斯给郊区广播站打电话，指示工作人员一边继续广播，一边待命应对紧急状况。我们连忙把电台调到该频道，听到播音员用马来语鼓励新加坡民众奋起，却在突然之间断掉声音。

麦克丹尼尔写完稿子，迅速离开国泰大厦，赶往电信局准备发送，却在路上发现，新加坡正出现一种前所未有的情况。英国人、中国人、马来人并肩协作，从断壁残垣之中抢救伤者，搬移死者。各种肤色的市民纷纷拥向医院，自愿献血。留在新加坡的那群英国人做出之前不敢想象的事情：别墅自由开放，供所有前来避难的市民进入。

新加坡俱乐部（Singapore Club）和板球俱乐部（Cricket Club）里，几名英国朋友夸赞"那群小伙子"既忠诚又勇敢；"小伙子"指的是新加坡亚裔居民，那几名英国人之前曾发表悲观论调称，一旦日军入城，亚裔就会惊慌失措，倒戈投降。麦克丹尼尔此时听他们转口夸赞，只觉得可气又可笑。亚裔抵抗力量，比如匆忙组织而成的星华义勇军（Dalforce），是一支由华人学生、人力车夫、大英帝国忠实拥护者和共产党员组成的队伍，由一位名叫 J. D. 达利（J. D. Dalley）的警察指挥，成员虽驳杂，作战却异常勇猛。英国当局后悔不已：没能早几个月给那批原住民配备武器，实属决策失误。

黑云自北方涌来，大炮"隆隆"声逐渐逼近，炮弹也开始落在市中心。麦克丹尼尔匆匆经过那座沙袋围起的白色花岗岩建筑，发现印军一个营的士兵垂头丧气地坐在公园里的帐篷前，画面的冲击感十分强烈。

来到电信局，麦克丹尼尔迅速说服发报员将稿件作为"官方通告"发送。离开电信局时，一个 19 岁的中国女孩递给麦克丹尼尔一封信，写信之人竟是好友王海升（Wong Haisheng）。此人绰号"新闻片之王"（Newsreel Wong），曾拍摄一个婴儿在上海火车站废墟中哭泣，一举成名。[1] 女孩名叫多丽丝·林（Doris Lim），是王海升的外甥女。之前，一艘疏散船艇载着王海升及其他媒体工作者离开，却拒绝让她登船。

女孩吓得不轻，麦克丹尼尔安慰道，一定把她安全带离新加坡。话虽说出口，麦克丹尼尔心里也没底。最后一艘疏散船可能正准备起航，两人火速赶往码头，发现场面一片混乱：英国情报部远东科科长罗伯特·斯科特（Robert Scott）爵士搞来几艘破旧的船只，3000 名军民挤在上面，每当飞机俯冲而下时，众人都吓得仿佛冻结一般——因为头顶上飞下来的，十中有九

---

① 王海升（1900—1981），华裔美国摄影师，后改名王小亭。以新闻摄影闻名，二战期间尤其活跃，文中所述婴儿哭泣照片名为《中国娃娃》，1937 年登载于《生活周刊》，震惊美国舆论界。

一定是日军飞机。

一批前线逃兵潜入码头，通过说服、贿赂等手段，甚至诉诸武力，希望登上船只。新加坡局势已达到动荡的最高点，唯一逃生的道路似乎只剩下那几艘船。

正当麦克丹尼尔拍摄现场照片时，一名负责媒体的军官亨利·斯蒂尔（Henry Steel）上尉走来，提供一则消息：海军从中国长江上征用来一艘1700吨的轮船"公和号"（Kung Wo）①，之前作布雷舰使用，此时就在不远处，里面还有许多空位。麦克丹尼尔、斯蒂尔和多丽丝·林三人沿着海岸搜寻，终于发现那艘旧式燃煤轮船停泊在离岸边约1英里的海面上。那船长是一名苏格兰裔预备役军官，做事颇为死板，虽然答应离开时将三人带走，但拒绝在命令下达之前擅自起航。此外，轮船还存在燃煤不足的问题，此时储量只能行驶10英里。

麦克丹尼尔说服苏格兰船长将船开到附近一座码头，那码头上堆着大量燃煤。麦克丹尼尔、斯蒂尔以及一些"反击号"与"威尔士亲王号"的生还官兵便开始用手挖煤，随着战斗气氛愈加紧张，几人催着船上的乘员也下来挖煤。乘员成分颇为复杂，有陆军士兵、海军士兵、长江边上的中国人，还有一些基层官员。

船上装满燃煤后，麦克丹尼尔主动提出返回市内，打探军情，并看看能否找个技术方面的借口，让上面允许苏格兰船长起航。问题是怎么回到市内。港口内汽车与坦克挤得满满当当，驾驶员早已下车逃生。麦克丹尼尔找到一辆油箱满油的"福特"，多丽丝·林也打算回去取行李，于是两人一同上车，驶向国泰大厦。抵达大厦后，麦克丹尼尔获悉防御圈正在迅速缩小，日军突破不过是几个小时的事情。统率新加坡全体海军部队的 E. J. 斯普纳（E. J. Spooner）海军中将正在焚烧文件，准备当晚乘巡逻艇离开。麦克丹尼尔赶回自己房间，拿起一个行李包，里面装有两瓶德国莱茵葡萄酒、两台

---

① 音译。

照相机、一副德制双筒望远镜、几块饼干及四筒"骆驼"牌香烟。最后,麦克丹尼尔打算在最后一篇报道中添加一段文字,急忙在打字机上输入:

> 我们平安离开的可能性不足 50%。写完这段文字,我就要乘上汽车,踩满油门,直奔马六甲海峡而去。估计接下来许多天,我会失去音信。不过,还是希望热心人能够告诉拙荆,本人已离开这座徘徊于生死线上的城市。电话可以打给爪哇省万隆市(Bandung)皮恩格大酒店(Hotel Preanger),转麦克丹尼尔夫人接听。

很快,麦克丹尼尔乘上汽车,载着多丽丝·林,在乱石成堆的街道上飞驰,街头已是横尸遍地。来到电信局,麦克丹尼尔将最后一段添加的文字提交,便又朝码头驶去。昏暗的路灯下,一阵"隆隆"之声传来。麦克丹尼尔猜测是某个弹药库遭到炸毁,因为沿岸几座设有弹药库的小岛上,正在升起昭示毁灭的黑云。麦克丹尼尔把车暂时停住,拍下几张照片。

两人抵达码头时,恰逢日军轻型轰炸机出动,对地面一切移动物体施以轰炸及扫射。此时,罗伯特·斯科特爵士组织的最后一批逃难船刚驶出不远,连忙停下,希望得到附近防空火炮援护。麦克丹尼尔向留在码头的斯蒂尔等军官说明情况,几人决定先把码头上成排的坦克与汽车销毁,不料 1 英里之外的加冷(Kallang)机场突然燃起大火,众人只得作罢。日军随时都有可能攻进来。

日落时分,日军飞机离开,斯科特船队缓缓驶离港口。由于麦克丹尼尔没有带回明确的起航命令,"公和号"船长拒绝与船队一起离开。

"斯普纳将军都要走了。"麦克丹尼尔说道。苏格兰船长摇摇头,坚持要等待命令。麦克丹尼尔又说:"下命令的人都不在了,哪还有命令可等呢?"

船长态度坚决,执意等待。没过多久,岸上传来些许步枪声。

晚上 11 点,麦克丹尼尔与斯蒂尔苦口婆心地劝说船长,部分船员歇斯底里地威胁开船,"公和号"始终岿然不动。慢性子的船长只是用信号灯联系海岸，11点过后几分钟，岸上终于传来回复：马来亚海军总司令已离开新加坡。

岸上的答复证明麦克丹尼尔所言不虚，船长依然不肯立刻起航，希望得到更明确的命令。经过接近一小时的心理斗争，船长无奈地敲响铃声。午夜时分，衬铜的老式轮船缓缓驶向海域。

轮船一路向南，经过重型水雷密布的海域，从密密麻麻的小岛之中穿行。从新加坡向南100多英里分布许多小岛，就像垂下来的一长串珠子。2月13日星期五黎明时分，"公和号"正行驶在这座"千岛链"的半途。

热带地区就连朝阳也热似火炉，晒得众人浑身无力。再过25英里，轮船便将驶过赤道。右手边约30英里，船上众人能够看到苏门答腊岛翠绿色的丘陵海岸，纷纷发出激动的叫声。日本与澳大利亚之间，是数座地形狭长的荷属岛屿，各岛之间几近首尾相连，全长约3000英里，实为一道天然屏障。苏门答腊岛乃是从西向东第一座岛屿；而中央那座最具战略意义的岛屿，便是麦克丹尼尔的目的地：爪哇岛。

然而，日军飞机的怒吼声很快迫近，其目的显然是从新加坡出发，前来击沉最后一批逃离的大小船只。"公和号"船长迅速掉转航向，从苏门答腊转向"千岛链"之一的岛屿作为掩护。该船不是很大，最高航速也只有10节，此时开足马力呈Z字形前进，尽量躲避空袭，最终还是没能躲过，挨了两枚炸弹：一枚炸在机舱，另一枚炸在舰桥与船中央之间。机舱燃起大火，破旧的轮船顿时向右舷倾去。危急关头，麦克丹尼尔看到右舷处，有船员正准备放下一艘坚固的救生艇；与英国传统的绅士风度相异，25名船员挤在船边，准备登艇。轮船上有一名蓄着小胡子的军官，是"威尔士亲王号"生还者之一；麦克丹尼尔找到那名军官，请他出面制止。

"你们几个，是奉谁的命令弃船？"军官喊道。

"你可算了吧，小乖乖。"一名船员喊道，其余人则发出奚落怪笑声。

"我命令你们留在船上。"

众船员不知道滑轮及缆绳的用法，将救生艇笨拙地扔下海面，迅速划船离开。

船上还有两艘救生艇,状态都不是太好。众人迅速将第二艘救生艇取下,加以修补,让除麦克丹尼尔之外的所有乘客登上,由一名基层军官指挥,前往7英里外的一座小岛,预定在岛上将乘客放下后,立即返回。第三艘救生艇十分破烂,放下海面后很快便自行沉没。船上众人又扔下几只救生筏,也是立刻散架。日军飞机接连飞过,或许是不想把弹药浪费在那残破的船上,便飞走去找寻更有价值的目标。漫长的午后时光一点一滴地过去,第二艘救生艇始终不见踪影。所幸船底有衬铜,"公和号"没有彻底沉没。

下午5点,麦克丹尼尔终于望见救生艇远远驶来,便与留在船上的3名军官商议举杯庆祝。几人在船上找出4只水晶高脚杯,斟上麦克丹尼尔从房间带走的那两瓶德国葡萄酒——"圣母之乳"(Liebfraumilch),对大英帝国、新加坡和"公和号"表达祝愿。在赤道太阳的烘烤下,葡萄酒已超过90华氏度,四人却连呼"好酒",只觉得是从未品尝过的人间美味。

直到晚上7点,麦克丹尼尔等人才抵达小岛。涉水上岸时,第一艘下海的救生艇也驶至岸边。原来,那25名船员走时带着食物与酒,却忘记带水,此时干咳不断。岛上无人肯与他们搭话。

小岛上疟疾肆虐,夜里众人睡得也不安宁。麦克丹尼尔与多丽丝·林旁边的沙滩上睡着一名英国基层官员,整晚都在想办法偷窃食粮,直到军官威胁开枪才作罢,谁知后来又打起林的主意。麦克丹尼尔与斯蒂尔无奈,只得再次以开枪相威胁。

次日,即2月14日清晨,阴郁的大雾笼罩着海面,暑气依旧蒸腾。日军轰炸机熟悉的轰鸣声再次逼近,众人远远望去,只见轰炸机朝着尚未完全沉没的"公和号"投下炸弹;两枚炸弹落下,那艘老旧轮船登时倾覆,沉入海底。苏格兰船长双手抱头,泪流不止。接着,有人发现一艘巡逻艇朝着小岛而来。几名军官悄声商议,苏格兰船长说道:"如果那是鬼子的船,发现咱们的话,我就投降。"

麦克丹尼尔与斯蒂尔希望单独躲起来,便问是否可以;苏格兰船长表示无妨。于是，包括多丽丝·林在内的 130 人准备投降，而麦克丹尼尔与斯蒂尔则爬入灌木丛中，凝望着海边巡逻艇的身影越来越清晰。

两支日军轰炸机部队完全无视下方七零八落的逃难船，飞越麦克丹尼尔所在的小岛，一直朝南飞行，不久便抵达苏门答腊海岸。日军不等新加坡陷落，径直按计划进攻下一个地点。两支空中部队在麦克丹尼尔以南约 150 英里处投下 360 名精锐伞兵，目的是攻占西南太平洋最重要的炼油中心之一——巨港（Palembang）。

把守巨港的是一支英荷联合部队；经过一番奋战，到下午时，基本将伞兵歼灭。然而，此时日军主力登陆部队分乘 8 艘运兵船，已来到苏门答腊以北，距离不足 100 英里。

运兵船由小泽（Ozawa）海军中将麾下的巡洋舰第 7 战队护卫。一批从新加坡逃难的落单船只恰好从附近经过，5 艘巡洋舰立时开炮，完成轰炸机所未完成的工作。到黄昏时，共有 20 多艘载满难民的船只沉没，伤亡极其惨重。

5

与此同时，新加坡之战亦将画上句号。

此前一天，13 日星期五，早间会议上，白思华麾下诸将一致认为，继续抵抗下去亦无胜算，甚至连最近才抵达新加坡的英军第 18 师师长也表示，部队已“无力再战”。弹药迅速耗尽，各战线纷纷败退，士气低落。无奈之下，白思华决定向身在爪哇岛的韦维尔发送电报，请求允许投降。

到 14 日上午，日军火炮射程已覆盖整个新加坡。一群大多来自行政管理部队的逃兵团伙手持武器，在街上闲逛，上衣里塞满香烟和罐头。

市民面临着难以忍受的痛苦。新加坡综合医院（Singa General Hospital）鲜绿的草坪上垒满坟墓；病院里血液与内脏的气味令人作呕；走廊上堆着一批病床，床上、床底、两床之间躺满奄奄一息之人，其中一些已是尸体;手术室仿佛是屠宰场,医生、护士满身鲜血。由于水资源短缺,医疗器械被迫用脏水消毒,护士只能用瓶装矿泉水洗手。

白思华此时刚刚收到韦维尔的答复:

> 必要之时,当以房屋为据点展开巷战,尽最大可能拖延敌军脚步,造成尽可能严重的杀伤。日军在贵地所花费的时间、所消耗的兵力,都会密切影响到其他地区之战况。本人对贵地艰难处境完全了解,但继续抵抗仍是基本方针。

得知投降提议遭到拒绝,白思华又给韦维尔发送一封电报,告知城内已陷入绝境,水资源严重不足。很快,答复传来:

> 贵地英勇抗战有其意义。务请继续坚守,忍耐直至极限。

值得一提的是,英军火炮准度极高,山下军部分参谋人员有所担忧,认为进攻无望,建议后撤至安全位置。山下听到如此建议,反倒下令加快进攻。

次日,即 2 月 15 日上午,白思华得知整个供水系统已被破坏,管道持续破裂,本就匮乏的水资源大多都白白浪费。在坎宁堡(Fort Canning)参加圣餐礼之后,白思华于上午 11 点召集各部队指挥官开会。

会上,白思华指出:汽油、野战炮和博福斯高射炮(Bofors)弹药皆已告罄,净水储量不足以支撑 24 小时。摆在面前的道路只有两条:反攻夺回水库,或者投降。各指挥官纷纷表示,反攻并不现实。

面临此生之中最为艰难的决定,白思华并没有犹豫太久,很快就做出决定,称自己准备要求日军下午 4 点停火,并派遣代表前来市内谈判投降条款。

接着,韦维尔发来一封电报:

但凡战局允许贵军对敌军给予杀伤，且部队亦存有作战能力，便应继续奋战。如此危局之中，拖延脚步、造成杀伤乃是最为紧要之事。

若判断部队已至极限，再无继续作战之可能，本人准许将军自行判断是否停止抵抗。当然，停火之前，一切能够被敌军利用的武器、装备及运输工具皆应销毁。下达停火命令之前，若有部队或个人希望突围，凡情况允许，辄应满足其要求，并为其提供武器。将军做出判断后，请加以告知。无论结局如何，对于将军及新加坡全体部队数日以来之奋战，本人深表谢意。

获得上级批准后，白思华松了一口气，派遣一支代表队伍前往武吉知马公路上日军第5师前线投降；然后，又给韦维尔发出最后一封电报：

敌军攻势猛烈，水源、汽油、食物、弹药基本告罄，继续作战已不可能。全体官兵皆已尽力而为。感谢将军提供援助。

山下与参谋长铃木（Suzuki）中将正在武吉知马附近的高地上观察战局。铃木指着坎宁堡飘扬在微风之中的英国国旗，分析道，占领那处山地还需要奋战一周左右。新加坡后方有一座防御坚固的小岛，左手边则是樟宜堡（Fort Changi），攻下此二处亦非易事。总而言之，要突破最终防线，依然是一个长期目标。

正在此时，一名前线指挥官打来电话，称英军派遣使节前来，携有休战旗。

杉田一次中佐乘车前往会见英军投降使节团，此人正是2月11日那份山下劝降信的执笔者。"如果贵军有意投降，"杉田用日语说道，"我军可以接受休战。贵军是否愿意投降？"

英军译员是一个上尉，名叫西里尔·H. D. 维尔德（Cyril H. D. Wild），此人是纽斯卡尔（Newcastle）主教之子，生得长身碧目。"我军愿意投降。"

维尔德说道。

杉田请维尔德回去，把白思华及其麾下参谋带来此地，然后一起去见山下将军。英军使节团表示同意，驱车回营。

约下午 4 点 45 分，杉田再次乘车赶往前线，与白思华、维尔德及另外数名英军军官会面。一行人分乘两辆汽车，前往武吉知马村以北的福特工厂（Ford factory）。杉田坐在白思华旁边，用英语断断续续地自我介绍，说道："贵军与我军交战两个月，终于要来到终点。我对英军的抵抗表示敬意。"

白思华鲜少开口。那或许是他一生中最为痛苦的时刻。遥远的英格兰，女儿玛格丽（Margery）正在庆祝 12 岁生日。

抵达目的地，一行人从两辆汽车下来，白思华举着白旗，进入已成为日军新司令部的福特工厂。很快，山下出来接见众人。

"本人刚刚收到答复。"山下用日语说道，"皇军只接受投降，其余皆不作考虑。"

日方译员原是一名大学教授，用蹩脚的英语为山下翻译。杉田中佐与维尔德上尉分别使用对方的语言，为谈判提供协助。

"恐怕，晚上 10 点 30 分之前我军无法给出最后答复。"白思华瘦长的面庞通红，双眼布满血丝。

山下有些恼怒，抬高声音说道："你就只回答，到底降还是不降。赶紧谈拢，我军随时可以重新开火。"

含混不清的谈判缓慢地进行着，日方译员已由杉田担任。谈判之所以进展不顺，部分原因是杉田英语水平不佳，而维尔德对日语也很生疏；另一部分原因自然是白思华有所抗拒，无法达成协议。在杉田看来，谈判场景既显得剑拔弩张，又令人忍俊不禁。

最后，山下不耐烦地说道："若不投降，我军今夜便按原计划发动进攻。"

维尔德将山下的话翻译成英语，白思华面露讶色："日军难道不能保持现有位置不变？明早 5 点 30 分，我们可以继续谈判。"

"荒唐！"山下音量又高出几分，"打还是不打，就是今晚的事情。希望你能意识到，问题关键就在这里。"

"今晚 8 点 30 分，两军停止交火，"白思华声音细不可闻，"双方都保持现有位置，可以吗？"

山下同意日军保持现有位置，双方 8 点 30 分停止一切交火行为，并开出自己的条件：英军解除全部武装，只保留 1000 名武装士兵维持市内治安。见白思华不答话，山下继续说道："我方提出的条件，你已经答应，但你还没有明确表示究竟是否投降。"

白思华清了清嗓子，点点头。

"既然接受条件，"山下怒道，"那就明确说出来，'Yes'还是'No'！是战还是降！"

"是，"白思华气若游丝，"我接受。"然后补充道，"还有一个要求：贵军是否会保护妇孺及英国平民？"

"会。请在停战协议上签字吧。"

经过 50 分钟紧张的谈判，晚上 7 点 50 分，白思华在协议上签下名字。

两名将军离开工厂后，两个疲惫的译员仍留在房间内整理协议文件的细节。开始工作之前，杉田递给维尔德上尉两包食物。此时，杉田对维尔德已产生某种友情。

按照协议，晚上 8 点 30 分，激烈的战斗声戛然而止。突然间到来的安静，只让市民感到茫然与诡异。"狮城"新加坡已死。圣安德烈教堂内，中殿与过道躺满伤员。医生与护理人员一边工作，一边轻声抱怨着。新加坡主教约翰·伦纳德·威尔逊（John Leonard Wilson）听说英军投降，带领众人举行一场小型礼拜。礼拜最后，一名军医少校弹奏风琴，众人齐唱道："我灵，赞美天上君王。"

新加坡战役落下帷幕，宣告曾被认为最为坚不可摧之要塞现已落入敌手。新加坡之战的败北，给英国带来史上规模最大、性质最严重的一次投降。70 天里，山下军伤亡 9824 名，在马来半岛推进 650 英里；英方损失138708 人，其中 13 万人沦为战俘。此役失去的不仅是一座城市，更是一个帝国。

———

2月15日晚间,新加坡以南的海域上散布着快艇、巡逻艇及各式各样的小船只,载着最后时刻逃离城市的难民,其中包括戈登·贝内特将军、印军第12旅旅长帕里斯(Paris)准将和澳大利亚政府代表 V. G. 鲍登(V. G. Bowden)。更往南边,斯科特避难船幸存者正在奋力逃生,有的逃往苏门答腊岛北部海岸,有的选择在"千岛链"之间藏身;该船队的绝大多数难民都已被俘或身亡。

"公和号"上的132人依然健在,也没有被俘。14日那天逼近海岸的巡逻艇并非日军,而是一名苏格兰种植园主驾驶的舱式游艇。那个园主告诉众人,如果情况允许,第二天会派一艘救援船前来小岛。

此时正是园主做出承诺的第二天,2月15日晚上,麦克丹尼尔等人翘首等待着船只。接近晚上10点,海上终于出现一阵手电筒光束;麦克丹尼尔看出那是两长两短的信号。救援船看来就在1英里外。

"你会游泳吗?"麦克丹尼尔问多丽丝·林。林说自己不会,但在麦克丹尼尔与斯蒂尔的帮助下,感觉能浮起来。于是,三人与约60名难民翻越尖锐的珊瑚礁,朝着信号涉水而去。与海浪恶斗3个小时,麦克丹尼尔、两名同伴及一同踏上冒险之旅的约半数难民终于游到脏兮兮的渡轮跟前,累得浑身瘫软;船员将众人吊上去。船长是个马来亚当地人,又多等待半个小时,载上那些落在后面的难民,最后朝西南方向驶去。

三小时后,渡轮穿越赤道;日出时,众人已抵达苏门答腊岛北部海岸,能够看到那植被茂盛的丘陵。船长找到印特拉吉利河(Indragiri)河口,便驾驶船只进入内陆,朝西南方向逆流而上,并告诉麦克丹尼尔:狭长的苏门答腊岛两处尖端已被日军占据,要想逃生,只有横穿岛屿内陆。渡轮打算尽可能沿河溯流,无法继续行驶时,众人便要下船,或步行,或乘牛车,或驾车横穿苏门答腊岛,前往南部海岸的巴东市(Padang)。如果运气足够好,巴东市会有前往锡兰或爪哇的渡船。

麦克丹尼尔希望是爪哇，因为妻子正在爪哇等着自己。

———

2月16日清晨，日本本土洋溢着胜利的喜悦。日本主流报纸《朝日新闻》在报道新加坡大捷时以头条标题写道：大东亚战争全局已定。

帝国大本营报道部部长大平秀雄大佐在接受采访时讲道："短短3天内攻克新加坡岛，此等殊勋伟业，非皇军不可成就。日本正是太阳，为世界带来和平之光：沐浴阳光者，自然茁壮成长；抗拒阳光者，唯有烈焰焚身。帝国3000年辉煌历史，美英两国实应念兹。

"本人在此郑重宣布，皇军攻克新加坡，战争整体局势已然确定。最终之胜利，必将属于大日本帝国。"

日本赋予新加坡一个新的名字：昭南（Bright South）。

第十五章　"荷兰将士钢浇铁铸"

1

2月19日，接近黎明时分，苏门答腊岛南部海上，耶茨·麦克丹尼尔望着黑暗的海岸线从自己左手边迅速滑过。一系列机缘巧合之下，麦克丹尼尔与多丽丝·林正在一艘英国驱逐舰上，急速向东赶往爪哇。原来，两人下船之后，辗转乘坐牛车、公交车及轿车，横穿苏门答腊岛来到巴东，在当地一家酒馆得到小道消息，便乘电车赶往附近的恩玛港（Emmahaven），并于18日下午登上驱逐舰。此时，驱逐舰正沿着海岸向东南方向行驶，预计日落之后左转北上，尝试在夜幕的掩护下冒险突破苏门答腊与爪哇之间那条危险重重的海峡。驱逐舰的目的地是爪哇首府巴达维亚（Batavia）；爪哇岛地势狭长，东西横亘800英里，巴达维亚正坐落在岛屿北岸。

逃离新加坡的难民之中，死亡及被俘者已超过半数。年事已高的澳大利亚政府代表 V. G. 鲍登遭到日军俘虏，被强迫劳动后遭到枪决，埋在自己挖掘的坟墓里；曾在马来亚指挥作战的斯普纳海军中将及普尔福德空军少将所乘船只遇难，与另外16人漂流至一座疟疾肆虐的小岛，此时已奄奄一息。与麦克丹尼尔一样抵达巴东的难民不少，但其中许多都在前往锡兰或爪哇的途中，船只遭到击沉，葬身鱼腹。

谈及日军，驱逐舰上众人完全是另一副态度，让麦克丹尔颇为高兴。早在苏门答腊岛上，众人提及荷属东印度，纷纷称赞其作战顽强，防御坚固。此时依然有人相信日军并非不可挫败，确实令人耳目一新；不过，也有传言称，荷军与美国亚洲舰队之间存在矛盾。荷兰海军中将赫尔弗里希（Helfrich）希望与日军干上一架；美军哈特海军上将则表示，反抗无异于自取灭亡。

————

麦克丹尔即将来到的，是另一个濒临崩溃的帝国。

英美荷澳司令部位于爪哇岛中部山区城市万隆，距离巴达维亚80空英里。司令部里，陆军上将阿契博尔德·韦维尔爵士愁容满面。丘吉尔与罗斯福要求韦维尔守住"马来亚屏障"（Malay Barrier），谁知那屏障很快变得有名无实：左翼新加坡已然陷落；中部爪哇岛上，日军正在进行巧妙的安排，以期对盟军致命一击。

爪哇岛已遭到孤立。西部的苏门答腊岛，正陷没于日军伞兵及此前不久的登陆部队；东部那座颇具异国风情的巴厘岛（Bali），也遭到另一支登陆船队入侵。韦维尔十分清楚，日军必已派出大型船队，朝着爪哇岛而来。数日之前，韦维尔曾因一场小事故落下伤病，至今尚未恢复：2月10日那天，韦维尔最后一次从新加坡返回爪哇，黑夜之中在码头不慎跌落，摔断背部两块小骨头。

荷美海军之间关系确实一度恶化，韦维尔为此曾有烦恼。双方之立场，韦维尔都能够理解。哈特是一位老者，身材瘦削却并不羸弱，性格冷静寡言；赫尔弗里希是个谢顶的矮胖男子，精力过人；韦维尔对两人都颇为钦佩。不过，由于赫尔弗里希提出，愿意在日军登陆之前进行海战，韦维尔最终选择支持荷兰。另外，保卫新加坡时，荷军慷慨提供援助一事，也让韦维尔永生难忘。荷军并不强大，却毫不犹豫地拿出潜艇、飞机及兵员，派往马来亚保卫新加坡。

荷美海军之间事出有因的冲突，所幸没有持续太久。在华盛顿许多幕后工作的影响下，罗斯福总统做出判断，认为长年劳顿的哈特将军已是 64 岁高龄，此时进取心不足，继续指挥英美荷澳海军有些不合适。于是，5 天前，军方正式宣布哈特将军身体不适，主动要求退役。如今，四国海军司令的重担交在赫尔弗里希肩上，哈特则踏上告老还乡的旅途。

司令部不远处，正是康拉德·E. L. 赫尔弗里希海军中将的住所。将军始终相信日军并非不可战胜；当然，取胜不能依靠逃跑。与韦维尔一样，赫尔弗里希对哈特也心怀敬佩。然而，当哈特提出荷属东印度根本守不住时，赫尔弗里希大感震惊。单凭微弱的荷军舰队，赫尔弗里希已经证明过，以弱击强亦能对日军造成伤害：荷军潜艇部队规模不大，而其击沉的日军舰船吨位，已超过美军飞机、舰船、潜艇击沉成果之总和。

赫尔弗里希获悉，美军战果不佳的主要原因是高层曾有明确指示称，作战务必谨慎。在赫尔弗里希看来，美军将巡洋舰和驱逐舰安排在遥远的南部海域，无法与敌军正常作战。遭到连番数落的美海面部队，最终在 1 月 24 日首次发动攻击，取得巨大战果：4 艘驱逐舰果敢出击，击沉 3 艘敌运输舰。此战证明赫尔弗里希所言不虚，日军并非不可战胜。而且，战斗爆发的地点并不是爪哇岛海滩，而是更北部的海域——望加锡海峡（Makassar Strait）。

2

日本海军自菲律宾南下以来，一路上所向披靡，这让赫尔弗里希惊讶不已。日军在西南太平洋只遇到少量荷澳部队顽强抵抗，已攻占婆罗洲及西里伯斯（Celebes），并在苏门答腊与新不列颠（New Britain）建立起稳固的立足点。

西南太平洋战场的首要目标正是爪哇岛，攻陷该岛即意味着东印度战役结束。不过，征服行动必须快如闪电，否则，荷军便会销毁岛上丰富的石油、锡、钨储备；那样一来，日军整部战争机器将会无法运行。

日军派出两支大型登陆船团，准备从东西两侧登陆爪哇。西侧登陆部队分乘 56 艘运输舰，前一日离开中南半岛；东侧登陆部队正是从本间军抽调的第 48 师，分乘 40 艘运输舰刚刚离开菲律宾南部。两支船团皆有强大的巡洋舰、驱逐舰护卫，预计于 2 月 27 日登陆。

———

赫尔弗里希愿意付出一切努力阻止日军入侵爪哇；即便无法阻止，至少要拖延其入侵进程。四国海军舰队中，半数正在荷兰将领卡雷尔·多尔曼（Karel Doorman）率领下，沿爪哇岛南海岸向东驶往巴厘岛。赫尔弗里希刚刚获悉日军已在该岛登陆，决心荡平其滩头堡。倘若巴厘岛遭到完全占据，守住爪哇的可能性便又要降低几分。巴厘岛大小与新加坡岛相仿，西侧隔着狭窄的峇里海峡（Bali Strait）与爪哇岛相望；东侧是一道更为重要的分隔线——龙目海峡（Lombok Strait），该海峡水深而宽，在日本与澳大利亚之间的群岛屏障中，是最主要的一扇大门。

龙目海峡极具战略意义，数世纪来为海盗所盘踞，有"红辣椒海峡"（Strait of the Red Peppers）之称。亚洲与大洋洲像是在龙目海峡分道扬镳。海峡以西的巴厘岛是纯粹的亚洲岛屿；东边的龙目岛（Lombok）与巴厘岛仅相隔 25 英里，却繁衍着截然不同的草木与鸟兽。龙目岛呈头盖骨状，像是一个奇异的过渡地。

傍晚时分，赫尔弗里希越发确信，若要荡平至关重要的巴厘岛滩头堡，只有让多尔曼率舰队出击。原来，当天美军轰炸机从爪哇岛空军基地出发，对巴厘岛展开 18 次空袭，却只对日军 2 艘运输舰、4 艘护航的驱逐舰造成些许损害。

赫尔弗里希与多尔曼匆忙制订出一套简易作战计划。战局已处于争分夺秒的状态，两人认为没有时间集中兵力，只能分三波展开攻击：起初是 2 艘巡洋舰、3 艘驱逐舰掉头向北，穿越龙目海峡发起突袭；接着是 1 艘巡洋舰、4 艘驱逐舰跟上；最后由 5 艘鱼雷艇前往扫荡残敌。

——

　　夜幕降临,载着麦克丹尼尔等新加坡难民的驱逐舰绕过苏门答腊东端,冒险转头向北,冲入分割苏门答腊岛与爪哇岛的巽他海峡(Sunda Strait)。

　　夜色渐深,紧张氛围愈加浓厚。接近晚上 10 点,麦克丹尼尔向左舷前方看去,发现一座圆锥形的山体,异常地耸立在海中。那就是喀拉喀托火山(Krakatao)。该火山 1883 年曾有一次喷发,巨大潮汐翻涌东去,甚至抵达遥远的夏威夷。驱逐舰将在一小时内穿过海峡最狭窄的部分,那里两岛之间仅相距 14 英里。史前时代,苏门答腊岛与爪哇岛本为一体,后因火山爆发而割裂,诞生出巽他海峡。

　　此时,爪哇岛的另一端,多尔曼率领的巴厘岛攻击部队第一拨正自南向北,冲入龙目海峡。多尔曼乘轻型巡洋舰"德·鲁伊特号"(De Ruyter)一马当先,其主炮对准右舷;接着跟上的是另一艘荷军轻型巡洋舰"爪哇号"(Java),炮口对准左舷;后方 3 英里处是 1 艘荷军驱逐舰,2 艘美军驱逐舰紧随其后。

　　夜里 10 点 20 分,"爪哇号"左舷发现敌舰踪影。巴厘岛上有一座巴厘山(Mount Bali),高 10000 英尺,当地人奉为圣山。在该山的阴影下,敌舰踪影难以辨认,荷军推断是 3 艘巡洋舰。5 分钟后,"爪哇号"果断开火。

　　所谓的"3 艘巡洋舰",实际上是 1 艘运输舰与 2 艘护卫的驱逐舰,刚刚将登陆部队在岛上卸下,准备返回望加锡(Makassar)港。发现不明炮击,日军舰只迅速朝海面打去探照灯,发现 2 艘荷军巡洋舰,旋即开火。

　　"德·鲁伊特号"炮口朝右,无法对位于左边的日舰做出反击;不过"爪哇号"确有一发炮弹命中日军运输舰。盟军落在后面的 3 艘驱逐舰向北加入战圈时,2 艘荷军巡洋舰已毫发无伤地驶过龙目海峡,左转朝母港泗水(Surabaja)而去。

　　盟军 3 艘驱逐舰则没有此等幸运。经过不到一小时的战斗,荷军驱逐舰沉没,2 艘美军驱逐舰掉头返回南部海域。

　　两小时后,即 2 月 20 日凌晨 1 点 15 分,由 4 艘美军驱逐舰及 1 艘荷军巡洋舰——"特隆普号"（Tromp）组成的盟军舰队第二波呈一列纵队，以 25 节的速度向北进入龙目海峡。

此时，日军 2 艘驱逐舰来援。盟军纵队穿越海峡时，合计 4 艘日军驱逐舰猛烈开火，荷军巡洋舰"特隆普号"及美军驱逐舰"斯图尔特号"（Stewart）遭受重创。日军方面，1 艘驱逐舰遭到轻微损坏，7 名乘员死亡；另 1 艘驱逐舰机舱遭到炸毁，死亡 60 人，依然自行撤离作战海域。即使单从战损数据来看，此战也是日军胜利；更何况，盟军作战目的本是荡平巴厘岛上日军滩头堡，结果连滩头堡的边儿都没有碰到。

然而，赫尔弗里希收到的战报却充满着乐观情绪。多尔曼报告称：第三拨 5 艘鱼雷艇并未遭遇敌军，龙目海峡风平浪静。消息传来，赫尔弗里希颇感振奋，却并不至于欢欣鼓舞。巴厘岛及其主要机场依然落在日军手里；不需太久，日军便能够以该岛为基地，对爪哇展开空中袭击。

———

载着麦克丹尼尔的英军驱逐舰突破巽他海峡时，夜色已漆黑如墨；而当船只绕过爪哇岛西段，沿北海岸向东行驶 100 英里，抵达巴达维亚港时，已是日出时分；麦克丹尼尔与多丽丝·林步行来到美联社分社所在的印迪斯大酒店（Des Indes Hotel）时，日头已高高升起，暑气逼人。分社同事告诉麦克丹尼尔，其妻已疏散至澳大利亚。此外，提前一日与大批军民一同撤离新加坡的"新闻片之王"也有一张便条留给麦克丹尼尔："多丽丝拜托你了。请让她取道锡兰，前往加尔各答（Calcutta）。"

数日以来的逃亡生活使得麦克丹尼尔身心俱疲，刚倒在酒店床上，立刻沉沉睡去；谁知入睡没多久，一通电话将他吵醒。原来，位于纽约的美联社总社听说麦克丹尼尔平安脱险，希望他将冒险故事写成报道。

此时，韦维尔将军正在 90 空英里外的山城万隆阅读华盛顿联合参谋首

长团(Combined Chiefs of Staff)①发来的电报,命令 ABDA 联军死守爪哇,不得退缩:

> 坚持一日,有一日之重要性。不得撤出任一国家之地面部队或航空部队。不得投降。

3

2月22日上午,日军两支登陆船团距离爪哇岛只剩下6天路程。随着登陆预计日期临近,日军派出强力舰队在西南太平洋地区汇集,其总战力为:战列舰4艘、航空母舰5艘、重型巡洋舰9艘、轻型巡洋舰7艘、驱逐舰52艘。

韦维尔无从得知日军舰队具体构成,却也明白,"ABDA"那羸弱的舰队必定处于劣势。22日当天,韦维尔给丘吉尔发去一封基于现实的电报:

> 请恕直言:"ABDA"防线恐已崩坏,爪哇岛之防御或难长久坚持。一切皆取决于空中作战……继续向爪哇投入资源也无济于事,此时我军真正面临的问题,是决定何物应当损毁,何物应当保留……依敝人看来,该司令部之存续亦无甚意义……至于敝人自身,依旧与此前别无二致,始终希望奋战于阁下指示之地,献上尽善尽美之战果。此次作战失利,致使阁下与总统先生蒙羞,实属敝人力有未逮;若以他人挂帅,形势或不至此……荷兰将士钢浇铁铸,敝人实不忍遗其于此;若蒙阁下首肯,敝人愿驻留爪哇,与荷军并肩奋战。

---

① 联合参谋首长团,1942年由英国参谋长委员会(Chiefs of Staff Committee)与美国各参谋长联合组成的最高军事决策机构。此时美国尚无与英参谋长委员会相对应的机构,后为方便协调工作,成立美国参谋长联席会议(Joint Chiefs of Staff)并沿用至今。

谨祝阁下诸事顺遂。此固危急存亡之秋，唯阁下一身豪气，必得擎天只手，化险为夷。

次日，爪哇岛局势越发恶化。遭受重创的"斯图尔特号"停泊在干船坞，由一批荷兰工匠修理，却由于支撑不当，不慎倾覆；司令部无奈，只得下令弃舰。此外，爪哇岛虽是全球最大的石油产地之一，但依然存在燃料补给问题。原来，大部分储油罐都设在岛屿内陆，海岸储量不足；且由于空袭加剧，石油工人大多已逃往山区。

盟军防空力量原本就是短板，此时更是消耗殆尽，几乎无法做出有效抵抗。荷兰航空部队最初由 200 架旧式轰炸机及战斗机组成，此时仅剩下寥寥数架；英国空军也有几架飞机，乃是马来亚战败后的残部；另外就是美军派往爪哇的航空部队，原本有 111 架，此时只剩下 23 架重型轰炸机和少数几架战斗机。美军第一批派遣至荷属东印度的飞机是菲律宾战役幸存下来的 11 架"空中堡垒"，该支部队抵达之后，连续数周都是对抗日军的唯一重型轰炸力量；接着是 38 架 B-17E 轰炸机及 12 架双引擎轰炸机，从麦克迪尔基地(MacDill Field)出发，跨越半个地球来到荷属东印度。美军飞机日复一日执行任务，从 30000 英尺高空轰炸，到 1500 英尺低空袭击，各式各样战术都曾尝试过，然而至此时为止，击沉的只有 5 艘运输舰与 2 艘油轮。战果不佳有其原因：许多机组人员及一部分飞行员此前几乎没有接触过"空中堡垒"或"LB-30"；由于地面防空力量匮乏，空中预警及战斗机掩护不足，轰炸机中 26 架遭到炸毁时还停在机场；此外，在热带风暴影响下，情报不足，成功出击的轰炸机当中，也只有大约半数能够成功找到空袭目标。

美军战斗机面临的情况与轰炸机大致相同。从澳大利亚赶来的 83 架"P-40"当中，只有 39 架成功抵达。（其中数架的飞行员从未驾驶过"P-40"）该支战斗机部队倒是曾打下几架"零式"，然而数量差距毕竟悬殊，最多也只能拖延敌机行进速度，无法起到扭转战局的作用。

——

2月23日晚上,耶茨·麦克丹尼尔把多丽丝·林带到巴达维亚码头,让她乘上一艘开往锡兰的客船。此前麦克丹尼尔已与英国领事馆沟通过,成功地让领事馆官员相信多丽丝是英国公民。该船是一艘现代客船,航速颇快,并无护卫舰跟随。尽管存在遭到日军袭击的风险,多丽丝依然十分开心。

了却一桩要事,麦克丹尼尔重拾无忧无虑的心情。不过,此时还不能启程前往澳大利亚;爪哇岛上还有不容错过的重大新闻等着麦克丹尼尔报道。

———

在万隆,韦维尔将军收到另一份噩耗:日-澳群岛屏障中最东端的岛屿——极具战略意义的帝汶岛(Timor)落入敌军之手。如此一来,东西两端都被日军把控,中央的爪哇岛遭到孤立。作为天下最为富裕的地域之一,爪哇岛在敌军的魔爪之下显得软弱无助,唯一能够依靠的力量,只有赫尔弗里希的四国舰队。

尽管局势已四面楚歌,赫尔弗里希依然不肯放弃希望。在给伦敦方面的电报中,赫尔弗里希称英美两军态度过于悲观:

> 巽他、峇里两海峡未遭封锁,船运补给依然可行。此时尚不算为时已晚,但我军必须承担风险,迅速拿出方案,展开行动。

万隆一连数日弥漫着悲观气氛;2月25日,韦维尔解散 ABDA 总司令部,将荷属东印度最终防御权交给荷兰总督,将悲观气氛推至最高点。与荷军友人告别后,韦维尔回到宿舍收拾行装。接下来的任地是印度,韦维尔奉命就任总司令。印度会不会成为另一艘沉船?

此时,防御海上入侵的大任全部压在赫尔弗里希肩头。决战时刻步步逼近。25日上午,消息传来,称一支日军大型船团在强力舰队护卫下,正从望加锡海峡南下,预计将于两三天内抵达爪哇东部。守卫爪哇东部的正是多尔曼,此时却只有 1 艘重型巡洋舰、2 艘轻型巡洋舰及 7 艘驱逐舰;赫尔弗里希决定派出援军，上午 11 点 25 分，下令巴达维亚全部尚可作战的巡洋舰及驱逐舰向东转移至泗水，为多尔曼提供支援。

赫尔弗里希明白自己无法阻止日军登陆，但华盛顿联合参谋首长团已下达指示：保卫爪哇直到最后；若无法阻止日军登陆，则以杀伤敌军为优先目标。此时赫尔弗里希的任务，实际上是在日军登陆之前尽最大努力造成杀伤。这位荷军将领已将胜败置之度外，一心只顾在爪哇海上杀敌。

当天下午，5 艘军舰飘扬着舰旗，从巴达维亚海军基地丹戎不碌（Tanjung Priok）起航，前往支援多尔曼。耶茨·麦克丹尼尔望着舰船离港，奔赴爪哇岛上最后一次英勇的防卫战。5 艘军舰分别是英军重型巡洋舰"埃克塞特号"（Exeter），曾与德军"施佩伯爵号"（Graf Spee）激战而名扬天下的澳军轻型巡洋舰"珀斯号"（Perth），外加 3 艘英军驱逐舰。五舰向东驶去，显得刚毅果决，信心十足；麦克丹尼尔从旁望去，却回想起最终惨败的"威尔士亲王号""反击号"及其护卫的驱逐舰从新加坡港驶出时，同样是此番光景。

此时，麦克丹尼尔启程前往商船码头。爪哇岛上的报道已经结束，他准备搭乘一艘荷兰的牲畜运输船，于日落时分离开。麦克丹尼尔自然明白此行凶多吉少，但要离开爪哇，这显然是最后的机会。向船上众人打听目的地时，对方只是一脸茫然，麦克丹尼尔只能暗自祈祷船只驶向澳大利亚。然而，转念一想，麦克丹尼尔又产生一丝担忧：倘若船只真是驶向澳大利亚，对盟军而言是否不吉？ 自己最开始在新加坡，新加坡投降；后来前往爪哇，爪哇也即将沦陷；下一个会是澳大利亚吗？

4

2 月 26 日凌晨，两支日军登陆船团已分别逼近目的地。西部 56 艘运输舰由 2 艘轻型巡洋舰、2 艘驱逐舰护卫，并由 4 艘重型巡洋舰掩护，距离爪哇岛西端约 250 英里。

东部 40 艘运输舰由 1 艘轻型巡洋舰、6 艘驱逐舰护卫,距离爪哇岛东端不足 200 英里。附近另有一支援护舰队,由 2 艘重型巡洋舰、1 艘轻型巡洋舰和 7 艘驱逐舰组成。全体部队由高木惣吉海军少将[1]指挥,此人颇具才干,性格却谨小慎微。

赫尔弗里希知道西部也有一支登陆船团,但他判断东部更加危险,因此决定将全部力量集中在泗水,交给多尔曼指挥。正午之前,两架盟军飞机在泗水东北约 175 英里处发现日军船团。赫尔弗里希收到报告,随即命令多尔曼日落后率全体舰队驶出港口,与敌舰接战。多尔曼与高木之间的决战不可避免,已是迫在眉睫。

数小时后,赫尔弗里希收到另一份报告,大惊失色。英国皇家空军侦察到爪哇岛西端的另一支大型登陆船团。飞机侦察时,船团看起来是在朝北航行,远离爪哇,但赫尔弗里希明白,那就是西部登陆船团,只是过早抵达,正在原地打转消磨时间,以配合整体行动计划。

面对敌人,盟军已无多少部队,只有 1 艘轻型巡洋舰"霍巴特号"(Hobart)、2 艘老旧巡洋舰和 2 艘同样老旧的驱逐舰。赫尔弗里希命令 5 艘舰船天黑从巴达维亚出发,前去攻击西部敌舰。

没过多久,荷兰航空部队司令,此时亦是 ABDA 联合航空部队长官 L. J. 范·奥恩(L. J. van Oyen)中将[2]传来消息称,自己曾下达作战直至最后的命令,美军却充耳不闻,大部分飞机正在离开爪哇;地面整备部队则乘上火车,前往爪哇南部海岸小镇芝拉扎(Tjilatjap),此处有一艘驶向澳大利亚的货轮。范·奥恩痛心地说道,美军此举无异于临阵脱逃。下达撤退命令的是尤金·尤班克上校,上校只是服从长官布雷顿将军的特别指示,而布雷顿此时已飞往印度。

---

① 原文有误。旧日本海军确有高木惣吉(1893—1979)其人,但此处指挥爪哇海战役的日军将领实为高木武雄(1892—1944)。

② 此人全名鲁道夫·亨德里克·范·奥恩(Ludolph Hendrik van Oyen),简写疑应作 L. H. 范·奥恩。另外,此人 1943 年方晋升中将,此时军衔仍是少将。

肤色不一、民族各异的英、澳、中、荷、印、美诸国士兵纷纷拥至芝拉扎，寻求逃生机会。人人都看得出，爪哇陷落只是时间问题。

远离疯狂的战场，丘吉尔给那些选中留在爪哇，准备与日军进行陆战的英澳两军指挥官发出最后一封电报：

> 本人谨在此向各位将士及曾在爪哇作战的大英帝国各级官兵致以祝福，愿诸位旗开得胜，载誉而归。贵地每坚守一日，价值都难以估量。相信诸位定会各尽人事，将战斗之进程尽可能延长。

晚上 6 点 30 分，多尔曼率 14 艘舰船驶离泗水。多尔曼身材高大，发色颇浓，双肩略有下垂。赫尔弗里希对其十分欣赏，称此人精于韬略，泰山崩于前而色不变。与赫尔弗里希一样，多尔曼随时准备为荷兰女王献出生命；与爪哇岛上每一名荷军士兵一样，多尔曼同时也在为祖国、家庭及未来而战。

暝色之中，纵队向北驶入爪哇海，而后东转展开夜间搜索，找寻高木运输舰及军舰之所在。

一列纵队驰骋于海上，景象颇为振奋人心，船上众人大多引以为豪。然而，舰队毕竟是东拼西凑而成，各国海军作战之原则、理念、技术都大不相同，实际上相当于各自为战。此外，起航之前，多尔曼下达的最后一次指示过于匆忙，自然也就不够清晰完整。在服役于"休斯敦号"（Houston）的 H. S. 小哈姆林（H. S. Hamlin, Jr.）海军中尉看来，盟军舰队就像从未打过一场练习赛的 11 名全明星，生生被拉到一起，要与圣母大学（Notre Dame）队①比赛。

晚上 8 点 55 分，赫尔弗里希向舰队发出指令：务请持续攻击，直至歼灭敌军。赫尔弗里希希望多尔曼明白，必须不惜一切代价，立即发起进攻。开

---

① 圣母大学队，全称圣母大学爱尔兰战士美式足球队，在美式足球大学球队中拥有首屈一指的实力。

战晚一分钟，便多一分危险。只有先下手，盟军舰队才能够发挥数量优势。

多尔曼沿着海岸搜索一圈，没有发现敌舰踪影。拂晓时分，多尔曼要求泗水派出空中援护，无果。数小时后，日军轰炸机对舰队展开骚扰，但未造成损伤。经过一夜徒劳无功的搜索行动，舰队气衰力竭，多尔曼决定返回母港。

当天上午，爪哇岛南部海域零零星星地散列着逃往澳大利亚的舰船，只有两艘舰船载着美军战斗机，朝北驶向芝拉扎。一艘是货轮"海魅号"（Seawitch），载有 27 架"P-40"；另一艘是水上飞机母舰"兰利号"（Langley），载有 32 架整装完毕的"P-40"与 33 名陆军航空部队飞行员。没有武装舰队护卫，两舰火速赶往爪哇岛。

"兰利号"位置领先于"海魅号"，预计当天下午抵达芝拉扎。舰船上乘员深知白天接近爪哇岛十分危险，但赫尔弗里希认为战局分秒必争，在美海军格拉斯福德（Glassford）将军的首肯下，坚持要求"兰利号"尽早抵达。毕竟，爪哇海上即将展开一场恶战，ABDA 舰队却还没有空中掩护。

上午 8 点，一架日军侦察机发现"兰利号"，随即向巴厘岛上日军最新占领的航空基地发出警报。上午 9 点 55 分，16 架一式轰炸机与 16 架零式战斗机从巴厘岛上起飞，前往袭击"兰利号"。

中午 12 点 10 分，7 架一式轰炸机对"兰利号"展开轰炸。舰长 R. P. 麦康奈尔（R. P. McConnell）海军中校命令"兰利号"全速右转，躲过炸弹。剩余 9 架一式轰炸机投下首轮炸弹，"兰利号"同样成功躲开；12 点 15 分，9 架轰炸机急转直下，再次发起袭击，5 枚炸弹命中"兰利号"，甲板上的飞机燃起大火。"兰利号"建造于 1922 年，被视为美国第一艘航空母舰，曾搭载著名飞艇"仙纳度号"（Shenandoah）。

半小时后，"零式"断断续续地朝甲板上的飞机射击；最终，甲板响起巨大爆炸声，"零式"掉头离开。下午 1 点 32 分，麦康奈尔下令全员弃舰。

————

"兰利号"受到袭击时，爪哇岛以北，多尔曼的 14 艘舰船仍在返航途中。

第十五章 『荷兰将士钢浇铁铸』

下午 2 时 27 分，轻型巡洋舰"德·鲁伊特号"——该舰亦是多尔曼之旗舰——正要进入泗水港，赫尔弗里希发来一则消息，要求部队前往巴韦安岛（Bawean Island）东侧海域攻击敌舰；此地位于泗水以北，相距约 90 英里。

情况紧急，没有时间制订作战计划。此外，各国舰队之间尚未建立统一的信号标准，因此多尔曼只能将赫尔弗里希的命令交给船上一名美军联络官，由美军翻译成英文，发送给"休斯敦号"；"休斯敦号"通过无线电语音将其口头转达给美军各驱逐舰。至于英澳舰只，收到的则是以未加密英文打来的闪光信号及旗语：

跟随我舰。敌舰在 90 英里外。

第十六章　爪哇海战役

1

多尔曼舰队迅速掉头，再次起航。各舰官兵无不斗志昂扬。打头的是3艘英军驱逐舰，并作一排，朝西北驶去；跟在后面的是多尔曼的旗舰"德·鲁伊特号"；旗舰身后是4艘巡洋舰列作纵队——英军著名重型巡洋舰"埃克塞特号"、曾四度搭载富兰克林·罗斯福的美军重型巡洋舰"休斯敦号"、澳军轻型巡洋舰"珀斯号"，以及荷军轻型巡洋舰"爪哇号"；巡洋舰纵队左边是一列驱逐舰纵队，由2艘荷军驱逐舰领头，后面跟着4艘老旧的美军四烟囱驱逐舰。

四国海军官兵欢欣不已。此前一个月里，舰队只能白白遭受日军空袭，此时终于迎来海上反击、一雪前耻的机会，众人顾不上吃饭，迅速各就各位。敌舰随时可能出现在海平线上。

多尔曼舰队并未搭载水上侦察机；因为之前仅考虑到夜战情况，舰队前一日离开泗水港时没有将侦察机带走。此时，舰队像是一群盲人，在危机四伏的大海上摸索前行。多尔曼再次通过无线电向泗水要求空中援护。之前那次，赫尔弗里希就向航空部队司令提出请求，最终无果；此时收到多尔曼的消息，赫尔弗里希再次以自己的名义要求飞机出动，却依然遭到拒绝。航空部队司令称，可用的只有8架荷军战斗机，且已有任务在身：当天下午轰炸机部队预定对高木舰队展开空袭，需要8架战斗机随行护卫。如此一来，多尔曼只剩下两种选择：返回母港，或者在没有空中掩护的情况下继续冲锋。最终，14艘舰船依然朝着西北驶去。

————

日军舰队相对于盟军拥有两点优势：其一，高木将军并不像盲人，3架水上侦察机已发回报告称，多尔曼舰队正朝自己驶来；其二，盟军只有14艘舰船，而日军拥有17艘，数量上占据优势。两军各有2艘重型巡洋舰，但高木通过13艘驱逐舰拉开数量差距，在决战中优势更大。盟军唯一的优势是3艘轻型巡洋舰，比日军多出1艘。

得知多尔曼舰队朝自己驶来，高木敏锐地察觉到盟军主要目的是击沉运输舰，于是命令南下爪哇途中的40艘运输舰掉头离开，同时命西村祥治海军少将率第4水雷战队于运输船团南侧警戒；该战队由轻型巡洋舰"那珂号"（Naka）及6艘驱逐舰组成。西村以东是高木亲率的主力舰只——2艘重型巡洋舰"那智号"（Nachi）、"羽黑号"（Haguro）。高木以东则是田中赖三海军少将①所率的第2水雷战队，由轻型巡洋舰"神通号"（Jintsu）及7艘驱逐舰组成。下午3点15分，高木舰队布阵完毕，只待蒙着双眼的多尔曼自投罗网。

收到敌军大型舰队向北奔袭的消息，应对自如的高木其实颇感惊讶。因为据航空情报局称，ABDA舰队连续遭到空袭，受损严重，已无法组织战斗。

海面天朗气清。高木亲率的重型巡洋舰"羽黑号"上，不少官兵感觉自己能够嗅到爪哇岛飘来的香气。那个充满异国风情的岛屿，众人已在书本上无数遍畅游，如今现实中登临的机会摆在眼前，自然令人心潮澎湃。"羽

---

① 田中赖三（1892—1969），日本海军将领。原文中"赖三"读音Paizo有误，当作Raizō。

黑号"舰桥上站着的官兵之中,有一个候补军官,名叫木村八郎;此人在珍珠港事件的 23 天前才从海军兵学校毕业,与舰上众人一样,感到激动而紧张。士兵身穿白色水兵服,头戴钢盔,底下紧紧缠着头巾,前去参拜舰内神社;军官则身穿白色军装,头戴遮阳帽,争相望向海面,希望第一个发现敌舰。

事实上,距离敌军最近的是向东数英里处的田中水雷战队。下午 4 点,"神通号"侦察员看到盟军舰只桅顶出现在东南 17 英里的海平线上。舰上官兵得知消息,无不斗志昂扬,坚信胜利的天平会再次朝着日本、朝着天皇倾斜。

很快,"羽黑号"也观测到敌舰。木村八郎只能看到"德·鲁伊特号"那高耸的桅杆,却感觉那构造奇形怪状,像是外星之物,不禁心生恐惧。木村从未体验过此等诡异的恐惧感。要论速度,是"羽黑号"更快;要论火力,"羽黑号"装有 10 门 8 英寸口径炮;然而,随着"德·鲁伊特号"渐渐驶近,船体越来越大,木村越发觉得来者像是一头史前怪兽。

————

盟军排头 3 艘驱逐舰中,位于中央的"伊莱克特拉号"在下午 4 点 12 分观测到田中水雷战队,随即向多尔曼报告:

> 敌巡洋舰 1 艘;大型驱逐舰多艘,具体数量不明。方位 330 度,航速 18 节,航向 220 度。

"伊莱克特拉号"无法看到田中以西、后方数英里处还有高木的 2 艘重型巡洋舰;而高木以西,还有西村将军的水雷战队。此时,3 艘日舰掉转航向,如同三支巨箭,朝着多尔曼两支纵队直冲而来。

多尔曼很快推测认为,敌舰试图从自舰前方横穿而过,于是将巡洋舰航速提至 26 节。2 艘荷军驱逐舰速度不足,落在后面;4 艘美军驱逐舰落后更远,多尔曼命令四舰保持队形。

高木的 2 艘重型巡洋舰——"那智号"与"羽黑号"逼近盟军舰队 28000

码处，于下午 4 点 15 分开火。8 英寸口径炮射出的炮弹落在"埃克塞特号"与"休斯敦号"前方，震起数层大浪，没有伤到舰只。

下午 4 点 16 分，盟军 2 艘重型巡洋舰几乎同时开火反击。双方火力相差悬殊。日军两舰共装有 20 门 8 英寸口径炮；而"休斯敦号"只有 6 门——早在 2 月 4 日，该舰 3 号炮塔遭到空袭毁坏，同时还有 46 人丧命——再加上"埃克塞特号"的 6 门 8 英寸口径炮，合计也只有 12 门。

"休斯敦号"船身随着炮击而猛烈摇晃，1 号炮塔炮长哈姆林（Hamlin）海军上尉透过潜望镜观察到，第一次齐射在日军重型巡洋舰周围激起大片水花，第二次齐射命中敌舰。与发炮时橙色的闪光不同，炮弹炸裂时的光芒是暗红色。哈姆林看见目标敌舰后部升起一股浓烟。很快，尾部冒起橙色火光，像是炮塔在燃烧。

哈姆林转头对准通音管，喊道："刚才那下，命中鬼子 1 艘 10 炮重巡！"

通音管通向炮室，炮手在里面挥汗如雨；动作之娴熟，像是一支杂技队伍。炮手忙碌得无暇观看外边战况，听到哈姆林传来消息，才纷纷欢呼起来。

———

此时，田中身在轻型巡洋舰"神通号"上，率领 7 艘驱逐舰朝盟军阵列先头发动炮击。"伊莱克特拉号"遭到跨射，舰体两侧掀起一层层浪。舰长 C. W. 梅（C. W. May）海军中校好似拥有读心术，不慌不忙地指挥舰只接连避过炮弹。炮弹瞄准的是"伊莱克特拉号"，落下时却无不坠入海中，激起绿色、黄色、红色等五彩斑斓①的水花。

炮手 T. J. 卡因不知为何，感到一阵欣喜。"伊莱克特拉号"上，与卡因怀有类似心情者不在少数。遭受敌机轰炸时，舰员或许会惴惴不安；而面临敌舰炮击，众人却怀有一种度假般的心情，着实反常。

英军 3 艘驱逐舰后方，多尔曼 5 艘巡洋舰保持一列，向前行驶。5 艘之

———

① 二战期间，日本海军会在炮弹中加入染色剂，以便观测浓烟之中炮弹的命中情况，加以调整。

中，只有"休斯敦号"与"埃克塞特号"2 艘重型巡洋舰能够提供火力，因为另外三舰的舰载炮射程不足。从后往前数第二艘巡洋舰是"珀斯号"，P. O. L. 欧文(P. O. L. Owen)军需少校站在后甲板尾部，观察战况。欧文登上"珀斯号"纯属偶然：此人原本接受安排，要在"霍巴特号"(Hobart)服役，谁知由于空袭，在巴达维亚错过登舰机会；在旧友——"珀斯号"舰长沃勒(Waller)海军上校的邀请下，欧文临时登上"珀斯号"。

"珀斯号"受到日舰跨射。欧文在地中海服役时，曾多次遭到轰炸；至于海战炮击，还是初次体验。与炮手卡因的感想截然不同，欧文回想起沃勒的一句话："宁挨千番轰炸，不受一次炮击。"沃勒曾经历过两次激烈的海面炮战，才说出这番话来；欧文此时颇有切肤之感。炮击实在可怕。欧文与 3 名机枪组人员紧张地注视着敌军炮弹，先是落在舰前方 25 码，再是落在舰后方 25 码。炮弹朝自己飞来之时，那黑色的弹道都清晰可见。炮弹接触水面时，会短暂地留下一块黑色影像；欧文心想，见过此一现象之人绝不会多。

"珀斯号"射程不够，面对双方炮战只能旁观，舰上众人甚感激愤。欧文也渐渐心生不平，认为多尔曼应该令轻型巡洋舰上前拉近距离，参与战斗。

纵队排头旗舰"德·鲁伊特号"上，多尔曼何尝不想如此；三对二的轻型巡洋舰数量是盟军唯一的优势。不过，多尔曼面临着一个更为紧迫的问题：高木的三支"巨箭"逐渐逼近，尤其是两艘重型巡洋舰，正在明显提速。多尔曼当然清楚，如果保持该航向不变，高木很快就会横穿经过纵队前方，亦即完成俗称的"抢 T"。那是一种经典的海战战术，日军抢到 T 字头部位置，便能够将船侧的火力尽情招呼在盟军纵队身上；而盟军只能用舰首炮进行反击。于是，下午 4 点 21 分，多尔曼将纵队航向朝左旋转 20 度，驱逐舰同样随之调整。

日军舰队同样转向。很快，日军舰队、盟军舰队与爪哇岛北海岸之间形成几乎平行的三道线，多尔曼舰队夹在中间；两舰队皆朝西行驶。美军 3 架 A-24 俯冲轰炸机与 10 架担任护卫任务的 P-40 战斗机此时正在战场上空，以最佳角度观赏到此一壮观景象。高木将那 40 艘运输舰转移至后方，打算隐蔽起来；美军飞机准备对其展开轰炸。飞行部队指挥官是一个名叫哈里·加卢沙（Harry Galusha）的上尉，此人俯瞰海战光景，不觉入迷，命令队伍不作迂回，直接穿过战场。几个部下抱怨此举过于鲁莽，不知加卢沙此时已将轰炸运输舰的任务暂时搁置，一心寻找日军航空母舰；如果发现航母，便会发起轰炸。加卢沙数了数，下方海面上共有日军军舰 12 艘，往北另有 6 艘巡洋舰①；至于东部登陆船团那密密麻麻的运输舰，还在更北边的位置。

没有发现航母踪影，加卢沙按计划向北攻击运输舰。轰炸机部队报告击沉敌舰 3 艘，实际上莫说击沉，日军舰只甚至没有 1 艘受到重创。美军航空部队没有应多尔曼及赫尔弗里希的要求，将加卢沙率领的 10 架担任护卫任务的 P-40 战斗机配给舰队，实属最大的不幸。两军舰队交锋期间，日军 3 架水上飞机盘旋不止，在黑烟弥漫的战场上观测炮弹命中情况，给高木舰队的炮手带来巨大优势；倘若"P-40"为多尔曼舰队除掉那 3 架水上飞机，爪哇海之战很有可能迎来另一种结局。

接着，高木命令西村水雷战队发动鱼雷攻击。西村乘轻型巡洋舰"那珂号"冲向多尔曼纵队，6 艘驱逐舰在后跟随。下午 4 点 33 分，"那珂号"在距敌舰 16000 码的位置发射长距离鱼雷，而后急速掉头，远离战场；6 艘驱逐舰依样行动。鱼雷朝着盟军舰队直冲而去。此种鱼雷属于新型设计，最大射程达到惊人的 30000 码；此外，新型鱼雷采用氧气做动力，完全燃烧的氧气不会留下明显的气泡痕迹。

鱼雷发射 2 分钟后，多尔曼突然掉头驶向敌舰，试图拉近距离，以发挥己方的轻型巡洋舰优势。然而，转向之时，多尔曼全部注意力都放在躲避炮击上面，等到西村鱼雷在四面八方炸开时，躲避为时已晚。盟军从未想象过鱼雷能有此等射程，因此断定是遭到日军潜艇袭击。所幸，许多鱼雷提前爆炸，没有一枚真正命中目标。不过，日军与盟军都收到报告称舰只已被击中，正在下沉，引起一阵欣喜，一阵担忧。

---

① 爪哇海战役中，日军一共只有 2 艘重型巡洋舰、2 艘轻型巡洋舰，上文亦有明言。此处六舰应是负责护卫登陆船团的西村第 4 水雷战队，当作"6 艘驱逐舰"。

下午 5 点,高木将军观察到登陆船团升起烟雾,意识到运输舰有遭受战斗波及之虞,于是不顾两艘重型巡洋舰距离敌舰 20000 码远,下令全舰一起发射鱼雷。短短数分钟内,"羽黑号"与两支水雷战队共发射将近 50 枚鱼雷;不过距离实在太远,最终没有一枚命中。

日军驱逐舰有意在两军巡洋舰纵队之间散布浓烟,战场变得一片昏暗。如此一来,多尔曼沦为盲人,只有"埃克塞特号"上设有雷达;高木则耳聪目明,3 架水上飞机依然能够从高空观察战况。

田中命令鱼雷参谋远山安巳海军中校再次发动鱼雷攻击。富山发出信号命令,一艘驱逐舰用旗语自豪地回答:"与演习别无二致,此事易如反掌。"各驱逐舰态度近似,一副轻松派头。下午 5 点 7 分,田中战队发射鱼雷;与此同时,"羽黑号"上的 8 英寸口径炮开始朝最大的目标——"埃克塞特号"开火。

每一场海战都有一个决定胜负的关键点,爪哇海战役的关键点出现在下午 5 点 8 分。那是盟军的悲剧瞬间,却是日军的幸运一刻。"羽黑号"的一枚炮弹从"埃克塞特号"高射炮之间飞过,击穿甲板,炸在锅炉室里。"埃克塞特号"的 8 口锅炉之中,6 口遭到炸毁,航速顿时减半,船体开始倾斜。舰长立刻下令急速左转,以防跟在后面的"休斯敦号"减速不及,发生追尾。

"休斯敦号"舰长卢克斯海军上校见"埃克塞特号"左转,以为是多尔曼紧急下令各巡洋舰一齐转身躲避鱼雷,于是下令迅速转向左舷。船体陡然变向,哈姆林上尉险些被甩上甲板,1 号炮塔则在奋力调整方向,对准目标,发出"隆隆"响声。前方 600 码处,哈姆林看到"埃克塞特号"仅以 5 节的航速前进,当即心头一紧:那舰想必是遭逢事故了。

左转的"休斯敦号"为避免撞上"埃克塞特号",奋力倾斜舰身,螺旋桨震得舰体摇晃不停。后方几百码处,"珀斯号"舰长沃勒也认为多尔曼下令左转躲避鱼雷,于是迅速转向左舷。最后面的"爪哇号"依样行动。

哈姆林拿起电话,听到炮术长 A. L. 马赫(A. L. Maher)海军中校冷静地做出指示:"检查火力。'埃克塞特号'中弹。"正在此时,"珀斯号"烟囱中冒着滚滚白烟，从"休斯敦号"右舷经过。

"珀斯号"准备在"埃克塞特号"附近放出保护性烟幕。当它从"休斯敦号"旁边驶过时，哈姆林看着它那标致的"衔骨"——指的是舰首激起的雪白浪花①——与帆桁及斜桁上挂着的三面巨幅战旗，望着它迅速朝敌舰开火，感到那实在是一生中少见的壮美景色。

多尔曼乘"德·鲁伊特号"处在排头，一开始没有发现后面发生混乱；等注意到时，也选择了左转。如此一来，除中弹的"埃克塞特号"之外，整个盟军舰队都在杂乱无章地向南航行，逃离那片烟雾笼罩的海域。

突然，鱼雷的踪迹出现在四面八方。驱逐舰像猎狗一样奋力逃脱，巡洋舰则呈 Z 字形躲避。不少船员认为舰队是不幸撞上另一支日军潜艇部队，其实那是田中水雷战队 8 分钟之前发射的远程鱼雷。

下午 5 点 15 分，混乱的盟军舰队正中央发生巨大爆炸：一枚鱼雷拦腰正中荷军"寇腾纳尔号"（Kortenaer）驱逐舰。哈姆林看到"寇腾纳尔号"中部断裂，折向左舷，样子就像一把折叠刀；舰尾部分突出海面，螺旋桨翻转过来，很多舰员紧紧地抓住舵。

T. H. 宾福德（T. H. Binford）海军中校是美军 4 艘驱逐舰的总指挥官，站在旗舰"爱德华兹号"（Edwards）上，目睹了惨剧的始末，痛呼道："天哪！船上还有我朋友'巡洋舰'！"原来，宾福德与"寇腾纳尔号"舰长 A. 克罗西（A. Kroese）②乃是旧交。几十秒内，"寇腾纳尔号"彻底沉没，海面上只剩下一些碎片和浮油。"休斯敦号"经过残骸时，几名舰员看到一名荷军士兵，紧紧抓着一根露出海面的支柱，朝着众人爽朗地挥手致意。

多尔曼明白必须在下一次敌袭之前重整舰队，于是在下午 5 点 20 分发出信号"各舰听令，跟随我舰"，并朝东南方向前进；5 分钟后，又将航向改为东北。此举的目的是让舰队挡在日军巡洋舰与"埃克塞特号"中间，给烟幕

---

① 舰首激起的浪花常被比作"衔骨"（bone in her teeth）。舰只高速航行时，海水被一分为二，舰首两侧会形成一道弧形的白浪，从远处看去就像一条快活奔跑着的狗，嘴里衔着一根骨头。

② 克罗西（Kroese），读音近似巡洋舰（Cruiser），故有此昵称。

之中的"埃克塞特号"争取逃生机会。

"埃克塞特号"暂时免于日军重型巡洋舰袭击,然而多尔曼很快意识到,敌军驱逐舰正准备再次发射鱼雷,给受到重创的舰艇以最后一击。多尔曼命令 3 艘英军驱逐舰向前冲锋,在敌驱逐舰鱼雷射出之前加以阻止。

下午 5 点 25 分,"伊莱克特拉号"官兵听到舰长梅冷静的声音从话筒中传出:"日军欲对'埃克塞特号'展开鱼雷袭击,我舰将冲出烟幕,先发制人。"

梅感到迫不及待,不顾另外 2 艘英军驱逐舰落在后面,加足马力冲出烟雾,在毫无保护的海面上独自与日军"神通号"及 7 艘驱逐舰展开战斗。"伊莱克特拉号"对准"神通号"开火,准头确实不错,一发炮弹命中,造成敌军 1 人死亡,4 人受伤。然而,敌我数量毕竟悬殊,短短几秒钟内,"伊莱克特拉号"便遭到大量密集的炮火攻击,跨射及擦身而过的炮弹激起大量涌泉,震得驱逐舰小型船体摇晃不止。舰上官兵不顾日军炮弹的火药味扑鼻而来,持续瞄准"神通号"开火。众人望见"神通号"舰体上有两处弹痕,爆发出一阵欢呼,不料紧接着,一阵震耳欲聋的炸裂声传来,"伊莱克特拉号"舰桥下方遭到命中,舰上通信设备顿时报废。随着第二枚、第三枚炮弹命中,后部锅炉室中蒸汽冒出。"伊莱克特拉号"摇摇晃晃,最终于 5 点 30 分停止移动,沦为敌军水雷战队待宰羔羊。

"伊莱克特拉号"开始沉没,炮手依旧坚守岗位,继续射击。最终,舰桥上有人传出话来:"全员准备弃舰。"

日军既已击沉"伊莱克特拉号","神通号"便率领两艘驱逐舰冲破烟幕,试图继续袭击"埃克塞特号"。荷军"威特·德·威斯号"(Witte de With)驱逐舰见状,忙与其余两艘英军驱逐舰冲上前去,为"埃克塞特号"提供援护。

下午 5 点 40 分,多尔曼命令"威特·德·威斯号"护卫"埃克塞特号"退避泗水,混乱之中,两艘舰船朝南驶去,脱离战场。如此一来,面对高木麾下 17 艘舰船,多尔曼手中只有 10 艘;更为不利的是 8 英寸口径炮的数量,高木重型巡洋舰上的 20 门炮依然可用,多尔曼却只有"休斯敦号"上的 6 门可用。

在战场烟幕的掩蔽下，多尔曼将残余 10 艘舰船重新列队："德·鲁伊特号"打头，"珀斯号""休斯敦号""爪哇号"3 艘巡洋舰依次跟随，6 艘驱逐舰排在最后。很快，新纵队驶出浓烟，多尔曼发现日军重型巡洋舰"那智号"及"羽黑号"正在约 19500 码之外的海面上，呈相反方向与自舰平行行驶。

对盟军舰队而言，幸运的是，高木还不知道"埃克塞特号"已失去作战能力，胜利的天平已完全朝自己倾斜。不过，尽管没把"埃克塞特号"计入战果，高木已经心满意足：日军 17 艘舰船别说沉没，甚至没有一艘受到重创。位于北部不远处的登陆船团很快收到消息：通往爪哇之海域已安全，可以继续前行。

然而，包括木村八郎在内的众多基层军官却十分不满，认为高木应当穷追猛打，歼灭盟军舰队。在基层军官看来，舰队畏葸不前大半要怪长泽浩海军大佐①，此人是高木麾下的高级参谋，负责此次战役诸般事宜。关于长泽其人，日军各舰上有传言称此人胆小如鼠，每当"休斯敦号"的绛色炮弹炸在舰边，激起一股血红色的涌泉时，长泽都会紧紧攥住罗盘，以掩饰内心的极度恐慌。

传言归传言。事实上长泽此时正在建议高木进一步逼近敌舰，于是"那智号""羽黑号"两舰稍稍拉近距离开火。两枚炮弹击中"休斯敦号"，巧的是两枚都未炸开。"休斯敦号"被迫以缓慢的火力反击。舰上 1 号及 2 号炮塔弹药用尽，士兵只能在颠簸的甲板上奔跑着，从损坏的 3 号炮塔将沉重的 8 英寸炮弹搬运过来。

下午 5 点 50 分，高木发现多尔曼纵队沿逆时针方向转弯，便命令两艘重型巡洋舰开火并发射鱼雷。5 分钟后，田中水雷战队从浓烟之中驶出，同样发现多尔曼纵队转身，于是在 3 分钟内将鱼雷射出。

下午 6 点，多尔曼将军也发现鱼雷踪迹，命令全体舰队急速转舵向南，成功避过所有鱼雷。然而，此时盟军舰队无线电通讯系统已完全失效，多尔

---

① 长泽浩(1900—1967)，日本海军军官。此人 1942 年 11 月方才晋升海军大佐，文中所述时点军衔仍是中佐。

曼只能通过视觉信号向各舰传达命令;而在浓烟之中,闪光与旗语都很难看到。此外,"德·鲁伊特号"及"休斯敦号"两艘巡洋舰与美军驱逐舰之间的直接通话设备也已损坏,使得情况进一步恶化。

下午 6 点 6 分,宾福德海军中校终于看到多尔曼发出的闪光信号:发动反击。当宾福德乘"爱德华兹号"率领 4 艘美军驱逐舰向北驶去时,又收到多尔曼另一则闪光信号:反击计划作废。接着是第三则:散布烟幕。

下午 6 点 9 分,太阳从海平面落下。宾福德后方混乱的战场上,"伊莱克特拉号"仍在下沉。炮手卡因腿部受伤,一瘸一拐地返回舰舱,去取几张妻子不久前寄来的照片。一旦不幸被俘,卡因需要那些照片陪伴自己。取完照片后,卡因注意到舰舱倾斜的墙壁,突然害怕被困在舱里,于是迅速逃上甲板。甲板上有一个勤务军士,名叫格雷顿(Gretton),手里拿着半瓶威士忌,说道:"长官,要不要来喝一杯? 玻璃杯不够了,不过您应该不会介意。"

卡因表示拒绝。两人很快就要弃舰逃生,喝掉威士忌只会在海上更加口渴。勤务军士看着卡因受伤的腿,说道:"长官,留在舰上也没什么意义了,咱们现在就走吧?"

"伊莱克特拉号"舰上官兵纷纷跳海,有的乘救生艇漂浮在海上,有的在水中游泳。突然,卡因听到身边爆发出一阵欢呼声,原来是舰长梅中校正从舰桥上探出身子来,朝众人挥手致意。

水中众人喊道:"长官,快跳海啊!""伊莱克特拉号"已震颤不止。

"舰快撑不住了,"几人喊道,"长官抓紧时间啊!"

梅再次挥挥手,平静地转身进入舰桥。

"长官应该是打算从左舷跳吧。"卡因说道。

"不,来不及了。"格雷顿带着哭腔说道。舰体突然下沉,舰尾陡然翘起,"伊莱克特拉号"彻底沉没,只有斜桁上的白色舰旗飞扬在空中。卡因流下泪来。

不远处,战斗仍在继续。下午 6 点 15 分,多尔曼朝美军驱逐舰指挥官宾福德发出信号：掩护本舰撤退。宾福德不明白多尔曼具体希望自己做什么，但根据形势判断，上善之策莫过于进攻。于是，宾福德乘"爱德华兹号"打头，将 4 艘驱逐舰列为纵队，插入盟军、日军两列巡洋舰之间。"爱德华兹号"发出旗语，命令众舰做好鱼雷发射准备。进入烟幕中时，两艘驱逐舰险些撞在一起，好在最后平安冲出烟幕。四舰与敌巡洋舰呈平行态势，以便从侧面发射鱼雷。

下午 6 点 22 分，宾福德不顾两军相距 10000 码之远，下令四舰朝敌巡洋舰发射右舷全部鱼雷。鱼雷射出后，驱逐舰纵队掉转舰首，又迅速发射左舷鱼雷。

高木见鱼雷朝北而来，迅速避开。此时，泗水港灯塔的光线遥遥可见，高木开始担心起水雷及潜艇。登陆船团位于西北 30 英里处，正朝着爪哇岛进发；为安全起见，高木再次向船团发出无线电信息，要求掉转航向。半小时前，高木以为多尔曼舰队已无力再战，没想到敌舰依旧井然有序。盟军接下来有何打算？返回泗水港补充燃料，还是游弋作战，找寻机会袭击船团？高木停止进攻，开始朝北方撤退，准备等到天黑再行动——日本海军将领普遍偏爱夜战。

下午 6 点 30 分，多尔曼透过烟幕，模模糊糊地观察到日舰撤退，便向身处万隆的赫尔弗里希发去消息：敌舰向西退避，请告知登陆船团位置。赫尔弗里希回复称，自己也没有收到新情报。如此一来，多尔曼只能凭猜测进行下一步行动。

下午 6 点 31 分，多尔曼发出信号"跟随我舰"，率领舰队朝东北而去。然而，9 分钟后，多尔曼改变主意，转而驶向西北。事实上，数小时前，美军航空部队已发现日军登陆船团位置，并通过无线电回报总部；然而，无论是赫尔弗里希还是多尔曼，都没有收到半个字的相关信息。后来，赫尔弗里希谈及此事，称"极度缺乏协调性，实属奇耻大辱"。

2

战斗暂时告一段落,作战双方稍作歇息。盟军的晚餐是冷掉的维也纳香肠配番茄汁。大战过后的官兵耳朵听不见讲话声,脸上带有火药烧伤的痕迹。战斗的紧张感退去,众人方才感受到疲惫,但那疲惫之中又有几分兴奋。"休斯敦号"表现可圈可点,数次命中敌舰,自己只挨到两枚炮弹,还都是哑弹。在激烈的战斗之中,舰长像操纵驱逐舰一样,灵活地操纵巡洋舰。不过,底舱的士兵日子可不好过。战斗时舱内爆发出热浪,高温中昏倒的士兵已超过 70 人。

盟军两艘驱逐舰——"伊莱克特拉号"与"寇腾纳尔号"被击沉,"埃克塞特号"及其护卫舰"威特·德·威斯号"脱离战斗,不过士兵普遍感觉敌军损伤更大,因此认为多尔曼勇于追踪敌军船团踪迹,乃是一个正确的选择。

"神通号"上,勤务兵正给田中将军上茶。田中计算战果,颇感欣慰:击沉盟军舰船四至五艘;日军损失轻微,未有舰船沉没,只有驱逐舰"朝云号"受到重创。

士兵的晚餐是笋罐头,新鲜肉类蔬菜早已耗尽。日军急于赢得战斗,以便在爪哇岛上采摘新鲜果蔬。

重型巡洋舰上,部分基层军官仍在批评高木受胆小鬼长泽的影响,忘记帝国海军优良传统:以我之皮,取彼之肉。①

———

晚上 7 点 26 分,多尔曼依然在摸索船团位置,盲目朝西北偏西方向行

---

① 日本俗语"以我之肉,取彼之骨"(肉を切らせて骨を断つ),原本来自剑道,指不惜自己受伤,只要能给对方造成更大伤害,便算得上成功。后被海军发展为"以我之皮,取彼之肉;以我之肉,取彼之骨",尤指不畏伤亡,逼近敌舰展开集中炮火的战术手段;与之相对的则是依靠射程展开远距离炮战,亦即高木在此战中采用的战术。在狂热的军国主义海军军官看来,此种战术"明哲保身",令人鄙夷。

驶。航向准确无误,40艘日军运输舰就在20英里之外。然而,1分钟后,多尔曼发现"神通号"与3艘日军驱逐舰出现在左舷方向;同时,"神通号"派出的一架水上飞机朝盟军舰队掷下闪光弹。多尔曼推测那4艘日舰是护卫舰,挡在自己与船团之间,于是决定兜一个大圈子绕过"神通号",便掉头向南,朝爪哇岛方向驶去。

紧张气氛重新出现,舰上官兵脾气越发急躁起来。晚上9点,"德·鲁伊特号"到达浅滩,向右转舵,与爪哇岛北海岸平行行驶,巡洋舰紧随其后,两艘英军驱逐舰——"遭遇号"(Encounter)、"朱庇特号"(Jupiter)同样如此。

美军4艘驱逐舰踟蹰不前,因为燃料不足,鱼雷也已用尽。宾福德被迫当机立断,做出艰难决定。"告诉多尔曼,说咱们不跟着去了。"宾福德对"爱德华兹号"航海长(conning officer)威廉·吉尔斯(William Giles)指示道,"那位荷兰将军胆子比脑子大。"宾福德命令吉尔斯发出信号左转,将4艘驱逐舰带往仅在50英里以西的泗水港,以补充燃料。由于舰只无法与多尔曼直接联系,宾福德只能联系海岸,要求海岸转达消息。

多尔曼此时尚不知道,自己正带领舰队奔赴险地——就在舰队行驶的路上,荷军当天下午布下大量水雷。各舰侦察员拿着潜望镜、测距仪、双筒望远镜,注视着远方是否会出现运输舰的桅杆群。然而,黑夜之中一无所获。晚上9点25分,队列末尾突发一声爆炸巨响,英军驱逐舰"朱庇特号"燃起熊熊烈火。有人猜测该舰是遭到潜艇鱼雷击中,但显然是撞上荷军水雷的可能性最大。

多尔曼命令舰队朝北驶去,希望能够发现登陆船团。然而,当舰只进入未知的黑暗海域时,焦虑的情绪蔓延开来。击中"朱庇特号"的神秘事物,同样可能随时打在自己身上。晚上9点50分,一枚闪光弹从舰队上空落下,将那焦虑感发展为恐惧。情况变得奇妙起来:多尔曼原本希望趁夜偷袭船团;不料敌军针对夜战早有强化训练,技术上与心理上都占据上风,加之水上飞机能够追踪行船的磷光尾迹,最终反倒是自己遭到敌军夜袭。两分钟后，又有 6 枚闪光弹落下，呈直角在舰队两侧闪闪发光，看上去活像 6 只妖怪。

"德·鲁伊特号"朝北顽强直进，许多舰员都认为那是在自投罗网。晚上 10 点 17 分，"珀斯号"听到海里有人在用听不懂的语言呼喊，以为那是日语；那喊声也传到跟在后面的"休斯敦号"上，船员为稳妥起见，便朝海中扔下木筏与火把。

原来，荷军驱逐舰"寇腾纳尔号"当天下午呈折叠刀形状沉没，仍有一批生还者漂流海上。几分钟后，"遭遇号"投下闪光弹，发现是友军，便停下将 113 名幸存者救助上船，其中也有宾福德的朋友克罗西海军中校。

对多尔曼而言，幸运的是高木的水上飞机已经离开，双方在敌情把握方面已无太大差距。高木迅速将航线调整向南，试图将舰队拉到多尔曼与登陆船团之间，进行防卫。

———

约晚上 11 点，受创的"埃克塞特号"及其护卫舰"威特·德·威斯号"平安抵达泗水港。另外 4 艘大战之中顺利脱身的舰船，亦即美军 4 艘驱逐舰正准备入港时，荷军海岸基地将多尔曼的命令转发给指挥官宾福德，要求美军驱逐舰返回巴达维亚补充燃料及鱼雷。"爱德华兹号"命令船舰呈纵队掉头向西，然而走出没多远，宾福德越想越觉得那命令毫无道理，便下令停航，与各舰舰长通过无线电语音进行商议。

3 名舰长中，有一人是爱德华·帕克（Edward Parker）海军中校；美军亚洲舰队那些最能打、最敢打的驱逐舰指挥官当中，就有此人的一席之地。然而帕克却表示："前往巴达维亚无异于自杀，天一亮，咱们就暴露在鬼子驱逐舰、巡洋舰面前了。"

"巴达维亚既没有石油，也没有鱼雷。"宾福德表示，不如就在泗水补充燃料，趁天亮之前离港，"各位还有其他意见建议否？"

全员一致同意。于是，宾福德回报多尔曼，美军 4 艘驱逐舰将先在泗水补油，而后按照命令向南行驶。纵队再次掉头，驶回泗水港口。

此时，多尔曼舰队正在西北约 100 英里处，由"德·鲁伊特号"领头，呈一列纵队在漆黑的爪哇海中部航行，北上找寻日军船团踪迹。晚上 11 点过后不久，"德·鲁伊特号"侦察员发现，日军两艘重型巡洋舰正在左舷外朝相反方向行驶，该舰旋即开火。很快，"珀斯号""休斯敦号""爪哇号"加入火力网，高木的巡洋舰亦展开反击。照明弹升上天空，将夜幕映得通明。

短暂交锋之后，战场重归沉寂。盟军 4 艘巡洋舰继续向北航行。排在旗舰"德·鲁伊特号"之后的"珀斯号"后甲板上，欧文军需少校徒然地凝视着黑夜，甚至怀疑刚才的敌舰会不会只是一群幻影。寂静的海面上，只有水花与螺旋桨的声音传来；而甲板上生命的脉动，则带给欧文充满希望的感觉。曙光照亮海面，登陆船团是否就会随之出现？与"珀斯号"上全体舰员一样，欧文也渴望舰队找到登陆船团。爪哇岛是最后的屏障；倘若该岛沦陷，祖国澳大利亚便难逃一劫。

盟军舰队没有注意到，"那智号""羽黑号"掉转航向，此时已与多尔曼舰队采取同一航向，并排北上，落在后方少许。两舰加快速度，最终与多尔曼舰队相隔 10000 码并驾齐驱。晚上 11 点 22 分，两舰发射 12 枚鱼雷；其中"那智号"8 枚，"羽黑号"4 枚。

多尔曼的巡洋舰持续前进，丝毫没有注意到鱼雷袭来。"休斯敦号"上，哈姆林上尉依然站在战斗位置，忽然看到前方燃起一场大火，时间是晚上 11 点 36 分。在哈姆林看来，就像一个巨型打火机，突如其来地将"德·鲁伊特号"点燃！片刻之后，燃烧的舰船上射出数支火箭，那是火焰已蔓延到船上的烟火库。

约瑟夫·达尔顿（Joseph Dalton）海军上尉位于"休斯敦号"的后部射击指挥所，从该角度看来，眼前的场景就像一场失控的独立日庆典，令人毛骨悚然，难以忘怀。火势之大，很难想象有人能够从中生还。

"珀斯号"与"德·鲁伊特号"相距不远，欧文少校望着陡然升起的白炽火柱，看得入了神。那是一团巨大的白焰，看上去像是具有实体，充满梦幻般的光辉——同时又是一生中从未见过的梦魇。"珀斯号"为避开"德·鲁伊特号"，紧急转舵，欧文被甩倒在甲板上，注意到"珀斯号"险些与燃烧的巡洋舰撞在一起。

"休斯敦号"上，舰长卢克斯（Rooks）注视着前方"珀斯号"采取何种行动，在千钧一发之际做出决断：与"珀斯号"一同急转弯。"休斯敦号"摇晃着急速转舵，舰员被甩在前方的舱壁上，眩晕不止。最终，该舰安全地从"珀斯号"旁边驶过。

晚上 11 点 40 分，另一场爆炸发生在"休斯敦号"后方。又一艘荷兰巡洋舰——"爪哇号"燃起熊熊烈火。很快，舰首翘起，舰体几乎与海面垂直；数百舰员或跌入，或跳入黑暗的海水之中。仿佛在一瞬之间，"爪哇号"沉入海中，消失在众人视野之外。短暂的寂静之后，只听海面上传来三声"女王陛下万岁"，那是接近 500 名"爪哇号"舰员在水中挣扎时的呼喊。

"德·鲁伊特号"的幸存者聚集在舰首，不料又发生第二次爆炸。转眼之间，那曾让日军候补军官木村感到恐惧的上层结构，便如魔法一般消失不见。顽强的舰队司令卡雷尔·多尔曼与 366 名官兵一道，随着"德·鲁伊特号"殉葬于海里。

此时盟军舰队资历最深的是"珀斯号"舰长沃勒。多尔曼最后的命令之一是不予救助落水者，"任凭敌人发落"。沃勒遵照命令，迅速做出决定，命令"珀斯号"向东南行驶，"休斯敦号"跟进。高木随即追逐，然而两艘盟军巡洋舰中途突然转向驶往巴达维亚，日军未能发现，追踪无果。

自日德兰海战以来，海面作战规模最大的战役——爪哇海战役以日军全面胜利落下帷幕。高木未有任何舰只遭到击沉，损伤也微乎其微，并成功保护了登陆船团；多尔曼失去的是 3 艘驱逐舰、2 艘轻型巡洋舰、自己的生命及爪哇岛。

第十七章　愿于美好时光，你我再会

1

多尔曼长达 7 小时的苦战虽迎来悲惨的结局，却也做出两点贡献，那就是将东西两处日军船团的登陆时间延后了 24 小时。然而，到 2 月 28 日黎明时分，由 56 艘运输舰船组成的西部船团已逼近爪哇岛西端，预计深夜时分登陆；东部船团此前一日受到近处海战轰鸣声的惊吓与轰炸机的骚扰，心态颇为紧张，但 40 艘登陆舰依旧完好，正南下驶往爪哇岛中部海岸，预计于午夜登陆。

当天早上，大规模海战中幸存的 10 艘盟军舰船在巴达维亚及泗水集结，舰员形容憔悴，筋疲力尽。

泗水集结的是受到重创的"埃克塞特号"与盟军的全部驱逐舰。岸上有一部秘密电话，称作"绿色线路"（Green Line），能够直通位于万隆的海军司令部；美军驱逐舰指挥官宾福德通过该线路向格拉斯福德将军汇报："现在手上有 4 艘船舰、700 名士兵，我打算离开爪哇，前往澳大利亚。如果耽搁下去，再过 24 小时，那可就插翅难飞了。"

接电话的是格拉斯福德的作战参谋："我去请示将军，再给你答复。"宾福德回到"爱德华兹号"上,此时麾下新加入一艘驱逐舰——"波普号"(Pope)。该舰之前需要整修,未能参加战斗,此时整修完毕,准备起航。当天下午,司令部没有给出任何答复。提起格拉斯福德将军及蜗居深山老林的海军司令部,驱逐舰官兵火冒三丈。在"爱德华兹号"上的小威廉·J.吉尔斯海军上尉看来,躲在山间藏身处的总部人员已安全之时,泗水港内的盟军舰船却在渐渐沦为瓮中之鳖。

最终,宾福德上岸,再次与万隆方面通话。

"答复用信号通知过了,"司令部回答道,"4艘驱逐舰可以前往澳大利亚,但'波普号'必须留下来,护卫'埃克塞特号'。"

"留下来的话,'波普号'必死无疑。""埃克塞特号"超过半数的锅炉都被炸毁了,成功逃脱的希望微乎其微。

"没办法。只有'波普号'没参加战斗,还有鱼雷可用;护卫'埃克塞特号'的任务只能交给它。"

下午5点,宾福德乘"爱德华兹号",率领另外3艘驱逐舰驶出泗水港。经过停泊着的"埃克塞特号"时,驱逐舰舰员排列在甲板上,为前一日英勇作战的巡洋舰盟友高声欢呼。在吉尔斯上尉的导航下,4艘细长的驱逐舰右转向东,准备趁着黑夜冲过狭窄的峇里海峡,驶向尚未点燃战火的自由海域。

两个小时后,在"波普号"与英军驱逐舰"遭遇号"的护卫下,"埃克塞特号"开始逃亡。3艘舰船首先向北前往婆罗洲,因为"埃克塞特号"体积过大,无法与美军驱逐舰一同穿过峇里海峡。日军东部船团拟于泗水港以西100英里处登陆,"埃克塞特号"打算从北部绕过日军,并于次日夜里左转穿过爪哇岛西段的巽他海峡。

————

在巴达维亚,海战的另外两艘幸存舰船——"珀斯号"与"休斯敦号"正准备离开港口,两舰与"埃克塞特号"一样,都以穿越巽他海峡为目标。身后的巴达维亚港已被死亡的气息笼罩,空袭留下的浓烟依然在码头冒着,棚架、货舱、停泊船只通通遭到炸毁，港口内看不到任何行动的物体。

"休斯敦号"深受罗斯福总统钟爱，此时却丝毫不见那飒爽英姿。总统4次乘舰借用的将军舱室，看上去像是经过酗酒斗殴的现场：家具散落，镜子碎裂，舱壁与天花板上大块的隔音板脱落，落在甲板上。其余舰舱及士官食堂也同样狼藉，在8英寸口径炮引起的舰体震荡下，抽屉七零八落，衣服甩出衣橱，挂在墙上的绘画与钟表也纷纷摔落在地。

损害不只如此。未命中的炮弹伤到舰体外板，海水涌入舰内。然而，大多舰员都怀有那种海员普遍存在的奇特感情——自己的舰船绝不会沉没。"休斯敦号"遭日军击沉的消息已两次见报，坊间戏称该舰为"爪哇海岸高速幽灵船"（The Galloping Ghost of the Java Coast）。另有传言称，"休斯敦号"正驶向加利福尼亚，舰员很快就会与家人团聚。

"珀斯号"行驶在"休斯敦号"之前，舰长赫克托·沃勒上校是个矮胖男子；此人生得额宽肩阔，双腿粗壮，行动笨拙，喜怒从来挂在脸上。在舰员看来，如果有一位舰长能够率领众人脱离险境，那此人非沃勒莫属。

晚上8点，舰船通过覆盖港口的水雷区，舰内扬声器响起舰长的声音："舰长讲话，舰长讲话。我舰准备前往巽他海峡，即将解除一级戒备。据荷军空中侦察，巽他海峡未见敌军舰只；另有一份报告指出，一支大型船团正在巴达维亚东北约50英里处向东移动。据我预计，遭遇敌军的可能性不高。"

与"休斯敦号"的乐观情绪不同，"珀斯号"舰员听到沃勒的预测，依然感到十分不祥。停泊在巴达维亚时，舰上的吉祥物——一只名叫"红铅"（Red Lead）的猫3次潜入舷梯，试图逃往货舱。舰员还记得另外一些凶兆。三天前，在针对巴达维亚的一次空袭中，肯特公爵夫人（Duchess of Kent）的肖像摔到甲板上；该舰正是由公爵夫人在1939年更名为"珀斯号"。还有人回想起舰上有两名牧师——实际上一名牧师已经够多余的了。

排水量7000吨的"珀斯号"以22节的速度朝巽他海峡曲折行驶时，绰号"波洛"（Polo）的欧文军需少校身穿白色短衣裤与蓝色"梅·韦斯特"

(Mae West)①,走到自己的战斗位置——舰尾的 5 毫米口径机枪旁,深深感到不安。自己好像成为棋盘上的卒子,被冥冥之中的力量推动前行。出于纯粹的偶然,欧文登上本不该登上的舰船,全程经历爪哇海战役。接下来又会遇到什么? 日军从东西两侧席卷而来,岂会轻易放过撤离的舰船?

在巽他海峡最狭窄的海域,爪哇岛与苏门答腊岛之间只有短短 14 英里;而该海域上,此时已为日军 2 艘巡洋舰、8 艘驱逐舰所占据;向北数英里还有航空母舰"龙骧号"、4 艘重型巡洋舰及数艘驱逐舰。一支如此强大的舰队是在为西部船团保驾护航,56 艘运输舰刚刚停泊在爪哇岛万丹湾(Bantam Bay)西端。

不久之后,盟军两艘试图撤离的巡洋舰将会绕过爪哇岛顶端,左转驶入巽他海峡,持续前进。此一路线正好会驶入日军运输舰与护卫舰队中间。

又是一个暑气蒸腾、景色曼妙的热带之夜,海面上风平浪静,澄澈的夜空月光朗朗,不带半点阴翳。晚上 10 点 39 分,盟军 2 艘舰船靠近爪哇岛西端时,被日军 1 艘巡逻的驱逐舰发现。数分钟后,日军派出 6 艘驱逐舰与 1 艘轻型巡洋舰驶向万丹湾,为停泊船团提供援护。

"珀斯号"与"休斯敦号"还不知道,自己正在驶入敌方控制海域。晚上11 点 6 分,两舰左转,向南驶入狭窄的巽他海峡时,沃勒舰长发现前方 5 英里处有一个舰影。"发出信号,询问来意。"沃勒下令道,语气里没有丝毫担心,"应该是友军舰只,在海峡执行巡逻任务。"文书军士长用手提信号灯发出信号。

来者正是日军驱逐舰之一,正在对万丹湾运输舰展开护卫。日舰以淡绿色灯光做出答复,然而"珀斯号"上无人能够理解。

"重发一遍。"沃勒说道。

面对第二次信号,日军驱逐舰没有答复,而是驶至登陆船团前方,放出

---

① 梅·韦斯特(1893—1980),美国著名艳星。二战期间,盟军常将救生衣(life vest)戏称为"梅·韦斯特"(Mae West),原因是救生衣穿在身上颇像一对乳房(breast),使人联想起丰满的韦斯特,且三者之间恰好押韵。

烟幕。

"是鬼子的驱逐舰!"沃勒终于辨认出舰影,"拉起警报,前部炮塔开火!"

绰号"波洛"的欧文少校正在"珀斯号"舰尾机枪位置沉沉入睡,突然被一声遥远的爆炸声惊醒,抬头一看,只见两枚火箭,一枚黄褐色,一枚绯红色,正在缓缓坠落。不过几秒钟,前方远处的 6 英寸口径炮发出轰鸣之声。欧文急忙跳起,将防闪灼衣(anti-flash gear)穿在身上。

欧文前方仅 10 码处有两门大炮,突然间,两炮掉转炮口,直直地对准舰尾,射击路径正好经过欧文头顶。一阵剧烈的轰响,热浪将欧文掀翻在地。欧文连忙俯身趴伏在甲板上,在"隆隆"炮声中躲避奔涌而来的热浪。

此时,盟军 2 艘巡洋舰正顶着 4 艘敌军驱逐舰的炮火,从万丹湾及日军船团旁边经过,急速向南行驶。

晚上 11 点 26 分,"珀斯号"前部烟囱被击中;6 分钟后,一枚炮弹炸在信号桥楼甲板附近。当"珀斯号"右转驶向苏门答腊岛时,应急指挥所表示损害只是轻微程度。

日军登陆船团拥挤在万丹湾里,警报在各舰之间响起。第 16 军司令官今村均将军搭乘的运输舰"龙城丸"(Ryujo Maru)上,正在读书的副官被突然响起的炮声吓了一跳。就在数分钟前,副官还在心想:没开一枪一炮就成功登陆,实在有些不够尽兴。

大量日军舰船径直奔赴开战海域,帮助驱逐舰作战。从南部北上的两艘日军驱逐舰与盟军巡洋舰正面遭遇,于晚上 11 点 40 分发射鱼雷;轻型巡洋舰"名取号"及两艘驱逐舰则从西北方向迅速接近。很快,"休斯敦号"与"珀斯号"周围聚集起大量敌舰,两舰无暇一一展开炮击,未受炮弹威胁的日军驱逐舰大胆逼近,把蓝色探照灯往盟军两艘巡洋舰身上打去。

晚上 11 点 48 分,"珀斯号"周围巨大的波浪此起彼伏。日军两艘重型巡洋舰"最上号""三隈号"也从西北逼近,在近距离展开炮击。2 分钟后,"珀斯号"气数已尽:一颗炮弹从吃水线附近的右舷射入,将舰员食堂炸毁。没过 10 分钟,炮术长向沃勒报告称,6 英寸口径炮弹药已见底。沃勒舰长当机立断,命令"珀斯号"全速朝南行驶,硬闯巽他海峡;然而,一艘驱逐舰紧紧跟在后面,朝巡洋舰打出探照灯。

"去他妈的混蛋灯,给我打掉!"沃勒下令道。"珀斯号"上的 4 英寸口径炮应声开火,将探照灯打灭。不料 0 点 5 分,甲板突然剧烈起伏。原来,前锅炉室附近右舷遭到鱼雷命中。"珀斯号"就像一具人体,数分钟前还有蹦有跳,此时生命力迅速流失,疲态尽显。

舰尾机枪位附近,绰号"波洛"的欧文听到前部一阵巨响,而后是可怕的沉寂。欧文跑到鱼雷发射处,发现空无一人,单凭自己完全无能为力,只得重新跑回舰尾机枪位。机枪七零八落,形状也已扭曲。突然,第二枚鱼雷命中船体。显然,"珀斯号"即将裂成数块。在欧文看来,自己就像是处在一只漂浮在汪洋之中的火柴盒上。

舰桥上众人挣扎着站起身来,推测第二枚鱼雷击中的必定是正下方的右舷。海水混杂着油,飞起涌入舰桥,将几人推倒在地。

"没办法啦,"沃勒说道,"船要裂开了。全员弃舰。"

"长官,您是要全员做好弃舰准备吗?"炮术长问道。

"不。全员立刻弃舰。"

救生筏堆积捆绑在一起,"波洛"欧文与 3 名士兵发现绳结在大炮的冲击波影响下,硬得像铁一样,根本解不开。"谁去拿把刀子来?"欧文问道。

士兵们奔向前方,欧文跟在后面。"珀斯号"缓缓移动着,螺旋桨"嘎吱"作响,其中一个已露出水面。下方传来物体划过倾斜船体的声音,前方是乱蹿的蒸汽。欧文从舰侧探出身子,爬上栏杆,一跃而下。在半空中,欧文才想起来自己忘记给"梅·韦斯特"充气。落入海中后,欧文一边踩水,一边歪着头往救生衣阀门里吹气;然而越是吹气,身体越是下沉,最后恼怒地一把扯下了救生衣。水温很高,风平浪静,让人感到愉悦。欧文把衬衫短裤也脱下,在水中排了便,感到一阵舒爽。

东部数英里处,拥挤在万丹湾的日军登陆船团发生恐慌,4 艘运输舰已被击沉。原来,"三隈号"巡洋舰朝"休斯敦号"发射的 8 枚鱼雷打偏,命中友军运输舰。第 16 军司令部所在的"龙城丸"运气不佳，恰好是那 4 艘之一；今村司令官、副官及数百名士兵漂流在温暖的海面上。今村与副官都没有穿戴救生衣，只能把住几块木头漂浮。突然，助手听到一阵刺耳之声，抬头一看，发现"龙城丸"已极度倾斜，汽车、卡车、坦克从甲板上滑落入海，橡胶刮擦甲板发出的噪音令人难以忍受。

在西北，误伤事件的罪魁祸首——重型巡洋舰"三隈号"正在用大口径炮攻击"休斯敦号"，而"休斯敦号"此前已遭受鱼雷命中。0 点 15 分，"三隈号"一次齐射命中"休斯敦号"后部机械室，室内舰员全体阵亡。蒸汽从甲板的小孔中喷出，航速开始变慢。

1 号炮塔处，哈姆林上尉通过潜望镜发现目标。突然，舰体发生剧烈震荡，上尉的脑袋撞在潜望镜上。

"2 号炮塔中弹。"电话里传出报告声，接着又说道，"2 号炮塔起火！"

敌舰探照灯距离极近，哈姆林试图用单眼估算出距离，光线闪得眼睛发疼。

1 号炮塔发动齐射，未能命中。

"2 号炮塔武器库起火。"电话里的声音说道。如果弹药爆炸，整个 2 号炮塔会被直接炸飞。

"往 2 号炮塔注水。"炮术长 A. L. 马赫海军中校冷静地做出指示。

哈姆林指挥 1 号炮塔重新发动一轮齐射，此次打得太远，超过探照灯1000 码。

"轻型武器库着火。"电话里又传来报告。

哈姆林一心瞄准，顾不上那么多。射击误差只有 1000 码，哈姆林调整距离，再次开火。

"1 号炮塔武器库着火。"测算室有人报告道，声音听起来有些颤抖。

与此同时，哈姆林听到自己炮塔的传令兵也紧张地发出报告："武器库着火！"接着，在电话里，马赫又用冷静的声音指示道："往 1 号炮塔注水。"

"1 号炮塔，收到，收到。"哈姆林答道，并迅速做出决定：只往下方五层武器库注水,上层储藏火药及炮弹的房间依然保持干燥,那些炮弹足以支持1号炮塔再进行6轮齐射。

"往武器库注水。"哈姆林给传令兵下达指示。

然而,一片混乱之中,哈姆林的命令没有准确传达。天花板上的洒水器一齐喷水,上层储藏火药、炮弹的房间也没有例外。如此一来,哈姆林手头只剩下一轮齐射的弹药。谨慎瞄准之后,1号炮塔开火,终于将探照灯击灭。

"1号炮塔无法继续战斗。"哈姆林向马赫报告。

"辛苦了,原地待命。"

时间是3月1日0点25分,2号炮塔燃起熊熊大火,将周边区域映得通明。

数英里外,"珀斯号"正在挣扎着,好似一个垂死之人。跳海的众人望着它左右翻动,好像要复归原位;然而下一瞬间,还是向另一边翻去,沉入海中。

"休斯敦号"也面临着相似的命运。舰速已降至6节,引擎声音细不可闻。舰桥上有人问道:"是否应当全员弃舰?"

卢克斯舰长点点头,副舰长高喊道:"全员弃舰!"0点33分,喇叭声响起,军官依次从舰桥上爬下,卢克斯排在最后。

前机械室内,罗伯特·富尔顿(Robert Fulton)海军上尉感受到舰船被两枚鱼雷命中。相对于2月4日那场毁掉测量仪器的空袭轰炸,鱼雷带来的冲击要轻一些。然而,引擎速度指示器却在毫无意义地快速摆动;指示器是舰桥用来控制引擎马力的设备,富尔顿已将马力调为最大,指针仍在不断摇摆。机械室指挥所发出的速度指示同样在不规则变化。富尔顿搞不明白什么地方出了问题;四条电话线路都已损坏,无法与后机械室进行通话。

此时,"全员弃舰"的命令传来。富尔顿感到不可思议:前机械室毫发无伤,速度已经提升至最大。"联系舰桥,核实弃舰命令。"富尔顿指示传令兵,"告诉舰桥,后机械室联系不上,但前机械室一切正常。"很快,传令兵回来,报告弃舰命令确实无误。于是，富尔顿下令灭掉锅炉下的火，两个发动机阀门依旧保持打开状态，以便 400 磅压力的蒸汽从系统中排出。最后，机械师平静地通过两个舱口爬入机械室上方的食堂，又从食堂穿过右舷投射塔，到达后甲板。

1 号炮塔官兵正在准备撤离。哈姆林沿着倾斜的甲板向舰尾走去，惊讶地发现，尽管舰船濒临沉没，尽管漫天枪林弹雨，众官兵要么在安静地给救生衣充气，要么各就各位，没有一丝混乱。

卢克斯舰长站在通往主甲板楼梯的最上层，用祝福的话语与众官兵道别。突然，身后数英尺处一枚 5 英寸口径炮弹炸开，卢克斯当场殒命。

卢克斯舰长阵亡的消息迅速传开。舰长有一个华人厨师，名叫戴启沙 (Tai Chi-sah)①，绰号"佛陀"(Buddha)，C. D. 史密斯海军少尉发现此人坐在舰舱前，便劝他快快跳海。戴摇摇头："舰长死了，军舰没了，佛陀也不活了。"

————

"休斯敦号"舰首只剩下三个人。见舰体倾斜、翻滚越来越严重，哈姆林一跃而下，刚一触水便以最快速度游开，因为那舰随时都可能压在自己身上。突然，一枚鱼雷从 100 码外呼啸而过，击中"休斯敦号"一侧，发出刺眼的光芒；爆炸的冲击震得哈姆林腹部剧痛，难以呼吸。接着又是一枚更近的鱼雷炸开，疼痛越发加剧。

约瑟夫·达尔顿海军上尉站在焚化炉附近，催促官兵脱掉靴子，迅速跳海。众人异常镇定，无人大喊大叫，许多官兵似乎很不情愿抛弃舰只。

众人站立的位置距海平面已不足 10 英尺，达尔顿纵身跃入海中。水温很舒适，但覆盖在水面的油腥味令人作呕。达尔顿没有穿救生衣，只得拼命朝一张救生垫游去。身边许多人同样没穿救生衣，达尔顿发现一只救生筏，便引导众人游向救生筏。炮弹在附近落下，为减少冲击的伤害，达尔顿保持

---

① 音译。

上半身露出水面，依然感到一阵疼痛，好像被驴子踢到。救生垫穿过一摊燃料油，又穿过一摊溶解燃料油的汽油，终于抵达救生筏。达尔顿将救生垫撕裂，挂起来当作船帆。在探照灯的照耀下，"休斯敦号"燃烧着的倾斜舰体清晰可见。

哈姆林喘着粗气，在海水中转过身子，向"休斯敦号"瞥去最后一眼。停滞不动的巨舰两侧布满弹孔，炮管以奇怪的角度伸出，明亮的橙色火焰"咝咝"作响，蹿上天空，有前桅一半高度。哈姆林初次登上"休斯敦号"，是在罗斯福总统乘舰巡游后不久。那时舰体油漆与钢铁发出的闪亮光芒，依然历历在目。

"休斯敦号"缓缓侧身倒下，火焰接触到海面，发出吱吱声，然后熄灭。哈姆林转回身子，尽力游开，以免被舰体沉没时的漩涡卷入。远处的跳海官兵望着"休斯敦号"的帆桁端渐渐倒向水面，只有主桅上的星条旗不屈地迎风飘扬。0点45分，伴随着一阵颤抖，重型巡洋舰"休斯敦号"消失在众人眼前。

突然而来的一阵死寂，昭示着战斗的终结。盟军两艘巡洋舰的幸存者游向岸边。"休斯敦号"的1000名舰员中，成功跳海的不足半数，其中又有不少在游泳途中溺死；"珀斯号"680名舰员中，约有半数成功跳海，其中一些在漂着燃油的海面上窒息而亡。

遭到友军鱼雷袭击的日军船团幸存者，此时正爬上万丹湾海滩。今村将军的副官精疲力竭，依然在寻找司令。最后，副官终于发现司令满脸油渍，坐在一堆柱子上，急忙一瘸一拐地走上前去，说道："恭喜长官登陆成功。"

2

另一方面，在爪哇岛东端，4艘美军驱逐舰正以28节的航速在狭窄的峇里海峡中行驶。排头一舰——"爱德华兹号"上，吉尔斯上尉规划着路线，让4艘舰船紧贴着巴厘岛海岸行驶，以便在明亮的月光之下尽可能隐藏舰影。乌云突然笼罩住满月，吉尔斯感觉那是母亲在为自己祈祷。凌晨2时5分，"爱德华兹号"突破海峡，正要进入印度洋时，左前方接连发现两艘驱逐舰。

宾福德中校同样发现了敌情，通过无线电告知身后三舰："左前方发现两个舰影，距离约700码，疑为驱逐舰。敌舰是否发现我舰踪迹，暂且不明，因此不予主动开火，以脱逃为第一目标；若敌舰开火，则我舰立刻还击。"

经过15分钟的沉寂，两艘日军驱逐舰开火，炮弹飞过美军驱逐舰，炸在爪哇海岸上。

美军随即开炮反击。

"前方有拍岸巨浪。""爱德华兹号"侦察员叫道。

吉尔斯随即大喊："左舵打满！"

宾福德听到吉尔斯的建议，向舵手下令道："左舵打满！"

"爱德华兹号"迅速转舵，带领3艘驱逐舰冲向敌舰。数分钟后，舰长H. E. 埃克勒斯（H. E. Eccles）命令"爱德华兹号"右转30度，吉尔斯再次要求急速左转，使得船只免于发生撞上礁石的惨剧。

宾福德下令放出烟幕。日舰炮击停止后，4艘驱逐舰向南行驶半小时，接着急速西转，做出驶向芝拉扎的假象。停止放烟后，四舰转头向南驶向澳大利亚。很快，最后一片烟幕消失不见，敌舰已无踪影，4艘老旧驱逐舰平安逃脱。

———

1942年2月28号夜里，"休斯敦号"与"珀斯号"舰员究竟发生何等遭遇，其家人一连数年都不得而知。官方只告诉他们，两艘舰船在爪哇岛附近某处神秘失踪，所有舰员皆列为"作战失踪人员"。

美国海军当局多数官员私下得出结论认为，卢克斯、沃勒两舰长及两舰全体舰员均已阵亡。事实上，直到3月1日凌晨，仍有接近半数人员存活。有人在温暖的海水中朝东游向爪哇岛，有人向南游向巽他海峡中部的数座小岛,也有人只是攀住漂浮物,漫无目的地任其漂流。

随军牧师 G. S. 伦茨(G. S. Rentz)海军中校是"休斯敦号"上最年长的舰员,此人身材颇为发福,正与十几人在海中攀住同一条备用水上飞机浮桥。浮桥撑不住重量,开始下沉时,接近虚脱的伦茨选择悄悄离去,却被一名舰员带回来。连续两次尝试离去未果后,沮丧的伦茨喘着粗气说道:"我年纪大啦,早已遍尝人间滋味;你们还年轻,还有未来。"

伦茨为众人献上祈祷,然后迅速潜入水中,众人阻止不及。老牧师再也没有浮起来,救生衣已留在浮桥上。一等舰员 W. L. 毕曼(W. L. Beeman)将它穿在身上。

机械军官富尔顿海军上尉正与另外三人一起,朝一片海滩游去,却不知那正是万丹湾海滩。约瑟夫·达尔顿海军上尉则坐在一艘救生筏上,也朝着万丹湾驶去,距离不过半英里。太阳升起后,道尔顿发现湾边停泊着几十艘运输舰,周围环绕着大量登陆艇。一艘登陆艇驶来,将救生筏系在一艘大船上。"休斯敦号"幸存者坐在救生筏上,不知即将面临何种命运,日军登陆艇上的军官则在争论不休。突然,系缆松开,筏子被汹涌的海浪打向西南边。道尔顿发现日军登陆艇尾部有一人举起自动步枪,似乎要朝救生筏射击;美军幸存者颇为慌乱,但身体已极度疲惫,无力闪躲。最终日军没有开枪。

达尔顿等人奋力划水,试图回到爪哇岛,但海潮实在太凶;另一批海中的幸存者朝岸边游去,也被波浪迎头打回。

"珀斯号"幸存者位置更加偏南。"波洛"欧文漂流至海峡中部,正在游往托佩尔岛(Toppers)。"珀斯号"甲板上曾摆放有一把木头与金属材料制成的休闲椅;此时,欧文与海军军士泰瑞尔(Tyrell)攀住的正是那把椅子。欧文的睫毛上沾满油,清晨的阳光射得他眼睛刺痛。接近小丘状的岛屿托佩尔时,椅子开始碎裂,两人抓住一块木板,继续向前游去。

经过托佩尔岛,两人游往一座更大的岛屿——桑吉昂岛(Sangiang),欧文望见岛上那白色的沙滩与棕榈树。突然,一波海潮涌来,将两人从岛边冲走。漂流途中，欧文看见一群身穿救生衣的尸体仰面浮在附近海面上，双膝张开，好像是在睡觉。

欧文看到 20 英里外，圆锥形的喀拉喀托火山笼罩在青色的雾霭之中。泰瑞尔开始喃喃自语，欧文也不知自己还能坚持多久，甚至设想起溺水的感觉：一连数日的恐怖经历之后，溺水或许是一种解脱。欧文想着想着，松开双手，任身体沉入海中，不料下颏突然撞上什么东西。欧文浮出水面，看到泰瑞尔发疯似的摇晃着木板，喊道："求求你了！别丢下我一个人！"

欧文不知道该作何反应，只是说道："抱歉。"接着，泰瑞尔也向下沉去；欧文连忙用木板将其捞起。泰瑞尔露出脑袋，缓缓说道："就那么沉下去了，我也不知道为什么。"

欧文此时与泰瑞尔还不熟，努力回想他的名字，却越想越头疼。最终，欧文放弃回想，只是祈祷找到地方躲避灼热的阳光，祈求上帝保佑自己平安返回澳大利亚，与家人团聚。

———

爪哇岛北海岸，日军西部登陆船团停泊在泗水以西 100 英里处。[①] 自当日午夜时分以来，美国、荷兰、新西兰、澳大利亚空军残部一直在对运输舰发起零散空袭；尽管飞行员作战英勇，但收效依然甚微。

3 月 1 日清晨，美军第 17 驱逐机中队从机场出发，执行爪哇岛上最后一次任务。该中队从惨败的菲律宾战场生还，9 架"P-40"已颇残破：轮胎出现烧痕，制动器磨损，发动机嘎嘎作响。中队驾驶飞机低空飞去，发现 30 艘运输舰横列在海滩旁，大量小登陆艇在运输舰与岸边之间来来回回；岸上部队正朝丘陵挺进，从空中看去像是一排排蚂蚁。该部队正是当初曾在菲律宾林加延湾登陆的第 48 师。

舰艇与海岸上的重型防空武器组成交叉火力，朝 9 架"P-40"袭来，很快就命中 3 架。其中一架由科尼利厄斯·里根（Cornelius Reagan）中尉驾驶，

———

① "西部"疑误，当作"东部"。前文称"日军东部船团拟于泗水港以西 100 英里处登陆"，西部船团实际在万丹湾登陆。

机体燃起大火,朝海滩冲去。罗伯特·麦克沃特(Robert McWherter)中尉驾驶的另一架"P-40"从旁打出信号,要求里根跟随自己前往海滩跳伞逃生。里根摆摆手,打开"P-40"的机盖,探出身子来,在燃烧的发动机上点燃一支香烟,叼在嘴里,任凭飞机炸毁。

击沉数艘敌军登陆艇,9 架飞机只有 6 架归来——爪哇岛上的空袭任务大抵如此。

狭长岛屿的南岸,"海魅号"正在芝拉扎卸下 27 架装箱的"P-40"。在那些经历过菲律宾战场幻灭的老兵看来,着实是可笑的一幕。当时还有传言称,另有一批"P-40"装载在"玛丽王后号"舷侧,正朝爪哇驶来。那可以用一句老话概括:及溺呼船,为时已晚。即便是先抵达的这 27 架"P-40",同样也派不上用场。根本没有时间将飞机拆箱组装,飞行员很快便要撤往澳大利亚。于是,27 架"P-40"就装在箱子里,被遗弃在海湾。

日军在万丹湾及岛屿北岸登陆时,爪哇岛盟军已分崩离析。在万隆,赫尔弗里希的参谋长——英军 A. F. E. 帕利瑟海军少将致电身处巴达维亚的柯林斯(Collins)海军准将,命令准将把英军全部舰船撤往芝拉扎,其本人也要撤离巴达维亚。于是,上午 8 点 30 分,英军海军基地官兵乘卡车和小轿车南下离开巴达维亚。半小时后,帕利瑟与美方海军司令格拉斯福德来到赫尔弗里希司令部,要求撤销抗战到底的命令。

赫尔弗里希态度坚决,称自己只是在遵守联合参谋首长团的明确指示。"只要有船,我就会继续打下去。爪哇海依然能够部署大量潜艇部队。敌军今夜会在南望(Rembang)展开新一波登陆,就算让他们成功登陆,这一拨的运输舰,我不会放过。"

"我国海军部曾有指示,"帕利瑟说道,"倘若抵抗无望,须将隶属于陛下的宝贵舰船撤出爪哇。根据敝人判断,时机已至。"帕利瑟打算将英军舰船撤往锡兰。

"将军现在仍受本人辖制,这点您可还记得?"赫尔弗里希怒道。

"当然记得。只是事关重大,敝人也只能将自身职责摆在第一位。"

"当初在马来亚，英军接受我军多少援助，将军难道全不记得？我军将全部作战舰队——巡洋舰、驱逐舰、潜艇、航空部队——通通交给英军指挥，最后伤亡惨重。荷军捍卫新加坡奋不顾身，英军捍卫荷属东印度又如何呢？当初，荷军最新式潜艇在马来亚东海岸、婆罗洲西海岸作战，出生入死；水面舰队亦曾奋力援护英军船团；现如今，本人要求将军为荷军做出同等牺牲……您竟一口回绝！"

"对贵国的援助，敝人深表感激。不过，此事已成定局，没有转圜余地。"

赫尔弗里希转头看向格拉斯福德，"那么您又有何打算？"

格拉斯福德内心同意帕利瑟的看法，也认为继续作战实属徒劳，不过他还是说道："敝人得到的指示是执行您的命令。无论您下达何种命令，敝人皆当立即执行。"

赫尔弗里希长长地叹了口气，说道："帕利瑟将军，您想把舰船调到哪里，就调到哪里吧。"接着转向格拉斯福德："美军舰船开往澳大利亚。"并深沉地向格拉斯福德致以谢意。

3

与此同时，爪哇海战役幸存的最后三艘舰船正航行至婆罗洲以南约60英里处。受创的"埃克塞特号"在两艘驱逐舰护卫下，缓缓驶向西北，意图当夜突破巽他海峡，向南逃脱。此时，"埃克塞特号"舰长 O. L. 戈登（O. L. Gordon）海军上校已然意识到，三艘舰船正落入插翅难飞的境地：数分钟以前，即上午 9 点 35 分，敌军两艘重型巡洋舰的桅杆在南边海平面上出现。

两艘巡洋舰正是爪哇海战役胜利者——高木将军所率的"那智号"与"羽黑号"；两舰在两艘驱逐舰护卫下，准备对漏网之鱼展开最后一击。此外，另一侧也有一支强大部队逼近：第 3 舰队司令高桥伊望海军中将接到"那智号"的警报，率两艘重型巡洋舰与两艘驱逐舰从北方驶来。

遭到两支敌军夹攻，"埃克塞特号"及两艘驱逐舰进退维谷。上午 10 点

10分,戈登上校将航向转为东南,"波普号"及"遭遇号"放出烟幕。航速已提升至最大25节,但日舰早将去路封锁。10点20分,日舰开炮,"埃克塞特号"回击;"波普号"及"遭遇号"则朝正在合流的日军四艘驱逐舰开火。

到上午11点,"埃克塞特号"虽未受到实质性打击,但显然大势已去。5分钟后,"埃克塞特号"孤注一掷,朝高桥的两艘巡洋舰发射鱼雷。距离太远,未能命中。

日军巡洋舰的齐射渐渐逼近,很快将"埃克塞特号"笼罩。"波普号""遭遇号"绕着"埃克塞特号"行驶,试图转移敌军注意力。"波普号"舰长维尔福德·布林(Welford Blinn)海军少校朝高桥的两艘巡洋舰发射4枚鱼雷,转身又朝高木的舰船发射5枚。

尽管驱逐舰奋力抵抗,上午11点20分,日舰依然成功逼近,一枚8英寸口径炮弹将"埃克塞特号"仅存的一根蒸汽管道炸裂,巨大的巡洋舰航速几乎立时减速到4节。"波普号"与"遭遇号"意识到事已至此,无力回天,为保全自舰,迅速向东逃去。

"埃克塞特号"上,主引擎、发电机都已停止运行;炮塔沉默无言,炮管七零八落地指着各个方向;操舵装置失效;一切动力都无法运行;泄漏的燃油流至前锅炉室,燃起大火,整个舰内充满烟雾。

舰长下令沉船。全舰各处水阀、防水门通通打开,让水流涌进武器库、机械室。冒着熊熊大火,舰体开始倾斜,烟囱中冒出滚滚黑烟。

乔治·库珀(George Cooper)海军少校站在舰桥后方,望着沉没中的"埃克塞特号",感到它展现出困兽犹斗的气势,就像一头身处绝路的雄鹿。舰员正在砍掉救生艇的缆绳,将救生艇投入海中。敌舰近距离展开炮击,炮弹落在舰体的各个位置。库珀看到后部上层构造燃起火焰,炮弹在头顶呼啸而过,听着像是女武神的歌声。

舰体开始侧倾,向前行驶距离只有一小段。舰员成群结队排在一侧,跳入海中,漂向舰尾。副舰长冷静地在舰上巡视,发现库珀站在后甲板上,便走过去说道:"少校,祝好运。"那语气听来十分平淡。

库珀将双筒望远镜扔在甲板上，从后甲板跳入大海。一艘日军驱逐舰逼近"埃克塞特号"右舷，射出鱼雷，正中目标。随着一阵震颤，巨大的巡洋舰迅速倒向右舷，烟囱和桅杆与海面平行，白色的舰旗依旧迎风飞舞。

"埃克塞特号"仰起舰首，似乎要做最后的挣扎，漂流在海面上的船员无不齐声欢呼。就在下一瞬间，巨舰沉入海中，眼前只有烟雾与蒸汽，飘荡在巨大的漩涡之上。

东边 10 英里处，英军驱逐舰"遭遇号"同样受到围剿，正在沉没。舰员从舰侧跳海时，"波普号"开足马力，冲往前方——前方海域正有狂风骤雨。上午 11 点 50 分，老旧的四烟囱美军驱逐舰"波普号"成功躲入阴雨之中，却依然无法摆脱毁灭的命运。10 分钟后，日军巡洋舰派出的水上侦察飞机发现"波普号"行踪；12 点 30 分，附近的航空母舰"龙骧号"派出 6 架水平轰炸机，来到"波普号"头顶。

布林舰长操纵"波普号"呈 Z 字形躲避，一连躲过 10 轮轰炸；然而，第 11 轮轰炸中，一枚炸弹落在紧贴着 4 号鱼雷管的海中。炸弹于水下炸开，在舰体吃水线以下轰开一个大洞，将左舷螺旋桨轴严重破坏。

"龙骧号"派出的 6 架水平轰炸机在 3000 英尺高空展开袭击。为防备下一轮轰炸，布林下令躲避，不料战损管制官报告称舰体浸水严重，无法正常操控。于是，布林下令打开防水门及舷窗，将伤员移至救生艇，引燃之前安置在机械室里的炸药，令舰自沉。舰员从"波普号"弃舰逃生。

约下午 1 点，高木的巡洋舰迅速驶近，朝"波普号"开炮。一轮齐射命中目标。"波普号"仰起舰首，在短短 15 分钟内彻底沉没。如此一来，爪哇海上再无盟军舰船之踪影。

"埃克塞特号"号上，乔治·库珀刚刚被一艘日军驱逐舰打捞上来。甲板上挤满了大量幸存者，约有 300 人。驱逐舰离去时，库珀看到海中依然有数百名幸存者苦苦挣扎，便指向他们；舰桥上的日军军官全然没有注意。库珀不忍眼睁睁看着战友溺死，却也无能为力，只能抬头看向日军舰长。舰长抽着烟,不时下达一两句命令,脸上却毫无表情,甚至没朝 300 名战俘瞥上一眼。此人没有表现出喜悦或安心的感情,甚至看不出一丝疲劳,就好像身处一艘豪华邮轮,刚刚停下船只是让船员去洗了洗澡。

————

海上的屠杀也蔓延至爪哇岛以南海域。3 月 1 日行将结束时,近藤信竹海军中将率领的南方部队将芝拉扎以南海域收归囊中,对逃离爪哇的运输舰及军舰展开无情打击。载有"兰利号"全部幸存者的美军油轮"佩科斯号"(Pecos),在爪哇岛以南 400 英里处被击沉;美军驱逐舰"惠普尔号"(Whipple)迅速赶到,救起 232 名落水者,余者只能任其自生自灭。"惠普尔号"最终成功逃脱;不过当天下午,另外两艘美军旧式四烟囱驱逐舰——"皮斯伯里号"(Pillsbury)及"埃德索尔号"(Edsall)遭到近藤麾下战列舰及巡洋舰袭击,葬身海底。

午夜时分,美军最后一架可用的飞机准备离开即将沦陷的爪哇岛。那是一架"OB-30",即"B-24"的出口英国版本,超出常规地载有 35 名航空部队成员,于 3 月 2 日 0 点 30 分离开日惹(Jogjakarta)基地[当时人们将"日惹"戏称为"下体护具"(Jockstrap)]。最后一架飞机的离开,意味着美军航空部队在爪哇岛无望的努力宣告终结。

当天黎明时分,一艘飞行艇从万隆附近湖畔出发,驶往锡兰。艇上乘客正是赫尔弗里希将军,手上只提着一个小箱,身后坐着的是家人朋友,艇上还装有一些家财。前路茫茫,将军感觉自己就像一名新赴任的少尉。

上午,日军西部登陆部队从两个方向迅速逼近巴达维亚及万隆;东部登陆部队以泗水为目标,已至半途,同时也分兵赶往芝拉扎。盟军防御力量微乎其微,今村将军不禁心生困惑,怀疑是诱敌深入之计。登岛之前,今村所设想的是一场艰苦而长期的攻坚战。

隶属第 5 水雷战队的由川周吉(Shukichi Toshikawa)①海军中佐正在

————

① 由川周吉(生卒年不明),日本海军军官。"由川"读音"Toshikawa"有误,当作"Yoshikawa"。

与第 16 军参谋长谈话。由川解释道，上级派自己来向今村将军道歉：之前四艘运输舰遭鱼雷击沉，今村将军在万丹湾里泡了好一阵。

"别告诉今村司令。"参谋长忙道，"司令以为那是美军巡洋舰'休斯敦号'的鱼雷，咱们就把功劳留给美军吧。"直到今天，官方记录上击沉运输舰的依然是"休斯敦号"。

"珀斯号"及"休斯敦号"幸存者仍在巽他海峡附近漂流。"波洛"欧文与泰瑞尔拼命挂在木板上，此时已几近脱力。突然，欧文发现左边海上有一片黑色的身影，泰瑞尔连忙吹哨；哨声悠长，直至气尽。

"看见了，像是一艘船。"泰瑞尔喊道，"老天保佑，真是一艘船。哎，怎么走了……别走……"泰瑞尔说着，脑袋无力地垂下，沉入水中。

"别沉下去，会得救的。挺住，坚持下去！"欧文喊道。泰瑞尔把头从水中抬起，欧文一把抓过哨子，连续吹响。

最后，船上一人用澳大利亚口音喊道："你可行行好，别再吹那鬼哨子了。第一声我们就听见啦。"很快，救生艇放下；欧文与泰瑞尔坐在船上，感到身体与大海之间有坚固的物体间隔，感到一阵满足感袭来，接着便失去意识，昏迷过去。

"休斯敦号"幸存者中最大的一群在万丹湾海岸不幸被俘。自上岸以来，哈姆林与富尔顿上尉一直在做苦工，把大小箱子从岸边搬往贮藏处。富尔顿注意到，许多小箱子里装有瓶装苏打水，捆成一团团从西贡运来此处。此时天色已暗，"休斯敦号"幸存者被命令拉车，既有装载弹药的手推车，也有堆满行李的人力车。大多数俘虏脚上没有鞋子，双足磨破，鲜血淋漓。众人走在通往巴达维亚的道路上，朝着西冷（Serang）前进；然而，此时的战俘还不知道将要去往何方，更不知道将会迎来何种命运。

4

3 月 2 日当天，澳大利亚红发将军戈登·贝内特抵达墨尔本。此人从新加坡逃离之后,辗转乘坐原住民小艇、汽艇及飞机,历尽千辛万苦回到祖国。当贝内特前往复命时,澳军总参谋长 V. A. H. 斯特迪(V. A. H. Sturdee)中将态度却很冷淡:"将军只身逃亡,绝非明智之举。"说完这话,斯特迪转身继续工作,晾着贝内特站在房间中央。

与贝内特出征之时相比,澳大利亚已如隔世。11 天前,战火蔓延至国门:珍珠港一战成名的日军将领南云率领 4 艘航母,派出 81 架飞机,在光天化日之下对澳大利亚北部主要海港达尔文(Darwin)展开空袭,将该港部队消灭殆尽。美军驱逐舰"皮里号"(Peary)及另外 8 艘舰船被击沉,9 艘舰船受创,22 架盟军飞机被毁;日军付出的代价只有 5 架飞机。

惊吓之中,国民方才意识到,澳大利亚面对日军入侵可谓不堪一击。新不列颠岛已落入敌手;新几内亚(New Guinea)一半沦陷,另一半显然也岌岌可危;爪哇岛与帝汶岛正在敌人的魔爪下遭受蹂躏。

国内出现一批海报,绘有一名形容可怖的日军士兵,与太阳旗一并从海面蹿出,一只手抓向澳大利亚版图。版图上写着:势在必行。

面对风云突变的局势,澳大利亚国民感到混乱,意见并不统一。"对达尔文事件,民众感到痛心。"基思·默多克(Keith Murdock)爵士在《悉尼太阳报》(Sydney Sun)上写道,"民众知道,空袭发生一两天之前,工人正在举行罢工集会;民众也知道,只要投以适量设备及人力,便能将船只清理出来,而此时船只依然停泊在港口,暴露在敌军炸弹之下。澳大利亚已对世界提出一项庞大的诉求,为 700 万白人要求权利,生活在这片广袤的土地上。现在正是良机,我国必须抓住机会,实现崛起。机不可失,时不再来。"

此后不久,耶茨·麦克丹尼尔也来到澳大利亚,与妻子在墨尔本团聚,并就任美联社澳洲地区分社社长。某天早晨,麦克丹尼尔仍未从惊险的逃生之旅中恢复体力,在睡梦之中被一阵急促的敲门声惊醒。来者竟是"新闻片之王"。此人听说麦克丹尼尔的消息,便立刻从锡兰飞抵澳大利亚。

"多丽丝在哪儿?"王海升问道。

麦克丹尼尔听了这话，心里直打鼓。多丽丝所乘的船应该很早就已抵达锡兰或印度才对。麦克丹尼尔把船名告诉王海升，两人前往市区找船运方面的行家打探消息，却一无所获。直到战争结束之后，两人才得知真相：多丽丝·林乘坐的船只离开爪哇不久就已沉没，乘客无一幸存。

————

到 3 月 3 日上午，近藤中将的舰队已牢牢把控住爪哇南部海域，将此处变为盟军舰队的坟场。除商船外，遭到击沉的还有英军驱逐舰"要塞号"（Stronghold）；由澳军炮舰"亚拉号"（Yarra）护卫的船团也落入敌军包围之中。损失确实惨重，但也有许多船只悄悄穿过日军强大的包围网，成功抵达锡兰或澳大利亚。

爪哇岛上的地面战争也即将迎来耻辱的谢幕。盟军各自为战，有的部队殊死抵抗，有的部队袖手旁观。日军两支大型登陆部队在爪哇岛各大城市集结时，盟军已不知道接下来如何抵抗。3 月 5 日，在万隆召开盟军高级军官会议，ABDA 陆军总司令 H. 德波登（H. ter Poorten）中将发言称，游击战策略不可行，因为印度尼西亚人对荷兰人十分敌视。三天后，德波登发布广播，命令全军弃械投降。

爪哇岛上向国外发布的最后一条消息来自万隆某商业广播电台。炸毁电台之前，一名工作人员发出消息："电台关门啦。愿于美好时光，你我再会。女王陛下万岁！"

与关岛、威克环礁、香港、新加坡等海上要塞遭逢相同命运，爪哇岛就此沦陷。整场战役海陆双方合计，日军船只损失 1 艘排雷艇、4 艘运输舰、多艘登陆艇，外加少量军舰受损，约 1000 人战死。胜利得来易如反掌，未必尽是好事。日军从此战中获得的经验教训极少，许多高级将领认为，目前的装备及战术足以应对未来的战事。

盟军吞下了屈辱性的战败苦果。防卫力量不足，从最开始就没有守住的希望；不过，抵抗的过程也绝非毫无意义的虚张声势。在战斗中，美、英、荷、澳四国之间展现出对彼此的信任。当然，最终部队选择投降——像法国一样投降，可能会造成整个西南太平洋地区士气低落。围绕此事，各国之间产生激烈的纷争、谴责，但 ABDA 成员国之间依旧保持着一种内在的团结精神。此时，各国都将目光投向日本帝国那崭新版图里仅存的两枚钉子——巴丹与科雷希多。

第五部分　巴丹困兽

第十八章　"……我还会回来"

1

巴丹战场的僵局持续到2月。东京方面,东条首相日渐焦躁。巴丹的军事价值不大,对敌人的宣传价值却在不断提高,因此必须迅速荡平。约一个月前,本间向上级司令部报告称,若无重型步兵和炮兵部队增援,巴丹战役实难成功。上级已将增援派给本间,正在针对最终攻势展开训练。不过,东条却心存疑虑:战略上需要的是一场势如破竹的大捷,要制订出相应的作战方案,凭本间的能力是否不足?

东条有一个秘书,名叫西浦进;此人年纪不大,已是大佐军衔,同时兼任首相顾问。东条把西浦找来,谈了谈自己的忧虑,并特别指出,自己不想直接与参谋本部沟通,因为那样会违反程序。"这样吧,"东条说出自己的办法,"你去跑一趟,把我的担忧跟服部大佐讲一讲。"服部大佐指的是参谋本部作战科科长服部卓四郎。作为首相及陆军大臣,东条不能对实际作战行动指手画脚,就算有建议,也只能旁敲侧击地提出。服部曾是东条的私人秘书,深受东条信任。此人不仅是陆军中最有才能的年轻军官之一,也是一位极具手腕的军事外交家。

西浦当天便去拜访服部。两人早年在军校同窗读书，后来一直保持密切关系。服部之前就对巴丹局势颇为在意，命令作战科全体人员展开讨论。不到一星期，有关巴丹战役的报告和计划书便在办公桌上堆得满满当当。纵览各种材料之后，服部认为，攻击萨马特山（Samat）最能出其不意；该地是一座海拔约 1920 英尺的崎岖山丘，紧贴美军防线中心地带后方。服部的计划很简单：在萨马特山前方 2.5 英里的区域集中展开空袭和炮击，然后步兵大举压上，展开突破。据服部估算，美军抵抗力量不值一提，很快便会弃械投降。

该计划首先得到参谋总长杉山大将批准；接下来，服部需要进行巧妙的诱导，让本间参谋部认为计划是他们自己的想法，不然会伤及前线参谋的面子。服部找来井本熊男中佐，面授机宜，令其飞往菲律宾。接着，服部看了看日程安排：4 月初，杉山前往西南太平洋战场进行视察，自己须陪同。他打算在日程上做些变动，将留在菲律宾的日期与发动攻势的日期重合。服部很想亲眼见证自己的计划付诸实施，哪怕只有一次也好。

2

扫平两处"孤地"之后，美菲守军主要任务是巡逻、为日后战事进行训练、巩固横贯半岛的防线，除此之外无事可做。一时间，士气颇为高涨，因为日军崩溃的报道不断传来。科雷希多的一份公报称：因巴丹战役作战不利，本间引咎切腹，继任者是有"马来之虎"之称的山下奉文。虚假的报道里煞有介事地添入不少细节，比如本间特意选择马尼拉大酒店麦克阿瑟的房间作为自杀地点，葬礼也在那房间里举行。

士气虽一时高涨，巴丹半岛此时仍面临最严峻的问题：食粮不足。前线部队中不少士兵只能领取三分之一的口粮，已饿得形销骨立，日渐逼近死亡。外部试图冲破日军海上封锁，向科雷希多及巴丹运输物资，行动大多以失败告终。有一次，舰船及潜艇部队带来 1000 多吨口粮，然而巴丹共有

80000 名士兵、26000 名平民，1000 多吨口粮也只够果腹 4 天。

到此时，菲律宾水牛已食用殆尽。3 月初的某日，钱普林海军上尉正在与温莱特将军交谈，一名骑兵上尉前来报告称，剩余的 250 匹军马及 48 头运输用的骡子的饲料已见底。

"上尉啊，这一天终究还是到了。"温莱特有一匹爱马，名叫约瑟夫·康拉德（Joseph Conrad），腾跃如飞。"咱弟兄们饿肚子的也不少；马肉嘛，味道不算差。"温莱特将军顿了顿，接着说道，"去杀马吧，立刻去办。先从约瑟夫·康拉德开始。"将军转身回到小屋时，双眼已满含泪水。

饥饿引起身体虚弱，虚弱则更易感染疾病。奎宁①消耗殆尽，巴丹已沦为世界上疟疾最为肆虐的地区之一。仅在 3 月的第一周里，就有 500 多人入院。流行病随时可能暴发，演变为一场灾难。基地医院、收容所、战地医院、应急救助站里人满为患。克利福德·布鲁梅尔将军在给妻子的信中写道，随处可见饱受疟疾折磨的士兵，毫无救助措施，无助地躺在散兵坑旁。

在恶劣环境中，部队与饥饿、疟疾、痢疾、脚气、登革热、坏血病做斗争，生存成为第一要务；如此一来，士兵的思想便形成危险的空白地带，疑惑、恐惧与敌人的宣传乘虚而入。麦克阿瑟总司令部一直宣称，大量食粮、飞机、弹药等援助物资很快便会送来；此前，大多数士兵还深信不疑。不仅如此，总司令部发出的官方通报还生发出一系列荒诞不经的流言。比如，一整支由黑人组成的骑兵团，正乘着雪白的骏马朝巴丹奔驰而来；或者，一战英雄人物约克中士（Sergeant York）率一支神枪手部队，正在赶来救援。许多士兵都曾相信此类流言。

然而到此时，只有最幼稚的傻瓜还相信"蜿蜒数英里"的大型船团即将抵达，约克中士、神枪手部队通通沦为笑谈。流言悄然而去，幻灭随之而来。美军士兵创作讽刺诗歌，贬斥罗斯福与"防空洞道格"（Dugout Doug）②；菲军士兵则在扪心自问，自己与亲人天各一方，来到巴丹半岛究竟有什么意

---

① 奎宁（Quinine），又称"金鸡纳霜"，一种治疗与预防疟疾的药物。

② 防空洞道格，指"躲在后方防空洞里指挥作战的道格拉斯·麦克阿瑟"。

义。前线部队无不对后方部队深感不满，其不满并非没有缘由。前线士兵称：后方人员所配给的钢盔与食粮反倒比前线战士更多；前线只有四分之一的士兵配有毯子、残破的防雨布或雨衣，约20000人没有鞋穿。

巴丹半岛上，人人都对科雷希多那"奢侈的生活条件"心怀不平；而当科雷希多三个高射炮台收到的口粮清单公布出来时，那不平的情绪达到最高点。三个高射炮台没有多少人，口粮清单却满满当当：火腿培根1箱；猪油代用品、豌豆、番茄、玉米、桃子罐头24罐；果酱24瓶；香烟50盒；冰块600磅。消息在巴丹半岛越传越广，奢侈品名单也越传越长。前线士兵生存依靠稻米，补充营养只能靠小猴子与鬣蜥，对他们而言，此类不公要比敌人更加可恨。单拿50盒香烟来讲，就已经超过整整一个步兵师的配给。前线士兵每天最多抽上一支烟，这还是运气好的情况。

此时，日军宣传人员改变早期策略，不再鼓动菲律宾士兵反抗其"主人"。显然，此时绝大多数菲律宾人还是喜欢美国人和美国生活方式的。因此，新的宣传策略以食色之性、天伦之乐为主要侧重点。飞机投下美食的彩色照片，外加马尼拉大酒店、安提瓜饭店（Panciteria Antigua）、滨海轮船公司（Maritima Steamship Company）的菜单，旁边用红色字体写着：大快朵颐，岂不美哉？

也有以家庭为主题的传单。比如：一名泪流满面的母亲，正在呼唤儿子回家；一名投降的士兵在妻儿的环绕下，其乐融融地享受一顿美餐。

最粗俗的传单围绕着性爱展开，其中最有效的是"脱衣女郎"系列。该系列共有5张照片，飞机会依次从空中投落。第一张是一名美艳女子的面部照片；第二张是该女子的上半身，一对巨乳用一条披肩遮住；第三张是全身照，披肩若隐若现地挂在身上，充满诱惑意味；第四张已是裸体；第五张则正式进入性行为。

大多数传单都被人扔掉，或当作厕纸使用，但不可否认，日军的宣传战确实起到一定作用。3月第一个星期，巴丹半岛的士气已下降至危险程度。弗兰克·休利特（Frank Hewlett）是一名特派记者，与温莱特共处颇久，此人的一首打油诗表现出巴丹半岛上大多数人——包括菲律宾人，也包括美国人——的真实想法：

　　我们是巴丹困兽：

　　没有妈妈，没有爸爸，没有叫山姆的叔叔；

　　没有姑母，没有伯父，没有外甥，没有侄女；

　　没有长枪短炮，没有火力武装；

　　我们处境如何，无人放在心上。

3

　　3月10日上午，温莱特乘吉普车前往一线视察。天空晴朗无云，暑气逼人。坐在将军身旁的钱普林海军上尉心想：真是个空袭的好日子。然而，天边并未出现飞机的踪影，钱普林也放松身体，戴上墨镜。温莱特向2名副官皮尤和杜利问及骑兵战术时，钱普林回想起前一晚，自己与将军的那番私人交谈。当时，钱普林保证绝不外传，温莱特说道："陆军最高司令部在菲律宾犯下三大军事错误。第一，除了勇气，将领无法给予部队任何东西，然而军队高层没能前往一线视察部队；第二，过分依赖训练不足的菲律宾部队，战前就应该从美国本土调遣更多兵员。"温莱特将最后一个错误归咎于麦克阿瑟，"格鲁纳特（Grunert）①早就提出将部队撤入巴丹，咱们一直束之高阁，非要定一个大而无当的计划，想用一批弱不禁风的部队在海岸击退

---

　　①　乔治·格鲁纳特（1881—1971），美国陆军将领，1940年5月至1941年10月任美国驻菲律宾司令部司令。驻菲美军主要负责保卫菲律宾群岛、训练菲律宾部队。在远东军创立后，驻菲司令部变为其下属机构，格鲁纳特也很快返回美国，司令一职由麦克阿瑟接任。前文提到的"橙-3号计划"（War Plan Orange-3）即为格鲁纳特制订，麦克阿瑟对此不屑一顾，直到沿海作战失败之时方才启用。

鬼子。"

钱普林望着刺眼的太阳，突然发现一个黑色斑点出现在天边，朝吉普车飞来，顿时惊得说不出话。斑点迅速逼近，越来越大，原来是一架飞机，一对翅膀左右倾斜。

钱普林好不容易喊出口来："赶紧跳车！快！"

另外三人看着钱普林，眼神像是在审视疯子；而在钱普林看来，三人不慌不忙的样子像是一部慢动作电影。钱普林继续喊着，亲自动手把温莱特座位上的安全带解开，揪住将军的脖子，纵身跳出车外。两人摔入一道沟渠，又滚入带刺的灌木丛中。

钱普林抬头看向马路，发现子弹飞溅，打在空无一人的车内；于是拿出加兰德步枪，瞄准飞机开火。那枪是当天早晨向温莱特借来的。

几番开火之后，飞机掉头离开。几人从葡萄蔓及灌木丛中探出头来。"老天爷嘞，"杜利一双大眼盯着钱普林说道，"太险了吧。"

钱普林看向温莱特：将军处变不惊，坐在地上，眼睛眨着，兴味津津地打量着自己。温莱特说："小伙子，那把枪，你挺中意是不是？"

"是，将军。枪很不错。"

"给你了，收下吧。还得跟你道声谢。要不是你发现敌机背着太阳飞来，咱们就都完蛋了。"

"将军，枪支是政府配给品。"钱普林说道，"私人赠送不太好吧。"

"那这战争到底是谁在打？是华盛顿那群耍笔杆子的，还是你我？"

当天中午，温莱特应麦克阿瑟急召，与副官约翰尼·皮尤中校乘汽艇前往科雷希多。两人很快来到马林塔隧道麦克阿瑟办公室，参谋长萨瑟兰德将军等在那里："麦克阿瑟将军即将离开此地，前往澳大利亚。将军现在在家，说想见你。先让我来讲一下事情的大概吧。"

萨瑟兰德解释道，自2月22日以来，罗斯福一直力劝麦克阿瑟撤离菲律宾；温莱特聚精会神地听着。萨瑟兰德说："直到昨天，才成功说服将军。明晚有前往棉兰老岛的鱼雷艇，将军打算乘艇撤离。"到达棉兰老岛后，麦克阿瑟会转乘一架"空中堡垒"前往澳大利亚。"将军走后,吕宋岛上全体部队都交给你指挥。"萨瑟兰德说道,"如果你不反对,琼斯准将会晋升少将,接管你的第1军。"此外,毕比(Beebe)上校会晋升准将,担任麦克阿瑟的代理人,执行其从澳大利亚发回的指令。"你饿不饿?"参谋长问道,"吃点东西吧,然后咱们一起去将军家里。"

"不,我不饿。"温莱特竖起拇指,指向巴丹,"在那边每天就吃两顿,已经习惯了。"

两名将军走出隧道东口,穿过灌木丛,沿"蝌蚪"尾部走出半英里,到达一座灰色小房子。麦克阿瑟走出门廊,咧嘴笑着,伸出手来:"乔纳森,希望你能理解我的立场,真的。"两人握着手,麦克阿瑟解释道,自己之所以离开,只是因为罗斯福三番五次下达命令。起初,麦克阿瑟也对部下说绝不离开,不料部下却说,违反总统直接命令会遭到处分,于是只得服从:"对于撤离命令,我曾一再提出抗议之事,希望你能传达下去,让每一名士兵都了解实情。"

"放心吧,道格拉斯。"温莱特说道。

"一旦抵达澳大利亚,我会搞到尽可能多的物资,尽快赶回来。"麦克阿瑟强调加强纵深防御的必要性,"另外,一定要给火炮部队最好的安排,火炮是你最有力的武器。"

两人沉默片刻。远处,巴丹沉闷的战斗声遥遥可闻。温莱特心中想到见底的食粮与弹药、只剩两架"P-40"的航空部队、疟疾及痢疾的蔓延、药品的缺乏,最终只说出一句话:"祝你平安抵达。"

"然后平安归来。"麦克阿瑟坚定地补充道,并拿出一盒雪茄、两大罐剃须膏送给温莱特。"再见,乔纳森。"两人热情地握手,"等回来时,如果你还在巴丹,我就把你升为中将。"

"只要还有命在,我就不会离开巴丹。"温莱特转过身,缓缓离去,回到汽艇。

次日,即3月11日。夜里,麦克阿瑟穿过门廊,走到妻子身边。麦克阿瑟夫人颇有人望，就连岛上那些厌恶麦克阿瑟之人，也承认其妻子性格谦虚，妩媚而不失胆识。"珍妮，到时间了，上车吧。"麦克阿瑟轻声说道。车上坐着的是将军夫妻、两人的 4 岁儿子亚瑟（Arthur）、一名华人护士，以及查尔斯·莫豪斯（Charles Morhouse）少校；车子的目的地是北部水雷码头。莫豪斯坐在车里，感觉一切有些不真实。此人昨天还是一名军医，隶属巴丹半岛上一支临时拼凑而成的航空部队，与麦克阿瑟素未谋面；谁知将军却选择此人作为随行医生，一并踏上艰难的澳大利亚之旅。

麦克阿瑟一行沿着宽阔的混凝土栈桥行走，经过舷梯来到 PT-41 型鱼雷艇前；该艇指挥官正是那位经历与胡须同样丰富的约翰·巴尔克利上尉。麦克阿瑟夫人首先登艇，华人护士阿秋（Ah Cheu）①带着小亚瑟跟在后面。麦克阿瑟在与负责港口守备的乔治·莫尔（George Moore）少将握手："乔治，要保持那星条旗飘扬不倒，等我归来。"说罢，麦克阿瑟也登上 PT-41 型鱼雷艇。接着登艇的是莫豪斯少校、参谋长萨瑟兰德、海军上校哈罗德·雷（Harold Ray），最后是麦克阿瑟的副官西德尼·胡弗（Sidney Huff）中校。胡弗朝岸上的弗雷德里克·沃德上校挥挥手，喊道："弗雷迪，等着我们回来！"

PT-41 型鱼雷艇从码头缓缓驶离，麦克阿瑟站在艇上，回望科雷希多。此时，沃德上校身旁的扬声器发出嘶哑的声音，那是人称"自由之声"（Voice of Freedom）的卡洛斯·罗穆洛给菲律宾全体部队的广播通知。麦克阿瑟摘下那顶不离脑袋的陆军元帅帽，高高挥舞着，与码头上的数人告别。

约晚上 8 点，PT-41 型鱼雷艇抵达科雷希多水雷区；一小时后，该艇在水雷区边缘遇到另外 3 艘 PT 型号的鱼雷艇，里面分载着洛克威尔海军少将及麦克阿瑟麾下的另外 12 名参谋。洛克威尔所乘之艇打头，四艇突然发出刺耳的引擎声，向南飞驰而去。科雷希多的探照灯亮了一下，打在四艇身上，随即熄灭。

---

① 音译。

洛克威尔所乘的是 PT-34 型鱼雷艇,该艇指挥官是罗伯特·B.凯利海军上尉。离开雷区后,巴尔克利的 PT-41 型鱼雷艇来到队伍排头,PT-34 型鱼雷艇很快落在后面。"咱们落下得有点远吧。"洛克威尔将军说道。凯利加速,发动机却只是冒出黑烟,怎么也赶不上。

"真晦气,"随着距离越来越远,洛克威尔下令道,"赶紧跟上去。"凯利悄声让机械师断开节流阀,手动推动化油器。很快,PT-34 型鱼雷艇发出疯狂的啸叫声,迅速赶上了巴尔克利。见船速如此缓慢,洛克威尔满腹狐疑地望向凯利。年轻的凯利上尉这才说出实情:PT-34 型鱼雷艇状态并不好。

"岂有此理。"洛克威尔轻声感叹道。当艇经过一座小岛时,洛克威尔发现凯利在用手指进行测量,问道:"艇上没有方位盘吗?"凯利回答"没有"。"巴尔克利的艇上呢?""自然也没有。""那你们到底怎么导航?"洛克威尔语气尖锐起来。

"猜测,然后就靠上帝指引了,长官。"凯利笑着答道。

午夜时分,4 艘鱼雷艇四下散开。日出之前不久,PT-32 型鱼雷艇中尉艇长用双筒望远镜扫视地平线,突然发现敌情,惊叫起来:"鬼子的驱逐舰!"中尉指着身后,暗淡的光线下有舰影正在迅速逼近:"敌舰装有 5 英寸口径炮,打起来咱们都活不成!"

该艇有 5 名搭乘人员,其中一人是麦克阿瑟的工兵参谋休·凯西准将。"打,往死里打!"准将喊道。年轻的中尉也兴奋起来,大声下令机枪各就各位,准备发射鱼雷,然后亲自砍掉捆住储备汽油罐的绳子,将油罐全部推入海中。

另有一艘艇正从后方接近,通信参谋斯宾塞·阿金(Spencer Akin)准将拿出装满编码文件的文件袋,准备投入海中;机枪与鱼雷管上,士兵已就位,正要发起攻击,只听凯西喊道:

"那是友军的鱼雷艇!"

很快,那艘险些遭到攻击的"驱逐舰"驶来,与 PT-32 型鱼雷艇并肩而行。那是巴尔克利的 PT-41 型鱼雷艇。麦克阿瑟戴着金色帽子,披着野战服，站在艇上，全身湿透；他的妻子同样湿透，微笑着立在他的身旁；旁边还有阿秋，抱着亚瑟。亚瑟也被水浇湿，还有些晕船，但没有哭泣；小小的下巴收紧，看上去活像小一号的麦克阿瑟。

麦克阿瑟让凯西准将来自己艇上商讨未来动向。第一个会合地点是库约(Cuyo)群岛中的某座小岛，众人距离该岛还有很长一段距离，而太阳不久便会升起。短暂讨论后，众人一致认为：继续航行虽有风险，但原地等待天黑风险更大。

两艇当天下午 4 点才到达该岛。炎热的阳光下，洛克威尔所乘的艇在一处海湾停泊，众人开第二次会议。麦克阿瑟提出，自己一家可以转乘潜艇前往棉兰老岛；为应对不时之需，一艘潜艇次日将抵达该会合地。

"还是尽早离开为妙。"洛克威尔建议不要等下去，因为也有可能潜艇根本不会来。萨瑟兰德表示同意。

巴尔克利提醒众人称，天气存在恶化的可能，接下来的航行会比之前更为艰难。急于离开的洛克威尔却向麦克阿瑟保证说，天气不会有问题。

麦克阿瑟转头对参谋长萨瑟兰德说道："迪克①，如果今晚真是恶劣天气，我是拿它没办法，你可就等着吧。"

已将备用燃料抛弃的 PT-32 型鱼雷艇无法继续航行，将人员分散至另外两艇。日落前一小时，在洛克威尔带领下，两艇朝棉兰老岛驶去。几十分钟后，东北方向隐约出现一艘日军巡洋舰身影，两艇随即转身，利用刺眼的夕阳光掩护自己。半小时后，天色陡然暗下来——如此唐突的日落乃是热带地区的特色。洛克威尔指挥两艇重新向东行驶，接着沿内格罗斯岛(Negros Island)的海岸线前行。

大风吹起，天空亮起一道闪电。洛克威尔没有海图，仅凭直觉与附近岛屿的气味，驶入棉兰老海(Mindanao Sea)的狭窄海域。巴尔克利跟在后面，随着洛克威尔前行；离开科雷希多的 4 艘鱼雷艇中，唯有巴尔克利艇上有海

---

① 参谋长全名理查德·萨瑟兰德，迪克(Dick)是理查德(Richard)的昵称。

图,此外还有气泡六分仪与方位仪作为导航工具。所幸,两艇没有触礁,平安驶入棉兰老海。不料海上突然卷起一波 15 英尺高的巨浪,拍在脆弱的艇体上。

洛克威尔与凯利站在先头鱼雷艇的甲板上,巨浪拍打过座舱,将众人淋得湿透。随着海浪越来越大,洛克威尔想起建议麦克阿瑟快快动身的正是自己:"一会儿天亮,免不了一顿臭骂了。"

3 月 13 日清晨,棉兰老岛出现在视线之内。"导航很成功,凯利。"洛克威尔说道,"本来以为不可能这么顺利。"

两艘鱼雷艇加足马力,呼啸着驶向海岸。上午 7 点,巴尔克利的艇处在领先位置,接近德尔蒙特菠萝工厂附近的博哥(Bugo)码头。

威廉·莫尔斯上校与一队美军卫兵站在码头迎接,在迎面驶来的第一艘艇的艇头上看到一个高大的身影,那光景让他想起著名油画《华盛顿横渡特拉华河》(*Washington Crossing the Delaware*)。男子头戴一顶独特的帽子,阳光映在帽舌的金线上,闪闪发亮。

"你好啊,莫尔斯。"麦克阿瑟的声音听起来若无其事,但脸色苍白,眼圈发黑,显然极度疲惫。随着将军强打精神走下鱼雷艇,一群菲律宾人激动地从四面八方拥来。麦克阿瑟转身对巴尔克利说道:"艇长,我要为贵艇全体船员申请银星勋章。各位从死亡深渊把我打捞了出来,恩情绝不敢忘。"然后又请莫尔斯把自己带去休息。

棉兰老岛守备军指挥官是名少将,名叫威廉·夏普(William Sharp);此人身材修长,戴着一副眼镜,正与麦克阿瑟乘车沿山路向南驶去。不到一小时,车子抵达巨大而空阔的德尔蒙特菠萝种植园。按照事先的安排,应该有 4 架"空中堡垒"在此处等待麦克阿瑟一行。

夏普有些尴尬地解释道,飞机还没有来。次日,一架满身整修痕迹的"空中堡垒"孤零零地降落在菠萝园。原来,从澳大利亚出发的飞机确实有 4 架,谁知 2 架因引擎故障中途折返,1 架坠入博哥港附近海中。而且,美国驻澳陆军司令乔治·布雷特(George Brett)中将还是精挑细选,才搞到这 4

架"空中堡垒"。军方曾调配给澳–新战区12架全新的"空中堡垒"，布雷特原本打算借用，便向司令赫伯特·利里（Herbert Leary）①海军中将提出请求。

"布雷特，此事恕我爱莫能助。"利里说道，"那12架飞机对此地至关重要，没有余力分出几架去作客机，无论那乘客是什么人物。"

麦克阿瑟见只有一架"B-17"降落德尔蒙特，大为光火。该机经历过菲律宾战役，破旧程度肉眼可见；而其内部，涡轮增压器无法支撑太久，右制动器上的膨胀管也已老化。另外，麦克阿瑟对飞行员小哈尔·皮斯（Harl Pease, Jr.）中尉也不满意，并告诉夏普称，自己绝不会登上一只由"黄口小儿"驾驶的破烂板条箱。（事实上，皮斯只是看上去年轻，此时已是作战经验丰富的老手；同僚认为此人是西南太平洋地区最优秀的飞行员之一。）

麦克阿瑟给布雷特将军发出一封语气强硬的电报，要求派来其他飞机；同时也电告马歇尔：

> 应自本土或夏威夷调派三架状态最为良好之飞机，配以经验丰富之机组人员。如此重要且困难之行动，若飞行设备状态不佳，必将置一行全员于死地。此事责任重大，敝人无力承担。

布雷特收到消息后，再次拜访利里海军中将，打算态度再强硬一些。谁承想，自己刚提出请求，利里二话没说，一口答应下来。显然，华盛顿方面已和利里打过招呼。全新的轰炸机终于到手，但长途旅行需要提前做好准备，因此又要耽误一天。

德尔蒙特菠萝园里，延误的日程越发刺激着紧张的神经。到此时，麦克阿瑟身处菠萝园一事，在棉兰老岛北部已被众人知晓。日军已在岛屿南部

---

① 赫伯特·利里（1885—1957），美国海军将领。1942年1月29日，盟军建立澳–新战区司令部，由利里担任司令。该司令部只负责海上及空中战斗，作战舰只来自澳大利亚、新西兰及美国。

站稳脚跟，随时可能发动空袭，夏普将军十分担心。

德尔蒙特菠萝园内的住宅及娱乐楼安排有重兵把守。到 3 月 15 日晚上，澳大利亚的新飞机依然没到，紧张的气氛到达顶点。夜里，艾里森·英德上尉出门散步；此人身材矮小，头脑聪颖，对新事物颇为好奇，之前曾在布雷顿麾下任情报参谋。来自得克萨斯州的一名哨兵拦住英德的去路，经过一番争论，最终放行。陌生的卡加延省（Cagayan）乡村，夜里气氛平静而祥和。突然，英德听到一阵碎石"嘎嘎"作响之声，是靴子踩在上面的声音。借助星光，英德看到来者是个男子，戴着一顶有舌帽。美军所在之处有哨兵站岗，士兵无法出来；菲军士兵戴的是草帽；如此一来，戴有舌帽的只能是日军士兵。英德悄悄俯身，趴在地上，抽出手枪，为掩盖扳机声而将枪压在左腋下，轻轻扳下击锤。那人此时站在原地，似乎在听什么声音。英德举起手枪，缓缓瞄准那人头部，手指扣在扳机上。距离不远，绝不会打偏。

正在此时，另一个人走来。"现在听不到了。"英德发现来者是个女子，随即反应过来是珍·麦克阿瑟的声音，顿时感到浑身虚脱，有气无力地说道："将军，我是英德。"

"英德？你在哪儿？"麦克阿瑟问道。

"田地里面，将军。我以为有日军士兵潜入进来，差点把您耳朵打掉。"

麦克阿瑟夫人看到手枪，吃了一惊；将军却笑了起来："起来吧，英德。来商量一下，回去路上咱俩谁护卫谁？"

次日，亦即 3 月 16 日。晚上，澳大利亚出发的 3 架崭新的"B-17"抵达德尔蒙特基地。晚上 9 点 30 分，负责此次行动的整备军官威廉·莫奈（William Monay）上尉给基地指挥官埃尔斯莫尔（Elsmore）中校打电话："雷（Ray），一切准备就绪。"很快，麦克阿瑟一行乘上汽车，灭掉车灯，离开大院，前往 1 号机场。

莫奈将麦克阿瑟一家带到停机处，对行李进行检查。按照规定，每个登机人员不论军衔高低，都可以携带不超过 35 磅重量的行李。麦克阿瑟并未要求特殊待遇。不料有一个飞机发动机发出异响，无法正常启动；一行人迅速下机。一名军官正站在附近抽雪茄，麦克阿瑟走过去问道：

"能否分我一支？我的烟落在大院里了。"

麦克阿瑟点燃雪茄，挨着莫尔斯上校坐在长椅上，开始向周围众人讲述未来的打算。将军提到澳大利亚有一支强大的美军，并说："我会把援军派来。"

莫奈上尉走上前来，请将军一行转移至弗兰克·博斯特隆（Frank Bostron）上尉的飞机。麦克阿瑟点点头，很快就带领一行人登上飞机。几名士兵搬着一张床垫铺在飞机上，供麦克阿瑟夫人与亚瑟休息。引擎发出轰鸣，"空中堡垒"沿着短跑道开始向下滑行，到尽头时，突然消失在众人视野之内。莫奈的心一下悬到嗓子眼，还好几秒钟后，飞机重新升起，开始爬升。莫奈舒了口气，感叹道："谢天谢地，谢天谢地。"

第二架飞机还没升空，谣言已经流传开来。帮助麦克阿瑟抬床垫的一名士兵说那垫子很重，随即便有好事者编造出故事，称那床垫里塞满几千枚金比索。没过几个小时，谣言变得愈加夸张。几名士兵指天发誓称，自己看到将军的飞机上塞着各种各样的柜子，甚至还有一台巨大的冰箱。荒诞无稽的传闻很快流传到美国本土，在麦克阿瑟反对者的宣扬下流传开来。

次日上午9点，两架"空中堡垒"飞抵巴彻勒（Batchelor）基地，以略显笨拙的方式安全着陆。该地位于达尔文以南45英里，也就是说，麦克阿瑟已平安突破日军封锁，接下来只需再次起飞向南，穿越澳大利亚北部荒原即可。当然，旅途十分漫长，想来不会舒服。巴彻勒机场跑道上，当地军官翘首以盼，终于看到麦克阿瑟平安落地。"这一趟很危险哪，"麦克阿瑟对众人说道，"不过话说回来，战争总是与危险相伴。是胜是负，是生是死，都在一瞬之间。"

莫豪斯少校吃了点东西，接着前往基地指挥部。推开门，少校发现麦克阿瑟一身只穿着衬衫和长裤衩，脚上趿着鞋，在房间内来回走动，厉声指责基地指挥官。

"怎么了，将军？"莫豪斯问道。

"这群混蛋,真是懒到骨子里,我的什么要求都不肯去办。"麦克阿瑟怒道,"我打算乘火车去戴利沃特斯(Daly Waters),然后沿陆路开车去爱丽丝泉(Alice Springs)。飞机坐得太久,夫人受不了了。"

"将军,我当然会尽最大努力救助令郎性命;"莫豪斯说道,"不过,横穿800英里沙漠,我无法保证亚瑟一定能够存活。"

麦克阿瑟停下脚步:"大夫,此话当真?"

"千真万确。"

"准备飞机吧。"麦克阿瑟冷静下来,做出指示。

距离出发还有一点时间,麦克阿瑟一行迅速登上R. H. 卡迈克尔(R. H. Carmichael)少校的"B-17"。突然,警报声响起——日军的零式战斗机正在接近基地。卡迈克尔迅速起飞,保持极低空飞行,直至脱离日军飞机的攻击范围。

很快,飞机便来到沙漠上空。莫豪斯少校注意到,麦克阿瑟若有所思地望着下方那荒凉的原野。三小时后,飞机降落在爱丽丝泉。麦克阿瑟把手搭在莫豪斯肩上,满怀感激地说道:"大夫,谢谢!"

狂热的记者对麦克阿瑟进行采访,要求将军发表一份声明。麦克阿瑟拿过一个用过的信封,在背面随手写下几行:

　　合众国总统命我突破日军封锁,从科雷希多前来澳大利亚。此举之目的,就我个人之理解,乃是组织美军展开对日反攻;而反攻行动之主要目标,在于救援菲律宾。

　　突破重重封锁,我前往澳大利亚,但我还会回来。

经过长时间飞行,家人晕机严重,麦克阿瑟决定从爱丽丝泉转乘火车。该地只有窄轨火车,却已经算得上舒适了许多。麦克阿瑟命令副参谋长理查德·马歇尔(Richard Marshall)准将先行一步飞往墨尔本,掌握澳大利亚的真实情况。

长途旅行的第三日，黄昏时分，火车终于抵达窄轨与宽轨的转换处，一辆豪华宽轨专列等在此处。副参谋长马歇尔拿出一份详细报告，并告诉麦克阿瑟：驻澳美军只有 25364 人，其中没有步兵，也没有坦克；飞机有 250架，但大多形同废铁；坏消息还不只如此，澳军此时能够用来保卫国土的部队，仅有 7000 人，而敌军的入侵随时可能发生。

麦克阿瑟闻言，登时站立不住，满脸涨红，嘴唇抽搐，露出极端痛苦的表情，低声念道："苍天待我何薄！"自己为指挥一支大军而来到澳大利亚，却发现此地的部队还不足巴丹的三分之一。

麦克阿瑟在车厢走廊上来回踱步，彻夜未眠。

4

早在麦克阿瑟撤离科雷希多 3 周之前，菲律宾总统奎松也已离开；不过直到 3 月 18 日，奎松一直留在菲律宾，不愿抛弃人民流亡国外。部下及当地美军将领一连数周多番恳求，18 日夜里，总统终于答应乘坐巴尔克利的鱼雷艇前往棉兰老岛。然而，抵达棉兰老岛后，奎松再度停下脚步。原本的计划是乘车先到德尔蒙特，然后坐飞机前往澳大利亚；总统却坚持要去拉瑙湖（Lake Lanao）畔一座风景如画的摩洛人小镇——丹萨兰（Dansalan）。在奎松面前说话最有分量的是副总统奥斯梅纳，在副总统历经一星期坚持不懈的劝说下，奎松终于同意乘车前往菠萝种植园。

德尔蒙特基地里，夏普将军忧心忡忡。麦克阿瑟临行前曾千叮万嘱，一定要让奎松平安离开菲律宾。日军已将棉兰老岛南部牢牢控制住，随时可能对德尔蒙特发动突袭。得知奎松终于决定前来种植园，夏普命令莫尔斯上校带上两辆装满航空部队的卡车，为最后一段路程保驾护航。

3 月 23 日夜里，莫尔斯一行在灯火管制的小镇萨尔瓦多（El Salvador）等待总统。不料一排汽车大摇大摆地亮着车灯，从西边驶来，正是总统一行人。奎松本人不在；奎松需要休息，因此将车停在后方。30 分钟后，一辆汽车孤零零地驶来，里面载着满面倦容的奎松。由于道路崎岖，奎松怒火冲天，声称要把负责修路的工程师从床上揪起来，亲手毙掉此人；同时拒绝继续驶上那条简陋的公路。奥斯梅纳为人性格温和，与众官员劝说总统上路。双方争论声音越来越大，萨尔瓦多镇上居民纷纷打开电灯，走上街头，睡眼惺忪地围观这位总统。

最后，奎松终于答应上路，但车速不能太快。车辆每颠簸一下，总统都发出痛苦的声音。行驶 20 英里后，车队抵达卡加延。奎松拒绝继续前进，表示要在主教宅邸过夜。供职于当地大教堂的神父埃达林（Edralin）告诉总统，海斯（Hayes）主教出门不在，自己无权在主教宅邸擅自留宿他人。

"那样的话，"奎松说道，"咱们就在各位神父的住处过夜。"

埃达林遗憾地表示，根据教会规定，神父住所不得留宿女性。紧接着又是一阵激烈争论，与萨尔瓦多小镇一样，市民纷纷亮起电灯，聚集在街头。莫尔斯上校告诉总统，此处往后道路要平坦许多，而且夏普将军已在种植园为总统一家准备好舒适的住所。此番劝说起到作用，奎松终于答应继续上路。

3 月 25 日，预计搭载奎松一行人的"空中堡垒"仍未抵达棉兰老岛。中午，莫尔斯接到一通电话，电话里夏普将军的声音十分紧张。莫尔斯迅速赶到娱乐楼附近的基地指挥部，夏普焦急地说道："奎松不见了，妻子、儿子、几个女儿通通不见了！"

莫尔斯一番寻找，最终在偏远山区一个名叫克劳福德（Crawford）的种植园管理员家中找到了奎松一家。总统拒绝返回大院，莫尔斯只得呼叫几辆卡车，带来一批航空部队士兵在管理员家附近安排警戒线。整个下午，莫尔斯都在与奎松交谈。"人人都能得到罗斯福的援助，唯独菲律宾人没有份，"奎松语带焦躁，"如果我能去澳大利亚，可能我也就有份了。"

3 月 26 日夜里，3 架"B-17"在德尔蒙特降落。莫尔斯上校陪同总统一家前往 1 号机场。奎松此时病入膏肓，依然不愿离开菲律宾人民，最后被众人架上飞机。在场的美军士兵中，不少都感觉奎松像是被押上了"空中堡垒"，那场景十分感人。奎松此前从未坐过飞机，只是想想升空就吓得不轻；此外，还有一些耸人听闻的说法回荡在总统的脑海里，比如海拔过高会引起呼吸困难。

与麦克阿瑟离开时一样，起飞全程由威廉·莫奈上尉指挥。颇有意思的是，两次起飞的小插曲也如出一辙：此次飞机上也有一个发动机无法正常启动。奎松一行人被迫转移到另一架飞机，该机4个发动机并无异常；莫奈上尉刚舒一口气，谁知发动机又发出一阵响声，最终停止运行。

埃尔斯莫尔中校与莫奈上尉连忙赶去，打算查看飞机状况，发现一行人正走下飞机。原来，是飞行员受到奎松命令，手动将发动机关闭。总统发现机上没有神职人员，因此拒绝出发。

埃尔斯莫尔解释称，奥尔蒂斯（Ortiz）神父就在另一个舱室。奎松亲自去看了看，飞机这才开始滑行。望着飞机升空，机轮缓缓收起，埃尔斯莫尔与莫奈彼此对望，舒了一口气。

喜怒无常的菲律宾总统终于飞往澳大利亚，但他后来的命运却是客死美国。

5

温莱特依然留在科雷希多。美国战争部已将他晋升为中将，命其指挥菲律宾全部军队。

3月21日，麦克阿瑟得知此事，便给华盛顿发电报称：自己原本的计划是将菲律宾部队的指挥权按地域划为四块，互不干涉，温莱特仅负责巴丹地区；麦克阿瑟本人会在澳大利亚遥控指挥，通过一名留守科雷希多的副参谋长，整体把控菲律宾各岛屿；由于"菲律宾战局微妙"，因此作战安排方面需要"特殊处理"。

至于麦克阿瑟麾下诸将，包括萨瑟兰德在内，私下里发表意见不会打官腔。众人认为，以温莱特的资历，不足以指挥菲律宾群岛全体部队。

次日，总参谋长马歇尔发来复电。电文以安抚为主要基调，对麦克阿瑟的计划没有特别提出批评，但同时明确指出，除非麦克阿瑟强烈反对，否则温莱特指挥权一事不会做出变更。麦克阿瑟明白事已至此，不如做个顺水人情：

> 温莱特晋升中将一事，敝人深表支持。将菲律宾指挥权交予其人，此一安排亦属合宜。

在一团和气的表面之下，指挥系统的矛盾依旧。数日后，温莱特直接电告马歇尔称，巴丹的食粮储备只够维持至 4 月 15 日。倘若没有新供给，到那时"部队弹尽粮绝，不得不向敌军屈服"。

麦克阿瑟获知此事，于 4 月 1 日向马歇尔总参谋长发出一份带有批评意味的电报：

> 敝人既已离开菲律宾，岛上持久战之热情渐趋消退，此亦理之宜然。

巴丹半岛上，绝大多数官兵都同意温莱特的意见：弹尽粮绝确属事实。此时，麦克阿瑟身在澳大利亚一事已正式公开，美军官兵之间看法有所分歧。认为退避澳洲实属大势所趋者固然有之，但大多数普通士兵、基层军官都认为，将军不过是弃众而去。讽刺诗歌在各个散兵坑之间流传，最受欢迎的一首配上了《共和国战歌》(*The Battle Hymn of the Republic*)的曲调：

"防空洞道格"惟谨慎，不怯懦，不慌张；精心呵护那富兰克林赏赐的肩章；
巴丹找不见四星上将，正如找不见食物；只留下部队饥肠辘辘。
"防空洞道格"打算出逃；乘那豪华游艇，越过骇浪惊涛；

巴丹鬼子叩门，那也不管不顾；只留下部队饥肠辘辘。

麦克阿瑟那句"我还会回来"遭到媒体大肆宣传，巴丹许多美军官兵深感不满，认为这话充满个人英雄主义意味；不过也有士兵选择拿它开玩笑。临时航空兵团（Provisional Air Corps Regiment）里一则笑话广为流传："我去趟洗手间，但我还会回来！"

而在菲律宾人看来，麦克阿瑟这句"我还会回来"则是他们信任的美国人许下的诺言，以其个人身份保证，菲律宾一定会解放。

到4月1日，巴丹半岛上美军官兵都认识到，漫长的平静期已经结束。不久前，本间将军空投一批红白丝带装饰的啤酒罐，里面装有一封写给"乔纳森·温莱特少将阁下"的劝降信：

> 日本之武士素秉"武士道"，今特以此传统及人道主义精神为基础，有一言奉与阁下，伏惟垂览。……阁下作战，已竭全力。何不仿香港、新加坡、荷属东印度之例，偃兵息甲，又何耻之有？……自战场九死一生之人，何等欢愉，何等幸福；而其亲眷爱侣，又何等喜悦，何等心安，实非笔墨所能尽宣。

温莱特没有做出答复。他知道，日军增援部队已经登陆。近日来，敌军巡逻行动越发激进；前哨线屡屡爆发小规模冲突；近一个月未见踪影的日军飞机，也重新出现，且数量越来越多。

温莱特意识到，种种行动都预示着日军即将发动一次强力的全面进攻。然而，此时美军前线作战能力却比以往任何时候都低。疾病与饥饿造成的减员数量惊人，每天约有1000名官兵被送往医院，一线部队中接近75％身患疟疾。更加严重的是，前线官兵身心两方面遭受极大折磨，已渐渐变得麻木。此外，巴丹收到新补给的希望已破灭。

4月2日夜里,亦即圣周五(Good Friday)①前一天夜里,美菲部队前线一片平静。防线北部,日军为发动攻击,集结了50000人的兵力,其中包括第4师团及永野支队②的15000名生力军;而在日军步兵身后,则是150门重炮、榴弹炮和迫击炮,已准备好发射漫天弹幕。服部大佐的计划预定于次日实施。

"我军4支作战部队已就位,10种旗帜在绵延25公里的前线迎风飘扬。"本间将军在当晚的日记中写道,"火炮同样充足。……此次攻势没有失败的理由。"

本间的对手是美菲部队约80000人,但其中只有27000人属于"有效作战力量";而在27000名"有效作战力量"之中,有四分之三因疟疾而虚弱不堪;就算不谈疟疾,全员也已处于饿死的边缘。

美菲部队前线,菲律宾军官亨利·G.李(Henry G. Lee)中尉的一首诗歌正在部分官兵之间流传。过去几个月里,官兵们写下所思所感的诗歌不少,这一首最为深刻:

> 我看不到胜利的光芒;
> 没有战利品,没有功勋章。
> 若我选择忍耐——事实上也再无选择;
> 忍耐苦痛的尽头,唯有苦痛为我所得。
> 尽管激情消散,热忱退去,希望破灭;
> 内心依然有一股力量,支持我奋战不懈。

---

① 圣周五,指复活节前的星期五,是纪念耶稣受难的节日。

② 日军从隶属南方军的第21师团中抽调出一支部队参加巴丹作战,由少将永野龟一郎指挥,是为永野支队。

第十九章 圣周五攻势

1

次日，即 4 月 3 日，清晨的天气晴朗和煦。这一天是日军发动大规模攻势的首日，同时也是日本法定节假日：纪念第一位天皇——神武天皇去世的日子。

第 65 旅团旅团长奈良纵目南望，看着那座植被茂密、起伏不平的小山——萨马特山。美菲部队就在奈良与萨马特山之间布防。很快，日军便会展开其登陆菲律宾以来前所未有的猛烈进攻，覆盖山前 2.5 英里的范围。第 65 旅将以坦克为先导，发动进攻。只要运气不差，7 到 10 天内，自己便能登上萨马特山山顶。

奈良形容憔悴，自从登陆以来，体重已从 150 磅降至 110 磅，此时只期待大规模攻势能够终结战役。本间将军曾说，倘若一切顺利，3 到 4 星期内便可摧毁美菲部队。第 65 旅团损耗严重，假如战事继续拖延下去，恐有崩溃之虞。

奈良再次对萨马特山北坡展开细致观察，此部分地势尤为崎岖，由文森特·林将军把守。1928 年，两人曾同在本宁堡步兵学校读书，且奈良对林颇有好感,可谓造化弄人。

———

那天早上,林的第41师丝毫没有觉察到,自己的整个防段及右侧卡宾平第21师的部分防守区段,合计约2.5英里的防线,被服部大佐尚在东京时就已精心选出,作为日军攻击的主要目标。

目标防线中央部位,即日军计划中当天下午奈良的攻击目标,由菲军第42步兵团把守。该部队由里戈韦托·阿蒂恩扎(Rigoberto Atienza)少校指挥,此人曾是林将军的监察长,不久前才就任该团团长。

"今天下午应该会阴云密布。"阿蒂恩扎对团里的后勤军官说道,"我从小就常听外婆讲,圣周五的下午总是阴天,象征着对耶稣受难的同情。后来我观察了一下,还真是那么回事。"

"您那是迷信。"后勤军官说道。

上午9点,一枚炸弹冷不丁地落在山坡前方仅50码处。阿蒂恩扎与几名部下连忙躲进掩蔽所,接着大量炮弹迅速落下。30分钟后,阿蒂恩扎判断那是日军的尝试性炮击,便给三个前线营打电话:"防备敌军攻击。"

实际上,日军火炮开始只是在调整距离,上午10点才真正发挥出威力。弹幕十分密集,看起来就好像前一枚炮弹尚未炸开,后一枚炮弹已经射来。菲军从未见识过此等毁灭性炮击;而在那些参加过一战的美军老兵看来,此次炮击的威力与当年德军最强力的炮击不相上下。

日军第22航空战队轰炸机轰鸣而至,将炸弹倾泻至服部选中的狭窄的防守区段。在漫长的平静期内,美菲部队曾建造不少防御工事,此时被敌机炸为齑粉。众人纷纷躲入散兵坑;轰炸着实可怕,但散兵坑里尚属安全。然而,接近正午时分,另一批飞机经过,投下一批棒状物体。那是一种燃烧弹,触地后烧起火焰,将枯叶与竹子点燃。起初,一些士兵觉得冒火的竹子很有趣,甚至去借火点烟;毕竟几周以来没什么动静,大家都闷得发慌。此时雨季尚未开始,随着燃烧弹越落越多,大火迅速蔓延开来,众官兵陡然发觉已被火焰包围。四周火苗高高蹿起,好似一座火墙。

众人从散兵坑跳出，撤回第二道防线，却发现此处的场面更加可怕。掩体已被炸开，大部分地带就像一战时的无人区一样荒凉。炮弹再次袭来，在四面八方炸开。众人跃入弹坑中躲避，谁知没过多久，大火借着一阵风席卷而来，在茂密的丛林中燃烧。数百人惨被烧死，幸存者被烧焦的树叶、木头、布料、皮革及人体的味道呛得晕头转向，发疯一般地逃往后方。

受到浓烟和火焰的阻碍，日军步兵和坦克下午3点才发动攻击。奈良第65旅径直对阿蒂恩扎防守区段发起猛攻，该团及右边部队迅速向后方败退。

下午四五点钟，阿蒂恩扎准备撤往更为安全的后方指挥所。正在为文件和换洗衣服打包时，一批士兵拥来，领头的是一名上尉。

"不行了，长官，大惨败！"上尉惊慌地喊着，眼神狂乱，双臂像风车一样舞个不停。

"什么情况？"阿蒂恩扎问道。

"人都死了，防线垮了！不是被活活烤死，就是让炮弹打个正着！"上尉蓬头垢面，眼神里充满恐惧，衣服破破烂烂，焦痕累累。

"闭嘴！"

"没用，长官，我跟您说，都结束了。"其他官兵纷纷围上前来。

阿蒂恩扎明白此时必须要遏止恐慌情绪的蔓延，于是掏出点45口径手枪，对准上尉："让你把嘴闭上，听懂了吗！"

上尉只是大喊："您可以毙了我，但败了就是败了！"

阿蒂恩扎一巴掌打在上尉脸上，见上尉一个踉跄，便又抬起手来。上尉这才连忙摇头。

"十分抱歉，长官。"上尉用震颤的声音说道。

"对不住了。"阿蒂恩扎说着，一把拉住上尉的胳膊，将其带入帐篷，给了他一支香烟。

———

此时，巴丹东部部队指挥官依然是帕克将军。接近黄昏时分，帕克获悉防线被撕裂一道约 3 英里长的口子，便命令仅有 600 人的预备队前往增援。

菲军溃败的消息传到本间司令部，已是那天晚上的事情。本间闻讯惊喜交加，命令奈良抓住良机，次日发起突袭，扫荡萨马特山西侧敌军；东侧敌军则交给来自上海的侵华生力军，以对该山形成夹击。

4 月 4 日，日军再度展开猛烈的炮击和空袭。到黄昏时分，奈良与"上海部队"已从东西两侧绕过萨马特山。日军进攻行动比作战计划提前一日完成。

———

温莱特转移至科雷希多时，将巴丹半岛全部部队留交小爱德华·金（Edward King, Jr.）少将指挥。此人是炮兵出身，性格低调，举止文雅，讲求理性，作风踏实，是一名极富才干的军人。上至同僚诸将，下至少尉列兵，金一概待之以礼，因此深受基层军官及普通士兵爱戴。此人下达命令时也平易近人，毫不装腔作势，给人的感觉不像一名军事领袖，倒像一位学者。

在金将军看来，填补巴丹东部防线的巨大缺口绝非一份轻松的工作。美军在巴丹半岛上拥有一支精锐部队，一直小心翼翼地保存兵力，那就是由清一色美军士兵组成的第 31 步兵团。金采取的第一项措施，便是将该团拨给帕克将军。

4 月 4 日夜，即复活节前夜，训练有素的美军第 31 团穿越丛林，前往防线缺口；随军牧师罗伯特·泰勒上尉也在其中。夜幕之中，部队绕过萨马特山东侧前进时，泰勒前方的一名中士突然停住脚步，指向夜空——南十字星闪烁着美丽的光芒。

"接受十字架引导的世人若能多一些，"中士说道，"战争就不会那么频繁了。"说罢，中士转身向北，迈入寂静的战场。

4 月 5 日是复活节，黎明时分，天气十分炎热。大多美军、菲军士兵还在做礼拜时，炮弹与炸弹纷纷落下。上午 10 点，日军对萨马特山发起攻击。不到三小时，山顶便悬起太阳旗。如此一来，日军便能够居高临下地观察美军支离破碎的防线；而对美军而言，山顶遭到攻占，意味着第 41 野战炮兵团不得不从南坡撤离。该炮兵团曾以准确的炮击屡屡拖延敌军进攻的脚步，此时却只能将火炮从悬崖上推落，徒步逃往后方。炮兵团撤离后，日军随即赶到，到正午时分，整个山地几乎尽入日军之手。

东南方不足 7 英里处，一辆吉普车沿着通往利迈的沿海公路狂奔不止。驾驶者是汤姆·杜利上尉，旁边坐着温莱特将军。大量尘埃之中，吉普车停在一座郁郁葱葱的小丘上。温莱特沿一条小径向上而去，前往帕克第 2 军指挥部。

帕克及其部下正在研究地图，由于连日未睡，眼神显得涣散。温莱特看到地图上有一块巨大的楔子，钉入防线之中；已有两个师被消灭。帕克麾下参谋认为，夺回失地的唯一办法就是强有力的反攻，于是将全面反攻时间定在翌日早晨。

温莱特对计划表示批准，却内心不安。一支脚步虚浮、饥肠辘辘、士气低迷的部队，发动反攻几乎已不可能；无奈的是，除此之外也再无其他办法。很快，温莱特与杜利前往卡巴本，然后乘船返回科雷希多。杜利驾驶手法十分粗暴，将吉普车的车轴弄断了。

美军高层将领此时还不知道日军已经荡平萨马特山，正从南坡攻下来。

2

4 月 6 日，这一天，对巴丹半岛上每一个人都具有决定性的意义。

美菲部队的反攻计划是一个充满勇气的构想，全军上下以一种难以置信的状态，投入一场毫无胜算的战斗之中。事实上，在最开始时，部队简直像是在主动进攻。支持着众人的是热情，也可以说是一种不达目的誓不罢休的坚韧决心。

萨马特山西侧的反攻行动很快失败，到正午时分，帕克部队左半部分的战局已彻底溃败。除崎岖的地形，奈良长驱南下再无任何阻碍，能够轻松抵达半岛尽头。

东侧的反攻行动条件比西侧更差。帕克尚不知道，原定发起反攻的左翼部队，即卡宾平第 21 师，前一天夜里已被日军击溃，师长沦为俘虏。日出前一小时，卡宾平师的 3 名幸存菲律宾军官冲进右边美军第 31 步兵团驻地，告诉该团团长贾斯珀·布雷迪(Jasper Brady)中校，第 21 师全军覆没。

手下只有 800 人的布雷迪中校心想，既然左翼第 21 师已经覆灭，自己发起反攻即便真能成功，兵力也不足以填补整整一个师的缺口，于是给上级指挥部打电话。谁知线路不通，布雷迪又打给右侧克利福德·布鲁梅尔将军第 31 师，报告自己的部队依然停在出发线，请求将军确认是否按原计划行动。

"你有什么毛病?"布鲁梅尔呵斥道，"怎么不按计划行动?"

布雷迪将事情原委道来。

"我部已准备好预备炮弹和支援炮击，"布鲁梅尔说道，"第 51 战斗队也在待命，随时与你共同出发。"

布雷迪再次请求布鲁梅尔确认是否开始行动。

"你的小算盘我清楚，别他妈的把责任转嫁给我。"布鲁梅尔反唇相讥，"我的建议是让你立即发起反击。你拒绝行动，我就去找你的上级。"

"长官，我给拉夫(Lough)将军打过电话，打不通。"

"打不通的话，我建议你联系帕克将军，报告自己无法发起反击。"布鲁梅尔说罢，挂掉了电话。事实上，布鲁梅尔自己也怀有类似的烦恼。前一日，第 31 师侧翼已暴露，布鲁梅尔两次请求帕克允许退回圣维森特河(San Vicente River)河岸，帕克始终未予准许。

接近正午，布鲁梅尔终于又联系上第 2 军指挥部，并向帕克报告布雷迪未能发起反击之事。(其实，此时布雷迪已经联系到自己的上级部门，获得准许取消反击，固守原地；布鲁梅尔与帕克对此事都一无所知。)

布鲁梅尔再次请求撤至圣维森特河南岸掘壕固守；帕克依旧表示拒绝，并命令第 31 师在该河前方第二道山脊建立防线。挂掉电话后，布鲁梅尔破口大骂。新防线的位置正是布雷迪不肯发起反击的那条出发线。此处射界狭窄，根本不适合建立防线；之前也未对此地做出侦察等任何准备工作。布鲁梅尔心想：高高在上的军指挥部总是如此，对实际地形一无所知，只知道乱下命令。

布鲁梅尔将军奉命建立防线，亲自在各阵地之间巡视。下午 4 点，将军接到军指挥部的电话，命令部队撤至圣维森特河南岸，重新建立防线。听到此一命令，脾气暴躁的布鲁梅尔自然大发雷霆。天色已晚，准备工作很难来得及。将军迅速派出几名军官赶往河岸，进行紧急侦察；同时指挥部队后撤，亲自在各纵队之间巡查，保持行军秩序。

下午 5 点，布鲁梅尔在第 2 步道以南进行侦察，发现一小拨来自美军第 31 步兵团的掉队士兵，垂头丧气地游荡着。将军叫住众人，下了新命令，将该队士兵安置到第 31 步兵团原本预定的位置。返回指挥所途中，在圣维森特河以南半英里处，布鲁梅尔发现一批自己麾下的士兵，衣衫不整地逃往后方。将军拿步枪对准众人，像赶牲畜一样将其往回赶，谁知走到半途，又遇到另一拨逃兵。布鲁梅尔问新逃兵来自哪支部队，众人默不作声；又让军官站出来，依然毫无反应。将军只得再次举起步枪，命令两拨逃兵并作一拨，向北返回阵地。

到午夜时分，在布鲁梅尔及通讯官马特·多布里尼齐（Matt Dobrinic）等人的拼命努力下，圣维森特河南岸终于建立起一道简易防线。将军终于能够躺下休息了。

———

日军攻势策划者服部卓四郎那天一直在萨马特山山顶，观察作战行动。西侧，奈良部队冲垮七零八落的美军，以巨涛之势向南推进；东侧是当天的主战场，来自上海的日军摧毁了布鲁梅尔各式各样的防御工事，将美菲部队赶过圣维森特河。一切都在服部料想之中；从山顶纵目远望，像是一场大捷阅兵。

对美军而言，这一天是灾难性的。夜幕降临时，本间已将帕克军左半部分彻底击垮，显现出将右半部分军队赶入马尼拉湾的势头。此时，本间与胜利之间,隔着的只有圣维森特河与布鲁梅尔匆忙建立起的那道防线。

3

4 月 7 日,又是一个酷热的大晴天。

当天上午,日军轰炸机对美军后方展开攻击。第 1 综合医院(General Hospital No.1)院内有一个白色床单组成的巨大十字,表示此地是医疗区域;飞机盘旋在医院上空时,护士哈蒂·布兰特利中尉抬头望去。医院位于巴丹半岛南部陡峭山路的一块平地上,当地建筑风格颇像菲律宾曾经的夏季首都碧瑶,因此有"小碧瑶"(Little Baguio)之称。白色十字并不能让布兰特利放心,因为一周之前,就有炸弹正好炸在那床单上。

大约上午 10 点,随着一阵奇异的啸叫声,一枚炸弹落在医院前方道路上,将一辆弹药运输车炸毁。惊人的巨响之中,弹片、碎石、泥土飞溅,打在白铁皮屋顶上。

骨科病房里,伤员被绳子捆在病床上。护士与医疗兵迅速切断绳子,让伤员从床上滚落。神父康明斯(Cummins)走到房间中央,举起双臂,要求众人与自己一同念诵祷文。

很快,炸弹开始落在食堂和医护人员住所。白铁皮与木头撕裂的声音化作报死女妖(banshee)的哭喊,铁床像火柴棍一样蜷曲起来。伤员发出痛苦的惨叫。

布兰特利看到一枚炸弹落下,那位置很近,地面摇晃,烟尘四起。听到伤员的尖叫声,布兰特利才意识到,炸弹是炸在病房里。那病房建在宽阔地带,没有房顶,只是蒙着一层粗麻布。直接遭到袭击,死者恐怕不下数十人,重伤者只会更多。布兰特利迅速冲入骨科病房寻求帮助,却发现此处也是一片混乱。康明斯神父爬上护士的桌子,高声祈祷,那祈祷声在飞机轰鸣时仍能听到。随着伤员不再作声,一种安心感涌上心头,布兰特利意识到自己其实什么都做不到,于是哭出声来。其他人也在流泪。

片刻之后，神父从桌子上爬下来。"谁来替我继续祈祷，"神父语气平静，"我受伤了。"

———

至于前线地带，帕克军左半部分虽已溃败，右半部分还在勉强坚守。在圣维森特河后方建立防线后，布鲁梅尔将军只睡了一小时，便与两名菲律宾参谋返回前线，再度视察。在距离河边不到1英里处，将军遇到一大批自己麾下的士兵正在撤往后方。询问之下，发现他们是要前往拉茂（Lamao）。

"拉茂已经断粮了。"布鲁梅尔说道，与两名参谋一并将众人驱赶回原处。对美军第31步兵团阵地视察完毕后，将军返回指挥所继续睡觉。一小时后，将军醒来，再次前往北边前线，在途中遇到另一批撤退中的士兵；该批士兵来自第51师。

"你们跑什么？"布鲁梅尔问道。无人回应。将军挥挥手，众人沮丧地转身，迈着沉重的步伐返回前线。

一辆卡车从前方高速驶来，布鲁梅尔站在步道中央，示意停车，不料那卡车毫不减速，径直冲来。将军及时闪躲，险些被车撞到。很快，一列卡车纵队驶来。布鲁梅尔再次朝排头卡车示意停车，那车放慢速度，一名美军第31步兵团的士兵探出身来，喊道："圣维森特防线崩溃了！"

布鲁梅尔从没想到美军也会如此仓皇奔逃。不久，菲军大批部队朝此处拥来。布鲁梅尔举着枪指挥道："据守步道两边，建立新防线！"此时炮弹已落在道路上，菲军士兵肝胆俱裂，尖叫着从将军身边冲过。布鲁梅尔就近逮住几个，但众人只顾逃命，无人理会将军的怒火。

布鲁梅尔返回指挥所，下令将指挥所撤往后方，并派出一名军官将溃败消息传达给帕克。然后，将军跳上吉普车，朝着北边溃散的圣维森特防线驶去。如果速度够快，还能赶得上组织起逃跑的士兵，形成新的抵抗力量。第2步道挤满士气低落的逃兵，软弱得像是病人，其中不少已将武器装备抛弃，两手空空地走在路上。炮弹再次落下，布鲁梅尔停下吉普车，徒步前行，很快发现一个依然保有战斗力的营，便命令营长沿着一道低矮的山脊展开部队，同时自己赶往该山脊，亲自选定具体位置。谁知敌军炮弹再次落下，烟尘消失之后，布鲁梅尔发现刚刚部署完毕的这个营的士兵已逃得无影无踪。在第31师掌握情况的各部队中，逃跑的那个营的士兵是最后的部队。两个月前，第2步道的另一端，第31师曾勇敢阻击奈良部队，那些场景布鲁梅尔还历历在目。此时，由于药品、食粮、衣物缺乏，加之半数以上身患疟疾、痢疾，该师已沦为一群不受控制的暴徒。布鲁梅尔同时意识到，美军都已如此，对溃败的菲军更不应抱有任何奢望。

部队拿建造阵地用的木板做担架，将伤员运往后方，布鲁梅尔也前往帮忙，将伤员搬入第31师最后一辆巴士。巴士离开后，将军发现自己的吉普车连带驾驶员一起失踪。如此一来，第31师的全体人员就只剩下自己与几名参谋。

后方右侧传来枪声。显然，两个方向的日军即将合兵一处。圣维森特河已没有任何希望，布鲁梅尔转过身，跟随撤退的部队踏上第2步道。

途中，布鲁梅尔遇到另外几名参谋。为防止撤退演变为彻底的溃逃，将军决定采取一些措施。美军第31步兵团就在附近，布鲁梅尔指示众参谋迅速重组该团，呈纵队从步道侧边几码的灌木丛中悄悄前行。将军本人沿步道缓缓前进时，参谋对其做出引导；比起一大群人走在道路上，那样更不容易吸引敌机。

部队按布鲁梅尔的指示撤退，一开始秩序良好。当来到一片开阔地带时，一个美军营迅速穿越开阔地带，接着便走在步道上；另一个美军营紧随其后。布鲁梅尔上前试图阻止，没等赶上，两个营便左转潜入灌木丛，消失在植被蔓生的河床之中。

布鲁梅尔勃然大怒，带着几名菲军参谋来到河床，多番喊道："第31步兵团！"没有一名美军应声。

如此一来，只有布鲁梅尔与4名菲军军官留在第2步道上，面对追击而来的日军。日军巡逻队就在身后几百码处，将军强压怒火，迅速向南撤离，不久发现美军第31步兵团的10名士兵，便揪着他们令其进入步道两侧的灌木丛。走出 500 码后,众人发现一名躲在灌木丛中的美军少校。

"我要去第 2 步道和第 10 步道的交叉口。"布鲁梅尔对那名略显尴尬的少校说道。

"别去。"少校提醒道,"交叉口那块地势空阔,容易挨轰炸。还是沿灌木丛潜行,避开交叉口比较好。"布鲁梅尔闻言,拿出地图,地图还没看完,少校与 10 名美军士兵早已逃得不见踪影。

布鲁梅尔与 4 名菲军军官不顾少校劝阻,径往交叉口而去。没过多久,一辆侦察车从南边驶来,停在众人面前。"请问一下,各位知不知道布鲁梅尔将军现在何处?"车上一名骑兵军官问道。

"我就是。"将军答道。

骑兵军官自报家门,是第 26 骑兵团的威廉·钱德勒(William Chandler)少校:"万斯(Vance)上校率我团正在第 2 步道与第 10 步道交叉口等候。长官,请指示。"

两日来,布鲁梅尔首度收到好消息。"告诉万斯,让他原地据守。"将军朝钱德勒挥挥手,让他先行出发,"我们不坐车,随后跟上。"

布鲁梅尔加快脚步,穿过一条小溪时,惊讶地发现美军第 31 步兵团那两个逃跑的营,刚才的 10 名士兵也在一起。将军用最直截了当的方式命令众人立即赶往交叉口等候命令。

布鲁梅尔到达交叉口之前,身后响起枪声。日军追逐而至,占据布鲁梅尔部队后方最近的一处山脊。当天下午晚些时候,日军对路口展开强力攻击;布鲁梅尔明白单凭那几百人无法坚持太久。在地图上,将军注意到后方 1 英里处的马马拉河(Mamala River),决定将该河作为下一处防御点,以拖延日军脚步。

菲军、美军与第 26 骑兵团的卡车将通往马马拉河的步道堵得水泄不通。突然,炮弹飞来,日军俯冲轰炸机猛扑而下。炸弹正中一辆弹药车,巨大的爆炸瞬间打断撤退的进程。布鲁梅尔俯身趴在泥地上,耳朵像要被巨响撕裂。谁知没多久,附近传来一阵更加剧烈的爆炸声,弹片朝布鲁梅尔飞来，炸死数名士兵。将军腿部也受到某物撞击。

"将军，可有受伤？"万斯问道。

布鲁梅尔拉起裤腿："没出血，没事。"

突遭袭击，撤退演变为一场骚乱。布鲁梅尔心想：对一群暴徒，我又能怎么办呢？

———

金将军的指挥部就在第 1 综合医院附近。当天下午，金接到温莱特从科雷希多打来的电话，两人绞尽脑汁，筹划如何阻止日军在巴丹东部突破。

温莱特提出，半岛西侧的美菲部队防线完好无缺；甚至可以说，日军在西侧基本没有太大活动。相对而言，西侧算得上生力军，何不将其调往东侧发起进攻？或许，还可以凭借该部队重新组织起一条横贯半岛的防线。

金将军对该计划不甚赞同，但两人也拿不出其他方案。最后，温莱特决定孤注一掷，按此计划进行。于是，金致电第 1 军新任军长阿尔伯特·琼斯传达此事。痢疾治愈的琼斯此时已晋升少将，代替温莱特指挥半岛西侧部队。

心直口快的琼斯立刻答复金称，温莱特该计划纯属臆想；莫说成功与否，甚至可能根本无法实施。部队饱受饥饿与疾病折磨，早已虚弱不堪，就连潘廷根河（Pantingan River）河岸的峭壁也无力攀爬，更何谈奋勇作战？而且，琼斯进一步指出，时间上也很难来得及。于是，金、琼斯、温莱特三方进行直连通话，商讨到最后，温莱特有些生气，称将决定权交给金，说罢便挂掉电话。

巴丹部队总司令金将军花费许久时间，才说服琼斯将部队分四阶段撤出。如此一来，部队的侧翼不会暴露给半岛另一侧突破的敌军。

当天下午晚些时候，金派参谋长阿诺德·芬克（Arnold Funk）准将乘船前往科雷希多，向温莱特报告，半岛部队随时可能投降。数小时后，壮硕的芬克拖着沉重的脚步走进马林塔隧道里温莱特的办公室。芬克将前线部队身体状况不支、帕克部队左翼瓦解等情况——汇报，最后说道："我奉金将军之命前来向您报告，形势随时可能迫使将军选择投降。"

温莱特望着芬克的脸，感觉那就像巴丹绝望局势的缩影。与金、芬克一样，温莱特同样深知部队在半岛深受折磨，濒临饿死的境地。然而，此时办公室的桌子上，却摆着麦克阿瑟三天前发来的一封电报：

> 无论处于何种境地，出于何种缘由，本人坚决反对投降命令。若食粮告罄，则可准备对敌发动总攻。

此外，还有一道罗斯福的命令，称"只要抵抗之可能性尚存"，就不可投降。温莱特直直地看着衰弱的芬克，一字一句地说道："芬克将军，请回去转告金将军，我的命令是：不准投降，发动进攻。"

芬克在军中以干练、率直著称，此时眼噙泪水，犹豫地说道："将军，巴丹前线的状况，发动攻击结局如何，您应该清楚得很。"

"是，我清楚得很。"

芬克迈着疲倦的脚步，缓缓离开办公室。

4

4月7日那天，只有一名将军还留在帕克那摇摇欲坠的前线，他就是克利福德·布鲁梅尔。距离巴丹南端仅7英里处有一条河流，名叫阿拉安河（Alangan River）；布鲁梅尔负责指挥该区域全体部队朝该河展开全面撤退，撤退行动于当晚9点开始。依然留在马马拉河沿岸的万斯上校收到布鲁梅尔的命令称：第26骑兵团负责为大部队断后，在大部队撤离后立刻退却。

晚上9点，大规模撤退行动开始。天色漆黑，布鲁梅尔命令众人用手抓住前面一人的衬衫，以防走散："脚步不要急，每走50码停一停。"

缓慢的撤退进程充满痛苦。绝大多数士兵两天没有进食，病患与伤员跟不上而掉队,心里明白难逃被抛弃的命运,在路旁发出痛苦的呻吟。偶有枪声从北边传来,众人心惊胆战,用力去推前面那人,希望加快步伐。

到日出时分,布鲁梅尔已沿阿拉安河建立起一条绵延数英里的防线。从纸面数据看,该防线兵力充足,但实际上能够作战的只有约 1400 名士兵。此外,防线右边与东海岸高速公路之间,还有一道 1500 码的大缺口。把守公路的是一支拼凑起来的 1200 人的部队,由约翰·厄文上校指挥,另有第 21 野战炮兵团、几门位置固定的海岸炮及第 301 野战炮兵团剩余的最后 3 门 155 毫米口径炮作为火力支援。

与防线上的每一名官兵一样,布鲁梅尔也倦意十足;而与一般官兵不同的是,还有整条防线的重担压在将军肩上。稍有疏忽,就存在崩溃的可能。最后,布鲁梅尔给帕克第 2 军总部打电话,告诉作战参谋防线右边存在缺口,请求立刻派遣海岸防御部队填补空缺。

"天黑之后,会把部队派去。"

"那就晚了。等到他妈的天黑,鬼子早就发现缺口,打进来了。"作战参谋表示,厄文的 1200 名士兵在防线右边的东海岸公路把守,等到天黑会调派过去。作为第 2 军剩下的唯一作战力量,布鲁梅尔要求协助:"请第 2 军总部派 4 名参谋来,再加一支通讯队伍和通讯设备。"

"第 31 师自己没有参谋?"

"我手下只有 2 名菲律宾参谋,而且他们跟我一样,从 6 日早晨到现在一餐未进,每天只睡一个半小时。通讯队伍、通讯设备也统统没有,第 31 通讯连没了。"

"那也没什么办法,请从您手边的部队选用参谋,通讯人员及设备也请自己想办法。"

布鲁梅尔难压心头怒火。第 2 军有不少于 30 名美军参谋每天正常进餐,正常睡眠,总部却不肯往前线派来一人。"既然你说等天黑才能派部队填补空缺,那现在这条防线肯定是守不住了。下一条防线要设在哪儿?"布鲁梅尔语气尖锐,"你告诉我地点,我趁着白天派军官去侦察一番。"

电话那头传来残酷的答复："固守当前防线。"

"我说守不住，你他妈的听不懂吗？除非立刻填补缺口，否则肯定守不住！"

"固守当前防线。"

布鲁梅尔大怒，"咣啷"一声挂了电话，出门视察阿拉安河一线守备状况。河南岸是一座陡坡，覆盖着近 3 英尺高的白茅，长满灌木与零星的树木。日军侦察机从头顶飞过，布鲁梅尔猜想敌人一定已经发现士兵正在挖掘阵地，便再次给帕克总部打电话，强调填补右侧 1500 码缺口的重要性，并再次要求派来参谋人员及通讯设备。总部依旧表示拒绝。

上午 11 点，阿拉安河上空突然出现敌机，燃烧弹纷纷投落，迅速将干燥的白茅与竹丛点燃。布鲁梅尔部队从散兵坑中跳出，扑灭火焰，然后重新就位。

右边数英里处，厄文上校的部队正在东海岸公路挖掘散兵坑，遭受到另一批日军轰炸机袭击。士兵开始逃亡，被厄文部队的军官抓回前线。新一批轰炸机到来时，饥肠辘辘、筋疲力尽的士兵再次逃往后方，又再次被抓回，其中有些人的脑袋被手枪枪口顶着。接下来的数次袭击，每次都引发一波逃亡，每次抓回前线的士兵都少一些。最后到下午 3 点，永野支队尚未现身，厄文把守的公路已空无一人。

与此同时，来自上海的那支日军在阿拉安河上展开侦察。正如布鲁梅尔所料，巨大的缺口很快被发现，日军迅速渗入阵线后方。

布鲁梅尔站在第 20 步道上，一辆巴士从后方驶来，车上满载菲律宾警察部队第 4 团 G 连第 2 排的士兵。

"我等正在找布鲁梅尔将军报告战情。"一名中士说道。

"我就是布鲁梅尔。"

巴士上全员沉默不语。"排长是哪个？"布鲁梅尔问道。最后，那个说要找布鲁梅尔的中士站出来承认自己是排长，众人背着军包，不情不愿地下车列队。

"包放车上就行。"布鲁梅尔说道。

正在这时,一个名叫史密斯(Smyth)的中校来到此处;此人指挥一支临时坦克部队,问道:"将军是否用得上坦克?"

布鲁梅尔闻言大喜,命令警察部队排长回车上待命,自己与史密斯前去确定坦克的位置。

两人回到巴士位置时,前方和右侧传来轻型武器的交火声。那是日军开始进攻防线的声音。警察部队第2排从车上下来,刚刚列好队,有一人撒腿便朝后方逃去,整个排顿时作鸟兽散。布鲁梅尔去追,但逃兵脚步实在太快,最终没有追上,只得回来找史密斯。

"我立刻就派3辆坦克过来。"史密斯抛下这话,便离开了。

战斗持续至黄昏时分,增援部队仍未抵达,而日军已对第26骑兵团展开包围。一名美军军官从前线报告称:美军第31步兵团败退;菲律宾侦察兵第57团两翼遭到夹攻,正在后撤。

此时,5辆日军坦克沿第20步道冲向困守阵地的第26骑兵团。该团士兵及第14营的菲军工兵并未恐慌,始终保持强大火力迎击;道路上有数辆倾覆的卡车被作为路障,日军坦克乘员畏惧迎击火力,不敢出来将卡车移走。

尽管敌军坦克暂时止步,布鲁梅尔明白,部队早晚会被完全包围,必须尽快撤离,于是命令顽强的菲军工兵部队撤出,第26骑兵团负责掩护,随工兵部队之后撤退。

布鲁梅尔此时的参谋军官主要来自第26骑兵团,将军与参谋开始撤退时,天色已彻底暗下去。众人沿第20步道前行,希望能够找到一批部队组织新防线。晚上9点,疲倦至极的一行人抵达一条小溪,溪边是撤离至此的第57团与美军第31团。一人报告称,帕克将军要与布鲁梅尔通话。

电话那头讲话的依然是帕克的作战参谋:"在拉茂河(Lamao River)组织新防线。"

"拉茂河在他妈的什么位置?"

"就在您现在用的那部电话旁边。"

布鲁梅尔虽然极度疲倦，至少还留有发火的力气："今天早晨我问起下一道防线位置，你他妈的为什么不指出来？你要是早晨告诉我，我还能趁着白天侦察；现在天黑成这样，我手下又没人了解这块地形。你们总部有他妈的 30 个参谋，为什么不替我们把侦察先搞好？为什么不派几个参谋过来指导部署，甚至不给我们两句有用的建议？"

电话一阵中断，而后对面说道："因为我们当时不知道您打算以何种方式部署部队。"

"只要能部署，我管他妈的何种方式。现在你唯一能帮上我的，就是派 4 名参谋过来，指导部队就位。"

"很遗憾，总部匀不开人手。"

布鲁梅尔当场气炸："根本守不住！你让部队守住这条防线，纯属做梦！我和部下都尽力了，之前也说过，我们接近三天没吃饭。你想让我们守住这条防线，先运 1600 份口粮来，再加一批轻武器弹药。"挂掉电话，布鲁梅尔依旧愤愤不已，拖着疲倦的身躯走向小溪。浑身肌肉酸痛着，将军脱下鞋子，把脚踩到凉水里，感到一阵舒爽；接着又俯下身去，掬起一捧清泉，洗了洗那张沾满泥土的脸。

第二十章　宁可死上一千回

1

那天夜里，日军在巴丹东部步步推进。数小时前，奈良麾下联队长之一今井武夫大佐在利迈山（Mount Limay）山头竖起太阳旗。此时，今井站在山顶纵目南望，发现巴丹半岛尽头偶尔发出闪光，推测应是敌军斗志尽失，正在炸毁装备及弹药。海面之外，科雷希多岛深色的轮廓依稀可见，偶尔会有猛烈的炮火从岛屿高处射出，试图阻止东海岸公路上日军的进军脚步。

在日军残酷无情的兵锋之下，美菲部队仓皇逃命，从各处丛林钻出，或沿步道，或沿崎岖的山谷，或沿主干道，逃往半岛尖端。场面一片混乱，众人陷入绝望，根本弄不清具体状况，只是被看不见摸不着的恐惧驱使着，被麻木与疲惫折磨着，颓丧地一味奔逃。许多人忘记自己处在饥饿昏厥的边缘，忘记自己身患疟疾和登革热——当然，没人能忘记自己身患痢疾。在那剧烈的苦痛面前，屈辱感早就不是太大的问题。

隶属临时航空部队的弗兰克·贝纳基（Frank Bernacki）中士与28名士兵在东海岸公路上把守着拉茂河与卡巴本之间的4座桥梁。突然，一群士兵冲过第一座桥，疯狂朝南奔去。贝纳基注意到里面既有美军，也有菲军。

"全完了！"一名美军士官朝贝纳基喊道，"鬼子突破那边防线，就在这条路上啦，赶紧跑吧！"

听说日军先头部队正在东海岸高速公路上朝自己奔来，贝纳基不知如何是好，便给上级打电话，好不容易才有一名军官接听。"我该怎么办？"贝纳基问道。

"打包行李，赶紧逃命。"

"不迎击吗？"

"迎什么击，保命要紧，我这就要去科雷希多了。"贝纳基叫齐 28 名士兵，分乘几辆巴士上路，结果不慎翻车。在十几个平民的帮助下，众人用原木做出一批路障。从前方撤退的人员持续经过此处，偶尔也能听见机枪声，但始终未见日军身影。

贝纳基与士兵乘坐卡车，南下来到卡巴本，转而向西，驶过第 2 医院，又沿"小碧瑶"右边的道路驶上第 1 医院所在的小丘。下坡的道路越来越曲折，路上也越来越拥堵。最后，贝纳基好不容易抵达半岛最南端的小镇马里韦莱斯，却发现该镇已乱作一团：几艘小艇停在岸边，准备将重要人物运往科雷希多，其他船只则被拖出海湾弄沉。来自十几支队伍的逃亡士兵成为失控的暴徒，聚集在道路两侧。

一名准将站在通往码头的道路上，喊道："都不准去科雷希多！"而对贝纳基，那准将有气无力地说道："都结束了，咱们只能留在半岛，被日军残杀或是沦为战俘。你要是还有武器，就都销毁吧。"

海湾外，使用柴油发动机的拖船"马纳帕拉号"（Manapala）正将潜艇母舰"老人星号"（Canopus）拖走，准备弄沉。破旧的"老人星号"阀门全开，慢慢沉没，"马纳帕拉号"驶回岸边；岸上众人远远望着，感到若有所失。有"老妇人"（Old Lady）之称的"老人星号"曾是巴丹战役中的一道风景线，人们在船上能够享受到淋浴，然后喝上一杯冰水，在铺着白色亚麻布的餐桌上享用一顿美餐。

林第 41 师残部也在向南撤离,有人步行,有人乘卡车或巴士;阿蒂恩扎少校很幸运,属于坐巴士的那群人。部队抵达马里韦莱斯附近最后一个集结点,阿蒂恩扎与同行者曼努埃尔·蒂尼奥(Manuel Tinio)上尉在三棵芒果树旁铺下毯子。两人睡下不久,感到一阵寒意的阿蒂恩扎醒了过来,本以为是夜风太凉,就把上衣扣子系紧,戴上军帽,却不料寒意有增无减。

蒂尼奥上尉也醒过来,摸了摸少校的额头。"长官,您烫得厉害。"说着,上尉拿一条毛巾缠在少校头上。

感觉到身体发抖,阿蒂恩扎才意识到自己患上了疟疾。南边的马里韦莱斯港,天空被火光映得通红,传来沉闷的爆炸声。突然,地面开始剧烈晃动。

那是一场严重的地震,巴丹半岛南半部均有震感。在那些意识恍惚的败退士兵眼中,好似世界末日的来临。

卡巴本机场跑道上,巴丹半岛最后一架美军飞机正在暖机,地震摇得机体晃动不止。

"别晃啦。"飞行员罗兰·巴尼克(Roland Barnick)中尉朝挤在后面的 5 名搭乘者喊道。

该机是一架海军所属的水陆两用飞机,数月前从马里韦莱斯港口底部拖出之后,就交由前"P-40"驾驶员乔·莫尔用来运送物资、药品及信件。由于莫尔每次飞行都要装几盒糖果,该机又被称作"糖果快艇"(The Candy Clipper)。

满身弹痕的"格鲁曼鸭"(Grumman Duck)①晃晃悠悠地滑过跑道,最终笨拙地飞起,从马尼拉湾上空数英尺掠过。

卡洛斯·罗穆洛正是 5 名搭乘者之一;此人一直坚守科雷希多播报"自由之声",接到温莱特的命令才选择离开。巴尼克转过身,朝罗穆洛喊道:"逃离巴丹的最后一人,是吧,上校②?"

① "格鲁曼鸭",美国产水陆两栖双翼机的名称。二战时期多为美海军和空军使用。
② 罗穆洛此时已晋升上校,从科雷希多赶来巴丹乘机。

突然，日军探照灯打在笨重的飞机身上，接着子弹便朝机翼打来。

"是咱们自己的防空火力！"一名机组人员喊道。从小窗望下去，巴丹的轮廓渐渐隐没。

巴尼克迅速将飞机爬升至 70 英尺，发现无法继续升高，便用铅笔草草写下一张便条，交给搭乘人员。众人连忙将所有行李、钢盔、防身武器及降落伞扔出机外，"糖果快艇"终于又爬升 50 英尺，朝南飞去。

2

科雷希多岛上，温莱特心急如焚。尽管只有零星的消息传来，通讯一片混乱，将军依然能够意识到，半岛东部部队正在溃败。温莱特没有忘记麦克阿瑟那明确的指示：最后关头殊死进攻。晚上 11 点 30 分，温莱特给金将军打去电话。

温莱特知道自己的命令是强人所难，还是对金说道："与琼斯第 1 军一并向北，对奥隆阿波（Olangapo）发起进攻。"至于此举的目的，温莱特解释道，是为减轻开始溃散的帕克第 2 军在半岛东部的压力。

挂掉电话后，温莱特给身处澳大利亚的麦克阿瑟发电报称，巴丹部队正在溃散，战力削弱严重，不堪再战。

第 1 医院附近的指挥部里，金将军正在研究温莱特的命令，甚感为难。倘若依照命令发起进攻，最终只会演变为一场自杀行动。红发的金将军联系琼斯："刚刚接到命令，要我与你的第 1 军一道，立即发起进攻。"

琼斯称，自己正依照之前的命令朝比努昂岸河（Binuangan River）撤退，"什么进攻命令，都是梦话，不可能的。部队都疲弱成这副样子了"。

金将军未予置评，只是告诉琼斯进攻命令作废，而后便挂断电话。战局一片混乱，没有胜利的希望，继续战斗只是让士兵白白丧命。金决定做出令人痛心的最后决断，分别打电话给参谋长芬克将军与作战参谋詹姆斯·科利尔（James Collier）上校。

午夜时分，三人在狭窄的总部建筑内开会，回顾战情，并对一切可能的行动方针展开研讨。最后，金将军提出一个核心问题："我军是否有能力阻止日军攻占马里韦莱斯高地？"

芬克与科利尔摇了摇头。两人表示，日军次日晚上必将抵达马里韦莱斯，无论如何抵抗都无法阻止。

金深感无奈。麦克阿瑟明确给出进攻的指示，后来连罗斯福都发来"不可投降"的消息，温莱特受到钳制，无能为力。于是，金决定违抗军令，以个人意志做出判断。

"我决定投降，交出巴丹。"金说道。一旦选择投降，日后回国必将接受军事处分，但在金看来，78000名士兵的性命比自己的前途更加重要。

此一决定并不算出人意表，但科利尔还是感到自己的"心理受到极大冲击"，泪水在眼眶里打转。另外两人也流下泪来。

"我没有与温莱特将军沟通。"金说道，"将军一旦知道此事，难免要被迫承担责任。"

接下来是痛苦的抉择，要选出前往敌阵的使者。E. C. 威廉姆斯（E. C. Williams）上校与马歇尔·赫特（Marshall Hurt）少校这两名未成家的军官自告奋勇。总部给各指挥官传达命令：投降行动将于次日早晨6时开始。帕克的指挥部就在金的隔壁，因此他得知消息比其他指挥官更早，并打电话告知布鲁梅尔：

"拉茂河防线能守则守；"帕克说道，"不过就算守，最多也就守到明天早上而已。"

"明天早上会有什么行动？"布鲁梅尔问。

"会有一辆载着白旗的汽车，穿过东海岸公路防线。"

"也就是说，要投降吗？"

"没错。所以等汽车穿过防线后，就停止一切开火行为。另外，弹药和口粮你收到了吗？"

"弹药收到了，口粮还没。"

"我再亲自过问一下。"

两座医院的护士接到指示称，30 分钟内撤离巴丹前往科雷希多，须迅速打包行装。"小碧瑶"的第 1 医院里，护士不愿抛下伤患独自离去。

"伤患会跟上，"达克沃斯（Duckworth）上校说道，此人身材肥硕，是众护士的上司，"军医也一样。咱们很快就会在旧金山再见。"

二十几名护士挤在一辆巴士上；巴士很快出发，沿着险峻的曲折山路前往马里韦莱斯。随着路况越发拥挤，车辆几乎纹丝不动。灰尘涌进车厢里，呛得众人嗓子疼。望着四面八方的火光与爆炸，布兰特利中尉联想到《神曲》中的地狱，却并没有感觉到地狱就在身边。中尉的感觉已然麻木。

"小碧瑶"以东数英里，第 2 医院的护士也在抗议：医护人员撤离，伤患怎么办？单是外科病房，就有大量垂死伤员排队等待手术。军医无奈，只得强迫护士离开。护士当中有一名中尉，名叫露西·威尔逊（Lucy Wilson），此人不想离开还有另外的缘由：本来，她准备在次日嫁给第 200 海岸炮兵团的丹·乔普林（Dan Jopling）中尉。威尔逊与另外 3 名护士乘上一辆垃圾车，沿通往马里韦莱斯的道路朝西边的第 1 医院驶去，不料半路引擎出现故障，只得让一辆半履带车在后面推动，直到引擎修好。车辆接近"小碧瑶"的第 1 医院时，突然传来一阵震天轰鸣，大地摇晃，瓦砾四溅，天空被映得异样明亮。接着又是一连串爆炸，车辆纷纷停下。威尔逊中尉感到头晕目眩，到处都是火焰，整个世界似乎化为一片火海。

原来，那是美军正在炸毁 TNT[1] 仓库。价值数百万美元的弹药和爆炸物一经引燃，炸开的炮弹、色彩斑斓的光线及彩虹色的光柱将天空映得不似此世之物。

附近的金将军指挥部里，琼斯将军打来电话。

"真晦气了，"琼斯问道，"内德（Ned）[2]，到底是什么动静？"

"部队在炸毁弹药库。"金镇定地答道，并没有告诉琼斯，自己头上残破

---

[1] TNT，三硝基甲苯的英文简称。在军工领域常用作炸药。

[2] 金将军全名爱德华·金，"内德"是"爱德华"的昵称。

的屋顶正在坠落。

"我这边一直能感觉到地面摇晃，还以为又是地震呢。"

"有件事不好开口，但还是要告诉你：我已决定明天早晨6点投降。敌人在朝医院开炮，帕克第2军也垮了，已经无力回天。你在防线上竖起白旗，然后销毁火炮与机枪，等待下一步命令。"

"确实，那也是没办法的事情。"琼斯表示理解，"火炮我会销毁，不过机枪要留下。大不了最后关头再把枪栓扔树林里嘛。"

"按你的判断来就行。"金的声音十分消沉。

不止琼斯一人将4月9日凌晨2点的那场爆炸误认为是地震，巴丹半岛南部许多人都感到地面剧烈摇晃。

克利福德·布鲁梅尔也是其中之一。极度疲惫之下，布鲁梅尔甚至希望地球裂开一道口子，把战场上所有人吞没，结束混乱的局面。正在此时，电话响起，来电之人是科雷希多的路易斯·毕比（Lewis Beebe）准将。"我给金和帕克打电话，没打通。"原来，受到爆炸的影响，"小碧瑶"地区所有线路都暂时中断。布鲁梅尔听到电话那端，温莱特在毕比身后喊叫。"皮包骨"温莱特将军由于部分失聪，很少亲自使用电话。

在这通电话中，布鲁梅尔终于得到机会倾诉自己的苦恼。他先说自己要求总部派遣参谋人员，总部一个都不给；又解释拉茂河防线肯定守不住。片刻之后，布鲁梅尔听到温莱特喊道："告诉布鲁梅尔，让他按自己的判断，做出最有利的选择。不管他怎么做，我温莱特都批准。"

温莱特显然在担心金的情况，进攻命令下达之后，金还没有发回任何报告。与布鲁梅尔通话结束后，毕比继续给金拨号，依旧没能打通。温莱特让毕比直接打给琼斯，琼斯表示自己没从金那里获得进攻的命令。

"那你先让部队准备就绪，"毕比说道，"进攻命令随时可能下达。"

没过多久，金得知温莱特已联系琼斯，随即意识到自己必须直面投降问题。凌晨3点，金给科雷希多打去电话，毕比代替温莱特接听。

"有一事希望将军给出明确答复。"金问道，"琼斯将军是否始终由本人辖制,无论本人采取何种举措?"毕比把问题向温莱特重复一遍。

"告诉金,至少他现在还是巴丹全体部队的指挥官。"心急如焚的温莱特答道。不知出于什么原因,温莱特并未询问琼斯第1军为何没有行动。

此时,两名使者正在整装,很快就要出发去往前线;金依然没有把投降之事告知温莱特。

又经过三小时,金才再次打电话给科雷希多,将事情和盘托出。科雷希多夜间值勤军官是一名中校,名叫小杰西·T.特雷维克(Jesse T. Traywick, Jr.)①,闻讯连忙赶去温莱特的隧道办公室。

"长官!"特雷维克报告道,"金将军正在投降!"

温莱特愕然失声。

"金将军已派遣军官前往日军阵地,商谈投降条件。"

"回去打电话,让金撤销投降命令!"特雷维克急忙回到值勤室,温莱特如坐针毡地等着。

不多久,特雷维克回来,神情肃穆:"已经来不及了。"

"岂有此理! 岂有此理!"温莱特用少许时间平复焦躁的心情,而后给麦克阿瑟发去一封电报:

> 今晨6点,金将军……未经准许,擅自派出使者与日军休战。敝人闻讯后,立刻否决该命令,并做出指示,绝不投降。然而,敝人获知此事已迟一步,撤销不及,休战行动已成事实。

日出时分,各式各样的小型船只正在从巴丹驶向科雷希多,脱逃者共约2000人。第1医院的护士已在科雷希多登陆,急切地等待着第2医院的同事,不知她们为何迟迟不到。

第2医院护士中绝大多数虽因弹药库爆炸耽误行程,但并无大碍,此时

---

① 小杰西·特雷维克(1900—?),美国陆军军官。此人在下文出现时,军衔成为上校,疑是获得晋升。

正在马里韦莱斯登上摩托艇。不过,露西·威尔逊中尉与另外 3 名护士没能登艇,因为她们乘坐的垃圾车无法前行,只得步行前往数英里之外的海滩。所幸,一艘恰巧经过的岛际摆渡艇发现四人,驶向岸边将她们搭载。很快,最后 4 名护士踏上前往科雷希多的旅途。从海上望去,巴丹半岛轮廓渐渐隐没,威尔逊中尉想到此日原本是与丹·乔普林成婚的大喜之日,却不知道未婚夫是否还在人世。

——

此时,一辆吉普车插着一根绑有白色床单的竹竿,正在东海岸公路上行驶,准备穿过美军前线。车上之人正是金的特使威廉姆斯上校。上校口袋里装着一份打印的指示文件,金已在上面签字。文件指示:威廉姆斯应尽力促成本间与金展开会谈;若日军拒绝会谈,威廉姆斯有权代表巴丹半岛全体部队投降。

突然,约 30 名日军巡逻兵冲上公路,亮起刺刀。吉普车被迫停下。日军士兵稍作犹豫,而后举起刺刀朝车辆冲来。正当此时,巡逻队队长突然改变心意,命令众人退下,自己拿着手榴弹朝吉普车逼近。队长刚要拔掉保险栓,一名日军中尉迅速从林中冲出,命令队长住手。中尉与威廉姆斯匆匆谈了两句,便与 6 名士兵爬上吉普车,用手语给威廉姆斯的驾驶员做出指示,引导车辆向北驶往拉茂。

负责进攻东海岸公路的是永野支队。很快,车辆便来到支队指挥官永野龟一郎总部。

“我等受金将军委派,前来联系本间将军,讨论投降条件。”威廉姆斯对日军一名译员说道。

永野同意安排金与本间的会谈,时间定在当天上午 11 点。

“那我这就回去,向金将军报告。”威廉姆斯说道。

永野摇摇头,表示只有驾驶员可以回去传达消息,威廉姆斯留下来做俘虏。驾驶员听取口头指示并离开后,威廉姆斯越发担心起口袋里那份授权投降的文件,便把手偷偷伸进口袋,若无其事地将其撕成碎片,并决定一旦四下无人，就把碎纸片吞进肚子里。

上午 9 点，身材矮胖的金将军穿上最后一套干净军服，乘吉普车驶往前线；阿基里·提斯代尔（Achille Tisdelle）与韦德·科特兰（Wade Cothran）两名少校副官同乘。赫特少校与科利尔上校乘另一辆吉普车，走在金前方150 码处。两辆车上都插着绑有白色床单的竹竿，但仍有数架敌机俯冲而下，投弹并射击。几人只得从车上跳下，滚入沟渠，等飞机离开再重新启程。谁知就快抵达拉茂河时，又有一架飞机冲下，好在该飞行员最后一刻看到白旗，没有开火，振翼离去。两辆吉普车朝着拉茂桥又前进 100 码，看到桥对面日军步兵分作两排，列队等待。

日军引导一行人前往实验农场，金想起南北战争时，李（Lee）将军在阿波玛托克斯（Appomatox）向格兰特（Grant）投降也是在 4 月 9 日。金甚至想起投降仪式前李所说的话："事已至此，也只有去见见格兰特将军。其实我宁可死上一千回，也不愿意见他。"

此时此刻，李将军对那番话实有切肤之痛。

金看到一栋小楼前面，一名日军将领与威廉姆斯上校坐在长桌旁；那将领正是永野。永野示意金落座，找来一名粗通英语的士兵做翻译，告诉金，自己无权决定投降事宜，本间将军的代表很快就到。

不久，一辆闪闪发亮的"凯迪拉克"来到此处，提斯代尔认出那车本是自己的朋友胡安·埃利萨德（Juan Elizalde）之物。本间的首席作战参谋中山源夫大佐带着一名翻译走下车，金起身迎接，中山却全然无视，径直走到首座坐下。金也再次落座，双手放在桌子上，腰板挺直。提斯代尔从未见过将军如此拘谨，表现得就像一名普通士兵。

新来的日军翻译与中山交谈两句，而后操着一口德国腔的英文，向金问道："您就是温莱特将军吗？"

"不，我是金将军，巴丹半岛部队总指挥官。"

翻译面露疑色，把金的话转述给中山；中山同样大惑不解，说道："请你回去，把温莱特将军叫来。"

"我并不是温莱特将军的代表,而是以我个人的意志前来此地。另外,我也联系不上将军。"

日军代表又略作商议,问道:"那么你此来有何目的?"

"商讨巴丹部队投降条款。"

中山疑惑的态度中增添几分不悦,通过译员说道:"必须把温莱特将军带来,只有与温莱特将军直接谈判,才能接受投降。"

金耐心地重复表明立场,称自己只代表巴丹半岛上全体部队,无法联系温莱特。因为金明白,成千上万条生命正取决于自己。"我军已称不上作战部队,希望停止进一步的流血牺牲。"金要求日军允许自己返回总部,以向各部队做出指示;又要求停战 12 小时,将士兵作为战俘运往日军战俘营时采用美军自己的卡车或汽车。

中山的语气不容反驳,通过译员说道:"皇军只接受无条件投降。"

金克制住自己:"我的确是在提出条件,但贵军难道不能稍加考虑? 让我回去做出指示,日军也保持原位的话,可以挽救双方士兵的生命;使用我军的车辆运输俘虏,效率也会更高。"

"皇军只接受无条件投降。"

"战俘待遇方面,不会有问题吗?"

"皇军不是蛮族军队。你是否同意无条件投降?"

金明白,每拖延一分钟都意味着不必要的牺牲,于是点了点头。

"那么请交出军刀。"译员说道。

"军刀早就留在马尼拉了。"

日方就军刀问题略作商讨后,译员表示交出手枪也行。金把手枪放在桌上,其余美军军官照做。

中山起身,乘凯迪拉克汽车绝尘而去。美军一行则坐上来时的两辆吉普车,作为战俘被押往巴丹首府巴兰加以北 17 英里的一所小学。学校占地面积很大,后面有一棵大树,树下摆着桌椅;金作为被俘将领被带到此处,日本记者拍摄大量照片后,中山大佐开始提问。

问到巴丹半岛上有多少名日军战俘时，金回答只有约 60 人，中山却颇感惊讶，没想到会有那么多。接着话题转移到科雷希多，金坚称自己不知道岛上有多少部队、多少火炮。

"大炮都架设在什么位置？"

"我不清楚。"

"你可是将军，怎么可能一问三不知？"

"关于我负责的巴丹半岛，我有问必答；至于科雷希多防卫方面的问题，恕我无能为力。"

中山继续追问："你说无能为力，意思是你不知道，还是不肯回答？"

"意思就是我不会把科雷希多防卫方面的信息提供给你们。"金从容地盘起腿，抽出一支香烟点上。

日方译员把身子俯在桌面上，一把敲掉金手里的香烟，又把腿拽下来。"端正坐姿。"译员命令道。金没有反抗。

桌上摆着一张巴丹南部及科雷希多的黑白地图。

"从马里韦莱斯到科雷希多的海底隧道在哪儿，指出来。"一名日军参谋说道。

金被逗乐了："哪有什么海底隧道。"

"肯定有。"日军军官说道。金只是摇头。

"好，如果没有海底隧道，那你们肯定在马里韦莱斯附近的洞穴里储藏着大批火炮。"此番言论也是无稽之谈，金如实否认。"绝对有火炮藏在洞穴里。"日军参谋指着地图上马里韦莱斯东侧悬崖，语气坚决，"别想撒谎。我军多次摧毁你们的炮兵阵地，结果火炮还是源源不断地运出来。"金再次连续摇头。

日军将金带到马路对面一座小房子，门口有两名喜笑颜开的警卫站岗。其中一人走上前来，给金一包香烟。半小时后，一名态度和蔼的军官前来找金，脱帽敬礼，自报是高崎大佐："现在您的战斗已经结束，咱们是朋友了。"

金礼貌地点点头:"战斗结束确是事实,但我们并不是朋友,而是胜者与战俘的关系。"

"不不,咱们就是朋友。您用过饭没有?"大佐得知金还没吃饭,便吩咐一名勤务兵准备食物。很快,勤务兵带着加热的淡牛奶、温过的生力啤酒与一些香烟回来。

高崎站起身来,指了指金与威廉姆斯:"我一会儿回来,两位到时候跟我一起出门,我带两位去兜风。"说罢笑着推门而去。

3

第 2 军绝大多数部队都在等待日军前来缴械,布鲁梅尔却仍在战斗。当天上午,布鲁梅尔将部队从拉茂河防线撤出,到中午已来到第 20 步道附近。此处地形陌生,但布鲁梅尔知道日军就在两侧,下令展开部队,阻击日军。

几名美军军官既惊且惴,上前劝阻布鲁梅尔。"将军,"其中一名军官说道,"总司令一早前往日军阵营投降,现在已是中午,大家都投降了,只有您还在继续作战。"

布鲁梅尔表示,官兵愿降则降,自己会继续作战。没过多久,一名军官指向前方防线,布鲁梅尔发现几面白旗竖起,顿时感到无力。军服已残破不堪,一星准将的肩章只有一侧还在,另一侧的早从肩头脱落。布鲁梅尔自知大势已去,便将步枪扔在地上,等待日军到来。

巴丹半岛南端四处是零零散散的部队,美军也好,菲军也罢,都在一把鼻涕一把泪地哭着。哭泣主要是因为投降的屈辱感,但从苦难中解脱所带来的安全感,同样也是原因之一。

航空部队中士詹姆斯·麦登(James Madden)与 300 名战友坐在通往"小碧瑶"的崎岖曲折的山路旁,旁边停着一辆大型六轮卡车;指挥官命令众人将所有伤患转移到卡车上。伤患中有一人是麦登的朋友,因脚气导致脚踝肿胀，疼痛难忍。麦登帮助此人登上卡车时，不料日军赶到，挥舞着枪托高声喊叫着，把六轮卡车上的所有人都赶了下来。

麦登的指挥官有些动摇，命令士兵排成两列，朝"小碧瑶"走去；谁知日军大怒呼喝，命令众人掉头前往马里韦莱斯。麦登等人十分疑惑，队伍中很快出现流言，称日军要把战俘带回日本本土。众人沿着陡峭曲折的山路向下，最终抵达马里韦莱斯附近的飞机场。加上麦登一行，那座尘土飞扬的机场里已有大约 3000 名战俘。

战俘坐在烈日之下，饱尝着疑惑、恐惧的折磨，头脑中一片混乱。漫长的等待后，日军士兵走来，开始掠夺战利品。毛毯、手表、珠宝、剃须刀、餐具、食物，甚至连牙刷都不放过。掠夺结束后，日军命令战俘排队重新走上山路，或呈四列，或呈五列，前往"小碧瑶"。

在马里韦莱斯的另一处，第 200 海岸炮兵团也遭到日军掠夺。护士露西·威尔逊的未婚夫丹·乔普林中尉遭一名日军士兵夺走紫水晶戒指，另一名日军士兵则从乔普林旁边一人手中抢走一枚指环。此时恰好一名军官经过，从那士兵手中夺过指环，看到上面刻有圣母大学的徽章。

"这指环是谁的？"军官问道。

乔普林旁边那人说是自己的东西，此人名叫托内利（Tonelli），在圣母大学读书时曾是橄榄球运动员。军官揍了那士兵一拳，彬彬有礼地将指环还托内利。"你是哪年毕业的？"军官问道。

"1935 年。"

"我是 1935 年南加利福尼亚大学毕业的。"军官和气地说着，发现乔普林手指上的戒指痕迹，问道，"抢走你戒指的是哪个？"乔普林指了指那名士兵，军官走过去，一顿拳打脚踢，把紫水晶戒指还给了乔普林。"有纪念意义的物品还是得藏起来。"军官忠告道。

投降的部队四散在半岛南端，艾伦·斯托韦尔中校还在帕克军总部的通信中心，看着日军军官满脸狐疑地检查交换台。军官把每条线路都试过一遍，没有一条打得通，最后只得对斯托韦尔说道："密码，密码。"

见斯托韦尔默然不语，一名日军士兵走上前来，用手枪抵住中校的脑袋。中校挠了挠头。"密码？哦，我想起来了。"于是把己方使用的国际信号代码①写给日军士兵。

日军士兵颇为满意，催促道："再写，再写。"

斯托韦尔拿出一本过时的《部队野战密码书》（第4版）交给日军，那军官喜笑颜开，命令士兵把手枪放下。

帕克军总部往东约5英里处，隶属卡宾平师的托尼·阿基诺少尉正坐在卡巴本简易机场附近的一株树桩上。中尉的生日礼物——那辆黄色敞篷别克车倒是还在手上，只是已残破不堪：挡泥板脱落；车身溅满绿色油漆；可开合的车顶裂开；车灯被砸得粉碎。阿基诺觉得那车有点像头盖骨，眼睛被挖出，只剩下两个眼窝。

南边传来一阵沉闷的金属声，是机枪开火的声音。阿基诺一行听出那是坦克上的机枪，大惊失色。武器要么堆放在一起，要么早就扔掉，众人此时都是赤手空拳。接着，零式战斗机毫无预兆地俯冲而下，在低空发出刺耳的啸叫声。令人惊讶的是，阿基诺一行无人跑去寻找掩体，只是纷纷挥舞白旗。

不躲不藏并不明智。最后一架飞机急速爬升，转身俯冲而下，迅速开火。阿基诺纵身跃起，躲在一棵树干后面，拿出念珠，无意识地祈祷起来："我的天主，我全心痛悔所犯的一切罪过……"②

飞机离开，只留下几具尸体在地面上。阿基诺再次听到逼近的坦克声，道路上尘土飞扬，那是机枪子弹打在地上。

"赶紧跑吧！"有人喊了一句，阿基诺从道旁跃下，发疯般地跳过一条约12英尺宽的小溪。感受着心脏的剧烈跳动，阿基诺觉得自己像是一头遭围

----

① 国际信号代码，在《国际信号代码》一书中用于国际间船舶交流的旗语、闪光莫尔斯电码等海事信号的代码。

② 出自《痛悔经》（*Act of Contrition*），译文摘自天主教会官方传媒平台"梵蒂冈新闻网"（Vatican News）。

猎的鹿，很想采取行动摆脱危机，脑海里却因恐惧而一片空白。

不远处传来扬声器的声音，日军用发音不准的英语说道："菲律宾战士，快快出来投降！日本军队是朋友，不会杀死你们！快快出来！"

阿基诺看到一名战友从灌木丛中出来，手里挥舞着白旗，还以为接下来就会传来枪声，结果没有。此时的菲军士兵就像一群幼童，看到陌生人手中拿着糖果，起初害怕，发现没有危险后，就产生信任感，纷纷出来。阿基诺依然躲着，他怀疑日军是打算等人聚得再多些，用坦克一举歼灭。

一名日军军官站在坦克炮塔上，喊道："希律宾战士，你们饱受美国侵略者压迫，立本军队来解放你们！回家去，回马尼拉去！"

那军官刚说到"家"字，人们就一拥而上，围在坦克周围。一名菲军校级军官上前一步，向日军军官敬礼以示投降；日军军官还以一礼。双方明白，一切都已结束。

阿基诺与几名朋友挤进那辆破破烂烂的"别克"牌汽车，朝东驶向卡巴本。几人坐在车里，讨论起未来的规划。阿基诺表示，欢迎战友到自己的庄园工作，大家一起共度余生。车辆经过另一队日军，阿基诺等人高兴地挥挥手，以为对方会与之前那批日军同样友好；不料一名哨兵大吼着走过来，举着步枪命令众人下车，示意前往附近的俘虏营——卡巴本机场跑道。阿基诺悲伤地朝自己的"别克"牌汽车投去最后一眼，与众人排成一列，朝着机场走去。恐惧感再度将众人笼罩。

4

巴丹半岛西部，温莱特曾经率军奋战的那条防线依然完好无损。第1军已将大炮破坏，插满白旗，但琼斯依旧指示部下：若日军来袭，予以还击。白旗竖起归竖起，在投降使节团与日军达成明确协议之前，琼斯还是打算继续作战。

此时天色已暗。琼斯整整一天都在尝试用电话及无线电联系在科雷希多的温莱特,然而徒劳无功;半岛南端的金将军同样联系不上。琼斯不知接下来该怎么做。一名麾下美军将领冲进指挥所,眼神涣散,喊道:"全完啦!"琼斯安排此人上床休息,其部队则交给菲德尔·塞贡多(Fidel Segundo)将军接管。

——

巴丹半岛情况究竟如何,身处科雷希多的温莱特依旧无从得知。不过,温莱特的心情略有平复,因为罗斯福终于发来一道命令,允许选择投降:

> 政府清楚认识到,贵军在艰苦卓绝的战斗之中面临着巨大困难。除非政府提供的军粮物资及时送达,否则凭借战力消耗严重的部队,显然不存在大规模反击的可能。由于贵军正面临不可控之状态,本人决定修正此前发布的命令……
>
> 本人意图如下:关于巴丹守备部队今后何去何从,一切决定都交予将军做出最为适宜之判断……本人认为,保证将军拥有完全之行动自由,明确将军所作出的一切权宜之计皆为本人所完全信任,实属妥切且必要之举。

温莱特给罗斯福回复电报称,科雷希多与巴丹之间彻底陷入音信不通的状态,金将军谈判条款之细节不明。不过在电报结尾,温莱特指出:

> 孤岛堡垒虽被围困,星条旗依旧飘扬。

麦克阿瑟在墨尔本接受记者采访时,将一份提前准备好的声明拿出来宣读:"巴丹部队深知希望渺茫,依旧殊死奋战,最终求仁得仁,英勇就义。没有一支部队能够以如此微弱的力量,成就如此耀眼的功勋;而其最后一刻所面临的苦痛,更是史无前例的艰难考验。英雄殒殁,母亲垂泣。对于各位母亲,我只能奉上一言:拿撒勒人耶稣把牺牲与荣光降在各位的儿子身上,父必将他们带上天国。"

除却半岛西部略有抵抗的琼斯部队，巴丹全域的战役宣告结束。然而，对 76000 名饱受疾病与饥饿折磨的美菲官兵而言，那并不是苦难的尽头。

第二十一章 死亡行军

1

金将军的部队投降的官兵超过 76000 人,其中有 12000 名美军官兵,堪称美国军事史上规模最大的投降行为。日军将战俘营设在克拉克基地以北数英里的奥唐纳战俘营(Camp O'Donnell);除第 1 综合医院、第 2 医院的伤患外,其余战俘都要前往战俘营,有的即将出发,有的已在路上。在那趟充满未知的旅途当中,最初的一段,即从巴丹半岛南端的马里韦莱斯到圣费尔南多制糖中心那 55 英里的路程,史称"死亡行军"(Death March),作为太平洋战争中所受残虐暴行之典型,日军的暴行深深烙在美国人与菲律宾人的心中。

休戚与共的 70000 名战俘中,相当一部分于 4 月 10 日早上从马里韦莱斯附近的机场出发。每隔一段时间,就有一批战俘离开,然而机场却越来越拥挤,因为有更多的美军、菲军战俘,沿西海岸公路从另一个方向拥入马里韦莱斯。

此外,自 1 月初以来,还有约 26000 名平民如羊群一般陆续拥入半岛南端,使得转移工作进一步混乱。日军押送部队很快意识到,组织如此庞大的队伍纯属天方夜谭。当初上级给出的指示十分简单，只说战俘约有 25000 人，命令押送部队徒步将他们押回巴兰加，那里自有卡车负责转送至战俘营。情况之所以如此，是因为日军司令部没有料到金将军的投降竟如此快速，匆忙之下没有给押送部队更为细致的指示。本间原本推测，完全打下巴丹至少还需要一个月。

本间把转移战俘一事交给输送司令河根良贤少将处理；河根拟定出一份计划，在总攻击开始前 10 天将其提交给本间。计划分为两个阶段。第一阶段由高津利光大佐负责，将战俘聚集于巴兰加；从最远端的马里韦莱斯算起，到巴兰加也不过 19 英里，在日军看来属于行军一日的正常脚程，因此没有配备任何运输工具；同样，食粮也没有必要配给，战俘完全可以拿自己剩下的口粮充饥。至于第二阶段，即从巴兰加转移至奥唐纳战俘营的路程，河根称会由自己负责。河根最多只能匀出 200 辆卡车，但只要多跑几趟，将战俘从巴兰加运到 36 英里外的圣费尔南多不成问题；到圣费尔南多后，战俘会转乘货运列车，前往克拉克基地以北 13 英里的小镇卡帕斯（Capas）；从卡帕斯到奥唐纳战俘营只有 8 英里，步行前往即可。

河根解释称，军粮方面不存在问题，会给战俘配给与日军相同的口粮。此外，在巴兰加与圣费尔南多之间，还有奥拉尼（Orani）与卢巴奥（Lubao）两处地点可以补充食物。

"病患、伤员怎么处理?"本间问道。

河根称，关口久①少佐正在巴兰加与圣费尔南多建立两所野战医院；若本土派来的医护人员与设备及时到达，就会在两地之间建立第三所。无论如何，每隔数英里就会建立一个医疗站、急救站及"休息处"。

本间批准了该计划。

不幸的是，河根计划的制订基于大量错误情报。本间知道温莱特的部队食粮匮乏，但没想到会有人活活饿死；美菲部队惊人的染病情况也超出本

①　此人基本情况无从考证，姓名音译。

间预料,两军分据半岛南北部,虽只有数英里之隔,疟疾的发病率却有数倍之差;此外,押送部队面对败军究竟会采取何种态度,本间没能料想到;最关键的是数字问题,参谋人员当初告诉本间,巴丹半岛上菲军、美军加起来只有 25000 人到 35000 人。

———

在马里韦莱斯,日军将平民与战俘分作两列。

一名日军军官大声安抚道:"报纸上说什么枪杀俘虏,那都是谎话。皇军对俘虏很好,食物有的,治疗也有的。到巴兰加之后,会转乘卡车。皇军是遵守《日内瓦公约》的。"

俘虏每 300 人分作一队。有的队伍没有安排日军押送人员;最多的队伍安排有 4 名;也有的队伍只安排 1 名,骑着自行车在前面带路。

弗兰克·贝纳基中士所在的队伍走到机场附近,前方是一座小型建筑,上面插着星条旗。日军军官命令队伍停下,喊道:"面向国旗。"该队伍中多数是美军航空部队成员,转身看着星条旗落下,太阳旗升起,然后继续前行。

走在贝纳基身后不远的是隶属卡宾平师的雷·奥戴(Ray O'Day)上校,此人已扔掉铺盖卷,只背着一个野战包。不久,另一队日军从北边经过,对战俘的个人物品大肆掠夺,态度之粗暴更甚于押送部队。两名日军士兵发现奥戴手上戴着一枚苏格兰仪式(Scottish Rite)金戒指,便示意他交出来。

"妻子,妻子。"奥戴努力解释,对方仍不肯罢休。戒指很难取下,奥戴只能用力吮吸手指,好不容易才让戒指滑落。日军接着又抢走一沓私人书信、照片及 6 罐口粮,奥戴让他们还给自己,最后只有 5 罐口粮还回来,书信与照片被掠夺者带走。

另一名日军士兵见到如此一幕,同情地看着奥戴,连说:"真对不起,真对不起。"然后快速从身边走过。

战俘队伍登上通往"小碧瑶"的曲折山路,沟渠里堆满烧毁的卡车、坏掉的自行火炮、步枪及废弃的各色装备。奥戴停下脚步,站着休息一会。一名美军士兵吃力地从身边走过,说道:"阿伯,你可真行。"听到这话,奥戴才意识到自己也上年纪了。

队伍经过位于小丘上的第1医院，太阳旗飘扬在医院上空，附近有日军警卫巡逻，以防其他日军部队前来骚扰或洗劫伤患。原来，第1医院的达克沃斯上校曾对42名日军战俘进行救治，日军一名坦克军官得知此事，便信守诺言，对该医院工作人员进行特别保护。

队伍继续前进，经过金将军总部原址，来到通往第2医院的小路。第2医院没有保护措施，没有懂得感恩的军官；关口少佐已将此地征用。医院负责人为员工及伤患索要更多食物，关口却说："你们自己的部队都没法提供足够的食粮，我自然也不会给你们更多。"说这话时，恰好有几辆装满食粮和药品的卡车驶出医院。

见原本应归医院的物资被卡车强行运走，美军军医跑去找关口抗议。"有书面文件证明医院收到物资吗？"关口问道。军医回答"没有"。关口说："哦，既然没有，那些物资就不算被皇军抢走。"

在日军命令下，一小队菲军军医与一支未受伤的菲律宾侦察兵分遣队离开医院，加入徒步向北的队伍。大树下的几处露天病房迅速传出谣言：日军将菲律宾人全部释放了。

菲律宾伤患闻讯，也想离开医院。外科主任杰克·施瓦兹（Jack Schwartz）中校在各病房之间奔走，告诉菲律宾伤患"那是谣言"，恳请众人留下。然而，日军警卫意识到医院人越少，工作越轻松，便唆使菲律宾伤患跟上队伍；一部分警卫甚至命令伤患下床，拆掉石膏，将其赶出医院。约500名重伤者无法下床，只能留在医院；除此之外的约5000名菲律宾伤患，在一种群体狂热气氛的驱动下，急忙踏上尘土飞扬的小路，下山而去。截肢伤员折树枝作拐杖，不顾衣衫不整，蹒跚前行；腹部重伤者也挣扎着奔向自由。道路很快就被残疾或重伤的菲律宾人堵得满满当当。走出1英里，集体狂热的气氛消散，菲律宾伤员方才意识到事情不对，却已无法再走回头路。撑不下去的伤员逐渐死去，大量尸体堆积在道旁的沟渠之中。

队伍继续往东，朝卡巴本走去。最早一批队伍离开马里韦莱斯是在前一天夜里,詹姆斯·麦登中士就在其中,此时喉咙被尘土呛得疼痛难忍。在卡巴本附近,队伍发现一条小溪,便迅速冲过去。日军押送部队允许战俘喝水、洗衣服,在溪边足足停留一小时,还没有把队伍赶回道路。战俘队伍感到舒爽欢快,谈起战争局势,众人都相信最多还能再打一年。突然,一阵剧烈的炮声传来,众人惊得讲不出话,接着便是日军炮弹从头顶飞向科雷希多。炮弹炸在岩石岛屿上,冒起阵阵浓烟。舒爽欢快的气氛就此消失不见。

没过多久,麦登听到一阵类似运奶车的声音,像是大量瓶子在箱子里碰撞作响。那是科雷希多在朝半岛发射迫击炮。炮弹炸裂开来,麦登等人连忙伏在地上,寻找掩蔽物。

第 2 医院附近也有美军炮弹落下。施瓦兹中校正在安抚伤患,不远处突然响起一声剧烈爆炸,灰尘、树叶连带着树木炸飞在空中。几枚炮弹恰好落在第 14 病房附近。一连串声嘶力竭的尖叫与呻吟声传来,施瓦兹连忙穿过飞扬的尘土,前去查看伤患情况。

卡巴本附近,日军连忙把小溪边的队伍重新组织起来,沿道路北转,走上笔直的东海岸公路。若在平时,东海岸风景着实美不胜收。左边群山环绕,久经风化的火山口总是被笼罩在湿润的云雾之中;右边是马尼拉湾的万顷碧波;郁郁葱葱的热带植物举目可见;香蕉树生出紫色的新芽;椰子树弯曲成优雅的弧度,像是在鞠躬行礼;水椰树伸出手指般的长叶,随风摇曳,曼妙多姿。

此时的东海岸公路丝毫谈不上美丽。原本绿色的树叶上覆盖着厚厚的一层粉尘。日军大批火炮、坦克、卡车从北边驶上道路,一眼望不到头,排出的气体和扬起的尘土,盘旋而上,笼罩着整条道路。卡车里载着日军步兵,有不少对行进中的战俘发出嗤笑声;也有一部分玩起更加残酷的游戏,用长竹竿作矛,看谁能打掉战俘的头盔或帽子。偶尔会有一名日军军官出面,阻止此类游戏,并向战俘道歉。第 14 军械中队士官利昂·沃尔夫(Leon Wolf)看到一名日军军官朝队伍跑来,与一名美军坦克军官拥抱在一起;两人曾是加州大学洛杉矶分校的同学,在此地偶然相逢,接着又分别走上各自的道路。

另一支日军队伍乘机动车辆经过，一边发出嘲笑声，一边举着不知从何处搞来的高尔夫球杆，朝垂头丧气的战俘队伍挥舞。队伍越是往北走去，遭遇的日军态度越是差；因为越往北，日军战斗部队越少，后方部队越多。阳光炽热，尘土飞扬，口渴越发难以忍受。隶属卡宾平师的托尼·阿基诺少尉朝一名日军士兵示意，做出一个用手托住杯子的动作。

日军士兵嘴里嘟囔着，做出一个类似把苍蝇从鼻尖拍打下来的动作；阿基诺知道意思是"不行"。下午三四点钟，队伍来到一条灌溉渠附近休息，日军押送部队终于允许喝水；菲律宾士兵争先恐后冲往水渠边，把头埋进流动的水中。

阿基诺喝足水，抬起头来，看到日军士兵捧腹大笑，指着水渠上游几码远的位置。原来，上游水里有一具裸露的尸体，脸已浮肿，小肠溢出，蛆虫遍布。阿基诺见状，呕吐不止。

同样是那条尘土飞扬的道路上，一部分美军和菲军士兵趴在沟渠、溪流边，甚至是水牛踩出的积水凹坑边上准备喝水时，惨遭日军用枪托、扳手及棍棒殴打，但也有几个幸运儿，遇到一批南下的日军步兵阻止殴打行为，还把饮用水分给战俘。日军行事似乎找不出规律，缺乏一贯性。不过战俘心里明白，情况还在恶化当中。

2

帕克第 2 军作为战俘缓缓沿巴丹东海岸北上时，半岛西部琼斯第 1 军中，大多数官兵还在丛林或散兵坑中等待。直到天黑时分，一辆插着休战白旗的日军车辆才驶至琼斯指挥部。

琼斯命令麾下官兵放下武器；此言一出，就好像千斤重担从肩头落下一样，琼斯舒了口气。次日上午 9 点，琼斯与参谋长威廉·马赫（William Maher）上校乘上车辆，被日军带往马里韦莱斯，并与老对手——第 16 师团师团长森冈皋中将见面；两人略作交谈，气氛颇为融洽。

"你觉得战争打到最后，胜者会是谁？"森冈问道。

"当然是我们。"

森冈微微一笑："不，不是你。"

"对，不是我。"琼斯说道，"我家里还有四个小伙子，胜者会是他们。"

森冈笑出声来。

琼斯部队同样需要沿东海岸公路前往巴兰加，不过最开始的路线稍有不同：前线部队穿过丛林密布的各步道，沿横贯半岛的鹅卵石道路向东，进入东海岸公路；后方部队则与琼斯本人走同样的路线，先沿西海岸公路南下前往马里韦莱斯。在后方部队中，有负责琼斯第 1 军左翼的路德·史蒂文斯准将及其参谋长埃德温·奥尔德里奇（Edwin Aldridge）上校；与此同时，大批日军从马里韦莱斯沿同一条道路北上而来。

迎面而来的日军大喊大叫着，把两人乘坐的侦察车拦下。奥尔德里奇打开车门，日军军官冲上来朝着他右腿及面部一顿乱踢，将他拉下车来。事出突然，奥尔德里奇晕头转向地回车上去取行李，臀部又挨了重重的一记军靴。

此时，一辆卡车载着菲军第 71 团团长唐·邦尼特（Don Bonnett）上校及一批军官经过，同样被日军拦下。日军军官手持一根长竹竿，朝着来者乱舞一通，划伤邦尼特上校的额头。日军把史蒂文斯一行也塞到卡车上，继续驶向马里韦莱斯，又在距离城镇约 10 英里处停下，将车上共 22 名美军军官驱赶下来，赶上一条小路，命令众人坐在地上，两两捆在一起。不久后，一名略通英文的日军上尉发现被捆绑的美军军官，便将史蒂文斯与奥尔德里奇的绳索解开。史蒂文斯去替其他人松绑，谁知另一名军官赶来制止，命令史蒂文斯两人把众人重新绑起来。

与此同时，东海岸公路上主要战俘队伍还在继续行进。从马里韦莱斯步行前往巴兰加，绝大多数队伍都需要走上两到三天。行进秩序完全无法保持，队伍越走越混乱，日军押送部队越来越恼火，态度自然也就越来越蛮横。饥饿难当、疾病缠身的战俘在炎炎烈日之下、漫天尘土之中，朝着巴丹首府巴兰加缓缓前行；日军押送部队不想拖得太久，催促众人加快脚步。

弗洛伊德·格罗（Floyd Grow）中士身边有一名年纪不大的美军士兵，跟不上队伍的脚步，拼命喘着粗气，最后还是落在后面，发疯一般大喊着："快开枪毙了我吧！"日军连续两次把他拖回队伍，在第二次时，这个年轻的美军士兵跌跌撞撞，摔倒在地，无力再爬起来。于是日军士兵掏出枪，将其射杀。

格罗发现阴沟里坐着一名美军士兵，双手朝自己的方向伸出，好像在乞求什么，便走近两步看去，才发现此人面部僵硬，已是一具尸体。

马里韦莱斯与巴兰加之间那条漫长的道路上，没有任何遮阳之物。脚步行进带起的尘土沾在大汗淋漓的身体上，蒙住眼睛，甚至把胡须染成了灰色。每当日军机动车辆从道路中心驶过时，便有一大片尘土随风旋起，将众人视线遮住。

道旁的乡村地区已化为一片死寂的荒原；小山丘蜿蜒起伏，无数炮弹及炸弹将盎然绿意夺走，只留下烧作焦炭的残破树干。圣周五那场毁灭性的炮击所烧毁的树木，此时仍在冒着浓烟。午后的酷暑越发令人难以忍受，每当日军允许后，战俘都会跳进小溪降温，全然不顾那水有多么浑浊。

4月11日下午2点，第一支战俘队伍进入巴兰加；其余战俘及平民队伍零零星星地朝该市而来。市郊有一条波光粼粼的河流，名叫塔利赛河（Talisay River），面对前往河边饮水、洗澡或在河岸上休息之人，日军的反应也极不一致：有的选择睁一只眼，闭一只眼；有的则不顾哭喊声，冷酷地将众人驱离河岸。

在城郊地区，遮阳不再是奢望。棕榈树与香蕉树相映成趣，形成一道舒适的绿色拱门。美丽的热带花朵或红，或紫，或蓝，为尘土满布的道路带来梦幻般的色彩。

此时，琼斯部队中的大部分人正从横贯半岛的鹅卵石道路拥入巴兰加，市内一片混乱。日军警卫大喊大叫，无数战俘来来往往，无人能够把握实际情况,也不知是谁在发号施令。往往是一道命令传达下来,很快又被撤销;或者虽没撤销,却被当作从未有过。

战俘押送的第一阶段就此结束,总而言之,乃是彻头彻尾的失败:毫无组织,缺乏协调,监管不足,以及最严重的问题——纪律松懈。高津大佐的任务告一段落,接下来登场的是河根将军。

河根以某种形式上的组织化来管理战俘。三天来首次出现日军的食粮配给。不过,混乱状态依旧持续;对战俘而言,情况在某种程度上更加难以忍受。离开巴兰加时,有的队伍得到少量的米饭和食盐配给,甚至还有饮用水;有的队伍不仅没有那临行的一餐,连路上在自流井汲水也不被允许,行进速度要么太快,要么就太慢。日军押送人员之中,少数确实态度友善,大多数对战俘毫不关心,剩下的则是以残虐为乐的暴徒。

行进途中,战俘不论军衔高低,待遇基本一致。菲律宾师①参谋长哈里森·布朗(Harrison Browne)上校遭到日军洗劫时,听到一阵惨叫声,转头一看,发现师长马克森·拉夫(Maxon Lough)准将跪在地上,被一名日军中尉拿着 4 英尺长的硬木棒敲打脑袋。

布朗与师长副官约瑟夫·萨利(Joseph Sallee)上尉一起,把拉夫准将扶到一棵芒果树下。一名美军军医前来替拉夫处理伤口;布朗则拿出一个洗发水瓶,瓶里装有少量威士忌,供师长享用。

大约正在此时,琼斯将军被押至巴兰加校舍,没有被殴打。当天,亦即 5 月 11 日②下午晚些时候,战俘离开巴兰加,前往下一处目的地——北边约 11 英里的奥拉尼,日军把琼斯安排在队伍最前端。琼斯对步行前往奥拉尼提出异议,希望让士兵乘车,却无人理睬。押运情况已成一团乱麻,俘虏超过日军原先预计的人数 2 倍还多,再加上大量平民,如潮水一般拥入巴兰加。能够供运输俘虏使用的卡车不到 200 辆,其中许多还在维修当中。事

---

① 该师名为"菲律宾师"(Philippine Division),前文多次出现的"纯美军部队"第 31 步兵团隶属该师。

② 5 月 11 日,疑误;通过前文不难看出,"当天"指 4 月 11 日。

实上，整个本间第 14 军当天能用的卡车也只有 230 辆。

至于美军自己的卡车、汽车，此时正在被日军大量征用，将部队运到半岛南端，为强行登陆科雷希多做准备。

于是，巴丹半岛上出现史上绝无仅有的一幕：大量美军将领徒步走向战俘营。琼斯将军走在队伍最前端，前面有一名日军士兵骑自行车带队，每骑 200 码就会停下来，示意琼斯催促部下加快脚步，然后再骑 200 码。行进节奏极快，众人苦不堪言。

"慢一点吧，"后面有人喊道，"走得太快，都有人掉队了。"

排在最前面的琼斯放慢脚步。那名日军士兵怒气冲冲地骑车回来，示意琼斯加快速度。队伍到达阿布坎时，夜色已浓；又前进数英里，队伍经过化为废墟的马巴塘（Mabatang）村，烧焦的断壁残垣仍然散发着轻微的刺鼻气味。许多人不由自主地转头向左，朝巍峨的纳蒂布山望去。当初就是在此地，在阿布坎防线上，许多士兵首次受到真正的战火洗礼。

琼斯一行抵达奥拉尼时，已是午夜过后。日军在稻田周围围上铁丝网作为囚牢，先让琼斯站在一边，把其他人押进去，直到囚牢里满满当当，才把琼斯带到其中一角。众人无法躺下休息，只能保持跪姿挤在一起。囚牢里臭气熏天；琼斯旁边就是一座露天茅房，蛆虫乱爬，粪便到处都是。琼斯感觉，此处环境比得上当年的安德森维尔监狱（Andersonville Prison）①。

战俘有水喝，但没有食物。一名美军士兵将一把生米粒交给琼斯，建议道："您可以拿几粒放在舌头上，含在嘴里。"

次日早上，日军给琼斯一行分发菲律宾粥（lugao），也就是大米稀饭。粥的口感很黏稠，尝起来像糨糊，一行人还是喝得干干净净。下一处主要地点是卢巴奥，距此 16 英里。炎炎烈日之下，战俘像家畜一般被驱赶着行进，其煎熬更甚前一天夜里。战俘或掉队，或倒在沟渠之中，每经过一座村庄，都会高呼："水！"

---

① 安德森维尔监狱，位于美国佐治亚州，为南北战争期间南方军所设战俘营，以虐待北方战俘而臭名昭著。

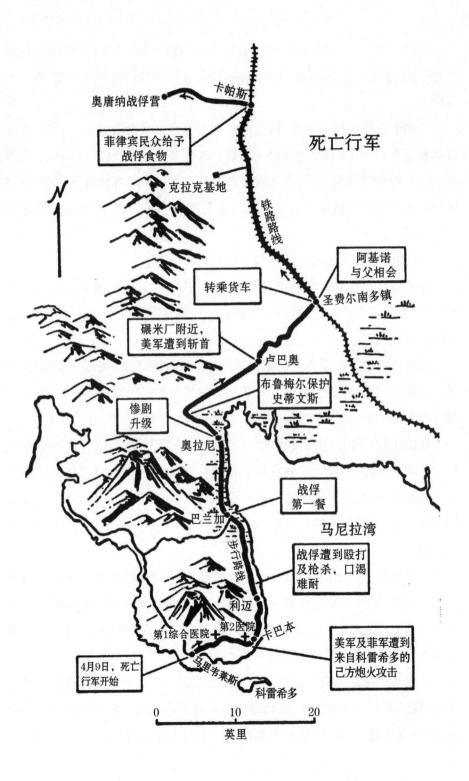

死亡行军

奥唐纳战俘营　卡帕斯

菲律宾民众给予
战俘食物

克拉克基地

铁路路线

转乘货车

阿基诺
与父相会

圣费尔南多镇

碾米厂附近，
美军遭到斩首

卢巴奥

布鲁梅尔保护
史蒂文斯

惨剧
升级

奥拉尼

战俘
第一餐

巴兰加

马尼拉湾

战俘遭到殴打
及枪杀，口渴
难耐

步行路线

利迈

第1综合医院　第2医院　卡巴本

美军及菲军遭到
来自科雷希多的
己方炮火攻击

4月9日，死亡
行军开始

马里韦莱斯

科雷希多

0　　　　10　　　　20

英里

有时,村民会拿罐子在自流井里装满水,打算交给战俘;日军则把村民推到一边,宝贵的饮用水就那样洒在地上。行进过程中,饮水已成为一种执念。

一辆卡车从队伍旁边经过,琼斯听到车上有人喊自己名字,一名日军军官示意上车。于是,琼斯与参谋长马赫上校跳上卡车。行驶1英里,卡车停在一所尼帕小屋门前,周围盛开着紫色的九重葛。屋里有金将军、布劳尔将军及数名菲军高级将领。日军把金与琼斯带到小屋后边,那里已有几名摄影师等着。

"把太阳镜和头盔摘掉。"一名日军军官命令道。

琼斯连日来看着日军颐指气使的样子,早已不愿忍受,便直勾勾地盯着那军官,蹦出一句:"不摘。"出人意料的是,那军官没有打人,只是耸耸肩,让摄影师开始拍照。

琼斯所属的那支前往奥拉尼的队伍中,其他战俘并不那么幸运。囚牢越发肮脏,半数战俘染上痢疾。残酷的虐俘行为此前还算是偶发事件,随着战俘数量的增加,渐渐普遍起来。

弗洛伊德·格罗中士所属的队伍来到奥拉尼附近,负责押送的日军队长命令众人在路旁列队。"我在旧金山出生长大,"队长说道,"你们美国人到底有多软弱,我是一清二楚。把衣服都脱掉,现在开始日光疗法。"战俘纷纷脱掉衣服,队长命令道:"立正!"烈日照在战俘裸露的皮肤上,豆大的汗珠滚落而下。

尸体横七竖八地倒在路边,因高温而膨胀成异样的形状。乌鸦用喙啄取腐臭的肉,不时为抢夺食物而互相争斗;硕大的绿蝇在乌鸦吃剩的肉块上"嗡嗡"盘旋。死亡原因大多是疾病、饥饿或过度疲劳,但也有一部分人是被日军士兵亲手杀死的。

托尼·阿基诺少尉所属的队伍连续行进好几个小时,没有休息,也没有饮水;战俘无不双腿肿胀,眼睛烧得疼痛。阿基诺面前一名美军战俘摔倒在地,面部被地面凸起的锋利石头割伤。一名日军士兵跑来,踢踹他的肋部,逼他起身。那名美军战俘用四肢慢慢撑起身体，最后还是虚弱地倒下；日军士兵踢得愈加凶恶起来。战俘满身淤伤，口吐鲜血，拼尽全力试图站起来，并朝那日军士兵伸出右手，做出恳求的姿态。谁知那日军士兵竟拿起刺刀，将尖端缓缓抵在美军战俘的颈部，突然狠狠刺下。

美军战俘的身体迅速蜷缩起来，有一瞬间就像一只被钉住的苍蝇；而当刺刀猛然拔出时，便颓然倒地。那一幕永远无法从阿基诺脑海中消失。日军士兵朝着瘫软在地的垂死战俘又补上一刀，示意在旁惊恐围观的队伍继续前进。

隶属第 31 步兵团的杰克·凯普（Jack Cape）中士所在的队伍里，有一名日军士兵以施虐为乐。此人不允许战俘喝干净的水，只让战俘从沟渠或水牛打过滚的水洼中捧脏水来喝。队伍走到奥拉尼附近时，一名美军战俘因痢疾而倒下。两名美军战友把他搀扶起来，一起行走；然而两人同样太过虚弱，没走多久，便无力继续搀扶。于是，那名战俘再次倒下，落在队伍后面。凯普看到那名施虐狂日军士兵拿出两把铁锹，交给那两名美军士兵，示意两人给倒在地上的战友一个"痛快"。两人起初不肯，但在手枪的威胁下，还是拿起铁锹，朝战友打了下去。

走出 1 英里外，另外两名美军战俘头晕目眩，倒在地上。凯普看见那名日军士兵对两人一顿踢踹，发现两人实在站不起来，就用刺刀将两人戳穿。

埃德温·奥康纳（Edwin O'Connor）上校看到一名日军士兵把一名蹒跚的菲军士兵推到道路之外，对其开枪射击。没过多久，另一名菲军士兵发出疯狂的尖叫声。一名日军士兵把他带到灌木丛中，奥康纳听到一声枪响过后，从灌木丛走出的只有那名日军士兵。走在奥康纳身边的是一名块头很大的美军战俘，一名日军士兵对此人怀有强烈的憎恨情绪，不时拿刺刀戳他，有一次直接戳在他脸上。

来自新墨西哥州的卡尔文·格莱夫（Calvin Graef）中士看到两名美军航空部队战俘累得倒在地上，几名日军士兵拿起竹竿，把两人敲得脑壳迸裂。

到此时，沟渠中偶尔可见被斩首的战俘，越往前走，无头尸体的数量也就越多。尸体已从棕色变为黑色，艾伦·斯托韦尔只能从躯体大小来分辨到底是美军尸体还是菲军尸体。斯托韦尔点着数目，数到第 27 具后，自言自语道："不行，不再数了。"他眼睛直视前方，继续行进。

许多战俘渴得头昏眼花，只剩下呼吸的力气，但一看到身边有水，不管那是沟渠、水井还是水洼，都会挣扎着冲过去。不过，总有一些人想办法让自己不至于脱水。埃德温·奥尔德里奇上校在路边一所房屋内找到一个 5 加仑的油罐，里面装着半罐水。上校与 9 名战友两两一组，轮流提着罐子上路。

查理·詹姆斯（Charlie James）中士所在的队伍里，战俘正在用竹节制作水壶。詹姆斯本人没喝井水之外的水，因此免于染上痢疾。为减缓干渴感，詹姆斯在舌头底下含着一个开罐器。队伍走到一条小溪边，詹姆斯看到一名菲军士兵坐在地上，眼神空洞，两侧腹部的刺刀伤口中涌出血来。

具有讽刺意味的是，许多逃兵从山区地带悄悄下到沿海公路，加入队伍当中，使得俘虏人数进一步膨胀。新加入漫长路途中的逃兵，许多并不知道终点竟是一座战俘营。

平民大多数有卡车可坐，但也有一部分步行前进。妙龄少女的脸上被母亲涂满黑泥，看上去毫无女性魅力。本间将军对强奸妇女的暴行毫不姑息，此事无人不知；不过总有日军士兵无视军纪，趁夜摸到平民休息处，企图把少女拖回自己的营地。

———

从巴兰加出发的队伍，在来到奥拉尼城郊 16 英里时，遭到的暴行开始增加。此外，该段道路此前受到空袭，步行也变得十分困难。

克利福德·布鲁梅尔将军走在史蒂文斯将军身后；两人处在队伍前端，扑面而来的尘土吹进嘴里。对将领而言，那实在称得上屈辱。一辆卡车从北边迎面驶来，擦肩而过时，一名日军士兵从车里探出身子，用竹棍打在史蒂文斯脸上。步履虚浮的史蒂文斯的眼镜被打落在地，布鲁梅尔把它捡起来,并扶着史蒂文斯来到路旁。两人坐着交谈,史蒂文斯想让自己清醒一些。此时,一名日军士兵走来,拿手枪对准布鲁梅尔的胸膛,示意起身。布鲁梅尔正要说明情况,对方打开保险栓,把枪口对准史蒂文斯。布鲁梅尔无奈,只得扶史蒂文斯站起来;然而史蒂文斯已极度虚弱,无法继续前进,布鲁梅尔就带着他前往一处稻田。史蒂文斯知道布鲁梅尔此举可能会招来杀身之祸,便劝他不要这么做。正在此时,另一名日军士兵举着刺刀冲来,怀疑两人意图脱逃,但当看到史蒂文斯满头鲜血时,就没有理他,只用刺刀逼着布鲁梅尔回到队伍里。

史蒂文斯爬到路旁灌溉沟渠里,躲入一片灌木丛中,一动不动地躺着,望着队伍渐渐远去。他知道,若不是布鲁梅尔挺身而出,此时自己可能躺在路上,成为一具额头中弹的尸体。

不远处,罗伯特·富兰克林(Robert Franklin)中士看到一名菲律宾士兵快速跑向一棵石榴树,爬上树干打算摘取果实时,枪声响起。菲军士兵应声摔下,当场毙命。

另外一处不远的位置,一支美菲战俘混杂的队伍在毫无遮蔽的路旁坐着休息。日军前来催促继续赶路,约瑟夫·雷瓦克(Joseph Revak)上尉身旁一名菲军战俘太过虚弱,无法站起身来。日军士兵踢了一脚,那名菲军战俘拼尽全力,还是站不起来。雷瓦克惊恐地看着日军士兵掏出手枪,将菲军战俘杀害。队伍继续前进,但由于落伍者太多,只得再次停下休息。休息结束后,雷瓦克发现此番轮到自己站不起来了。一名日军士兵举着步枪威胁,雷瓦克不为所动,只是喘着粗气喊道:"来啊,开枪吧。"

见那名日军士兵走到身边立定,雷瓦克感到浑身肌肉都僵硬起来;然而当步枪枪口朝自己对准时,他突然感到一股力量涌上,半无意识地站起身来,晃晃悠悠地走上道路。

往北数英里,接近巴丹半岛与主岛交界处的位置,另一支队伍正在休息。罗伊·卡斯伯里(Roy Castleberry)下士看到两名菲律宾平民在干燥的硬土地面上挖坑,坑旁边躺着一名美军上尉,正神志不清地说着胡话。上尉被推进坑里后，短暂地昏迷过去，随即清醒过来，意识到自己要被活埋，便拼命从坑里爬出。一名日军士兵命令两名菲律宾平民用铁锹殴打上尉，两人起初拒绝，但在步枪威胁下，脸上露出痛苦的表情，还是服从命令，把上尉打回坑里，最后盖上泥土。接着，土里面便伸出一只手，手指微弱地颤动着，像是在哀告什么。

队伍穿过具有战略意义的莱亚克桥，终于离开巴丹半岛，向东朝圣费尔南多进发。此处的道路一线笔直，没有东西遮蔽阳光。大量战俘掉队；一部分战俘无法忍耐口渴，冒着生命危险奔向附近的甘蔗田，大口咀嚼之后，将残渣扔掉。跟在后面的其他战俘，不想冒被枪杀的风险，就把地上的残渣捡起来，想办法吸取剩余的些许水分。战俘脱水情况严重，大多数人无法排尿；少数能够排尿的人也只是排泄出几滴，带给阴茎强烈的灼烧感，就像一块滚烫的烙铁按在上面，不过同时也感到一阵难以言喻的解脱感。

在漫长的行进过程中，曾是战斗机飞行员的爱德·戴斯（Ed Dyess）[①]看到队伍中 6 名菲军战俘冲向一口自流井，尚未喝到水，日军士兵一齐开枪，四人当场被击毙，另外两人受了重伤，两眼无神地爬行向前，手朝着喷涌的井水伸出。日军再度开火，将剩余两人击毙。

狭长的卢巴奥市有约 30000 人；行进数英里，戴斯所在的队伍抵达该市郊区。戴斯看到一个奇形怪状的物体挂在铁丝网围栏上，靠近一看，才发现那是一具菲军士兵的尸体，腹部被刺刀剖开，肠子像一条灰紫色的绳索，挂在铁丝网上。

很快，队伍来到市内，在夹道等待的菲律宾民众之间悲惨前行。菲律宾平民冒着生命危险给战俘投掷食物：有水煮鸡蛋，有用香蕉叶包裹的炸鸡，也有墨西哥粗糖（panocha）——一种色泽棕黑的硬糖块。也有的民众在道旁放置瓶瓶罐罐，里面装着大米与饮用水。日军对此的反应不一：有的士兵

---

① 爱德·戴斯(1916—1943)，即前文多次出现的威廉·戴斯；此人全名威廉·埃德温·戴斯(William Edwin Dyess)，昵称"爱德"。戴斯在"死亡行军"的次年从日军战俘营越狱逃亡，并口述日军暴行；同年年底，因所驾驶的战斗机失事而丧生。

选择视而不见；也有的将瓶罐一脚踢飞，甚至朝着投掷食物的平民挥舞步枪。

少量平民在售卖食物，但其中绝大部分不肯收钱。道路两侧，围观群众泣不成声。日军士兵脚步匆匆，来回巡逻，但仍有一些从头到脚包裹得严严实实的老妇人，趁日军不注意，从队伍中拽来一名蹒跚的战俘，藏在自己的长裙之下；等日军士兵走过，再把筋疲力尽的战俘——或是美军，或是菲军——藏进尼帕小屋。也有的菲军战俘，由于一身行头磨损严重，已看不出是军服，便趁日军不注意冲入人群，挽住一名女子假装是夫妻，或者抱起一名婴儿假装是父子。

队伍经过城镇边缘附近一座大教堂，而后被关押进一所白铁皮波浪形屋顶的建筑。那是一家大型碾米厂，厂房长 150 英尺，宽 70 英尺，里面堆着几具腐烂的尸体与大量粪便。数千名战俘被塞在里面，挤得无法行动，只能坐在原地。里面有一个水龙头，但只有那附近的战俘能蠕动着挤过去喝到水。门窗通通关闭，通风只能靠墙壁的裂隙。战俘不时会发现，身边的战友已经奄奄一息，或者根本就是一具尸体。

日军不断把战俘往碾米厂里塞，最后终于塞满，剩余的人就只能组成一组留在外面。外面也有一个水龙头，水流很细，众人依然围成几列，一滴水也不肯放过。此处的日军士兵对待战俘不加分别，一概态度恶劣。K. L. 贝里上校看到一名美军战俘与一名菲军战俘在水龙头附近争吵，日军士兵拿着刺刀冲向美军战俘，虽没刺中，但很快就将其抓获；菲军战俘同样被抓起来。日军把两名战俘绑在一棵树上，开枪处决。不久之后，贝里看到一名日军士兵拿着镐头，用镐柄把一名菲军战俘打到脑浆迸出。贝里想不通，此人究竟犯下何等"罪过"；奥尔德里奇上校却知道，因为他看见那名菲军战俘曾朝日军怒目而视。

詹姆斯·麦登中士就在水龙头附近，看到两名日军士兵把一名美军战俘拖来；那战俘很年轻，看上去不到 20 岁。

"你为什么要逃亡？"翻译问道。

"我要逃进山区，参加游击队。美国人在你们手里有什么下场，我很清楚。"

日军把此人带到马路对面，将其双手捆在树上；两名士兵采取半跪姿势，开枪射击，子弹打在树上，没有射中。两人再次扣动扳机，不料枪却卡住。一名军官挥舞着军刀，大声喊着跑来。两名士兵立正站好，被军官一一掌掴。日军士兵把那名战俘从树上解下，强迫他跪在地上。相隔一条马路的战俘发出惊恐的声音，却无人敢出言阻止。年轻战俘被逼着站起来，走进一片灌木丛中。片刻过后，日军军官回到众人视线之内，军刀上鲜血淋漓；接着便穿过马路，把麦登等人推到一旁，用水龙头冲洗染血的军刀。

3

在卢巴奥留宿的战俘，绝大多数次日便启程出发，少数则停留两宿，甚至三宿、四宿。每日通常有两餐，每餐都是少量的米饭与盐。碾米厂外的战俘挤在一起，被夜里骤然降低的气温折磨，让穷凶极恶的蚊虫大饱口福之欲。不过，外边至少有一点好处：空气取之不竭。

在押送俘虏的规划中，前往圣费尔南多的路程最短，约 9 英里；而其残酷程度则是最甚。道路两侧几乎没有遮阳物，饱受卡车及坦克摧残的沥青路面在阳光下融化。对那数千名鞋子破损甚至赤足上路的俘虏而言，就像踏在燃烧的煤上。在疾病、脱水及饥饿的折磨下，即便是短短 1 英里，也感觉永远走不到尽头。队伍接连穿过甘蔗田，许多战俘满怀渴望的眼神，朝西北望向三描礼士山脉——那是自由的象征。

行进过程中，逃亡的菲军战俘数以千计；然而，美军战俘想要逃亡却是千难万难。绝大多数美军对菲律宾地形知之甚少，也不会讲他加禄语①。菲军战俘只要逃到一座村庄，就能轻而易举混入其中；而美军战俘即便肤色

---

① 他加禄语（Tagalog），菲律宾本土语言之一，1937 年经奎松总统宣布成为国语，后经标准化，演变为今天菲律宾的国语——菲律宾语（Filipino）。

黝黑,也会在身材、举止及谈吐方面暴露自己。

曾隶属航空部队的弗兰克·贝纳基中士也是向往着三描礼士山脉的美军战俘之一。一辆标有新加坡番号的坦克缓缓驶来,趁着日军士兵朝坦克挥手致意,贝纳基低声对周围美军战俘说道:"我准备逃跑,你们谁跟我一起?听说索普搞到了5万美元呢。"当时一则传言称,有一个名叫克劳德·索普(Claude Thorp)的美军上尉,两个月前从巴丹半岛逃离,并从麦克阿瑟那里得到一大笔钱,在山区成立了游击队。

见无人响应,贝纳基只得独自爬进蛇虫密布的甘蔗田。天气炎热,尘土飞扬,贝纳基爬过甘蔗田,感到呼吸困难,最终昏倒在地。

不远处,另一名前航空部队中士雷·亨特无法忍受日军的残暴对待,决心逃亡。在疟疾与饥饿的折磨下,亨特的体重从160磅降低到100磅。队伍走在一座桥上,亨特突然纵身一跃,跳下深沟,藏在一片茂密的草丛里。桥上有人说道:"别往那边看,你想害死他吗?"亨特沿着沟渠爬行,惊讶地发现另外两名美军士兵面朝下趴着,正在瑟瑟发抖。亨特拍拍其中一人的腿部,轻声与之交谈。此人是一名下士,名叫查塔姆(Chatum);另一人是名叫琼斯(Jones)的炮兵上尉。

亨特不顾两人的反对,从沟渠中缓缓站起身来,朝河对岸几名菲律宾农夫挥手。不一会儿,一名农夫走过来。"附近有没有鬼子?"亨特低声问道。

"待在这儿等着。"农夫说罢转身离开,很快又回来,带三人来到一间竹屋。里面是另一名美军军官,名叫克里(Kerry)的中尉。通过竹墙的缝隙,四人能够看到行进中的队伍,以及一名美军战俘遭到日军刺刀处决。

菲律宾民众每天看望四名美军官兵,带来饮用水、米饭与粗糖。一名少年提议把亨特藏在附近的鱼塘,并保证道:"我来照顾你恢复健康,保护你的安全,直到美国军队重新回来。"另一名少年给出消息称,附近庄园里有一名美国人,不是军人,并主动提议把众人带到那里。于是,四人乘上一辆实心木轮的牛车,上面盖着干草。一头水牛拉着车子,朝西北方向走了整整一天,把四人带上蜿蜒曲折的三描礼士山山道。

战俘队伍终于来到圣费尔南多制糖中心附近，走上55英里长途跋涉的最后1英里。在城镇郊区，大量卡车在道路上排成一列，每次只能容许一人从车缝中穿过。那卡车的缝隙像是一场夹道笞刑①，菲军、美军战俘蹒跚着走过，两侧卡车上的日军士兵便挥舞着枪托朝下殴打。

进入城市，街道两侧的大量市民不顾日军阻止，拿着水罐、食篮冲向战俘队伍。一位名叫大卫·杜兰（David Duran）的中士接到一名菲律宾女孩扔来的饭团，接着便看到日军士兵冲上前去，用步枪枪托殴打她的面部。那饭团是杜兰中士踏上旅途以来的第一餐。

衣衫褴褛、形容枯槁的战俘拖着沉重的脚步走在大街上；吕宋岛上各地民众拥入该市，希望从队伍中找到自己的亲人，看着战俘的惨状，呜咽着流下同情的泪水。有时，道旁民众中会冲出一人，扑向自己的丈夫、父亲或儿子；日军会把此类平民赶走，通常不会在众目睽睽之下做出残虐行为。

在圣费尔南多驻留时，大部分战俘都有饭团配给，有水喝，也有简单且原始的医疗措施。日军把战俘分散关押在各处：制陶所、"蓝月亮"（Blue Moon）舞厅、空地、老旧工厂、教学楼、操场，以及火车站附近的大型斗鸡场。拥挤的斗鸡场边缘，史蒂文斯将军与奥尔德里奇上校看着一队年轻的航空部队战俘跌跌撞撞地朝入口挪动着，好像那入口就是天国之门。一人走到门槛处，摔倒在地，气绝身亡；同队的其他人也是奄奄一息。该队航空部队战俘全部染有痢疾。

阿基诺少尉所属的队伍被带到一家老旧醋厂，该工厂是一座巨大的西班牙风格混凝土建筑，屋顶覆盖着白色铁皮。少尉当初乘着崭新的黄色敞篷车参战时，体重是150磅，此时已降至89磅。阿基诺倒在草垫上睡去，14小时后方才醒来。工厂里闷得难以呼吸，一名日军士兵把阿基诺押走，带入日军兵营二楼的一间屋子，里面等待着的是老阿基诺与一名日军大佐。父子两人紧紧地抱在一起。

---

① 夹道笞刑（gantlet），西方传统体罚形式之一。体罚者面对面排成两列，手持棍棒等工具，被体罚者从中间经过，遭受打击。

"还活着就好，真是苍天有眼。"拥抱良久，老阿基诺说道。

"爸爸，母亲怎么样？孩子们怎么样？"

"都还活着，都很担心你。"老阿基诺是新成立的劳雷尔"傀儡"政府领导人之一，为儿子介绍道，身旁的日军军官是宪兵队的太田（Ota）①大佐。

"令尊阿基诺先生与日本关系友好，"太田的英语带有英国口音，"将在帝国指导下组建菲律宾新政府。帝国军民素以慈悲为怀，为感谢阿基诺先生之贡献，特释放其子嗣，准许一家共叙团圆。"

起初，阿基诺少尉怀疑，日军释放自己是在履行某种谈判条件。"太田大佐，对于您的善意，以及您向家父展现出的尊重，敝人深表感谢；至于释放回家一事，恕难从命。敝人不能弃部下于不顾。如果您真心希望提供帮助，还请为我等全员提供食粮及药物。"

"令尊说得果然不错。"太田说道，"阿基诺先生早就料到，您不会接受释放。就各位遭受的待遇，请接受本人道歉。"说罢，太田推门离开。

见太田离开，贝尼格奥·阿基诺才悄声告诉儿子，劳雷尔及一众菲律宾高层对日军表现出合作态度，乃是奎松总统的授意。阿基诺少尉盯着父亲；父亲告诉他，自己绝不会成为卖国贼。此外，包括老阿基诺在内的菲律宾高层官员正在与本间将军协商，争取尽快释放全部菲军战俘。

"尽快，爸爸，大家处境很惨，都快死了。"

父子两人喝过茶，吃过饼干。太田大佐回来时，老阿基诺拥抱着儿子，说道："再见，下次让你母亲来看你。"阿基诺少尉离开时，从父亲手中得到一包香蕉叶包裹的食物，回到醋厂后便把食物分给部下，每人分到的只有小小一口。没过多久，工厂大门打开，日军士兵进来，推着几辆装满大米的车子。

———

大部分战俘在圣费尔南多停留一到两天；也有少数人并未停留，没有获得食物及水，便被匆匆带往火车站，押进棚车之中。车高 7 英尺，长 33 英

---

① 疑为马尼拉初代宪兵队长太田清一大佐，此人最终与山下奉文在同一天被处以绞刑。

尺，宽 8 英尺，有点类似于法国的"40 与 8"型棚车①。车里挤满战俘，少则100 人，多则 115 人，两扇车门关闭后，车辆缓缓向北，朝着卡帕斯行驶；战俘只能站在潮湿的车厢内，在长达三四个小时的路途中，艰难忍受着病人身上散发出的腐臭。

詹姆斯·麦登所在的棚车还停在圣费尔南多车站内，车内靠里面的士兵喘不过气来，大喊道："开门哪!"喊叫无人理睬，渐渐变成哭泣悲鸣。突然，前面传来一阵撞击声，那是引擎车头倒退与棚车连接在一起发出的声音。一扇车门毫无预兆地打开，车里的惨叫声传出，一名持枪日军士兵跑来，爬上挤满人的车厢。火车朝北行驶时，那扇车门始终开着，不过车内靠里的战俘依旧难以呼吸。

没有安排，不经商议，车里身强体壮的战俘自愿移动到靠里的位置，让病弱战友去车门附近呼吸新鲜空气。经受过如此惨痛的折磨，人性的光辉依然还在，麦登认为堪称一个奇迹。时间缓缓流逝，战俘在拥挤的车厢里交换着位置，没有发生任何口角。

绝大多数棚车两扇车门都锁得严严实实，窒息而死的战俘为数不少。查理·詹姆斯中士在一辆棚车的深处，幸运的是，就在鼻子前方，被太阳烤得滚烫的钢铁车皮上，有一道小小的裂缝。

"喘不过气啊。"詹姆斯听到一人呻吟道。

"把嘴闭上，"另一人说道，"喘不过气，谁都没办法。"

"少说两句吧。"第三人说道，"越说话，氧气耗得越快。"

染有痢疾的战俘有的无法控制排泄，有的呕吐在战友身上。车厢里有人被臭气熏得昏迷过去；也有已经断气，却依然被挤着保持站姿的尸体。每到一站停车，较为友善的日军士兵便会把车门打开，菲律宾民众一拥而上，递上瓶装水、番茄、香蕉、米饭、鸡蛋、咖啡及甘蔗等。美军之前视菲律宾人

---

① "40 与 8"型棚车（"Forty-and-eight" boxcar），四轮货车，最早出现于 19 世纪 70 年代的法国，两次世界大战期间常被用作运输军事车辆。"40 与 8"指的是运载能力，能够运载 40 人或 8 匹马。

为劣等民族，此时因其勇气与仁爱而有所改观。有时，会有战俘从车上逃脱，跳入人群之中伪装成平民。日军押运部队人数不多，菲律宾民众对日军又敌意颇重，因此大多数逃脱的俘虏并未被捉住，甚至没有被发现。

棚车抵达卡帕斯镇，战俘下车，感觉新鲜空气就如救命仙丹。数百名菲律宾民众拿着食物与水，等在此处。日军押运士兵有的允许战俘接受食物，有的则将食篮一脚踢飞。步行通往奥唐纳战俘营的道路约8英里，阳光强烈，尘土飞扬；战俘却心情舒畅。那一方面是由于重新走在空旷地带，氧气充足；另一方面，则是由于从圣费尔南多乘车一路而来，途中感受到许许多多的人的友善。战俘队伍蹒跚着走过贫瘠的荒原，发现另一处巨大的变化：此处不再有残忍的虐俘行为。该段路程的日军押运部队多少怀有同情心理，甚至有人对脚步虚浮的战俘伸出搀扶之手。

最后，战俘看到一批奇形怪状的建筑，有的即将倒塌，有的尚未建成，孤零零地耸立在巨大的荒原上。那就是奥唐纳战俘营，或许，抵达此地就意味着苦难的终结。

战俘营显然是匆忙建成的。众人穿过营地大门，大门两侧是置有机枪的塔楼，铁丝网围栏从塔楼向内部延伸。登上一座小丘，战俘来到一座悬挂着太阳旗的建筑物前，顶着炎炎烈日坐在地上。等待许久，战俘营长官才带着一名翻译出现，开始讲话。

"长官他说，立本已经打了爪沃（Javver）、苏玛塔尔（Sumatter），还有新鬼内亚（New Guinyah）。"胖翻译操着蹩脚的英语对爱德·戴斯的队伍说道，"长官他说，我军很快就要占有澳大利耶（Austrayler）和新西雷（New Zealyer）①。长官他说，日本占领美国之前，美国和日本一直都会是敌人，都要打仗。长官他说，你们不算投降的战俘，只能当作活捉过来的敌人处理。他说，你们举止不像军人，你们没有纪律；他讲话的时候，你们都没有立正。长官他说，要让你们好好学学规矩。"

---

① 分别当为爪哇、苏门答腊、新几内亚、澳大利亚、新西兰。

从迈进奥唐纳战俘营的第一步起，每支战俘队伍都明白，苦难非但没有终结，还将永远持续下去，直至死亡。

——

漫长的行进即将结束，4 月 19 日，《马尼拉星期日论坛报》（*Manila Sunday Tribune*）登载出许多照片；照片拍摄有大量战俘及平民离开巴丹的画面，此外还附有一则日军授意的报道：

> 巴丹部队于 4 月 9 日投降，随即从半岛防线被转移至圣费尔南多及邦板牙。战俘队伍进入固定集中营之前的行进之旅，实有悲剧性之一面，本报记者追踪观察，亦有戚戚之感。因此，有关行进全程之种种细节，本报尽量避免记述。
>
> 此事错综复杂，本报删略细节，亦是防止公众受到误导。不过，有一点可以明确承认：以赢取战争胜利为最终目标的大日本帝国皇军，此时正在作战之外，收容着 50000 名曾经的敌人，给予食物，施以救助。此等待遇，委实超过对待战俘之正常期望。
>
> 当然，尽管日军秉持人道主义，给予优待，亦难免会有战俘过度虚弱，无法抵达终点。倘若确有此类事情发生，那么我等唯一能做的，便是谴责美军最高司令部，直到饥饿与疾病把大量官兵折磨到如此境地，才肯选择投降。

此时，本间将军已收到消息称，战俘数量超出预估 1 倍以上。不过，全体战俘健康状况极度危险、濒临饿死边缘之事，河根将军并没有向本间上报。

本间认为，押运战俘之事交由河根一手处理即可，自己将全副精力和时间都投入攻打科雷希多的计划上。考虑作战计划时，数千人在通往圣费尔南多的道路上丧生，此事本间一无所知。连日以来，本间只是闷头待在巴兰加司令部里，出门也只是前往半岛南端。

直到两个月后,本间才知道,美菲官兵死在行军过程中的人数,甚至超过死在巴丹战场上的人数。约70000人从巴丹出发,抵达奥唐纳战俘营的只有54000人。确切的死亡人数无法统计,因为有部分战俘在途中逃脱,下落不明。不过,据幸存者普遍估测,行军途中约有7000至10000人死于疟疾、疲劳、饥饿、殴打或处决;其中2330人是美军官兵。

绝大多数幸存者都认为,"死亡行军"是一场精心策划、残酷执行的屠杀行动。

事实上,日军恰恰是没有任何计划的。从巴兰加到圣费尔南多的路上,约半数战俘乘坐卡车,基本没有遭受痛苦。步行行进的战俘当中,很少受到虐待;食物方面虽不能说吃饱,也偶尔会有配给。然而,1英里之外,就会有其他战俘饿死,或被残忍的日军殴打致死。

日本军队中,虐待士兵是家常便饭。士兵习惯被军官掌掴、殴打,反过来也习惯掌掴、殴打别人。日军士兵接受的教育是毫无疑问地迅速执行命令,因此当美军或菲军战俘听不懂命令,或太过虚弱而无法执行命令时,日军士兵便会诉诸暴力,甚至升级为杀戮。上层传达的方针与指示,到达基层时通常毫无作用。

日军对投降的菲美官兵持鄙视态度。"宁死不受虏囚之辱。"配发给日军士兵的手册中写道,"切须谨记:沦为阶下之囚,非但玷污军队荣耀,亦必使门楣无光,父母蒙羞。最后一枚子弹,始终须为自己保留。"

残忍行为的另一个动机是复仇。在日本的人际关系中,复仇占有超然地位,能够赋予一切行为以正当意义。

无论原因如何,参与行军的任何幸存者都不会忘记那恐怖的经历、残忍的折磨。恐怕没有人会选择原谅。对美军与菲军而言,"死亡行军"成为仇恨与报复的焦点。

第六部分　从屈辱到胜利

第二十二章　"问心无愧"

1

4月18日约黎明时分,日本东北部约650英里处,一架美军侦察机从航母"企业号"上空低飞掠过,投下一个包裹,里面装有交给第16特遣队司令比尔·哈尔西将军的信。原来,侦察机飞行员在前方42英里处发现日军巡逻舰,并确信敌舰已发现自己。收到坏消息的哈尔西嘴里骂着脏话,发出信号通知附近的另一艘航母——"大黄蜂号"(Hornet)。

"大黄蜂号"收到消息,立时响起警报,各舰员迅速奔赴战斗位置。搭乘该舰的陆军飞行员及机组人员被警报吵醒,很快便收到指示称:第16特遣队遭日军巡逻舰发现;16架B-25轰炸机原本预计于当晚距离日本本土500英里处出发,计划可能发生变动,飞机需要立刻起飞。

航空部队计划十分详尽,甚至精确到每一加仑汽油的用途;此时突发变故,飞行员与机组人员无不受到冲击。按原计划,16架轰炸机当晚会对东京和另外三座城市展开轰炸,而后朝西飞往中国,次日黎明时分于中国降落。

航空部队指挥官吉米·杜立特(Jimmy Doolittle)陆军上校通过信号与

"企业号"上的哈尔西海军上将交流过后，从舰桥走下，说道："来，弟兄们，出发啦。"美军失去夜间奇袭的机会，只能在光天化日之下展开空袭，且飞行距离多出 150 英里。很快，"大黄蜂号"上的扩音器发出指示："陆军飞行员，迅速登机！"

著名电影导演约翰·福特(John Ford)①海军中校及其摄影团队展开拍摄，牵引车将双舵"B-25"推推拉拉，最终就位。青绿色的海水打上航母的舷梯，冲刷着湿润的甲板。

每架飞机主油箱都灌得满满当当，另外携有 10 罐 5 加仑的备用燃油。仪表上显示着"满油"字样，海军整备人员还是亲手去摇晃两翼油箱，看有没有气泡溢出。战场上是生是死，有时就取决于小小的 1 夸脱汽油。

第一个出发的是杜利特上校。上午 7 点 24 分，上校将飞机的双引擎开到最大，其余飞行员担心地听着引擎发出咆哮，担心会过热引起大火。整备人员抽出阻挡机轮的木栓，飞机向前滑行，直至左侧机轮停在沿甲板左舷绘出的白线上。迎着强风，轰炸机笨拙地向前摆动，襟翼放下，引擎轰鸣，左翼已远远地伸出航母的舷侧。

其余飞行员紧张地望着，杜利特必须完美地安排起飞时间。"大黄蜂号"舰首随海浪上下起伏，飞机必须在舰首被海浪抬到最高点时起飞，否则就有可能立即坠入大海。海面上波涛汹涌，抓住舰首抬高的瞬间，"B-25"迅速提速，顺利起飞。

飞机盘旋着从"大黄蜂号"上空低空飞过，海军官兵发出阵阵欢呼。杜利特径直朝东京飞去，因为机上的燃油不足以等待其他飞机编队行动。

其余轰炸机起飞时，第 16 特遣队众人手心无不捏着一把冷汗。各机升空顺利，最后一架飞机缓慢滑向起跑线。航空机械师主任马特·托马斯·雷斯佩斯(Mate Thomas Respess)与众机械师按着机头，突然之间，一名机械师被前一架起飞的飞机气流吹跑，撞在最后一架飞机的左螺旋桨上。螺

---

① 约翰·福特(1894—1973)，美国电影导演、军人，四度获奥斯卡最佳导演奖。福特亲身参与两次世界大战，二战时曾为美国海军拍摄《中途岛战役》(*The Battle of Midway*)等纪录片。

旋桨先将此人左臂斫飞,又击中臀部,将其震出一段距离。

该机飞行员感觉有异响,回头张望,发现那名受伤的机械师躺在甲板上,慌张之下,没有把操纵杆拉到"中立位",而是拉到"收起"。[①] 飞机"隆隆"作响,沿着短小的跑道滑下时,襟翼缓缓升起;而当其离开甲板时,高度无法抬升,很快就消失在众人视野之内。

雷斯佩斯原本心想,那飞机必将坠海无疑;谁知它只是在海面之上1英尺处掠过,接着便惊人地爬升、转身,最终追上其他飞机。

按照计划,16架飞机中13架各投下4枚炸弹,轰炸东京各处战略目标;其余3架则分别袭击名古屋、大阪及神户。杜立特首先抵达东京;正午时分,飞机在球场上空"嗡嗡"作响,比赛中止。接着,一架又一架飞机从城市上空掠过,日军战斗机及防空火力均未做出有效反击。

就在杜立特抵达前不久,东京刚刚进行过一次空袭演习,因此市民认为,这次空袭只是增添逼真程度的一项演习环节。校园里的孩童与繁华大街上的路人纷纷朝经过的飞机挥手致意,因为当时美军机徽与一战时协约国阵营所用机徽相似,皆是红、白、蓝三色圆环状,日本民众误将其认作日军飞机上的红太阳。

美军飞机在东京上空飞行超过一刻钟,空袭警报仍未响起。早在当天上午,发现美军踪迹的日军巡逻舰"日东丸"(Nitto Maru)就被哈尔西击沉,在沉没之前将消息报告给日军大本营;然而,大本营预测美军轰炸机抵达最快也要次日,因此整个空袭行动中,日军没能击落一架美军飞机。很快,完成任务的15架美军飞机朝中国飞去;另外一架横渡日本海,飞往符拉迪沃斯托克(海参崴)。

此次空袭造成的损失很小,没有引起任何恐慌。在日本民众看来,美军飞机不过就像一颗颗划过空中的流星;而日方高层则感到痛心疾首。外交

---

① 飞机起飞时,尤其是在地形狭窄的情况下,将襟翼调整为中立位(neutral)能够有效提高升力,有助于顺利起飞;若将襟翼调整为"收起"(retract),则襟翼会抬起,增大机翼与空气的接触面积,从而提升阻力,有助于降落而不利于起飞。

大臣东乡等人认为，军部信誓旦旦称帝都安全无虞，事实证明纯属一派胡言。为防止再次遭受空袭，日军配置 4 个战斗机航空队保卫本土；同时，大本营命令中国派遣军（China Expeditionary Army）暂停其他作战行动，专心铲除浙江一带敌人的空军基地。此外，空袭最为深远的影响是，日军从此对中途岛产生了执念：该岛极有可能成为敌军轰炸机基地，必须趁早拿下。

空袭对同盟国方面的影响同样重大。巴丹沦陷后，同盟国士气一落千丈，地位跌至谷底。杜立特充满传奇色彩的空袭行动对日本造成的实质伤害虽小，却是一份旗帜鲜明的宣言：美国不会袖手旁观。消息传遍各战场及战俘营，同盟国士兵及战俘都重新燃起希望。美国各报刊不惜以最显眼的头条报道此事，其中最有特色的是《洛杉矶时报》（Los Angeles Times）的文章：《杜立特办到了》（Doolittle Did It）。至于海军在此次空袭中扮演的重要角色，美方自然不会公开，罗斯福只说陆军飞机是从香格里拉（Shangri-La）①起飞。

16 架"B-25"中，只有爱德华·约克（Edward York）中尉驾驶的那架安全降落在符拉迪沃斯托克，遭到俄国人的羁押；其余 15 架轰炸机飞至中国境内，飞行员或选择迫降，或弃机跳伞。杜立特所率的 80 名飞行员及机组人员中，2 人溺水身亡，1 人因降落伞张开不完全坠亡，另有 8 人遭日军俘虏。

日军高层罔顾自己曾向无防备的重庆、新加坡及菲律宾各城市派出轰炸机，声称对 8 名俘虏采取"人道"行为，命令军队展开审判。审判持续不到半小时，全程以日语进行，没有配备翻译；8 人无从得知受到何种指控，甚至不知道自己身处军事法庭。根据审判结果，8 人皆有罪：5 人判处终身监禁，其中 1 人在监禁期间死于营养不良；霍马克（Hallmark）中尉、法罗

---

① 香格里拉，虚构地名，最早见于英国小说家詹姆斯·希尔顿 1933 年创作的小说《消失的地平线》（Lost Horizon）。小说里的香格里拉位于西藏地区，是一个富有东方神秘色彩的理想乡；随着作品流行，"香格里拉"亦成为世外桃源的代名词。罗斯福面对媒体采访，以"香格里拉"戏答之，传为美谈。

(Farrow)中尉及哈罗德·斯帕茨(Harold Spatz)中士遭到处决。不过,日本坊间盛传,3人在受刑之前,先是充当了人体实验的活体素材。

2

杜立特轰炸东京时,棉兰老岛的德尔蒙特基地里,奥林·格罗弗(Orin Grover)中校收到一封无线电报:科雷希多急需药品,须立刻展开空运。此前几个月里,一小部分航空部队成员,包括哈罗德·斯林斯比(Harold Slingsby)、迪克·费洛斯(Dick Fellows)、乔·莫尔、赫维·惠特菲尔德(Hervey Whitfield)及比尔·布拉德福德(Bill Bradford)5名上尉,利用老旧的军用机和民用飞机,组建起一支"竹子飞行队"(The Bamboo Fleet),在巴丹、科雷希多及德尔蒙特之间提供运输服务。

此时,飞行队只剩下一架"勃兰卡"(Bellanca)①;该机曾隶属菲律宾航运公司(Philippine Air Taxi Company),绰号"抖动比尔"(Jitter Bill)的布拉德福德上尉对它十分熟悉,因为此人曾是该公司的总经理兼高级飞行员。布拉德福德比传奇飞行员——绰号"老爹"(Pappy)的保罗·冈恩(Paul Gunn)②大7岁,是一个一战老兵,也是菲律宾地区经验最为丰富的飞行员。5个星期前,军方命令亚瑟·费舍尔(Arthur Fischer)上校携带金鸡纳活种子乘飞机突围离开科雷希多,希望能将种子带到美国,为整个西方世界保障奎宁生产;替上校驾驶飞机展开九死一生大逃亡的飞行员,正是布拉德福德上尉,也正是在此次飞行行动中,上尉在菲律宾群岛的飞行时间正好超过5000小时。两天前,日军登陆班乃岛(Panay)那天早上,上尉将卡洛斯·罗

---

① 由勃兰卡飞机公司生产,该公司是1927年成立于美国纽约州的飞机设计及制造公司。

② 保罗·冈恩(1899—1957),美国海军飞行员。1939年,冈恩从海军退役,为菲律宾企业家安德烈斯·索里亚诺(Andres Soriano)效力,并建议雇主趁菲律宾航运公司(PATCO)倒闭,于1941年建立菲律宾航空公司(Philippine Air Lines)。太平洋战争爆发后,冈恩加入陆军航空部队,立下赫赫战功。

穆洛上校和另外两人从伊洛伊洛（Iloilo）抢救出来并离开。

格罗弗中校对布拉德福德的飞行经验颇为看重，在电报中询问成功飞抵科雷希多的可能性有多大。此时，日军不仅登陆班乃岛，甚至将宿务岛（Cebu）大部分地区攻占了；事实上，可以说整个米沙鄢群岛（Visayan Group）都已落入日军之手。格罗弗给出的答复是："可能性为零。"科雷希多的复电次日传来：务请排除万难，派来一架飞机。

如此一来，必定要有一名飞行员驾驶速度缓慢、毫无武装的老旧飞机，穿越敌控区，飞往科雷希多。有能力完成此次任务的飞行员不多，几人齐聚后，本尼·普特南（Benny Putnam）上尉拿出一副扑克牌，交给布拉德福德。"抽牌决定，你来洗牌吧。"抽到最小点数的人执行任务。布拉德福德把牌洗好，抽出一张，放入口袋里；其余人依次抽牌，并将牌亮出。最后，布拉德福德从口袋里缓缓拿出纸牌——方块 2，点数最小。

威廉·莫奈上尉饶有兴趣地在旁观看，此时将布拉德福德拉到一边，悄声说道："你出千了吧，我看到了。"

布拉德福德否认称，主动承担此等危险任务的人，恐怕脑袋有问题，却又补充说道："不过嘛，换作其他人的话，根本没有任何机会成功降落。至少我知道应该在何处最后急转弯，黑夜里也能找得到。"

数小时后，布拉德福德驾驶满载着药品的老旧民用飞机起飞。前半段行程的目的地是内格罗斯岛，该岛正位于为日军所占领的两座岛屿——班乃岛与宿务岛之间，飞行过程十分紧张，结果却平安无事；飞机在描戈律（Bacolod）①降落时，布拉德福德提心吊胆，生怕该地已落入日军之手。所幸，最后是美军士兵跑出来给飞机加油；不过描戈律也无法待太久，日军随时可能出现。次日天还没亮，布拉德福德启程开始后半段飞行。到科雷希多只需三小时，能在黎明时分降落自然再好不过了。

---

① 上文出现数处地名。米沙鄢群岛位于菲律宾中部，是菲律宾三大岛群之一，由数百座岛屿组成，班乃岛、内格罗斯岛、宿务岛是其中较大的三座，自西北向东南排列；伊洛伊洛是班乃岛上最大的城市；描戈律是内格罗斯岛西北侧城市。

飞机朝吕宋岛逼近，陆上隐隐约约闪烁着灯火，那是当地居民在趁着天色未明之时起床；然而，当飞机经过时，灯火却陡然不见。白色层云将海岸线覆盖，遮住熟悉的地标。飞机赶得比预定行程要急，机上既没有光源，也没有无线电，布拉德福德只得操纵"勃兰卡"远离海岸，打转消磨时间，等待日出带来足够的光亮，能准确识别位置，再安全降落。

热带地区天象变化总是十分突然，借助陡然出现的日光，布拉德福德才发现自己距离科雷希多还有 30 分钟路程，当即加足马力，朝东北方向飞去。飞机紧贴着波涛汹涌的海面，几英尺厚的薄雾覆在上面，遮住一半机身。距离科雷希多数英里处，飞机突然暴露在阳光之下；布拉德福德沿着蝌蚪状岩石岛屿那犬牙交错的南岸加速前进，祈祷着海岸炮千万不要开火。没有炮声。布拉德福德紧张地朝身后瞥去一眼，生怕身后出现鬼子的战斗机。以每小时 80 英里的缓慢速度穿过敌控区，居然平安无事，不得不说是一个奇迹。抵达蝌蚪状岛屿尾部上空，飞机急速爬升，布拉德福德四处观察附近是否有敌机，然后在狭小、粗糙、弹痕满布的金德利机场（Kindley Field）跑道降落。机轮刚一接触地面，一人冲出来，疯狂地挥着手，指引飞机前往机堡。布拉德福德操纵着破旧的勃兰卡进入飞机掩体，关掉电门，一言不发地呆坐着，身体还在颤抖个不停。

珍贵的药品从机上卸下时，空袭警报开始响起。布拉德福德上尉走进马林塔隧道，向温莱特报告。

"布拉德，"将军紧紧握着上尉的手，"我就知道你能办到。真是太高兴了，恭喜。"

布拉德福德望着将军及其他熟人的脸，感到震惊不已。与上次见面相比，众人的面容更加消瘦，神情中透着苦痛，显露出某种死相。

温莱特等人的愁苦来自炮击。巴丹沦陷之前，科雷希多不时受到轰炸，那规模不小，但人员伤亡相对不多。炮击的威力则全然不同，简直要将整座岛屿轰炸成无人区。

岛上 13000 名官兵依旧保有一定程度的士气，不过没有多少人还在期待援军。最为流行的一首歌曲是《我在等待永不入港的船只》(*I'm Waiting for Ships That Never Come In*)①。许多官兵头盔上用粉笔画着一个"V"字，有人讥讽地问，"V"字到底是代表 Victory（胜利）的 V，还是 Victim（牺牲）的 V。

布拉德福德抵达的那天，隧道外的官兵面临着新的威胁。日军 240 毫米口径榴弹炮从卡维特运至巴丹，对此前攻击不到的科雷希多 12 英寸口径迫击炮坑展开轰击。死伤人数急剧增加。

4 月 29 日，即裕仁天皇诞辰那天，日军火力达到最高峰。炮击之外，还有轰炸机对马林塔丘展开空袭，警报当天共响起 260 次。大炮与飞机交杂的攻击行动持续到下午，野火四处蔓延，两个弹药库被炸为碎片。入夜时分，岛上大部分地区都布满着浓密的烟尘。

数小时后，两架海军"PBY"突破封锁，降落在科雷希多以南数英里的海湾上。卸下药品及 740 条机械引信后，两架飞机选出 50 人带往南方安全地带，其中有 30 名护士、3 名平民女子，以及 17 名男子。绰号"抖动比尔"的布拉德福德之前带着 3 名乘客，试图驾驶勃兰卡趁夜突围，结果未能成功，飞机损伤严重，因此也被选在那 17 名男子中。温莱特前来码头道别，布拉德福德握住将军的手，说道："希望您也一起来。"

温莱特苦笑道："我不能走。"一个名叫胡安妮塔·雷德蒙德（Juanita Redmond）的护士中尉，生得颇为标致，拥抱着瘦削、疲倦的温莱特将军，吻别道："谢谢您，将军。"

温莱特站在码头上，望着两艘载满乘客的沉重飞艇从水面掠过，缓缓升起，消失在南边的天际；然后转身回到马林塔隧道。

部分美军官兵认为，天皇诞辰那天的日军火力已是极限；事实证明那种看法完全错误。火力日益增强。本间将军明白，登陆船团从巴丹起航之前，必须先把科雷希多岛上的格利（Geary）、威伊（Way）两座炮台击毁。

---

① 《我在等待永不入港的船只》，是阿贝·奥尔曼（Abe Olman）作曲、杰克·耶伦（Jack Yellen）作词，创作于 1919 年的流行歌曲。

5月2日那天上午，威伊炮台只剩下2门大炮，格利炮台还完好无损。接近正午时分，一个名叫拉尔夫·休斯敦(Ralph Houston)的卫生员二等兵坐在格利炮台的发射室里。敦实厚重的迫击炮暂时不会开火，休斯敦决定活动活动筋骨，便走出一直没关的钢门，望着下方破碎的灌木丛与无法辨认的地形。突然，身边响起一阵巨大的轰鸣声，休斯敦感到眼前一黑，强忍着眩晕感转过身来，发现原本是火药库的位置已变成一个大洞，冒着滚滚浓烟。休斯敦跑到洞边，听到里面传出叫声，原来有人被埋在里面。于是，休斯敦大喊着去找人救援，不顾敌军炮击，从"顶端"(Topside)山丘朝马林塔隧道跑去。

如此一场可怕的轰击，像地震一般撼动着小岛，岛上的人都能感觉到。格利炮台就此作废：8门10吨重的迫击炮炮管扭曲如烧焦的火柴杆，其中一门远远飞出，落在150码开外一座弹痕满布的高尔夫球场上。如此一来，科雷希多岛上人人都知道日军即将登陆，却再无抵御措施，所能依靠的唯有那点海岸火力。

马林塔隧道外的生活十分艰难，却至少还有新鲜的空气、充足的阳光；生活在隧道里的人们，则被无法忍受的紧张感折磨着。医院只有1000张床位，早已人满为患，新伤员只能安置在过道上。伤员的腐臭、死者的尸臭，都透过墙壁而来。每当马林塔丘遭到轰击时，隧道内的灰尘与泥土就四溅飞散，撒得数千名隧道居民灰头土脸。遭到空袭时，通风机暂时关闭，空气很快变得秽浊，难以忍受的热浪扑面而来。此外，还有巨大的黑色苍蝇、蟑螂等各种各样的昆虫在隧道里出没。

一部分人患上"隧道病"，不肯踏出隧道一步，被戏称作"隧道耗子"(tunnel rats)；也有嘴巴更毒的战友，说他们患上的是收容所障碍①。剩余食粮储备还能支撑6到8个星期，但每天两餐分量很少，也没有什么营养。

---

① 收容所障碍(shelter-shock)，一种动物心理疾病，常见于被送往收容所的猫狗类动物。患有该心理障碍的动物在被人类领养后，也会表现得焦虑，难以亲近。英文中"收容所"与"掩蔽所"为同一词，通过双关语形成讽刺。

个人储藏的食物与酒品，到此时已消耗殆尽；从奎松总统沉没的游艇里打捞回的数百瓶葡萄酒和威士忌也被喝得没剩多少了。炮台上，有些官兵用葡萄干与梅干自制"葡萄佳酿"与"丛林饮料"①。

隧道里住得久，脾气便急躁起来，些微小事也能吵得天翻地覆。许多人都感觉，日子多活一天是一天。赌博盛行，下注的金额高得离谱，因为金钱在那里只是废纸。凡有即兴演奏会开场，总能吸引一大拨观众。意识到自由的时间所剩无几，有的人选择投身于宗教，但也有少数幸运儿，偶尔能够找到情投意合的女伴，夜里把她们带出隧道，在空袭与炮击的"隆隆"声中，上演鱼水之欢的戏码。

次日，即5月3日，温莱特收到消息称，科雷希多供水严重不足，便给麦克阿瑟发去电报：

> 局势迅速朝绝望状态演变。

当天下午，露西·威尔逊中尉在医院的厕所里与一名截肢伤员交谈。伤员也是中尉，名叫路易斯·路蒂奇（Louis Lutich），与威尔逊在巴丹的未婚夫——丹·乔普林是朋友。威尔逊问对方乔普林是生是死，路蒂奇表示自己也不清楚。正在两人谈话时，一人过来传信称，护士长莫德·戴维森（Maud Davison）要威尔逊去见她。威尔逊想起，之前曾有一名上校欲行非礼之事，遭到自己严厉斥责，护士长要见自己，或许与此事有关。事实并非如此。威尔逊被选入最后一批乘船离开的队伍。

夜幕之中，露西·威尔逊与10名陆军护士、1名海军护士、1名嫁给军人的平民妇女、6名陆军上校及6名海军军官乘上一艘船，驶向水雷区边缘。突然，眼前出现隐隐约约的船影，接近一点后，船上之人发现那是一艘潜艇——"旗鱼号"（Spearfish）。

---

① "丛林饮料"（jungle juice），一种酒精饮料，多为自制，通常以使饮用者喝醉为目的。由于醉酒者往往表现出近乎野性的原始状态，因此命名为"丛林饮料"。

"旗鱼号"指挥官是詹姆斯·C.登普西（James C. Dempsey）中尉。1942年2月8日夜里，登普西指挥老旧潜艇S-37号对日军4艘驱逐舰发起水面袭击，成功击沉敌驱逐舰1艘；那也是美军潜艇首次击沉敌军驱逐舰。那之后，登普西至少还击沉了2艘日军运输舰。此日是登普西首次指挥"旗鱼号"巡逻，要从南海前往澳大利亚，得到的指令仅仅是：当晚在距科雷希多约3英里处的水雷区边缘与他舰会合。

　　日落后不久，"旗鱼号"浮出水面，在会合点逆风停泊，同时为电池充电。登普西正在思索科雷希多究竟是否还在美军手上，突然，一艘船驶近。此时还不到集合时间，且那艘船打出的识别信号并不正确。是鬼子的船，还是友军的船？是陷阱吗？是否应该开火，然后直接从水面逃之夭夭？电池充电还不到15分钟，最后一次看到日军巡逻艇的位置是在会合点数英里之外。很快，登普西听到对面传来一阵美国南方口音的喊声："潜水艇，你好哇！"船上还有一些美国女子，穿着卡其色休闲裤、衬衫或是老旧的连衣裙，尽管没有化妆，但在连续值勤35天的登普西等人看来，她们美得不下于歌舞剧《齐格菲歌舞团》（Ziegfeld Follies）①里的姑娘。

　　登普西焦急地扫视着地平线，25名合法乘客与2名后来才被发现的偷渡者穿过狭窄的舱门转移至潜水艇；船上有货物需要向潜艇转移，偷渡者原本是为协助搬运而登船，后来却悄悄躲在潜艇里面没有离开。登普西感到危险将至，催促众人动作加快。乘客与货物都转移完毕，"旗鱼号"立刻驶向外洋。那催促十分及时：满月冲破云层时，炮弹开始落在科雷希多岛上，爆炸与燃烧的火光照亮海面，"旗鱼号"能够看到日军巡逻艇朝自己驶来。登普西拉响潜水警报，"旗鱼号"潜入水中，展开"静默"航行，躲避着敌人前进。

　　潜水艇中登上大量女性乘客，产生种种复杂问题，登普西无法从战术手

<hr />

　　① 《齐格菲歌舞团》，1907年至1931年在纽约百老汇上演的歌舞剧节目，由百老汇制片人小弗洛伦兹·齐格菲（Florenz Ziegfeld Jr.）策划，以展示大量美貌女演员著称。1946年有同名音乐电影上映。

册中找到解决方案。此次事件日后成为电影《粉红色潜艇》(*Operation Petticoat*)①的素材来源。拥挤的潜水艇分配床位时，一名水手看到露西·威尔逊留着辫子，还以为她是个孩子，便慈爱地拍了拍她，说道："跟爸爸一起睡就行。"威尔逊作为乘客名单上的最后一人，最终没有分到床位，只得睡在下甲板上。

3

次日，即 5 月 4 日，本间部队的炮击强度达到新高。一连 24 小时内，16000 枚炮弹毫不停歇地炸在科雷希多岛上，有时听起来不像大炮，就像巨大的机枪在持续射击。

华盛顿曾给科雷希多发来一封电报，询问温莱特将军关于局势的判断。将军坐在从麦克阿瑟那里继承而来的粉白小屋里，正在给华盛顿复电：

> 依本人判断，敌军随时能够对科雷希多展开攻击。
> 至于攻击能否得逞，完全取决于海岸防卫之坚固程度。考虑到当前我军士气，阻止敌军登陆行动之成功率恐不到一半。以上即本人按照要求，秉持极其坦率且诚恳之态度，所做出的推断。

次日上午，情况愈加恶化。隧道中，众人心理生理受到双重打击，虚弱不堪；生存希望的消失引发精神异常，又迅速蔓延开来。隧道外的部队所想的问题与此不同，许多官兵对"隧道耗子"抱有非理性的仇恨；同时也搞不清楚，在露天散兵坑一连待上几周到底有什么目的。实际战斗当中，作战部队总是在保护他人，自己得不到多少保护。

海岸防御部队倒还保有些许士气，堪称奇迹。巴丹陷落时，科雷希多海

---

① 《粉红色潜艇》，1959 年上映的美国喜剧电影。导演为布莱克·爱德华(Blake Edwards)，主演为加里·格兰特(Cary Grant)。

岸防御兵力为 4000 名；连日来伤亡惨重，此时有效作战力量只剩下 3000 人左右。其中约 1300 名是训练有素的海军陆战队第 4 团的战士，其余则是菲军航空部队、炮兵，以及从巴丹撤退而来的美军。

此前数周炮击猛烈，美军之疲弱已是不争之事实；不过，海岸部队中仍有许多官兵相信，科雷希多能够守得住。当然，不定期地还是会有一些逃兵，被长官从灌木丛中或是隧道里抓出来，赶回散兵坑。大多数士兵固守阵地，那要归功于海军陆战队上校塞缪尔·霍华德（Samuel Howard）及其麾下军官优异的领导能力，以及整个部队所贯彻的战斗精神。

———

北海峡对岸的巴丹半岛上，本间将军下达进攻科雷希多的最终命令。该命令已较原定计划推迟数星期，那是因为部队之前突然暴发疟疾，巴丹南部河谷疫情严重，药品迅速耗尽。科雷希多进攻部队受疟疾影响尤大，作战力量跌至原来的三分之一。眼见就要无限期推迟作战行动，30 万片奎宁从日本本土空运而来，迅速将疫情遏制。

当晚，本间焦急地望着登陆艇载着第 61 步兵联队的 2000 名士兵和第 7 坦克团的数辆坦克，缓缓驶离拉茂。登陆艇分作两拨，拟于蝌蚪状科雷希多岛的尾部北岸登陆，而后朝西推进，直逼马林塔隧道。次日夜里，会有 3000 名士兵和坦克在"蝌蚪"躯干位置增援，亦即"顶端"的北岸登陆。按照计划，两支部队将谋求会合，扫荡岛上全部敌军。

登陆部队原本一切顺利，直到经过卡巴本附近时，出现些许差错。登陆行动指挥官佐藤源八（Gempachi Sato）大佐与第一波部队，亦即第 1 大队共同行动，沮丧地发现第二拨部队，亦即第 2 大队没有留在自己左手边，而是漂流到右手边。于是，佐藤命令第 2 大队放缓船速，第 1 大队朝右手边移动至适当位置。

操纵运输船的第 1 船舶工兵团（Sea Operations Unit）士兵来自新加坡战场，斗志昂扬，原本认为任务十分简单，此时却感到困惑，不知道潮汐正在将部队推入毁灭的深渊。登陆艇离开巴丹时，潮水向西，因此船舶工兵团以为科雷希多附近同样向西，实际上潮水方向恰恰相反。佐藤大佐与第 1 大队正在从朝东偏离半英里的位置逼近科雷希多；第 2 大队远远落在后面，按照指示保持在佐藤左手边，也就比第 1 营朝东多偏出半英里。

日军展开猛烈的掩护式炮击，炮弹落在预定登陆点以西不远处。海岸部队躲进战壕，猜测接下来敌军必有行动。夜里 11 点，守军看到一批模糊、笨拙的船影逼近北海角（North Point）。于是，"蝌蚪"尾部所有大炮一齐对准摸不清状况的入侵者，展开致命的打击。北海角以东藏有两门 75 毫米口径炮，之前一直秘而不宣，为的正是应对此等危急局面；雷·劳伦斯（Ray Lawrence）指挥两门大炮，接连击沉敌船。随后，37 毫米口径炮也加入进来，杀伤力更大了。科雷希多为数不多的探照灯被巴丹射来的炮火迅速击毁，不过整个北海岸已被曳光弹映得通明，射出的曳光弹就像独立日冲天的烟花。

美军的守军士兵紧张地望着海面，看到杀伤力巨大的炮击，不由得感到一阵恶心。佐藤第 1 大队半数士兵没能上岸。临近午夜时分，姗姗来迟的第 2 大队终于来到北海角附近。此时乌云散去，明月当空，部署在"顶端"的炮兵部队和威伊炮台最后一门 12 英寸口径迫击炮也朝海岸地区开火；就连附近卡巴洛岛（Caballo Island）上的休斯堡（Fort Hughes）里的部队也能看清科雷希多的敌军，迫击炮、3 英寸口径炮、75 毫米口径炮纷纷开火。

日军第 2 大队的船只朝海滩驶去，士兵无助地蹲在船里，感觉就像 100 门大炮在头顶倾泻弹雨。大多数登陆艇或沉没，或漏水严重。在距离海岸 90 码处，一名日军中尉命令士兵跳海，涉水前往海滩。士兵跳入海中，才发现水依然很深，背着 100 磅重的装备很难浮起，许多人溺水而亡。抵达海岸后，那名中尉清点人数：七成的士兵不知所终。

佐藤大佐不顾损失惨重，收拢两营残部，朝马林塔隧道东口缓缓逼近。

————

午夜时分，海岸防卫部队指挥官乔治·莫尔少校坐在隧道办公室里，一名美军海军陆战队士兵突然闯入，气喘吁吁地报告称，鬼子的登陆部队约

600人。

莫尔打电话给温莱特："小鬼子上岸了,在北海角附近!"接着又命令岛上负责大口径火炮的炮兵前来隧道,作为步兵增援。凌晨3点过后不久,温莱特收到消息称,距离隧道以东不足1英里的丹佛(Denver)防空炮台落入日军之手。数分钟后,又有一张横格纸送达将军办公室,上面抄有一封电文:

过去数周里,面对敌军日益激烈的飞机空袭、重炮轰击,科雷希多英勇抵抗;我等密切注视,心中敬佩之情一日胜过一日。

尽管弹尽粮绝,孤立无援,将军在此战中之表现,足以成为光辉之典范,向全世界昭示坚强不屈的爱国主义和自我牺牲精神。

在坚韧、机敏与勇毅方面,将军乃是美利坚国民心中绝佳之例证。在艰苦卓绝的局势下,将军展现出冷静而果敢的个人指挥能力,为遍布世界各地的美利坚官兵树立起尽忠职守的榜样。

听闻同胞在菲律宾英勇作战之事迹,每一座军营、每一艘舰船、每一支海军陆战队都备受鼓舞。受将军榜样之激励,各地造船厂、军需工厂的工人也干劲倍增。

对合众国而言,将军本人与勇于献身的众官兵,是鲜活的象征,象征我国之战争目标;是生动的证明,证明我国终将胜利。

富兰克林·D.罗斯福

5月4日

温莱特仔细将纸张折叠起来,暗下决心要永久珍藏,而后写下复电:

落款5月4日之电报,方才敬悉。总统先生敦仁宽厚,辞多恳切,敝人感激涕零,不知说什么才好。……写下此封电报是在凌晨3点30分,我军巡逻队正努力确定敌人阵地位置,拟于日出时分发起反击,意在歼灭敌军，或将敌军驱入海中。对总统先生鼓舞人心之电文，敝人再度表示感谢，并拟在军中公开，以供将士传阅。

凌晨4点30分，霍华德上校将最后的步兵预备部队，即500名未经训练的水兵组成的临时第4营投入隧道以东的前线战斗。该营已在隧道口等待数个小时，看着一批批伤员从前线转移下来，那场景之骇人，即便是身经百战的老兵也难以承受。

仅装备步枪的500名水兵在指挥官弗朗西斯·威廉姆斯（Francis Williams）少校指挥下，朝黑暗的战场进发。其中有一个陆军上尉，名叫哈罗德·达内斯（Harold Dalness），此人是巴丹大军投降前夜从半岛逃出的2000人中的一人。达内斯终于离开潮湿阴暗、吵闹声不停的隧道，感到一阵舒爽。突然，一阵巨大的轰鸣声响起。达内斯原本以为，是刚从隧道来到外面，耳朵不适应产生幻听；随后才发现，那是进军路径遭到敌军炮击的声音。

炮弹落在部队中间，造成大量伤亡。水兵争先恐后地找寻掩蔽物，不过威廉姆斯等军官仅用10分钟便将部队重新组织起来。令达内斯大吃一惊的是，在鲜血的洗礼下，一时失去冷静的水兵部队，居然在长官的指挥下重新向前行进。若是身经百战的步兵，此时可能选择抗命；未经战阵的水兵，却展现出令人难以置信的勇气。

部队距离薄弱的美军防线只有200码时，威廉姆斯命令先头两个连组成一条散兵线。两个连快速向前，移动至前线左边；后面两个连则在黑暗中朝右移动。

尽管局势混乱，战况残酷，得到增援的防线依然坚固。黎明之前不久，威廉姆斯在各连之间奔走，鼓舞士气，称将于日出时分发起全线反击。清晨6点15分，威廉姆斯的水兵部队、隶属总部的海军陆战队及勤务连一齐向前进发。日军步兵正躲在战壕里，等待着飞机及坦克支援，没想到美军主动反攻；两侧部队后撤，但位于中央一座小丘上的日军士兵死战不退，依靠机枪对美军士兵造成重大损伤。

伯特利·奥特(Bethel Otter)海军上尉是威廉姆斯麾下连长之一,召集5名志愿士兵一同爬上小丘,在接近机枪阵地25码的位置投出手榴弹;数枚手榴弹直击目标,将机枪炸毁。然而,在部队占领该阵地之前,奥特等5人受到另一拨日军攻击,英勇牺牲。

美军反击起初进展迅速,但由于没有支援武器,成果毕竟有限。前进300码后,上午9点,整条战线被困在原地。威廉姆斯派传令兵前往隧道,请求增援和火炮支援,隧道回答两者皆不可能。整整一个小时里,美军一步不得前进,只能原地固守;一旦有小股部队移动,位于巴丹的日军火炮就会展开轰击。

上午10点,达内斯听到坦克的轰鸣声,感到毛骨悚然。望见敌军3辆坦克杀气腾腾地朝自己推进,部分美军士兵感到恐慌,部队出现少量逃兵。所幸士官和军官及时阻止,才没有演变为溃败。

温莱特听说毫无反坦克装备的美军遭到日军坦克袭击,心中暗想,必须迅速做出决断。将军把美军状态在脑海中迅速捋了一遍:沿岸火炮大多已被摧毁;守卫海滩的58门75毫米口径炮中,46门已不可用;此外,通信设施也基本报废。

在想象中,温莱特甚至能够看到日军坦克冲进隧道,朝着伤员和护士开火的场景。将军架着一根拐棍,一瘸一拐地走进总部,把莫尔少校与毕比将军叫来。

"咱们撑不了太久。"温莱特说道,"咬咬牙可能撑得过白天,但撑过白天也逃不过晚上。最好趁着天还亮,把事情彻底了结。"

上午10点15分,温莱特命令毕比把提前准备好的投降消息公布出去。"告诉小鬼子,"将军激动地说道,"让他们中午就停火。"

温莱特指示科雷希多部队销毁全部武器,只保留点45口径手枪,接着又将除科雷希多及三座邻近岛屿之外的菲律宾全体部队指挥权交给米沙鄢-棉兰老岛(Visayan-Mindanao)部队指挥官夏普少将,并告诉夏普立刻向麦克阿瑟报告，请求下一步指示。"此一命令的真正动机，相信您能够理解。"温莱特补充道。此处所说的真正动机，指的是通过转移指挥权，将投降范围限制在马尼拉湾 4 座要塞岛屿。

上午 10 点 30 分，毕比通过"自由之声"广播电台，用疲倦却清晰的嗓音播放投降消息。随后，电台又播出该消息的日语版本。

科雷希多岛上，官兵正在销毁大炮，焚烧密码本，砸坏无线电设备，把 200 多万比索的纸币用剪刀剪碎；而温莱特正在给罗斯福写最后一封电报：

今日，敝人须为马尼拉湾设防诸岛签订投降条款，谨在此向总统先生禀报。此举实有撕心裂肺之痛，敝人悲不自胜，却无愧于心。

人类之忍耐能力自有其极限；我军将士超越此一极限，为时已久。既知救援无望，敝人认为，为无益之流血牺牲画下终止符，乃是敝人对祖国、对英勇作战的全体官兵所应尽之责任。

倘蒙总统先生不弃，尚请布告合众国国民，但云敝人及全体官兵并未背离美利坚及其军队之优良传统，人事已尽。

愿上帝保佑，指引总统先生及美利坚，为最终胜利努力奋斗。

对此战之结局，确有深深遗恨；对将士之英勇，自豪一如从前。身怀两种情感，敝人前去与日军司令会面。匆匆不具。

第二十三章　奇妙的降伏

1

上午 11 点,海军隧道中,梅尔文·麦科伊(Melvyn McCoy)海军中校写下最后的通讯电文,交给一名通讯员:"发给檀香山局,不用加密。"

> 通讯到此为止。祝一切顺利,后会有期。卡兰汉(Callahan)、麦科伊字。

厄文·斯特洛宾(Irving Strobing)下士是一名陆军无线电操作员,此人非常害怕与外界失去联络,依然与檀香山陆军无线电局保持联系。炮击已将岛上大多数线路损坏,斯特洛宾此时正在隧道西口附近的发信机上直接打字:

> 通知前往此地全部船只,立刻返航。

消息发出后,斯特洛宾得到消息称,今后不会再发送官方电报。为尽可能与外界长时间保持联系，斯特洛宾把自己对科雷希多最后时刻的记录发送出去：

> 我们到底在等什么，只有上帝知道。……许多激烈的战斗还在继续。温莱特将军这人不赖，大伙都愿意替他打仗，但炮弹整夜里就那么落，速度快得吓人。炮弹太多，弟兄们根本出不去。……科雷希多这地方原本挺棒，现在嘛，有点见鬼……
>
> 花招都用完了。大家都在瞎叫乱喊。伤兵、尸体就那么堆在隧道里。……老鼠踩中捕鼠夹，眼巴巴地等着人类来处理自己，那到底是一种什么感觉，我现在算是彻底懂了。

正午时分，美军各火炮部队接到命令，停止射击。保罗·D.邦克（Paul D. Bunker）上校走到外面，放下那面过去数周内两度遭到击落，又两度换新的星条旗。美军将星条旗烧毁，升起白旗，然而半小时过去，日军仍未停火。毕比将军把投降声明重新播放了一遍。

日军火力依旧，温莱特只得派出一个名为小加兰德·克拉克（Golland Clark, Jr.）的海军陆战队上尉作为使节，带领一名翻译、一名旗手、一名乐手，前往敌营。下午1点，四人抵达前线，乐手吹响军号，旗手挥舞着白床单。炮火终于停歇，使节走进日军防线。很快，本间军高级作战参谋中山源夫大佐出来，执意要求温莱特亲自前来谈判。

克拉克回去禀报。不到一小时，温莱特将军、莫尔将军及其副官、皮尤中校、汤姆·杜利少校便在克拉克上尉的陪同下，乘一辆雪佛兰汽车朝东而去。车子停在丹佛山（Denver Hill）上，众人下车，穿过尸体与濒死伤兵；迎面走来的是3名日军官兵，前面分别是1名二等兵与1名会讲英语的中尉，后面跟着中山大佐。

双方在山顶附近会面。一阵短暂的沉默后，日军二等兵把皮尤中校胸前挂着的野战望远镜一把夺下。

"投降只能整个菲律宾群岛上所有美军、菲军部队一起投降，"那名中尉说道，"现在这种，我们不会接受。"

"带我去见你们长官，"温莱特说道，"细节条款没法跟你谈。"

中山大佐走上前来。

温莱特表示，向日军投降的只有马尼拉湾4座岛屿。中山听到译员将话译出，顿时火冒三丈，用日语连番怒斥。本间曾下达过明确指示，只有美军同意全体部队投降，才能把温莱特带往巴丹。

马林塔隧道里，斯特洛宾下士给檀香山发出另一条消息：

> 我的名字叫厄文·斯特洛宾，请代我向母亲传信。她叫米妮·斯特洛宾（Minnie Strobing），住在纽约市布鲁克林区巴贝街（Barbey Street）605号。……以及我对爸爸、乔（Joe）、苏（Sue）、麦可（Mac）、凯瑞（Carry）、乔伊斯（Joyce）、保罗（Paul）的爱，对所有家人、朋友的爱。愿上帝保佑大家。希望大家都能平安，等我回去。告诉乔，不管走到哪儿，一定替大家伙儿狠狠教训敌人。也愿上帝保佑你。

斯特洛宾在电报之后添加待机信号，然而线路最终还是断掉，该电报也就成为科雷希多发出的最后一条信息。

檀香山无线电局里，负责接听的操作员阿诺德·拉佩特（Arnold Lappert）伏在键盘上，泪流满面。

巴丹日军总部里，本间将军心烦意乱；因为在本间看来，登陆行动实属惨败。谁知一名参谋竟来报告称，科雷希多岛上扬起了白旗。最开始，本间并不相信。因为登陆艇在第一次登陆行动中损失31艘，只剩下21艘，无法支持第二次登陆；而如此惨痛的消息传来，也仅仅是一小时之前的事情。确认白旗并非美军把戏之后，本间长舒一口气，通过无线电指示中山，先别管条款细则，把温莱特带来巴丹再说。

下午4点，一艘日军登陆艇停靠在卡巴本一座小型码头。温莱特拄着拐杖，再次踏上巴丹的土地。这个半岛承载着他许多痛苦的回忆，故地重游给温莱特带来一种难以言喻的悲戚之感。

两车分载温莱特一行，行驶在美菲战俘前不久走过的那条苦痛之路。车子很快停下，温莱特被带到一座漆成蓝色的小房子里。该房屋属于一个名叫西尔维斯特·卡斯蒂略（Silvestre Castillo）的菲律宾人，周围是茂密的红树林；虽然弹坑满布，却是附近唯一竖立着的建筑。

露天门廊里，温莱特、毕比及另外四人——皮尤中校、杜利少校、威廉·劳伦斯少校及休伯特·卡洛尔中士等待着本间到来。纵目远望，马尼拉湾对岸，科雷希多岛上依然有炮弹炸裂。海湾吹来的强风裹挟着浓密的沙尘。紧张的气氛中，一个日军勤务兵拿来冷水，众人心怀感激地喝下。半小时后，一批日本新闻记者和摄影师赶到。

温莱特等人在房屋前方的草坪上排好队，接受拍照。下午5点，北边弯曲的山道中绕出一辆凯迪拉克汽车，发出刺耳的声音，停在房屋跟前。

车上走出的正是本间将军。此人身穿卡其色军服，举止干脆利落，军人风范十足。衬衫雪白的衣领压在军服的襟部，胸口饰有一排排勋章，军刀悬在腰间。

与肩宽体阔的本间相比，温莱特身高超过6英尺，体重却只有160磅，在旁边的新闻记者看来，好似一只仙鹤。温莱特此来特地穿着状态最良好的军服，却也只是一件卡其色衬衫、一条裤子，既无装饰，也无佩剑。

"欢迎来到卡巴本。"本间用日语向众人致意，一名中尉提供翻译，"舟车劳顿，辛苦各位了。"本间会讲英语，但他希望旁边参谋能够听懂，故而用日语说话。

"感谢关心，本间将军。"温莱特说道。

众人转移至门廊，在一张长桌边坐定。本间坐在正中央，面对马尼拉湾；右手边是代替前田就任新参谋长的和知鹰二①少将，左手边是中山大

---

① 和知鹰二（1893—1978），日本陆军将领，1942年2月20日代替前田正实就任第14军参谋长。

佐;中山身后站着翻译,本间身后站着一个名叫宇野一麿①的新闻记者。

温莱特坐在长桌对面,左手边是毕比与杜利,右手边是皮尤与劳伦斯。温莱特将一份已签署好的投降书交给本间,本间不看一眼,直接转交给翻译,令其大声朗读。投降书表明,向日军投降的只有马尼拉湾4座岛屿。

"只有菲律宾群岛上全部美军、菲军部队一并投降,我军才能接受。"本间说道。

"以我的权限,只能命令科雷希多及另外3座要塞岛屿投降。米沙鄢群岛、棉兰老岛的部队已不在我管辖范围内,现属夏普将军指挥;夏普将军直接从属于麦克阿瑟将军。"

本间感觉温莱特是在戏耍自己,颇感恼火,对翻译说道:"告诉他,华盛顿的广播我军也曾听过,知道美军在菲律宾的第一把手就是他温莱特。"

温莱特语气强硬,坚称自己能够指挥的只有港口防御部队。

本间十分精明:"问问他,夏普不归他管,是什么时候的事?"

"几天前的事。"温莱特答道,"就算夏普将军的部队真归我指挥,也联系不到他们。无线电设备都毁掉了。"

"派一名参谋去就行,"本间说道,"飞机我来出。"

温莱特表示拒绝,一口咬定自己无权指挥夏普。

本间耐心尽失,最终一拳捶在桌子上,用压抑而低沉的嗓音缓缓说道:"当初金将军在巴丹投降,你没有出面。如果你只是指挥某一支部队,那我也不会见你。我只希望与对等地位的将领,即驻菲美军总司令进行谈判。既然你没有最高指挥权,我也没必要待下去了。"说罢,便要起身。

"且慢!"皮尤连忙阻止,并与温莱特、毕比迅速商讨对策。

战败的愁云笼罩在脸上,温莱特缓缓点头同意。"菲律宾没有必要继续流淌无益的鲜血,鉴于此一事实,我会担起菲律宾全体美军的指挥权。至于

---

① 宇野一麿(1913—1954),日本新闻记者,原为美籍日裔第二代移民,后因在日本应征入伍而失去美国国籍。宇野兄弟姐妹共10人,在战争期间或支持美国,或支持日本,成为日裔移民家庭面临战争困境的一个典型。

战后遭到严惩，我已有心理准备了。"

本间并不相信温莱特的诚意，用日语严厉地说道："刚才你矢口否认指挥权，现在临时做出的决定，也未必能够服众。我建议你回到科雷希多，再细细考虑一番。倘若觉得投降合适，便去找岛上的日军联队长投降，联队长会把你带去马尼拉见我。今天的会议到此结束吧，告辞。"说罢，本间微微点头示意，回到凯迪拉克车上。

本间最后这番发言，翻译员翻译得比较含混；美军一行原本就颇感困惑，此时更是摸不着头脑。紧张之下，温莱特嘴里叼的香烟已被嚼烂，毕比默然无语。

"将军，"杜利一脸严肃地对温莱特说道，"您一定得把事谈妥。根据您的命令，科雷希多全体官兵下午已解除武装。一旦谈不拢，部队手无寸铁，那就是鬼子单方面屠杀了。"

中山大佐奉命准备将一行人送回科雷希多；温莱特拄着拐棍，迈着沉重的步子走到中山面前，问道："您觉得我们现在怎么做比较好？"

日军翻译将提问转达给中山，而后答复道："皇军这就把你们带回科雷希多，然后你们爱做什么，就做什么。"

温莱特提问时，皮尤中校拉住一名态度和善的日军中尉，询问本间最后那番话究竟是什么意思。中尉此人在大阪教过书，解释道："意思是说，温莱特应该返回科雷希多，然后选择继续战斗，或者选择向岛上的战地指挥官投降。"

温莱特此时正在院子里踱步，因受到无礼对待而怒火中烧。皮尤快步跑来，将情况解释清楚，而后两人一道去找中山大佐。

"温莱特将军已决定，让菲律宾全体美军无条件向本间将军投降。"皮尤说道，"带我们去见本间将军。温莱特将军会派我前往棉兰老岛，指示夏普将军遵从命令。"

幸运的是，新闻记者宇野正好站在中山旁边；此人在犹他州长大，富有同情心，把皮尤的话翻译给中山。中山思虑片刻，下定决心说道："我现在随你们去科雷希多,把你们平安带到当地指挥官手里。你们在那里过夜。明天一大早,把新的投降书准备好,与其他驻菲美军部队协商一致,再去见本间将军。"

温莱特等人、中山与宇野分乘一辆轿车、一辆啤酒运输卡车,前往卡巴本码头。一行人乘上日军登陆艇,朝着浓烟四起的科雷希多驶去时,天色已暗。宇野发现美军一行中,有一人倒在行李堆上,便问道:"您还好吗?"

"有点难受。"那人是毕比将军,正受晕船折磨。

中山大佐对宇野说道:"这些小点心,你拿去分给他们吧。日军士兵平常拿它当糖果吃。"

宇野把点心传给众人。毕比什么都吃不下;温莱特吃了几块;皮尤刚吃第一口,就说"味道还不错"。宇野本人不敢苟同,他感觉那点心吃起来像是狗粮。

夜幕里若隐若现的科雷希多渐渐逼近,船只最终停泊在北海角附近海中。卡洛尔中士与另一名美国人跳入齐腰深的海水中,抬着温莱特朝岸边走去;不料两人中途摔倒在水中,温莱特便自行走上岸去。晕船严重的毕比则被全程抬到岸上。中山见毕比虚弱得站不起身,便下令稍作休息。最终,毕比由两人架着,一行人沿着崎岖的岸边道路前进。

中山走在最前边,宇野拿着手电跟在身后,眼中所见是一片毛骨悚然的景象:矮树丛烧为焦炭,大地千疮百孔,姿势诡异的尸体横陈在路上。

温莱特见科雷希多全岛燃起营火,心想恐是鬼子又添增援部队;而当发现日军主战线已推进至马林塔隧道东口不足 100 米时,更是大吃一惊。中山带一行人绕过马林塔丘,来到岛屿中部圣何塞(San Jose)地区的一处市场残迹,并将温莱特引荐给战地指挥官佐藤源八大佐。佐藤称,自马林塔隧道西入口至"顶端"上的莫里森丘(Morrison Hill),都已在日军控制之中;此外,日军也已攻占隧道,并将除医院外其余区域清空。接下来,佐藤大佐将对"顶端"发起进攻。

温莱特相信,若不立即无条件投降,科雷希多岛上官兵都难逃屠戮。于是，只得同意与佐藤坐下来，根据本间的要求起草投降书。午夜时分，微弱的灯光下，温莱特在投降书上签字。被日军带到马林塔隧道西入口时，望着神情严肃的美军、菲军士兵，温莱特感到无奈。投降是一副担子，沉重地压在自己肩上。许多官兵伸出手来与温莱特握手，也有人拍着他的肩膀说道："将军，没关系，您尽力了。"

进入隧道时，温莱特已眼含泪水；而当看到两侧列队的已变得密密麻麻的日军士兵，更是悲从中来。温莱特前往莫尔将军的办公室，将无条件投降一事告知。莫尔表示大势已去，也只能如此。

"但我总感觉，自己是在铸成大错。"温莱特悲观地说道。随后，在哨兵陪同下，温莱特与皮尤前往自己的住所。两人倒在简易床铺上，那是两天以来第一次合眼。

———

次日一早，温莱特正在穿衣，本间军情报参谋羽场光①中佐带着一名翻译登门造访，说道："投降细则在这里敲定就好。"

温莱特相信，只有菲律宾战场上全体美军指挥官立即投降，才能使科雷希多官兵免遭日军屠戮。首先，必须派遣一名信使，携带文件前去棉兰老岛说服兵力最多的夏普将军。任务事关重大，险象环生，温莱特决定派情报参谋小杰西·特雷维克上校亲自给夏普带去信件：

> 为避免无益之伤亡在各要塞岛屿进一步扩大，昨天本人率马尼拉湾4座港口要塞士兵向本间中将投降。
>
> 本间将军表示，只有我军一并投降，日军才肯接受。日军空袭频繁，炮击猛烈，且派出坦克-步兵混编部队攻占科雷希多，各要塞岛屿显然无法与之持久抗衡。
>
> 昨日与本间将军告别时，双方尚未达成一致；而在那之后，本人决

———

① 音译。

定以人道主义之名义，接受提议，并于 1942 年 5 月 6 日与 7 日之交，向科雷希多岛上日军高级军官投降。此一投降之范围，包含菲律宾群岛全部美军及菲军部队，因此，贵军行动也将受到相应制约。请指挥米沙鄢群岛、棉兰老岛全体部队向适宜的日军军官投降。请理解，此一决定非本人所能掌控。

递交此封书信之人，乃是参谋长助理、作战参谋小杰西·T. 特雷维克上校；此人接受本人全权委托行事。作为美国陆军驻菲律宾群岛高级指挥官，本人命令你严格执行本函指示；若特雷维克参谋以本人名义给予其他指示，务请一并执行。

本函全文内容，请通过无线电向麦克阿瑟将军转述；若特雷维克上校给予其他指示，请一并转述。在此，请允许本人特别强调：千万不可抗命。倘若不能彻底、忠实地执行上述命令，必将招致更为惨痛的后果。

此时，马尼拉湾上休斯堡、德拉姆堡、弗兰克堡所在的 3 座岛屿也落入日军之手。附近的休斯堡里，海军陆战队前队员塞西尔·布朗与战友呈一排坐着，紧张地望着一名发怒的日军少佐在面前走来走去。原来，日军的一盒罐头遭到偷窃；战俘们都知道，偷罐头的是一名美军军官，但无人吭声。

"大日本皇军军粮遭窃，非同小可。"少佐暴跳如雷，"皇军定要把那贼人找出来毙掉，否则你们全员一并处罚。"

战俘沉默无言。见那偷罐头的美军军官没有任何行动，一名瘦小的水兵上前一步，说道："是我偷的。"

出乎众人意料，日军少佐非但没有发怒，反倒微微一笑："你很勇敢，有点像皇军战士。"少佐抽出军刀，像是舞台表演一般用刀背敲了敲矮小水兵的肩膀，然后指示一名部下去找些什么；那部下回来时，带着 6 磅重的腌牛肉。少佐郑重其事地将牛肉赠送给那名水兵。

————

当天下午 5 点，在羽场中佐带领下，温莱特与 5 名军官从马林塔隧道西口离开。将军再次朝道旁望去，成群的官兵面有菜色，在酷暑下疲态尽显。众人纷纷起立：有的立正敬礼；有的摘下帽子，放在胸前。温莱特眼含泪水，举起手腕，指尖对准头上那顶老旧军帽。

队伍走向码头。一栋毁坏的建筑物上绘有一连串涂鸦，表明美国人虽将一切放弃，唯有幽默感永远深植于心。那涂鸦写道：科雷希多今犹存，只是换个管理人。

而在澳大利亚南端，麦克阿瑟正握着铅笔，在记事本上严肃地写下一段文字：

> 科雷希多不需要我做出评论。科雷希多用轰鸣的枪口，书写着自己的故事；在敌人的墓碑上，镌刻着自己的墓志铭。然而，当那最后的炮击响起时，通过那血腥的硝烟，我仿佛总能看到一些身影——是那些神情肃穆、形容憔悴、面色苍白的战士，他们依旧无所畏惧。

2

温莱特与 5 名军官乘上日军登陆艇，被带往巴丹半岛的拉茂。几人在拉茂等待两小时，然后得到两日以来的第一餐——米饭配硬骨鱼。接下来又是一个小时的等待，其间，温莱特对特雷维克上校重申指示。

"杰西，我全权委任你应对此一局势。"温莱特最担心的是棉兰老岛，必须保证夏普立即投降。除交给夏普的书信外，温莱特还交给特雷维克一封密信：在棉兰老岛指挥官夏普拒绝服从的情况下，授权特雷维克将其就地逮捕。

将军情绪十分激动，最后一句话是："杰西，命令的执行全靠你了。"

车队朝北驶去时，天色已暗。众人沿着"死亡行军"的路线经过巴兰加、奥拉尼与圣费尔南多,然后转向东南,在接近晚上 11 点左右抵达马尼拉荒废的街道。车辆停在 KZRH 广播站外,曾在纽约与新泽西读书的政宣队中尉鹿野久通热情招待,并拿出水果分发给一行人。

温莱特要在此处发表声明,但稿件内容生硬,阅读不够顺畅。鹿野见状,便主动提出:"将军,我来修改一下吧。"

年轻的鹿野中尉把稿件带回自己的办公室,用口语化的表述改写了一遍。

夜里 11 点 43 分,温莱特坐在一张竹制小圆桌旁,桌上摆着一个麦克风。鹿野坐在监控室里,一旦温莱特不按稿件发言,就掐断播放。

温莱特压抑着感情,用沙哑的声音一字一句地念道:

> 这里是陆军中将 J. M. 温莱特。本消息发送给棉兰老岛及米沙鄢群岛部队指挥官威廉·F. 夏普将军。重复一遍,发送给棉兰老岛及米沙鄢群岛部队指挥官威廉·F. 夏普将军。收听播放者,请立即通知夏普将军。内容如下:
>
> 根据合众国总统之授权,本人以美军驻菲律宾群岛总司令之身份下令:米沙鄢群岛-棉兰老岛部队指挥官夏普少将及其麾下部队之指挥权,重归本人所有。(重复)
>
> 本人在此对威廉·夏普直接下令。重复一遍,收听播放者,请立即通知夏普将军。主题:投降! 对威廉·F. 夏普少将的具体命令如下:
>
> 为彻底避免无益伤亡在各要塞岛屿进一步扩大,昨日本人率马尼拉湾 4 座港口要塞,向日本帝国军队菲律宾地区总指挥官本间中将投降。本间将军表示,只有我军一并投降,日军才肯接受。日军空袭频繁,炮击猛烈,且派出坦克-步兵混编部队攻占科雷希多,各要塞岛屿显然无法与之持久抗衡。昨日与本间将军告别时,双方尚未达成一致;而在那之后,本人决定以人道主义之名义,接受提议,并于 1942 年 5 月 6 日与 7 日之交,向科雷希多岛上日军高级军官投降,其范围包含菲律宾

群岛全部美军及菲军部队，因此，贵军行动也将受到相应制约。重复一遍，请指挥米沙鄢群岛、棉兰老岛全体部队向适宜的日军军官投降。

请理解，此一事态非本人所能掌控。参谋长助理、作战参谋小杰西·T.特雷维克上校将携带本消息之书面文本，亲自递交予你；此人接受本人全权委托行事。作为美国陆军驻菲律宾群岛高级指挥官，本人命你严格执行指示；若特雷维克参谋以本人名义给予其他指示，务请一并执行。命令全文内容，请通过无线电向麦克阿瑟将军转述；若特雷维克上校给予其他指示，请一并转述。在此，请允许本人特别强调：千万不可抗命。倘若不能彻底、忠实地执行上述命令，必将招致更为惨痛的后果。

温莱特声音渐渐哽咽，在向吕宋岛北部霍兰上校、马卡尔（Makar）上校发出命令后，又给夏普添加其他明确指示，并说道：

日本陆军、海军仍会继续实施作战行动，直到确认上述命令忠实执行为止。上述命令必须忠实、准确地得到执行，否则日本帝国陆军、海军仍会继续实施作战行动。在确认命令得到忠实执行之后，菲律宾群岛日军总指挥官就会下令停火。

将军一阵咳嗽，片刻沉默，而后说道：

考虑到各方面情况，以及……

温莱特略加踌躇，还未继续开口，播音员马塞拉·维克托·扬（Marcela Victor Young）突然插话，宣布播放结束。时间是5月8日0点20分。苦难的时刻终于过去，鹿野把心力交瘁的温莱特与随行军官带到自己的办公室。美军军官安慰着心理遭受极大打击的长官，鹿野则倒出私藏的威士忌。

———

棉兰老岛上，许多美军、菲军官兵听到广播。有些人不认识温莱特，认为那是日军在弄虚作假。而在温莱特的朋友听来，声音确实无误，只是比平时更沙哑些。众人怀疑发表声明是遭到日军的胁迫。

夏普将军进退两难。收到温莱特放弃米沙鄢群岛及棉兰老岛的消息不久，墨尔本又发来一封电报：

> 温莱特已投降。自今往后，一切事宜直接与我沟通。与切诺斯（Chynoweth）①是否已沟通？
>
> 麦克阿瑟

夏普把温莱特广播内容的梗概发送给麦克阿瑟，请求进一步指示。由于广大辖区的军事形势日益恶化，夏普面临的问题十分复杂。班乃岛、宿务岛遭日军占领后，夏普把总部从德尔蒙特朝内陆搬移 40 英里，迁至马来巴来（Malaybalay）；然而此时，马来巴来也不再安全。4 月 29 日，哥打巴托（Cotabato）一支敌军精兵登陆，击退守军奋力抵抗，北上直逼拉瑙湖。另一支日军支队则登陆卡加延及博哥，沿塞耶公路推进；先头部队已抵达德尔蒙特机场，其势似要突破马来巴来前方最后一道屏障。

夏普朝南逃生的路线也被切断。登陆哥打巴托的日军已东进至皮基特（Pikit），该地正是塞耶公路南端尽头；自棉兰老岛东南海岸登陆的其他日军在该地与之会合。

麦克阿瑟收到夏普的消息，便给华盛顿发电报称：对温莱特广播所述内容，本人坚决反对。麦克阿瑟满腔怒火：倘若当初华盛顿方面把菲律宾全域的指挥权留给自己，此时便不会发生混乱的投降局面；如果当初没把全域指挥权交给温莱特，那么即便投降，也只交出马尼拉湾 4 座要塞岛屿即可，日

---

① 布拉德福德·切诺斯（1890—1985），美国陆军将领。文中所述时点，此人以准将军衔任菲军第 61 师师长，接受夏普少将指挥。

军毫无办法。

麦克阿瑟与麾下参谋绞尽脑汁，数易其稿，最终敲定一份为夏普此后方针定基调的电报，并于凌晨 4 点 45 分发出：

> 温莱特将军发出的命令无效。若有可能，请将部队分作小股，展开游击战。当然，紧急事态之下，根据情势需要，你有全权做出任何决定。尽量与墨尔本保持联络。将军作战有勇有谋，本人素来引以为傲。

夏普收到消息，感觉该电报并不能够确定行动方针。当然，电报在手，自己可以不再听从温莱特命令，凭借个人判断做出决定；不过，温莱特广播中隐含的威胁却不能无视。据报，将军特使特雷维克上校从马尼拉出发是在广播结束后的早晨；夏普打算先等上校抵达，当面交谈之后再做决定。毕竟走错一步，便是万丈深渊。

与此同时，夏普通知岛上各部队指挥官，今后不必再接受指挥，各自为战；又告诉直属军官，投降恐不可避，如若有意，各军官可以逃入山中，展开游击作战。

弗兰克·特拉梅尔中士之前曾是轰炸机无线电操作员，此时是夏普麾下的无线电修理组组长，正准备与一批战友躲入棉兰老岛东部崎岖的山脉。出发之前，特拉梅尔给身处加利福尼亚州埃斯孔迪多市（Escondido）的妻子诺玛发出最后一则消息：

> 别担心，最黑暗的时刻总是黎明之前。你的挚爱，富兰克林·特拉梅尔。

发出消息后，特拉梅尔与同伴一道，穿过草木茂盛的平原，朝东南方向而去。

——

杰西·特雷维克与羽场中佐前一日已乘飞机抵达,此时正在棉兰老岛上,乘车赶往卡加延;沿塞耶公路南下进攻的支队指挥官河村参郎(Saburo Kawamura)①少将扎营在此。特雷维克提议,沿公路驱车直往夏普总部,递交书信即可。

川村另有打算。5月9日下午,日军手写数百封书信,由特雷维克签名,空投至美军阵地。

致前线指挥官:

本人身携 J. M. 温莱特中将所书重要文件,须亲自转交予威廉·F. 夏普少将。

阅读本文者,应举起醒目之白旗,并停止开火;日军亦将采取相同措施。

双方停火后,请派遣美军军官一名,携白旗前往前线,我会与之见面。

为保证文件尽快转交夏普将军,尚请准备向导一名、汽车一辆。

1942 年 5 月 9 日

美利坚合众国陆军上校小杰西·T. 特雷维克

特雷维克告诉日军,空投此类信件不切实际,成功概率很小。日军无视其意见,带其上车,沿塞耶公路南下,于黄昏时分抵达德尔蒙特,而后步行朝日军前线走去。日军军官交给特雷维克一个水壶、一张小地图,指着东南方向说,美军卡车就停在前方约 60 公里处。

特雷维克再次争辩,却仍然无法说服日军,只得踏上丛林中的小径。经过一段路程的跋山涉水,不到一小时,小径便走到了尽头,接着只能在灌木丛中前行。涉水游过几条小河,翻越一片丘陵,到 5 月 10 日凌晨 2 时,特雷

---

① 河村参郎(1896—1947),日本陆军将领。1942 年 2 月,以少将军衔任昭南警备司令,负责肃清新加坡反日分子;4 月,率河村支队增援菲律宾战场。

维克终于来到一所尼帕小屋门前。见喊话无人回应,特雷维克径直走入,发现是间空屋,便在一张简易床铺上倒下,打算睡一会。刚沉入梦乡时,一只小猫跳上床来,在特雷维克颈边缩成一团。

一人一猫睡到天亮。特雷维克醒来后,发现自己所处的位置是一片丘陵丛林地带,西边能够看到群山。向南走过一段距离,特雷维克看到日军机枪阵地,便高举着绑有白床单的棍棒,大声呼喊。5名日军士兵转身,满脸是惊诧之色。

特雷维克毫无所获,只得乘车赶回卡加延,坚持要走塞耶高速公路。

"公路走不远的。"河村通过翻译说道,"几座桥都炸毁了。"

"车能开到哪里就算哪里,剩下的我步行就是了。"

在羽场中佐陪同下,特雷维克再次乘车南下,来到一座遭到炸毁的桥梁处,两人下车,涉水而过,继续沿塞耶高速公路徒步前行。天气十分炎热。途中,两人曾坐在3具日军尸体旁边休息;起身准备离去时,特雷维克上校朝死去的日军士兵敬礼。羽场中佐鞠了一躬,拍了拍上校的肩膀,面露赞许之色。

当天下午,两人终于抵达美军防线,转乘车辆前往马来巴来。走进夏普总部所在的建筑时,特雷维克先就劝说辞令进行一番演练。倘若夏普将军拒不从命,就只有强行逮捕一途。

特雷维克走到身材高瘦的夏普身旁,递交书信。不承想夏普毫无抗拒之态,欣然同意去往前线向河村投降。首先,夏普发电报通知岛屿各指挥官:

> 本人此时尚未投降,特将昨日各自为战之命令撤回。本人收回指挥权,下令停止与日军之交火行为。请高举白旗,等待总部参谋前往,就部队投降之细则做出研判。事态紧迫,为避免进一步流血,务请遵从命令。
>
> 收悉请复。

晚上 7 点 15 分,夏普给麦克阿瑟发出另一封电报:

> 敝人已与温莱特麾下参谋会面,并将此前令岛屿指挥官各自为战之命令撤回,改命各部直接投降。局势所迫,实不得已。

棉兰老岛各部陆续投降,也有人选择前往山区。曾隶属第 28 轰炸机中队的前战斗机无线电操作员达沃德·布鲁克斯与 9 名战友准备逃往山区,正在劝说其部队中尉加入。中尉答道:"我是波士顿人,在山里面活不下去。"

在华盛顿,马歇尔将军正在阅读麦克阿瑟的电报:

> 顷接夏普少将报告,称温莱特将军于 7 日、8 日之交两场广播中宣布,自己重新掌握菲律宾全域部队之指挥权,并命令全军投降,甚至就投降细节做出详尽指示。敝人认为,温莱特疑陷入暂时性精神失常状态,恐授敌以可乘之机。

3

约翰·霍兰没听到温莱特的广播。巴丹沦陷之后,霍兰晋升上校,并获温莱特授权,将其组织的民间游击队转为正式编制;而后便与众参谋一道,在碧瑶北部山区各村落之间奔走。

5 月 10 日,霍兰给位于巴东布海(Batong Buhay)的团总部打电话,告知 R. H. 布朗(R. H. Brown)上尉称,雨季结束之前不会再有有效战斗,自己与参谋人员会在卡林阿(Kalinga)地区躲上数月。布朗讲述温莱特那悲情的广播,指出霍兰以及同在北部山区进行类似游击活动的纳卡尔(Nakar)上校应该立即投降。

霍兰大吃一惊,因为根本找不出投降的理由。弹药大部分告罄确属事实,但自己已将邦都(Bontoc)部落战士安全遣散回家中;自己与参谋待在忠贞不贰的卡林阿部落,必定平安无事。此外,霍兰相信,待到雨季结束,麦克阿瑟一定会重返菲律宾。

一连四天,霍兰都在深思投降之事。自己的部队显然已成为强有力的游击力量,部下精通炸毁桥梁、强夺补给以及各种极富杀伤力的突袭作战。邦都部落战士表现出色,其中几名军官有望成长为优秀的军官。其中有一个墨西哥和爱尔兰混血的平民矿工,名叫沃尔特·库欣,表现尤为出色,已成为山区的传奇人物。库欣接二连三的袭击行动令日军闻风丧胆,甚至曾勇闯敌军仓库,抢夺数十箱弹药冲破敌阵,突围而出;其勇气不亚于故事书中的英雄。

不过,霍兰同时也在考虑,温莱特在命令中提到避免进一步的无谓牺牲,或许是因为科雷希多的官兵被日军扣作人质。

度过第三个不眠之夜后,霍兰决定于 5 月 14 日上午爬上卢布瓦干(Lubuagan)山向日军投降。即便投降,日军也得不到什么好处,只是多出几名美军俘虏而已;对霍兰而言,这是一种宽慰。一个月前,霍兰任命库欣为副指挥官时,曾告诉他:"假设我投降或被俘,发出任何投降命令,你都不要听,只管继续作战。"

4

米沙鄢群岛上,情况更为复杂。各岛屿大部分指挥官都曾听到温莱特的广播,却依然认为那是强逼出来的假话,或者根本就是敌人的把戏。此外,夏普与各岛屿指挥官之间紧张的关系,也使得局势越发复杂。一些年轻军官认为,夏普年纪太大,不适合指挥作战部队;同时指出,夏普与菲律宾基层士兵交流的方式不行。据传言,那年年初,在一次视察行动中,夏普曾问一名菲军士官:"你是谁的下士?"那名士官英语水平很差,听不懂什么意思。夏普继续说道:"你不是连长的下士,不是营长的下士,不是团长甚至不是师长的下士,你是我的下士。"从那天起,该下士便拒绝服从军士长、上尉甚至上校的命令,声称自己只听夏普将军指挥。很快,整个团便失去控制。

班乃岛指挥官是阿尔伯特·克里斯蒂(Albert Christie)上校,此人性格直率,行事果决。收到夏普的投降命令时,上校迅速回答说,"其他部队被打得七零八落,或是在科雷希多患上战争恐惧症",对自己的部队而言"完全不构成投降的原因"。克里斯蒂甚至反过来质疑夏普下令投降的合法性,并指出:

> 要说服我,必须要有麦克阿瑟的许可;否则,可能演变为叛国罪。

次日,即 5 月 11 日,夏普命令艾伦·泰耶(Allen Thayer)中校携带书面指示飞往班乃岛,再次命令克里斯蒂投降,并保证此事已告知麦克阿瑟。夏普警告道:

> 无视该命令,将会导致灾难性的后果。

克里斯蒂上校依然拒绝服从。上校的直属上级是驻扎宿务岛的切诺斯将军;早在数月前,切诺斯就制订出明确的游击战计划,以应对此类情况。班乃岛具有游击战的地理优势;部队训练有素;尽管武器弹药缺乏,粮食却很充足。克里斯蒂答复道:

> 电报敦促我部投降,实无必要。若要投降,敝人强烈建议通过麦克阿瑟联系战争部,取得相关批准。同时,敝人也正与直属上级切诺斯将军商谈此事。当前形势须谨慎处理,请勿发出无谓之命令,增添尴尬气

氛，或使上下级陷入冲突。局部行动总存在某些病态情绪，若能免于受其影响，敝人执行任务时感觉更无拘束。部队行动自由，完好无损，且有极大可能性对总体战局产生积极影响；命令如此一支部队投降，实非一军之将所应为。请保持敝人之独立性，勿以敝人为牺牲品。

夏普读到措辞激烈的复信，没有继续答复，而是写下一份指示文件与一封私人信件，交由泰耶中校送往班乃岛，希望能够说服顽固的克里斯蒂上校。

当天，麦克阿瑟对每况愈下的战局感到十分沮丧，将夏普投降之细节报告给马歇尔，最后写道：

> 切诺斯将军自 4 月 12 日以来音讯全无。如今与菲律宾联系的一切途径皆已断绝。

米沙鄢群岛发生的一切事情，都已不在麦克阿瑟的掌控之下。

———

布拉德福德·切诺斯（Bradford Chynoweth）准将此时正与参谋人员、数百名菲军士兵、约 60 名海军军官和一批平民躲藏在宿务市以北的茂密森林中。得知温莱特广播内容时，准将与参谋长加以商讨，最终断定投降命令显然是受到胁迫的产物，不具备约束力。

切诺斯决定继续抵抗，分别给班乃岛指挥官克里斯蒂、内格罗斯岛指挥官罗杰·希尔斯曼（Roger Hilsman）上校、莱特岛（Leyte）指挥官西奥多·康奈尔（Theodore Cornell）上校发去消息。然而，5 月 12 日那天，切诺斯收到顾问埃米利奥·奥斯梅纳（Emilio Osmeña）报告称，菲军士气极度低落，思乡情切之下，陆续有逃兵出现。奥斯梅纳是菲律宾副总统之子，深受切诺斯信任。

于是，切诺斯决定带参谋人员取道莱特岛前往班乃岛，为米沙鄢群岛游击战设立新总部。次日，切诺斯一行正在为危险重重的旅途进行筹备时，无线电收到一段信号微弱的讯息，是克里斯蒂发给夏普的讯息：

> 切诺斯将军现在何处？请让将军回来，领导我等继续作战。

听到这一讯息，切诺斯深受鼓舞。几分钟后，无线电又收到一条夏普的消息，命令米沙鄢群岛全体部队投降。此时的切诺斯对棉兰老岛上发来的一切信息都持怀疑态度，便下令不再接收夏普总部的信号。谁知正在此时，一名信使从内格罗斯岛而来，带来一封希尔斯曼上校的信件，称夏普的投降命令真实无误，一名参谋人员正在赶往切诺斯总部，商讨投降事宜。

切诺斯不知如何是好。他意识到夏普与麦克阿瑟还在保持联系，显然，麦克阿瑟已批准投降。不过，切诺斯没有立刻做出决定，而是先等待晚上广播，看麦克阿瑟本人是否会出来澄清。

晚上，切诺斯年轻的副官汤姆·鲍威尔(Tom Powell)垂头丧气地从电台回来，报告道："KGEI① 只提到一句，说麦克阿瑟将军发表声明称，与菲律宾地区一切联系皆已断绝。"

切诺斯准将心想，麦克阿瑟已经放弃菲律宾，万事皆休。接下来的几个小时，对准将而言犹如酷刑。做出决定是一种煎熬。切诺斯一路念军校，最后从陆军学院(War College)毕业，却从未学到如何投降、何时投降，或何时不投降。

切诺斯首先命令四散的部下到萨德隆森林(Sudlon Forest)的白马山庄(White Horse Inn)集合，而后给宿务市的日军发出消息称，自己正在等待夏普的参谋。那天夜里，切诺斯与奥斯梅纳交谈整宿；身为菲律宾副总统之子，奥斯梅纳处境颇为尴尬。"你不要管我们，直接回家就行。"切诺斯说道，"当然，如果最终决定投降，你留下一起投降也可以。"奥斯梅纳担心日军会

---

① KGEI，美国通用电气公司(General Electric)旗下的短波广播电台，位于旧金山市。

强迫自己在傀偏政府中任职。"政府工作总得有人来做。"将军开解道,"菲律宾国民,你来管理,总比外人管理来得要好。"

"就怕日本人会让我对美军不利,那种事我做不出来。"

次日一早,一行人步行前往白马山庄,与来自棉兰老岛的使者格雷(Gray)上尉会面。格雷称,日军把美军控制在科雷希多岛上,一旦投降行动不顺利,便会加以炮击。

切诺斯将部下召集起来,宣称决定投降。不过,不愿投降者可以留在山上躲藏。次日,即 5 月 16 日清晨,切诺斯、奥斯梅纳博士、数名参谋、数名海军军官及 50 名菲军士兵离开白马山庄,满怀悲愤地踏上旅程。一日之后,日军代表从宿务市驱车赶来,接受众人投降。日本新闻记者拍摄照片,数名电影摄影师则对受降现场进行录制。

日军宿务市军政主任(chief administrative officer)是一名姓川上①的大佐,此人身材高大,肤色黝黑,神情肃穆。受降现场,切诺斯百感交集,无法顺利组织语言;川上只能与参谋长厄尔文·斯卡德(Irvine Scudder)上校展开谈判。

谈判期间,切诺斯悲不自胜,交流不畅,相关工作都由参谋完成。随后,日军把一众战俘押上汽车,打算带往宿务市行政大楼——一座高大的白色建筑。不过,车辆并不直奔目的地,而是先去烧毁的建筑物与码头。

"摧毁城市,切断供水,如此手段岂不太过凶残?"川上通过一名神情严肃的译员问道。

"战争带来恐怖,着实令人遗憾。"切诺斯答道,"不过恐怖事件的罪魁祸首究竟是谁,我们不认为是自己。"

川上表示,供水管道中的辅助水泵出现故障,但找不到钥匙,便询问钥匙在什么地方。

"有助于你们行动的信息,我一概不会提供。"将军答道。

———————

① 音译。

川上转而询问斯卡德上校，上校讲出钥匙之所在，但拒绝回答其他问题。接着，川上不失礼貌地告诉切诺斯，日军会把他当作人质单独隔离："不过，只要您保证不逃跑，我们会给您臂章，允许您在市内自由行动。"

"逃跑是一定要逃，只要有机会。"切诺斯挑衅般地回答道。正在此时，旁边一间屋子里传出《星条旗永不落》（The Stars and Stripes Forever）的曲调，切诺斯再也压抑不住悲伤，又一次哽咽，无法言语。

"我感同身受。"川上说着，令部下端上茶来。

———

克里斯蒂上校依然不服。切诺斯投降后第二天，即 5 月 18 日，上校给夏普发电报询问麦克阿瑟的最终答复。夏普此时已耐心尽失，直白地回复道：

> 毋须再加评议。收悉请速复，并回报所采取之措施。

当天，代表夏普将军的使者泰耶中校终于抵达班乃岛，见到顽固的克里斯蒂，劝道："日军提出条件，只有菲律宾全军投降，才肯接受科雷希多投降。"

于是，克里斯蒂也面临与霍兰、切诺斯相同的难题：以科雷希多的全部战俘的生命为代价坚守班乃岛，是否值得？

最终，克里斯蒂不情愿地同意投降。

5

数日来，温莱特在马尼拉过得忧心忡忡。他不明白某些指挥官投降时为什么会拖延那么久；每拖延一天，岛上大量战友的生命便多出一分危险。

至于获胜的本间将军，也并没有春风得意。菲律宾确实打了下来，但本间知道，大本营对自己很是不满。南方军总司令、伯爵寺内寿一大将此前对菲律宾进行视察，发现本间对菲民众采取宽柔政策，大为光火。本间承认，自己命令部队勿将菲律宾人作为敌人，要对其习俗、传统及宗教表示尊重；此外，烧杀、掳掠、强奸行为一律禁止，甚至连描述美国剥削菲律宾的小册子，也被禁止继续发放。

本间未占领菲律宾总统府马拉卡南宫，寺内亦就此事提出批评。

"马拉卡南宫连美军都不予侵占，"本间解释道，"我军接管此处，恐非良策。"

"妇人之仁不可取。"寺内态度严厉，告诫本间要停止宽柔政策。

本间知道此事攸关前程，却认为改变做法不符合自己本性。本间始终相信，要赢得菲律宾民心，依靠的不是暴力，而是开明的统治，甚至着手制订释放所有菲军战俘的计划。

同时，本间下令在马尼拉街头举办胜利游行。征服者的部队穿过街道，成千上万菲律宾民众默默立在两侧，望着巴尔加斯、劳雷尔、阿基诺等傀儡政府成员举着小太阳旗走在队伍里时，脸上的厌恶之情毫不掩饰。接着，一支菲律宾乐队走过，到达本间阅兵台时，突然奏起一首激动人心的进行曲；沉默的围观群众顿时爆发出阵阵欢呼声。

乐队演奏的正是《星条旗永不落》。

此后不久，本间因其宽容政策被解除第 14 军司令一职，以不体面的理由让其退至预备役。4 年后，在手下败将麦克阿瑟主导的审判中，本间被定为战犯，遭到处决。

第二十四章　"勇敢冲刺，坚决攻击"

1

从爪哇海战役取胜，攻占荷属东印度以来，以山本为首的多数日本海军高层都认为，征服太平洋的初步目标定得太过保守；日本应该把自己的全部潜力释放出来。陆军高层则另有打算，坚持认为应着重巩固战果，谨慎行事。

陆海两军的分歧来自战略思想上的差异。陆军参谋本部认为，在某些地域展开小规模压制作战自无不可；不过，此时日本已占有大量资源，重中之重是保证资源在手。此后的目标不是主动出击，而是迫使敌人发动进攻。当然，如此一来，战事必定会旷日持久，不过此一方针作为整体计划，早在开战之前就已决定。草率出兵只会酿成大祸。

海军则认为，应该对澳大利亚、夏威夷及印度地区展开系统作战。不用说，几场大规模海战不可避免。不过，就像爪哇海战役的结局一样，海军相信自己能够克敌制胜。面对陆军的质疑，海军会拿出战损数字作为证据。根据原本预计，征服荷属东印度将损失 25％ 的舰船，然而实际的损失数据只有 25000 吨吨位，沉没舰船之中最大的不过是一艘驱逐舰。海军力主即刻行动，声称利在攻势不在守势，应当把敌军打到被迫防守。至于下一处征服对象，自然是盟军反攻的桥头堡——澳大利亚。

曾是东条秘书的服部卓四郎大佐，时任参谋本部作战科科长，对海军此一冒险计划表示反对。澳大利亚只有 700 万人口，广袤的土地上交通通讯不畅，其国民为保家卫国也会顽强抵抗。服部告诉军令部作战科科长富冈定俊大佐，进攻澳大利亚需要联合舰队主力与 12 个步兵师团共同行动；仅那 12 个步兵师团，所需的运输吨位就高达 150 万吨。

服部表示，假如计划通过，陆军就只得放弃中国东北地区对苏防御，并从中国战场大幅度抽调兵力："长期作战需要国家集中力量，此时的第一要务，是在一项合理计划的指导下，恢复国家元气，提升战争潜力。"

见富冈拒绝退让，服部拿起一杯茶。"我国军事力量就像这杯茶，"说着，把茶倒在地上，"你这是要把它白白浪费掉。如果计划通过，我就立刻辞职。"

陆军参谋总长杉山大将支持服部的看法。3 月 4 日，双方达成临时妥协；而在 3 天之后的陆海军联络会议上，通过一项战争指导政策：入侵澳大利亚的计划作废；相应地，陆军会为一些小规模作战计划提供支持，比如对位于澳大利亚北部 400 英里的莫尔兹比港（Port Moresby）展开登陆作战。该港是世界第二大岛——新几内亚岛的南岸港口。除此之外，服部还同意对位于澳大利亚北部的另外三座岛屿——萨摩亚（Samoa）、斐济（Fiji）及新喀里多尼亚（New Caledonia）展开进攻。服部认为，攻占上述诸岛能够切断澳大利亚与美国本土之间的补给线，具有实际价值。

服部不知道的是，山本将军正在筹备一个更为大胆的计划：进攻中途岛及阿留申群岛（Aleutians）。山本的计划在海军内部也引起不小的争议。大本营海军部质疑称，即便真能打下来，补给如何供应？美军发起反攻时，又将如何应对？

山本不肯让步。与许多军国主义者不同，山本深知美国工业的巨大潜力。他曾表示："与美国作战，勉强能够支撑一年；至于之后，未可知也。"在山本看来，日本的取胜之路只有一条，那就是把美军太平洋舰队诱入远海，一举歼灭；而且，歼灭必须要趁早，趁着日本占据战场优势，双方海军力量差距不大之时。

假如联合舰队司令长官一职是由选举产生，想来必是山本五十六高票当选。此人以其强有力的领袖风范深得年轻军官崇敬。日本海军将领大多接受英式教育，风度翩翩；山本却以铁腕领导舰队，以战斗树立威严。

身具天生的赌徒直觉，山本在扑克、桥牌方面造诣极高，并以与赌博同样的胆量和想象力指挥舰队。在航空部队看来，信奉空中打击力量的高级将领为数不多，山本正是其中之一。早在1915年，山本还是一名默默无闻的年轻人；一名美国作家问起未来的军舰将会如何发展，山本即席答道："今后，海战的核心将是能够搭载飞机的舰船。"

山本坚持己见，连番施压，海军部最终于4月16日发出指示，决定进攻中途岛及阿留申群岛。不过，海军部并非完全妥协——攻击本身虽然批准，日期却未敲定。山本请求立即采取行动，毕竟兵贵神速；海军部却不着急。事情的转机发生在4月18日，杜立特空袭东京，山本的主张从中获得绝佳的辩护材料。

日俄战争期间，俄国海军曾突然出现在东京湾，引起居民极大恐慌。[①]援史为例，山本坚持要求立即进攻中途岛，并指出：若不夺下中途岛，则须布置大量兵力在本土前方空域及海域展开防卫；然而无论部署多少兵力，也无法保证东京未来免遭袭击。

山本表示，进攻日期须定为6月7日，因为航空母舰行动需要借助夜色将尽时的月光，推迟数日就等于要推迟一个多月。事到如今，即便是山本计划最坚定的反对者，也不得不承认，来自东方的威胁比澳大利亚更为直接。杜立特空袭东京，所有反对派噤若寒蝉。军令部欣然同意推迟斐济、萨摩亚进攻计划，于6月7日袭击中途岛。

消息传到陆军，服部大佐认为此举不过是保卫本土的手段之一；此外，

---

① 1904年7月，俄国舰队出现在东京湾，为日俄战争中俄海军对日通商破坏行动之一。此后日军接连发起黄海海战、蔚山海战，大败俄国舰队。

攻占阿留申群岛有助于切断美国与俄国之间的运输线，因此服部建议杉山大将批准该计划。

2

在山本为袭击中途岛做准备，忙得热火朝天之时，莫尔兹比港入侵行动也如期开始。5月3日，井上成美海军中将率第4舰队占领瓜达尔卡纳尔岛（Guadalcanal）以北25英里处的一座小岛——图拉吉（Tulagi）。次日，莫尔兹比港入侵部队有14辆运输舰，从新不列颠岛北部的拉包尔（Rabaul）港出发；1艘轻型巡洋舰、6艘驱逐舰护航；轻型航母"祥凤号"（Shoho）、4艘重型巡洋舰及1艘驱逐舰提供掩护。

日军此时丝毫没有料到，早在几个月前，"紫色密码"就已被威廉·弗里德曼及其解码组成员破解；因此入侵莫尔兹比港一事，无法瞒过接替金梅尔坐镇珍珠港的切斯特·尼米兹海军上将。事实上，获知日军5月3日行动的尼米兹，早就派出一支由2艘航母、6艘重型巡洋舰、2艘轻型巡洋舰及11艘驱逐舰组成的特遣队，由弗兰克·杰克·弗莱彻海军少将指挥，前往澳大利亚东北部的珊瑚海（Coral Sea）。

得知日军在图拉吉登陆，弗莱彻立刻命令旗舰"约克城号"（Yorktown）航母发动空袭。99架舰载机分三拨对图拉吉展开轰炸。轰炸机部队回报称，行动共击沉日军2艘驱逐舰、1艘货轮、4艘炮舰，并重创多艘其他军舰；实际上，日舰损失并没有如此严重。

图拉吉遭到空袭，日军意识到附近存在美军特遣舰队。此时，高木武雄（Takeo Takagi）海军中将正率一支机动舰队位于北部海域，闻讯立刻南下，率领2艘重型航母"瑞鹤号"（Zuikaku）和"翔鹤号"（Shokaku），2艘重型巡洋舰，6艘驱逐舰加入战队。

随着高木抵达珊瑚海，井上与弗莱彻相比，兵力已取得明显优势：多出1艘轻型航母、2艘驱逐舰、7艘潜艇。此外，附近另有一支部队为运输船团提供支援,该部拥有 2 艘轻型巡洋舰、1 艘水上飞机母舰、3 艘炮舰。

弗莱彻清楚自己舰船数量、火炮数量都处于劣势,但仍决心阻止日军的企图——5 月 7 日绕过新几内亚东端。那是珍珠港事件以来,美军首次派出主力舰只,尝试阻止日军的征服浪潮。太平洋舰队的 4 艘航母中,2 艘加入行动;假如两舰重蹈"威尔士亲王号""反击号"之覆辙,在阻止日军登陆船团的任务中沉没,那么太平洋战场的胜利恐将无限期推迟。

弗莱彻从情报中获悉,莫尔兹比港登陆部队已从拉包尔出发,推测于 5 月 7 日绕过新几内亚东端;自己的任务正是阻止日军此一行动。敌军船团很有可能受到三艘航母及数艘重型巡洋舰保护,弗莱彻明白自己不占优势,指挥部队必须慎之又慎。

5 月 7 日,即温莱特投降翌日上午,一架日军侦察机发现美军补给舰"尼奥绍号"(Neosho)与驱逐舰"西姆斯号"(Sims),却兴奋地回报称,自己发现美军航母及巡洋舰各 1 艘。很快,日军先派出两拨水平轰炸机,又增添 36 架俯冲轰炸机,对两艘美舰展开轰炸。午后不久,"西姆斯号"沉没;"尼奥绍号"遭受重创,漂流而去。

日军对航母展开轰炸的同时,弗莱彻特遣舰队位置仍未暴露。当天上午,弗莱彻命令英国海军少将 J. G. 克雷斯(J. G. Crace)率其支援舰队向前推进,对莫尔兹比港登陆船团发起攻击;自己则放慢速度,准备与日军航母展开一场空中决战。

上午 11 点,当日军舰载机集中轰炸"西姆斯号"与"尼奥绍号"时,来自两艘美军航母——"约克城号"及"列克星敦号"的 93 架飞机发现敌军轻型航母"翔鹤号",迅速展开轰炸,并发射鱼雷。160 英里之外的海面上,战友焦急地等待着行动结果,却由于静电影响,听不清飞行员讲话。突然,话筒中传来侦察轰炸机中队长罗伯特·狄克森(Robert Dixon)海军少校清晰有力的声音:"刮掉平顶船一艘! 狄克森呼叫母舰,刮掉平顶船一艘!"①

①　狄克森戏称航母为"平顶船"(flat-top),后来流行开来,成为广为人知的俚语,在太平洋战争中被广泛使用。

上午 11 点 36 分，"祥凤号"沉没。那是太平洋战争爆发 5 个月来，日军沉没的首艘驱逐舰级以上的舰只。

此时，井上将军对战局颇为担忧，命令登陆船团掉头，等击退美军舰队再展开行动。谁知到下午时，天气突变，能见度极低，空中侦察也受到狂风影响。到午夜时分，两军航母皆无法找寻到对方踪迹。

弗莱彻决心再次定位敌军航母，发动攻击。次日清晨 6 点 25 分，16 架侦察机从"列克星敦号"起飞，将近两个小时未有消息传来。8 点 15 分，J. G. 史密斯(J. G. Smith)海军上尉终于发现敌踪，并在 13 分钟后报告母舰：

> 敌航母 2 艘、重型巡洋舰 4 艘、驱逐舰多艘；航向 120 度，航速 18 节，位置约在东北 175 英里。

弗莱彻立即下令两艘航母发动空袭。上午 10 点 57 分，"约克城号"39 架舰载机发现日军航母"瑞鹤号""翔鹤号"，两侧大量重型巡洋舰、驱逐舰护卫森严。鱼雷轰炸机第 5 中队乔·泰勒(Joe Taylor)海军少校率先头部队对敌航母发动攻击。鱼雷或未命中，或未爆炸，未造成任何伤害；两枚炸弹击中"翔鹤号"，多处燃起大火。

几十分钟后，来自"列克星敦号"的 24 架飞机同样发现燃起大火的"翔鹤号"，然而攻击效果不佳，只有一枚炸弹命中。

与此同时，来自日本两艘航母的 70 架飞机对"列克星敦号""约克城号"发起袭击。一枚 800 磅重的炸弹击穿"约克城号"飞行甲板，落在第四层甲板上，所幸火势得到有效控制。"列克星敦号"则没有那么幸运：两枚鱼雷命中左舷，两枚炸弹命中前部甲板，将烟囱结构炸裂。

正午时分，战斗告一段落。那是世界军事史上首次航母之间正面交锋，也是首次双方舰船未经照面、未发一炮的海战。单就此时的战损情况而言，胜者无疑是弗莱彻。美军以驱逐舰 1 艘、补给舰 1 艘的少量损失，换取轻型航母 1 艘、驱逐舰 1 艘、小型舰只 3 艘的优秀战果。然而，当天下午，受到重创的"列克星敦号"连续两次爆炸，燃起熊熊大火，接着爆炸声此起彼伏，舰上人员伤亡惨重。舰员奋力拯救"列夫人"(Lady Lex)的行动持续了整个下午，包括600名首次出海的舰员在内，人人都知道弹药库随时可能引爆，然而无人动摇，整艘舰上毫无恐慌情绪。

眼见拯救无望，下午5点7分，航母部队指挥官奥布瑞·费奇海军少将从舰桥上对"列克星敦号"舰长F. C.谢尔曼(F. C. Sherman)①海军上校下令："好了，泰德(Ted)，让大家跳舰吧。"

众人将救生筏扔到海上，在飞行甲板上整齐列队，有序地从两侧跳海。过程中毫无慌乱，就如一场演习。排队等候时，一支小队冲到补给仓库，抢救出一批冰激凌。

最后离开甲板的一批舰员之中，有诺埃尔·盖勒(Noel Gaylor)海军上尉。此人在当天下午的一次飞行中击坠4架"零式"，以8架击坠数一跃成为海军王牌飞行员。盖勒从50英尺高度跳入海中，游出数分钟后，突然转身，通过缆绳爬回"列克星敦号"甲板上。

"怎么回事，忘东西了？"一名友人问道。

"没，就是有点孤单，一块游泳的那些伙计都不认识。你们什么时候跳？"

全部跳海舰员，甚至包括谢尔曼舰长的爱犬瓦格斯(Wags)都成功获救，没有一人淹死。见"列克星敦号"还在海上燃烧，弗莱彻命令驱逐舰"菲尔普斯号"(Phelps)将其击沉。约晚上8点，四枚鱼雷击中右舷，"列克星敦号"震颤不止，蒸汽喷泻如云。

附近一艘巡洋舰上，新闻记者斯坦利·约翰斯顿(Stanley Johnston)望着巨大的航母迅速下沉。舰身始终保持直立，直到海浪涌上甲板。

"沉了，沉了。"站在约翰斯顿身旁的一名"列克星敦号"军官说道，"船没翻，就那么昂首挺胸地沉下去。亲爱的'列夫人'，最后的贵妇人。"

---

① 弗雷德里克·谢尔曼(1888—1957)，美国海军将领，绰号"泰德"。在役期间最终军衔为海军中将。

随着"列克星敦号"沉没，珊瑚海战役的战术胜利自然归日军所有；不过，战略胜利仍然握在弗莱彻手中。美军可以确定，日落之前井上将军必定已将用于登陆的船团召回，从而推迟莫尔兹比港入侵行动。如此一来，弗莱彻的主要任务就算完成。自开战以来，日军入侵计划首次失败。

山本得知推迟登陆的消息，震怒不已，命令作战谨慎的井上继续追踪弗莱彻，歼灭"残敌"。完好无损的"瑞鹤号"及其护卫舰于 5 月 9 日凌晨 2 时转朝东南开进，然而为时已晚，弗莱彻早已消失不见。

珊瑚海战役在世界范围内引起轰动。《纽约时报》(New York Times) 5月 9 日头条报道：

> 太平洋激烈海战，日军 17 至 22 艘军舰沉没及重创，盟军舰队追击逃窜残敌。

澳大利亚民众欢欣鼓舞，感到宽慰，就好像那场东北海岸不远处的海战，已将国家从战火中拯救出来。在悉尼、布里斯班，民众将美国人视作英雄，不吝溢美之词。

从夸大事实的角度上讲，日本媒体宣传与美国不分上下，声称击沉战列舰及航母各 2 艘。日本主流报刊《朝日新闻》5 月 9 日头条如下：

> 美国败亡之前兆——"对日反攻"梦碎珊瑚海，航空母舰只剩三艘。

德国方面同样欣喜不已。希特勒表示："此番大败之后，美国军舰不再敢与日本舰队对抗。敢于接受日本海军挑战的美国军舰，所迎来的只有失败一途。"

大本营坚信海军战果辉煌，毫不怀疑"列克星敦号""约克城号"皆已沉没，美军太平洋地区只剩下 2 到 3 艘航母。几天后，"瑞鹤号""翔鹤号"驶入港口进行整备，无缘参加接下来的中途岛作战；即便如此，日军乐观情绪依然高涨不退。"翔鹤号"修理需要 1 个月;"瑞鹤号"本身虽未受创,但飞机与飞行员损失惨重,需要补充。

到此时,就连对中途岛作战持反对意见之人,也不再担心胜利。日军派出史无前例的庞大作战部队:舰船共 200 艘,其中战列舰 11 艘、航母 8 艘、巡洋舰 22 艘、驱逐舰 65 艘、潜艇 21 艘;飞机约 700 架。

攻占中途岛及阿留申群岛只是次要目标,山本的主要目标是引诱尼米兹舰队来到远洋,将其一举歼灭。计划并不复杂:6 月 3 日,由"北方部队"(Northern Force)突袭阿留申群岛;此举一来摧毁敌军设施,二来保护山本北翼,三来将美军注意力从中途岛引开。次日,南云将率领战力最强的第 1 航空舰队,对中途岛展开登陆,同时加以空袭,扫荡岛上敌机;登陆本身定于 6 月 6 日进行。

中途岛只是诱饵。山本预计,尼米兹绝不会坐视战略要地中途岛落入敌手,美军舰队必会从珍珠港出发投入战斗,结果则是正中埋伏,惨遭比自己多出 1 至 2 倍的日军舰队歼灭。

可惜的是,山本的计划建立在错误的假设之上。美军不会中计,与珊瑚海战役如出一辙,海军高层已通过解码得知日军的企图。然而,截获的信息中存在难以理解的部分:日军把登陆地点以"AF"代称。华盛顿方面认为"AF"代表瓦胡岛,尼米兹则坚持认为"AF"就是中途岛。

尼米兹亲自飞往中途岛,询问当地指挥官,抵挡大规模登陆攻击需要多少武器、多少兵员;并在回到夏威夷后,向中途岛派去能够投入作战的全部飞机:舰载俯冲轰炸机 16 架、"野猫"战斗机 7 架、海军巡逻飞行艇 30 艘、"空中堡垒"18 架、B-26 轰炸机 4 架。此外,尼米兹还指示强化中途岛炮台,将驻军数量增加至 2000 人,并额外划出三块潜艇巡逻区域。一旦自己判断有误,结局将是整个舰队迎来覆灭;不过尼米兹知道,这是不得不冒的风险。

5 月中旬,尼米兹命令弗莱彻从南太平洋抽身,尽速返回夏威夷。"大黄蜂号""企业号"两艘航母也被召回。

由于登陆地点"AF"依然存在疑问,尼米兹麾下情报参谋约瑟夫·J. 罗什福尔(Joseph J. Rochefort)海军中校献上一条计策：让中途岛发送一条不经加密的假消息，称岛上蒸馏装置发生故障。尼米兹表示同意，假消息很快发送。

两天后，位于珍珠港的最高机密机关"黑室"(Black Chamber)里，解码人员截获日军通讯：AF 饮用水不足。如此一来，尼米兹终于放下心来：山本的目标确是中途岛无疑。

尽管情报在手，尼米兹明白，自己依然处于弱势。舰队在数量上明显不利，能够出动的航母只有 2 艘；第三艘，即"约克城号"在珊瑚海战役中遭到重创，正朝珍珠港缓慢驶来，预计 5 月 27 日才能抵达。

尼米兹知道，山本的主要目的是引蛇出洞。尽管面前是艰难险阻，尼米兹依然决定接受挑战。

3

5 月 26 日，山本的宏大计划付诸实施。正午时分，角田觉治①海军少将率第 2 机动部队从大凑港(Ominato)出发，向东前往阿留申群岛；空袭定于 6 月 3 日。

次日，进攻中途岛的部队主力，南云忠一海军中将率第 1 机动部队从柱岛(Hashirajima)泊地出发，共 21 艘舰艇，其中包含轻型、重型航母各 2 艘。战局之胜负正悬于此一舰队。在珍珠港与印度洋接连大捷的南云，素以热情似火、行事果决著称；然而，在一些极具洞察力的基层军官看来，南云的战斗精神已然磨灭——岁月不饶人。

眼见南云领导能力不如往昔，作战参谋源田实海军中佐忧心如焚。在中青年军官中，源田或许是最具头脑的睿智之人。珍珠港袭击中的浅水鱼雷技术正是此人所完善，中途岛作战的基本思路也是此人所构想。然而，源

---

① 角田觉治(1890—1944)，日本海军将领，文中所述时点以海军少将军衔任第 4 航空战队司令；阿留申群岛战役时，第 4 航空战队编为第 2 机动部队，受北方部队指挥。

田近来发现，自己提出的作战方案，南云往往不加任何修改，直接批准，作为正式命令公布。源田颇为忧虑：金无足赤，人无完人。自己虽有信心，却没有自信到不犯一点错误的地步。

次日，即 5 月 28 日，北方部队司令官细萱戊子郎（Moshiro Hosogaya）①海军中将率部朝阿留申群岛进发。同一天晚上，遥远南方的塞班岛上，5000 名预定登陆中途岛的士兵登上运输舰，在强力部队护送下驶向目的地。

数小时后，即 5 月 29 日凌晨，最后两支舰队出发。首先是近藤信竹海军中将率领的"中途岛攻略部队"（Midway Invasion Force）16 艘舰船，然后是山本亲自率领的"主力部队"（Main Force）32 艘舰船。

从山本司令到基层水兵，全军上下无不深信，世界海战史上最具决定意义的胜利，即将被帝国联合舰队收入囊中。

面对来势汹汹的山本，尼米兹将军手头只有 8 艘巡洋舰、15 艘驱逐舰及 3 艘航母；而航母之一"约克城号"损坏严重，据部分专家估计修理需要 3 个月。尼米兹把麾下两名将领叫来，一人是弗兰克·杰克·弗莱彻海军少将，另一人是雷蒙德·斯普鲁恩斯（Raymond Spruance）海军少将；哈尔西此时正遭皮肤病折磨，最后关头由斯普鲁恩斯代替其作战。尼米兹将山本的计划详细准确地讲述一遍，并把预期结果告诉两人，所下的命令是"采取消耗战术，最大限度地对敌军造成伤害"，换一种表述，即是连番加以空中打击。最后，尼米兹给两人下达一道特殊指令：

> 执行任务之际……将受到风险计算原则之约束。该原则可以理解为：敌众我寡，应避免受到攻击，但若造成之损害超过遭受之损害，则可无视该原则。

---

① 细萱戊子郎（1888—1964），日本海军将领，其名"戊子郎"读音应作"Boshirō"。文中所述时点以海军中将军衔任第 5 舰队司令。中途岛、阿留申两战役日军主要海面作战力量即上述四支部队：山本"主力部队"、近藤"攻略部队"、南云"第 1 机动部队"、细萱"北方部队"。

山本率最后一支部队从日本出发的两天之前,斯普鲁恩斯率"企业号""大黄蜂号"、巡洋舰 6 艘、驱逐舰 9 艘驶离珍珠港;两天后,弗莱彻率"约克城号"、巡洋舰 2 艘、驱逐舰 6 艘起航。在 1400 多名维修人员的不懈努力下,仅用两天便完成了"约克城号"的应急修理。

————

5 月 31 日,迎着恶劣天气,日军登陆船团已抵达目标以西 1000 英里处。事实上,登陆船团的行进速度快于预期。

而山本亲率的 32 艘舰艇,即"主力部队",却由于海浪汹涌,能见度低,被迫延迟海上补给,最终导致行程慢于预期。山本心情不佳:一方面,是由于自己胃部不适;另一方面,是因为此前不久传来消息,"K 计划"以失败告终。所谓"K 计划",是指派出两艘飞行艇侦察夏威夷的计划。如此一来,尼米兹在珍珠港内究竟有多少部队,便不得而知。

此外,潜艇部队预计在夏威夷西北及西部海域设下警戒线,同样未能如期抵达,行程延迟两日;6 月 1 日,山本获知此事,越发感到沮丧。最终,山本在对尼米兹兵力及意图一无所知的情况下,盲目地驶往中途岛。同一天,伊-168 号潜水艇艇长田边弥八海军少佐发来一条简短的消息,令"主力部队"颇感不安:中途岛附近存在大量巡逻敌机,似处于严密戒备之中;建筑起重机随处可见,疑在扩建防御设施。

南云位于山本前方 600 英里处,由于无线电静默,无从得知中途岛已有防备。"机动部队"隐藏在浓雾之中,又无雷达,即便是相邻的舰艇,也只能互相看到模糊的轮廓。

翌日,即 6 月 2 日,大雾越发浓密。南云及参谋人员站在"赤城号"(Akagi)舰桥上,焦急地凝望着前方。浓雾遮盖住视野,就好像海面上只有"赤城号"一艘舰船。不过,南云此时却在担心另一个问题:整个中途岛作战计划匆匆拟定,迅速通过,其中留有某些矛盾之处,比如南云麾下的飞机同时肩负两项目标,其一是在 6 月 4 日空袭中途岛,为 6 月 6 日登陆行动做准备;其二是找到尼米兹被引诱出的舰队,加以歼灭。两项任务不可能同时进行。歼灭敌舰队需要自由行动、高度保密;倘若对中途岛展开打击,部队谈何机动,谈何保密。

南云认为,此时必须决定两项任务何者为先,便召集参谋开会。首席参谋大石(Oishi)海军大佐①首先发言:"就联合舰队作战命令而言,第一要务是歼灭敌舰队,协助登陆行动只是次要目标。不过,假如不按计划消灭中途岛内敌军航空部队,两日后登陆行动必将受到阻碍,作战计划整体也将全盘受到影响。"

"那么敌舰队究竟在哪儿?"南云问道。

大石坦率承认,敌舰队位置无人知晓,接着又说:"不过,即便尼米兹舰队察觉到我军行动,决定前来会战,此时离开珍珠港基地也必不会太远,距我军自然不会太近。因此,我军应按预定计划,首先在中途岛展开空袭。"众人一致表示同意。

———

次日,即 6 月 3 日早上,日军飞机从角田的航母出发,对阿留申群岛荷兰港(Dutch Harbor)展开轰炸,造成损害甚微。此次空袭主要目的是声东击西,然而尼米兹将军早就知道真正目标并不是阿留申群岛,因此日军计谋完全落空。

当天上午 9 点,海军少尉杰克·里德(Jack Reid)驾驶卡特琳娜水上飞机从中途岛出发巡逻,突然,前方 30 英里处出现一批舰影,就好像后院游泳池里漂浮着一堆舰艇模型。

"你看到了吗?"里德问副驾驶员。

"看得是千真万确!"

里德躲在云层之后,追寻敌舰行踪,最终在上午 11 点发回报告:敌舰

---

① 大石保(1900—1946),日本海军军官。文中所述时点,大石军衔为海军中佐;1942 年 11 月晋升海军大佐。另,"首席参谋"是旧日本海军特有职位,又称"先任参谋",地位在参谋长之下、其余参谋之上。

11 艘，以 19 节航速向东行驶中，距离中途岛不足 700 英里。里德认为，那就是日军主力舰队。

事实上，那 11 艘舰艇只是日军登陆船团。日军同样发现了里德，并报告给山本。当天傍晚，更加令人震惊的消息传来：9 架明显来自中途岛基地的"空中堡垒"于下午 4 点 24 分对行进途中的登陆船团发起轰炸，未有炸弹命中。

旗舰"大和号"（Yamato）上，前一日还自信满满的山本深受打击。谁都想象不到，南云还没发起空袭，登陆船团已被敌军发现。

———

当晚，弗莱彻与斯普鲁恩斯来到中途岛东北偏东 300 英里处，西距南云计划中轰炸机次日起飞的地点约 400 英里。弗莱彻总辖两支舰队，得到日军舰船目击情报后，敏锐地判断那只是日军运输舰及护卫舰，而非里德少尉报告所称的日军主力舰队。考虑到日军航母从西北方向接近中途岛，晚上 7 点 50 分，弗莱彻命令舰队朝西南转向，打算前往中途岛以北约 200 英里的海面，次日对南云舰队发起空袭。

此时，舰队上下无不意识到，一场具有决定意义的巨大战役即将来临。前一日，斯普鲁恩斯通过可视信号告知舰队全员：

> 预计敌军将发起以夺取中途岛为目的之攻击，其构成包括四至五艘航母、多艘运输舰及各种舰只。若第 16 特遣队、第 17 特遣队之所在尚未暴露，当可自中途岛东北位置向敌军侧翼发动奇袭。至于进一步行动，则视上述奇袭之成果、中途岛防卫部队之战绩及敌方行动之情报再行决定。本作战行动对我国而言意义重大。若敌机发动攻击时航母遭到切断，各舰须尽量避免脱离可视范围。

夜里，士官室及水兵食堂里充满着紧张而激动的气氛。有传言称，日军密码已被破解，中途岛是一个陷阱，只等敌人飞蛾扑火。对开战以来第一场大捷，全军上下无不翘首以盼。

———

6月4日凌晨2点45分，南云旗舰"赤城号"上扬声器响起，舰员在震耳欲聋的引擎声中迅速起床，各就各位。南云麾下作战参谋源田中佐也被广播声吵醒，睡眼惺忪地从闭门闭窗的病房赶往舰桥。"长时间缺席作战会议，十分抱歉，长官。"源田说道。

南云搂住生病部下的肩膀，问道："状态怎么样？"

"还有点低烧，比之前好多了。"

舰桥上众人见源田复归，无不大感振奋。由于无线电静默，山本无法将运输船团遭美军发现之事告知南云；源田在对变故一无所知的情况下，指挥各舰准备第一拨攻击。此时，四艘航母位于中途岛西北，距离岛屿仅240英里，正在全速航行。

凌晨4点30分，"赤城号"风速计显示速度已达到起飞标准。南云下令道："各机起飞。"航母舰员高举军帽，热情挥手，高声呼喊，1架"零式"沿飞行甲板迅速滑行，飞入夜空之中。紧接着起飞的是另外8架"零式"与18架俯冲轰炸机。

"赤城号"左舷外2英里处，"飞龙号"（Hiryu）航母上飞机正在起飞；紧接着是"加贺号"（Kaga）、"苍龙号"（Soryu），短短15分钟内，108架飞机顺利升空，组成阵形。飞机迅速盘旋，舰上能够看到整齐的红蓝光电朝中途岛方向飞去。

与此同时，战列舰"榛名号"正将数架侦察机弹出；重型巡洋舰"利根号"（Tone）、"筑摩号"（Chikuma）由于弹射装置故障、引擎状态不良，侦察机起飞比"榛名号"晚半个小时。

源田望着侦察机飞上天空，感到阵阵忧虑。一段侦察不够保险，源田知道应该展开二段侦察①，但侦察机数量不足，中途岛攻击行动需要尽可能多

---

① 二段侦察（two-phase search），指在同一条侦察路线安排两拨侦察机，岔开时间展开侦察行动。

地投入飞机。一时之间，异样的寂静笼罩着"赤城号"空空荡荡的飞行甲板；而就在凌晨 5 点整，太阳即将升起之时，扬声器再度响起："第二拨攻击准备！"

铃声齐鸣，电梯将第二拨舰载机运往甲板，各机被拉往指定位置，甲板上引擎声再次响起。"赤城号""加贺号"两舰各停有 18 架鱼雷轰炸机，轻型航母"飞龙号""苍龙号"两舰甲板上则停满俯冲轰炸机。如此一来，即便尼米兹舰队突然出现，南云也留有后招。兴奋与期盼的热情在整支舰队中蔓延。

———

黎明前，沃尔特·斯威尼（Walter Sweeney）陆军中校率 15 架"空中堡垒"从中途岛起飞，奉命对日军运输船团展开攻击。

轰炸机 PBY-5"卡特琳娜"也已从中途岛出发，侦察日军机动部队所在。清晨 5 点 25 分，其中一架 PBY-5"卡特琳娜"接近南云舰队，驾驶员霍华德·阿迪（Howard Ady）陆军中尉与副驾驶威廉·蔡斯（William Chase）陆军中尉观察片刻，惊得瞠目结舌。阿迪无法想象海面上竟有那么多舰船。后来提及那天早上的侦察行动时，阿迪如此描述道："就像地球上最壮观的舞台拉开帷幕。"

阿迪回报中途岛基地：发现敌军航母。而后他驾驶飞机躲入云层，从后方盘旋逼近日军机动部队。

"企业号"航母收到阿迪的消息是在清晨 5 点 34 分。11 分钟后，另一条消息传来：

> 大量敌机逼近中途岛，方位 320 度，距离 150 海里。

上午 6 点 3 分，"企业号"收到阿迪传来的第三条消息：

> 发现敌军航母 2 艘、战列舰数艘；方位 320 度，距离 180 海里，航向

135 度,航速 25 节。

弗莱彻将军坐镇"约克城号",收到上述消息后,意识到那确是日军机动部队,但在侦察机返回、更明确的信息传来之前,弗莱彻决定按兵不动,并通知斯普鲁恩斯:

> 朝西南方向进发;一旦发现敌航母踪迹,立即展开攻击。飞机归舰后,我部亦将跟进。

"约克城号"向西 200 英里处,雷达侦测到前来袭击的 108 架日机,防空警报连鸣不止。各机纷纷起飞:轰炸机、侦察机迅速退避;战斗机赶往西北阻截敌机;6 架"复仇者"(Avenger)鱼雷轰炸机前往袭击敌军航母,与之同行的还有隶属陆军的 4 架"劫掠者"(Marauder)轰炸机,同样携带鱼雷。

距离中途岛 30 英里处,海军陆战队飞行员发现日军第一批轰炸机在 13000 英尺高空呈标准 V 字阵形飞来,上方有"零式"保驾护航。海军陆战队战斗机爬升至 17000 英尺高空,俯冲而下,与"零式"展开激战。然而,美军不仅在数量上处于劣势,老旧的"水牛"与"野猫"也根本没有与"零式"抗衡的机会。

日军轰炸机未受阻碍,爬升至 14000 英尺,于上午 6 点 30 分开始投下炸弹。数分钟后,九九式舰载轰炸机冒着强烈防空火力俯冲而下,对岛上建筑、东岛(Eastern Island)发电厂、沙岛(Sand Island)储油罐及水上飞机机库展开袭击。

战斗共持续 20 分钟。美军 25 名飞行员中,15 人丧生;那是整个太平洋战争中海军陆战队航空部队损失最为惨重的一役。10 名幸存者颇有怨言,其中一个名叫菲利浦·怀特(Philip White)的上尉后来说道:"指挥官命令飞行员乘 F2A 水牛式战斗机投入空战,就等于是,打一开始就没打算让人活着回来。"

至于中途岛本身，受损并不严重。燃烧的建筑物确实为数不少，输油系统也遭到破坏，但人员伤亡甚微，日军空袭的主要目标未能实现，中途岛基地依然能够正常运转。空袭结束 5 分钟后，即上午 6 点 55 分，美国海军陆战队 16 架俯冲轰炸机起飞，前往袭击南云舰队航母。

日军飞机返航时，飞行员喜忧参半。不少飞行员认为，日军以 5 架飞机的代价击坠美军飞机 42 架，战果辉煌；然而，行动指挥官友永丈市海军大尉却认为，此番空袭并未消灭中途岛空中力量，并于 7 点报告南云：

> 需展开第二轮轰炸。

消息传到南云处时，旗舰"赤城号"正处于戒备状态。原来，"赤城号"发现阿迪与蔡斯驾驶的"PBY"，正派出战斗机追赶；然而"PBY"韧劲十足，在云层之中躲闪，始终未被击落。

友永从中途岛上空发出消息 5 分钟后，"赤城号"响起对空警报，舰桥上众人焦急地凝视着南方天空。南方 6000 英尺处云层颇厚，不过总体还算晴朗，甚至可以说是天气宜人。突然，一艘担任护卫的驱逐舰竖起信号旗：视野范围内发现敌机。

来者正是中途岛遭袭之前平安起飞的 4 架"劫掠者"与 6 架"复仇者"，准备朝南云所有的母舰投射鱼雷。

"赤城号"舰桥上众人首先观察到 4 架"复仇者"，一看即知是鱼雷轰炸机，正从 20 度方位逼近左舷。日军战斗机俯冲而下，击坠其中 3 架；剩余 1 架逃往东方。紧接着，一名哨兵大喊："右舷 20 度方位，6 架中型陆上机接近！就在海平线上！"

驱逐舰及巡洋舰朝敌机开火；接着，战列舰"雾岛号"（Kirishima）发射主炮。眼见美军 6 架飞机——4 架"劫掠者"与 2 架"复仇者"冒着重重火力突袭而来，"赤城号"也发起炮击，同时 3 架"零式"展开拦截。

短短几十秒，3 架美机便燃起大火；另外 3 架继续突进，射出鱼雷后，迅速小角度掉头,朝右后方飞去;其中 2 架顺利逃脱,另 1 架则从"赤城号"上空掠过,险些撞到舰桥,而后突然着火,坠入大海。

"赤城号"陡然掉转航向,堪堪避开鱼雷。见美军仍有余力发射鱼雷,南云下定决心对中途岛展开第二轮轰炸。四艘舰艇上停着为应对尼米兹舰队准备的"后手",此时南云令其卸除鱼雷,改携炸弹以投入对中途岛的第二轮轰炸。"飞龙号""苍龙号"两舰上原本就是俯冲轰炸机,无须改换装备,因此无事可做;"赤城号""加贺号"两舰甲板上则乱作一团:停在飞行甲板上的鱼雷轰炸机一一降回到机库,将鱼雷改换为炸弹。

"赤城号"舰桥上,紧张氛围终于淡去。约上午 7 点 40 分,巡洋舰"利根号"延迟出发的一架侦察机向南云发来消息:

> 发现舰艇 10 艘,显属敌舰无疑;方位 10 度,距离中途岛 240 海里,航路 150 度,航速 20 节,时间 0728。

南云等人原本估计,敌军海面部队两天之内不会抵达;收到消息后,连忙在海图上标出那 10 艘美军舰艇位置——两军相距只有 200 英里! 7 点 47 分,南云给"利根号"的侦察机发去一条简短的信息:

> 确认舰种,保持接触。

既然敌舰出现,那么鱼雷轰炸机改换炸弹一事只得作罢。"利根号"的侦察机还没来得及回复南云的消息,就观察到一批美军飞机。

来者是从中途岛起飞的海军陆战队 16 架俯冲轰炸机。7 点 55 分,指挥官洛夫顿·亨德森(Lofton Henderson)少校命令发起下滑轰炸①;因为飞行员作战经验不足,俯冲轰炸掌握不够纯熟。16 架飞机朝"飞龙号"冲去。

---

① 下滑轰炸(glide-bombing),轰炸机攻击方式之一。与俯冲轰炸相比,对飞行员负担较小,但更容易遭到地面火力攻击。

"零式"迅速展开拦截，击坠 8 架美机，剩余 8 架则顺利投下炸弹。炸弹爆裂，大量烟雾及水柱将"飞龙号"笼罩。烟雾消散后，"赤城号"上众人发现"飞龙号"正常行驶，毫发无损，纷纷长舒一口气。

此时，"利根号"的侦察机终于辨明敌舰舰种：巡洋舰 5 艘，驱逐舰 5 艘。南云等人额手称庆：只要没有航母，即便存在危险也不会太紧急。然而，留给众人庆幸的时间并不多，"飞龙号""苍龙号"上空再次出现敌机，那是 15 架陆上重型轰炸机，从 20000 英尺高空投下沉重的炸弹。炸弹在两艘航母四周激起巨大的水柱，但依然没有造成伤害。

来者是黎明之前从中途岛起飞的 15 架"空中堡垒"，原本准备攻击登陆船团，此时奉命转移目标，轰炸更有价值的航母。15 架飞机一架未损，回程途中报告有 4 枚炸弹命中。

数分钟后，"利根号"的侦察机发回另一条消息：

敌舰队后方发现舰影，疑为航母一艘。

"赤城号"舰桥上，有人对该报告持怀疑态度。如果敌军真有航母，为什么一直没有发动攻击？即便航母确实存在，也不足为惧。中途岛连续派出三拨轰炸机，都未能对舰队造成损伤，证明美军攻击效率极差。正在此时，一艘担任护卫的驱逐舰发出信号称发现敌机，随即开火，却又尴尬地停下。原来，来者不是敌机，而是袭击中途岛归来的轰炸机先头部队。

上午 8 点 30 分，"利根号"的侦察机再次报告称，敌舰队又添两艘舰影，疑为巡洋舰。此时，根据美军舰队规模，南云意识到航母至少存在 1 艘。源田同意南云的判断，并提议立即对敌舰队发起攻击。重新换回鱼雷装备的轰炸机中，许多尚未更换成功，南云颇为犹豫：那些装有 800 公斤炸弹的鱼雷轰炸机，是否应该与"飞龙号""苍龙号"上的 36 架俯冲轰炸机一起出动？

源田指出，当前情况只能使用炸弹；炸弹尽管不如鱼雷，伤害力依然不低。真正令源田担心的是，轰炸机部队缺乏战斗机保护。为拦截自中途岛出发的敌机,预定第二波攻击使用的"零式"此时都已升空。

正当"赤城号"众人讨论之时,下一任联合舰队司令长官有力人选——"飞龙号""苍龙号"两舰司令官山口多闻[①]海军少将发来信息:

> 建议立即派出攻击部队。

南云踌躇片刻,一脸为难地望向源田。源田中佐此刻却有别的担心,焦急地望着成群的轰炸机从中途岛归来,在航母上空盘旋;显然,其中不少燃油已见底,还有数机中弹,冒出阵阵黑烟。连续三次迎战美机消耗极大,战斗机同样燃油不足;而战斗机必须出动,否则针对舰队的轰炸任务便有可能失败。若令战斗机强行护航起飞,此时的燃油顶多能够飞抵美军舰队上空,绝无任何可能平安返航。

众轰炸机、战斗机飞行员大多与源田私交甚笃。深思片刻后,源田对南云说道:"属下认为,全机首先应着舰补油,然后再行攻击。"

南云听从源田的建议,下令各舰腾出甲板,以允许飞机降落。"赤城号"甲板上原本准备起飞的轰炸机一一降回到机库。空间腾出后,中途岛归来的各机纷纷着舰,终于得以喘息。8点55分,飞机尚未全部着舰,南云急切地通过闪光信号发出命令:

> 着舰结束后,部队暂时北上,搜索敌特遣舰队踪迹,加以歼灭。

9点18分,最后一架飞机着舰。南云将航速提至30节,迅速朝东北偏东驶去,远离中途岛。在此期间,四艘航母上的飞机紧锣密鼓地更换装备、补充燃油。准备前往打击美军舰队的共有36架俯冲轰炸机、54架鱼雷轰炸机及护航战斗机,日军感到胜利在望,兴奋不已。

---

① 山口多闻(1892—1942),日本海军将领。文中所述时点任第2航空战队司令官,辖"飞龙号""苍龙号"二航母,编入南云机动部队参加中途岛海战。

———

早在凌晨 6 点 7 分，弗莱彻就曾下令，先确定敌舰位置，再行攻击。起初，斯普鲁恩斯打算把攻击时间定在上午 9 点，即距离目标 100 英里处。然而，当中途岛传来报告称日军发起袭击时，参谋长迈尔斯·勃朗宁（Miles Browning）力劝斯普鲁恩斯迅速行动。勃朗宁此人在哈尔西时代就担任参谋长，脾气火暴却极富洞察力。他敏锐地指出，只要行动迅速，便很有可能抓住日军飞机补油的空隙。

斯普鲁恩斯与哈尔西性格迥异，在海军中素有"智囊"之称。此人生性喜静，勤思好学，常着眼于未来，绝不冒无谓之风险。

作为海军名将的哈尔西，性格与陆军名将乔治·巴顿（George Patton）颇有相似之处，深知大众传媒之价值。斯普鲁恩斯则有些像考特尼·霍奇斯（Courtney Hodges）①，对媒体采访持反感态度，因此公众对其了解甚少。就连在"企业号"服役的官兵，大多也认为斯普鲁恩斯将军有些莫名其妙。将军每天到甲板上花数小时做运动，然后回到司令室，埋头研究挂在墙上的作战海域图。

斯普鲁恩斯认为，中途岛作战行动有其明确的路线：其一，必须阻止日军夺岛；其二，根据预估，日军舰队实力远远超过美军，因此奇袭要素必须保留，且要提防反遭敌军奇袭。总而言之，须尽一切可能迅速打击日军航母。

斯普鲁恩斯首先做出决定，接纳勃朗宁的提议；然后下令：除侦察机之外，全部飞机一起发起攻击。7 点 2 分，俯冲轰炸机 60 架、战斗机 20 架、鱼雷轰炸机 29 架从两艘航母起飞。行动十分凶险，即便侥幸取胜，燃油也很难支撑返航；不过，斯普鲁恩斯抓住的机会，正是南云最为害怕的局面。

第三艘航母，即弗莱彻旗舰"约克城号"上的飞机，直到 8 点 38 分才开始起飞。9 点 6 分，战斗机 6 架、鱼雷轰炸机 17 架离开"约克城号"甲板，朝南云机动部队飞去。

---

① 考特尼·霍奇斯（1887—1966），美国陆军将领，二战期间活跃于欧洲战场。1906 年，此人以二等兵身份入伍，1945 年晋升四星上将，经历颇为后人所称道。

12 分钟后，南云突然远离中途岛，朝东北方向移动。南云此举之目的，单纯是为了避免再次受到中途岛空中打击，没想到歪打正着，也正好避过朝自己扑来的 144 架美军飞机。

数分钟后，从"大黄蜂号"出发的 35 架俯冲轰炸机及 10 架战斗机抵达预定位置。指挥官斯坦霍普・林格(Stanhope Ring)海军中校往右手边看去，只见云层重重，却不知南云舰队就在下方海面。林格判断，日军定是全速朝中途岛奔袭而去，于是掉头朝东南方向飞去，与南云进一步错开距离。

三支鱼雷轰炸机中队出发迟一步，此时朝南云冲去，位置几无偏差。最早抵达南云机动部队上空的是"大黄蜂号"的 15 架鱼雷轰炸机，未有战斗机护航。指挥官约翰・沃尔德隆(John Waldron)海军少校凭借直觉准确判断出日军去向，因此并未跟随林格中校前往中途岛方向。

沃尔德隆是南达科他州(South Dakota)人，脸上浅沟深壑明显，下巴突出。此人有八分之一苏族印第安人(Sioux Indian)血统，部下则个个墨西哥革命军打扮，左肩悬点四 50 径手枪，猎刀挂在臀部。

行动前夜，沃尔德隆给妻子阿德莱德(Adelaide)写信：

> 战斗估计很快就会打响——我恨不得今天就上阵，不过大战前夜总要做各种准备，也正好趁此机会向你报个平安。我个人自然是斗志昂扬；据我观察，中队弟兄们也都士气高涨。你可以放心，我当然也希望不缺胳膊不少腿，平安归来。假如我没回来，那么希望你和女儿们能够了解，中队的目标是实现海军作战最高目标——"击沉敌舰"。
>
> ……你也好，孩子也好，都是我的心肝，我也很想陪在你们身边，但现在不是安享团圆之乐的时候。战斗在这里，我的职责在这里……

接着，沃尔德隆又给部下写信：

> ……在战术局面有利的情况下遭遇敌军，自然再好不过；即便局势

不利，面临最险恶的情况，我也希望中队各成员能够独自奋战，尽全力歼灭敌人。就算只剩下最后一机，也要勇敢冲刺，坚决攻击。上帝与我等同在。祝诸位好运，消灭敌人，平安着陆。

沃尔德隆右手边 8 英里处海面上，日军航母正呈箱式阵形（box-like formation）沿 Z 字形行进，显然是已经发现第 8 鱼雷机中队在上空闪着阳光。

四艘航母的护卫舰船纷纷发射防空炮火，约 30 架"零式"朝未有战斗机护航的鱼雷轰炸机中队飞来。沃尔德隆摇晃着两翼，示意部下跟上，全速冲刺。双方刚一接触，一架飞机坠入海中。

"掉下去的是'零式'吗？"沃尔德隆问身后的无线电员。

坠海的是美军飞机。很快，又有一架鱼雷轰炸机被击坠。"长官，回头去帮忙吧。"另一架飞机上，无线电员罗伯特·亨廷顿（Robert Huntington）向飞行员乔治·盖伊（George Gay）海军少尉建议道。

"不成，咱也有自己的任务。"

紧接着，第三、第四架美军飞机坠海。剩余各机明知毫无生还的希望，依旧勇敢地朝防空火力组成的弹幕冲去。速度远胜美机的"零式"俯冲下来，就如鹰入鸡群一般。

很快，第 8 鱼雷轰炸机中队半数飞机折损。沃尔德隆仍在冲锋，部下英勇地跟在身后。日军护卫舰只弹幕越发浓密，空气中弥漫着刺鼻的黑烟。

突然，盖伊发现长机燃起大火。沃尔德隆站起身来，试图从火焰之中钻出驾驶席，最终未能成功，飞机坠入大海。盖伊转过头，发现另一架鱼雷轰炸机打着转朝海面坠去，那场景让盖伊联想起一幕场景：当时他站在快艇上，朝海面扔橘子皮。此时盖伊只剩下两架友机，一架在左边，另一架正好在其机头下方。而当盖伊俯下机头时，却发现前方已空无一物；朝左一看，同样是一片青空。盖伊这才意识到，第 8 鱼雷轰炸机中队剩下的只有自己，同时又想起沃尔德隆那封信，指示最后一机要"勇敢冲刺，坚决攻击"。

"盖伊长官,我中弹了!"无线电员亨廷顿叫道。

"疼得厉害吗?还能动吗?"盖伊问道,却没有得到回应;转头一看,发现亨廷顿已垂下脑袋。突然,盖伊感到左上臂一阵刺痛,飞行夹克袖子上出现一处弹孔。盖伊把操纵杆交给左手,右手撕开袖子,按压伤口,取出子弹;原本打算把子弹放进口袋当作纪念品,结果口袋被安全带绑紧,无法放入,便将子弹含在嘴里。

盖伊驾机逼近航母,航母朝右舷转舵,盖伊也向右摆动。飞机腹部悬挂着鱼雷,弹头处呈白色;盖伊按下发射按钮,却毫无反应,连忙用双膝压住操纵杆,右手拉下紧急控制杆,鱼雷终于成功射出。

距离航母不到半英里时,盖伊进行空翻,从航母顶端 10 英尺处掠过。飞机爬升并试图回头时,几架"零式"俯冲而下,击中盖伊机方向舵左踏板。鱼雷轰炸机朝航母后方 400 码处的海面坠落。

飞机坠落时,盖伊撕裂引擎罩,跳伞逃生。从海面浮起后,盖伊抓住一个黑色坐垫,盖在头上。两艘日军巡洋舰飞速驶过;接着是一艘驱逐舰,距离极近,盖伊能够看到船上的白衣水兵对自己指指点点。不过驱逐舰最终没有开火,径直离去。

此时,从"企业号"出发的 14 架鱼雷机同样发现了日军航母。指挥官尤金·林赛(Eugene Lindsey)海军少校率队盘旋,打算对"加贺号"侧翼发起攻击。与沃尔德隆一样,林赛也没有战斗机护航,但凭借不逊于沃尔德隆的勇气,林赛所率各机顶住"零式"的俯冲与防空炮火的弹幕,朝日军航母直冲而去。沃尔德隆的袭击没有造成任何威胁,林赛的袭击情况要好一些:几分钟内,包括林赛的飞机在内 10 架飞机不幸坠海,但剩余 4 架突破弹幕,成功发射鱼雷,可惜未能命中。

日军连续遭受两番袭击,正在重整阵形时,从"约克城号"出发的鱼雷轰炸机中队在兰斯·马西(Massey)海军少校的率领下出现。该中队原本有 6 架战斗机护航,但无法应对日军"零式"的拦截。与沃尔德隆、林赛两中队一样,马西中队无畏地朝"飞龙号"冲去。包括马西机在内的 7 架飞机未抵达发射距离便被击坠；另外 5 架飞机成功突破弹幕，发射鱼雷，但最终只有 2 架幸存。

五枚鱼雷朝着目标直冲而去，"飞龙号"拼命躲闪，未有一枚命中。"赤城号"上，南云及各参谋纷纷长舒一口气。美军此番空袭称得上完全失败，41 架鱼雷轰炸机损失 35 架，但美军飞行员展现出的无畏勇气，却让日军感到担忧。

激烈的战斗像是一部动人心弦的戏剧。

———

美军对南云部队的打击可谓孤注一掷：中途岛派出鱼雷轰炸机 10 架、俯冲轰炸机 27 架、"空中堡垒"15 架；"企业号""约克城号""大黄蜂号"三艘航母共派出鱼雷轰炸机 41 架，都未能对日军造成任何伤害。

此时，最后的希望全部寄托在三艘航母的俯冲轰炸机上；倘若最后的攻击不能奏效，那就很可能意味着太平洋舰队的末日。三支俯冲轰炸机队伍中，来自"大黄蜂号"的 35 架在指挥官林格的带领下与敌军错开，无法投入战斗。来自"约克城号"的 17 架在指挥官麦克斯韦·F. 莱斯利（Maxwell F. Leslie）海军少校指挥下朝东南飞去；倘若莱斯利不改变航线，那么就会与林格一样扑空，那时南云航母会在更北的位置。

克拉伦斯·麦克卢斯基（Clarence McClusky）海军少校率领的 37 架俯冲轰炸机从"企业号"航母出发时，比莱斯利早一个多小时。当南云急速北上时，麦克卢斯基与林格一样未能发现目标；然而，在持续行进过程中，麦克卢斯基始终没有发现敌影，最终决定掉头北上。

上午 9 点 55 分，麦克卢斯基发现日军驱逐舰"岚号"（Arashi）在海面上拖出的白色航迹，并准确判断"岚号"的行进目标正是南云的机动部队。飞机掉头转为航迹方向时，无线电突然响起，一个兴奋的声音喊道："快打！快打！"

那是参谋长迈尔斯·勃朗宁海军上校的声音。原来，"企业号"刚刚确定南云航母的位置。

"收到，"麦克卢斯基答道，"一旦发现，立即攻击。"然而，朝东北方向行进 20 分钟后，麦克卢斯基依然没有发现敌舰。燃油即将见底，最多再搜索 1 分钟，就不得不掉头返航。那时是 10 点 20 分。

————

与此同时，"赤城号"全部飞机停在飞行甲板上，正在暖机。另外三艘航母的轰炸机也整齐地排列着。

"准备就绪后，立即出发。"南云下令。"赤城号"航母迎风而行，舰桥上源田等人焦急的情绪舒缓了许多。再过 5 分钟，飞机便会升空，朝敌军航母发起攻击。

第二十五章　局势逆转

1

就在源田下达出发命令之前,莱斯利海军少校发现右边海平线上存在烟雾,马上示意麾下17架"约克城号"上的舰载俯冲轰炸机,转朝西北方向飞去。海面上云层弥漫,却在数分钟后骤然出现一个缺口。莱斯利从约20000英尺高度向下望去,海面上两艘日军航母赫然可见。

其中一艘体形较小,是"苍龙号";另一艘较大。日军战斗机俯冲拦截三拨鱼雷轰炸机攻击,此时高度仍未抬升,因此莱斯利有充足的时间选择目标。沃尔德隆等人并未白白牺牲。莱斯利轻拍头部示意,背着炫目的晨光,率部朝较大目标俯冲而下。那艘航母可能是"加贺号"。

一小时前,莱斯利机不幸将1000磅炸弹意外射出,此时一马当先,以70度角朝目标高速俯冲。飞机瞄准黄色飞行甲板上的旭日标志时,莱斯利能够看到数十架飞机正待起飞。

在10000英尺高度处,莱斯利开始射击。机枪在4000英尺高度时发生故障,莱斯利连忙向上爬升。身后一机驾驶员是绰号"左撇子"的保罗·霍姆伯格(Paul Holmberg)海军上尉,此人持续俯冲,在2500英尺时恰好对准甲板上的旭日标志。霍姆伯格按下发射按钮，随即拉回紧急操纵杆，以确保安全。

此时，麦克卢斯基少校的 37 架俯冲轰炸机从西南方向飞出，此时正是归舰途中，少校突然发现方圆数百英里的海面上，密布着大量航母、战列舰、巡洋舰及驱逐舰。

除自己的轰炸机中队外，麦克卢斯基还指挥着威尔默·厄尔·加拉赫（Wilmer Earl Gallaher）海军上尉与迪克·贝斯特（Dick Best）海军上尉的部队。见两艘航母正迎风行进，准备让飞机起飞，麦克卢斯特命令贝斯特率部对体形较小的"苍龙号"发起攻击，自己与加拉赫则负责另一艘。正当麦克卢斯基两队朝 27000 吨吨位的"赤城号"冲刺之时，贝斯特队的 3 架飞机误认目标，跟着一同俯冲下来。

加拉赫瞄准飞行甲板前部火红的旭日标志。珍珠港事件当日，支离破碎的"亚利桑那号"在海面上燃烧的一幕，让加拉赫下定决心，一定要对日军航母也施展一次俯冲轰炸。此时加拉赫面前既无防空火力，也无敌机拦截，约在 1800 英尺高度处投下炸弹，而后拉起飞机以陡角攀升，同时横转飞行，以观看炸弹是否命中。几个月来，加拉赫始终教导飞行员，此举会让飞机成为防空炮火的活靶子，乃是大忌。然而，刚才那枚炸弹实在十拿九稳，加拉赫无法抵挡投去一瞥的诱惑。片刻之后，"赤城号"飞行甲板后部机群中央发生爆炸。瞬间，一个激动的念头回响在脑海："'亚利桑那号'，我没忘记你！"

———

"加贺号"刚刚收到源田让飞机起飞的命令，舰桥上众人就目击到黑色的轰炸机背着太阳俯冲而下。来者正是莱斯利中队，前几枚炸弹未能命中，之后四枚则接连击中飞行甲板的前、中、后部。转瞬之间，"加贺号"陷入肆虐的大火之中，在劫难逃。

麦克卢斯基与加拉赫两队同样命中数枚炸弹。"赤城号"遭到烈火包围，飞行甲板裂开大洞；船体中部的升降机扭曲起来，像熔化的玻璃；飞机七歪八斜,机尾上翘,喷射着火舌和黑烟。大火在各机之间迅速蔓延;很快,日军鱼雷也纷纷炸开,士兵试图灭火,却在热浪面前无能为力。随意堆放在甲板上的燃料与弹药接触燃起大火,引发爆炸,进而撕裂舰体,甚至连舰桥也在摇晃震动。

短短几分钟,火势侵蚀到机库区域,并朝着舰桥方向猛扑而来。南云的参谋长草鹿龙之介海军少将站出来,恳请南云立即转移至轻型巡洋舰"长良号"。

巨大损失突如其来,南云一时之间无法承受,呆立原地。"长官,"草鹿不断劝谏,"舰队大部仍完好无损,请继续坐镇指挥。"

南云拒绝离开舰桥。"赤城号"舰长青木泰二郎也恳求道:"长官,'赤城号'交给属下即可,请务必把舰旗转移至'长良号',继续指挥舰队作战。"

见南云依然不肯离开,草鹿命数名军官将南云拖走。正在众人连拖带劝之际,舰队副官西林海军少佐前来报告称,下方所有通道都已着火。浓烟之中,南云呛得喘不过气来,告别青木后,在西林的协助下爬出舰桥窗外,顺着绳索降到甲板上。

贝斯特的目标——"苍龙号",同样化作一片火海。上午 10 点 25 分,一枚炸弹贯穿飞行甲板,在机库内爆炸;第二、第三枚击中中部升降机前后,将甲板炸成碎片。火势迅速蔓延至燃油箱和弹药贮藏室。到 10 点 30 分,长 688 英尺的"苍龙号"已是一座火热的地狱。爆炸接连不断,舰体剧烈摇摆,主发动机停止工作;航母眼看无力回天,接着控制系统失灵,消防主管道瘫痪。10 点 45 分,柳本柳作海军大佐目之所及皆是一片火海,高声喊道:"全员弃舰!"

柳本本人却并未离开。海军相扑冠军阿倍上等兵曹(Chief Petty Officer)接受众人推举,舍身前往营救舰长柳本。阿倍穿过黑烟,爬上舰桥,发现柳本手握军刀,目光坚定,注视前方。

"舰长,"阿倍说道,"我受大家所托,前来助您脱险。全员正待您归来。"舰长仿佛并未听见,依然如故。"舰长,请随我一起转移到驱逐舰。"说着,阿倍朝柳本走近,伸出双手。

柳本终于转过身来,脸上坚定的神情让阿倍停下脚步。最终,阿倍眼含泪水,满腹悲痛,折返而去;走向甲板时,身后传来歌声,那是柳本从容地唱着国歌《君之代》。

短短几分钟内,54名美军飞行员将日军3艘航母彻底击毁。太平洋战争就此局势逆转。南云四艘航母此时只剩下"飞龙号"一艘,与美军太平洋舰队作战的重任,就此落在山口将军肩上。山口早年曾在普林斯顿大学读书,个性激进好斗,当场决定下令反击。上午10点45分,小林道雄海军大尉率6架"零式"与18架俯冲轰炸机起飞。飞机以13000英尺高度朝美军航母大致方向飞行,很快便发现一批美军俯冲轰炸机,疑似正在返舰途中。小林示意部下尾随敌机,摸清美军老巢。

———

美军老巢正是弗莱彻的旗舰——元老级航母"约克城号"。珊瑚海战役过后,该舰伤痕累累。

接近正午时分,炸毁"加贺号"的莱斯利轰炸机中队大捷归来,正待着舰。"企业号"雷达显示,西南偏西方位40英里处出现30架左右敌机。莱斯利中队迅速退避,母舰派出一支战斗机巡逻队,对入侵敌机展开拦截。

"长官,敌机正在逼近。"弗莱彻将军的副官提醒道。

将军正在研究海图,听到报告抬起头来:"嗯,钢盔我戴上了,其他也帮不上什么忙。"说罢继续埋首海图。

美军"野猫"突入小林阵形之中,日军只有8架俯冲轰炸机突破重围,冲向躲闪的"约克城号"。其中2架很快被防空炮火击落,剩余6架则投出炸弹。

此前刚刚经过修理的"约克城号"遭到3枚炸弹命中:第一弹击穿飞行甲板,在下层引起大火,不过火势被自动喷水系统与水幕迅速扑灭;随后第二弹在烟囱爆炸,击毁两个锅炉;最后一弹仅仅炸毁一个存放杂物的隔间。

到中午12点20分,6个锅炉中5个熄火,"约克城号"无法正常航行。

好在舰艇损管队（damage control parties）工作效率颇高，13 点 40 分，巨大的航母重新提至 18 节航速。在给飞机补油时，"约克城号"收到警报，新一波敌机正在逼近，距离仅有 40 英里。

12 架"野猫"火速准备迎战，冲入敌机之中。敌机乃是山口少将从"飞龙号"出发的 10 架鱼雷轰炸机及 6 架"零式"。"野猫"与 6 架"零式"奋力缠斗之时，10 架鱼雷轰炸机顺畅无阻地冲向"约克城号"。下午 2 时 32 分，鱼雷轰炸机分作数组，从各个方向攻来。

美军击落 5 架鱼雷轰炸机，但仍有 4 枚鱼雷投落；"约克城号"缓慢地躲过其中两枚，被另外两枚击中。受创的航母方向舵被卡住，电源被切断，船体呈 17 度角倾斜。随着倾斜角度越来越大，舰长埃利奥特·布赫马斯特（Elliott Buchmaster）判断随时可能翻船，在接近 3 点时下令："全员弃舰。"

斯普鲁恩斯将军指挥的两艘航母——"企业号"与"大黄蜂号"依然完好无损。下午 3 点 30 分，斯普鲁恩斯命令俯冲轰炸机展开第二轮轰炸。麦克卢斯基在上午的战斗中手臂负伤，队伍交由加拉赫指挥，24 架俯冲轰炸机便朝"苍龙号"飞去，未有战斗机护航。舰旗此前已被弗莱彻转移至重型巡洋舰"阿斯托里亚号"（Astoria），斯普鲁恩斯向"阿斯托里亚号"报告行动，并问道：

是否还有其他指示？

此时斯普鲁恩斯的两艘航母俱在；弗莱彻已无航母，便决定让部下自由发挥，答复道：

无。因行动制宜即可。

激烈战情首次传到山本手中是在上午 10 点 50 分，其时"主力部队"约在中途岛西北 700 英里处。通信参谋和田雄四郎海军中校默默地将电报递给山本：

  受敌军舰载机及陆基机攻击，"加贺号""苍龙号""赤城号"陷入大火之中。计划以"飞龙号"迎战敌军航母，暂时北撤以集结兵力。

  灾难突如其来，山本感到难以置信，一语不发，只是叹着气，最后终于开口问道："源田还好吗？"

  神情严肃的山本很快控制住情绪，意识到唯一的希望只有集结全部兵力，以硬碰硬击垮太平洋舰队。山本命令近藤中将率部分舰只掩护运输船团，暂时朝西北退避；剩余舰只，以及位于遥远北方阿留申群岛附近的角田第2机动部队，则尽快与南云残部会师。主力部队以战列舰"大和号"（Yamato）、"陆奥号"（Mutsu）及"长门号"（Nagato）为先锋，也全速驶向战场。山本亲率的舰队战力极强，旗舰"大和号"足有63700吨吨位，是当时世界上最强大的战列舰；18.11英寸口径的主炮发动齐射，能够射出13吨炮弹。

  山本此时依然认为，凭借此等火力足以击败美军，夺取中途岛。

  "大和号"上官兵的乐观情绪，丝毫没有出现在南云移乘的新旗舰——"长良号"官兵的脸上。南云和众参谋依然沉浸在战败的沮丧之中，而作战参谋源田中佐则在分析战败原因，并得出一个客观的结论，即此战之中自己犯下两大错误：第一点，清晨时分的侦察行动应该采用二段侦察；第二点，也是更为重要的一点，中途岛飞机归航时，应该不先着舰，立即朝美军航母发起打击。长年以来，源田习惯站在一名飞行员而非指挥官的立场进行思考，害怕自己的命令会将战友逼入绝境。日后成为日本航空自卫队（Air Self-Defense Force）幕僚长的源田从此刻起意识到，战场之上无友谊。

  下午4点30分，距"长良号"不远的"飞龙号"上，对"约克城号"展开第二轮轰炸的飞机全部回归。根据飞行员报告，山口得知两次轰炸分别击中不同目标，因而判断美军两艘航母均告击沉。接近下午5点，山口下令准备下一轮轰炸。依旧处于战斗位置的飞行员暂时休息，食用分发下来的牡丹饼。飞行员进食之时，山口命令一架高速侦察机对敌军"最后一艘"航母展开搜索。侦察机就位是在 5 点 3 分，一名瞭望员大声喊道："是敌机！俯冲轰炸机！"

舰桥上众人朝西南望去，无不感到毛骨悚然：加拉赫上尉率 24 架俯冲轰炸机从落日余晖之中冲出。数架"零式"朝啸叫着的加拉赫部队俯冲而下，击坠 1 架美机，剩余 23 架继续冲向"飞龙号"。加拉赫刚刚瞄准，不料航母朝反方向急速转弯，连忙拉起飞机，尽可能准确地朝躲闪的"飞龙号"射出炸弹，最终未能命中，偏离船尾 50 英尺。不过，加拉赫身后各机攻击时间充裕，很快，四枚炸弹接连击中舰桥附近，火势迅速在甲板上的飞机之间蔓延开来。

"瞧，烧起来啦。"加拉赫对着无线电说道。

如此一来，南云机动部队四艘航母都在大火之中沉没。大量精锐飞行员在此役中殒命，对日军而言更是无法挽回的惨痛代价。

加拉赫本人此时也不轻松。突然拉起飞机时，加拉赫背部受伤，此时在率队飞回"企业号"途中，感到剧烈疼痛，甚至无法伸出手来放下钩子——飞机着舰必须要用钩子挂住飞行甲板上的拦阻索。加拉赫让第二架飞机先行着陆，自己在上空持续盘旋。

加拉赫明白，飞机着舰不可能离开钩子。如果在水上迫降，那自己恐怕很难逃出飞机。最终，加拉赫选择强行放下钩子，在袭来的剧痛之中险些昏迷。钩子挂住拦阻索，飞机猛然停下，疼痛感瞬间剧增；直到滑行至停机位，加拉赫才被轻轻抬出驾驶舱，告别此战中的舞台。

由于"约克城号"无法继续作战，尼米兹把后续攻击指挥权全部交给了斯普鲁恩斯。斯普鲁恩斯知道南云舰队受到重创，但无法确认四艘航母的损坏程度。加拉赫轰炸行动约 1 小时后，12 架"空中堡垒"对燃烧的"飞龙号"同样展开轰炸，但未能命中。傍晚时分，斯普鲁恩斯从那 12 架"空中堡垒"处获得消息称，战场上有不少"零式"在盘旋。那些是失去母舰"飞龙号"

的舰载机，只能奋战到燃油耗光的最后一刻。不过，斯普鲁恩斯必须思考另一种可能性：日军是否存在第五艘航空母舰。

斯普鲁恩斯回想起尼米兹的"风险计算"指示。明知日军善于夜战，是否有理由冒着遭遇精锐日军的风险前去追击？假如自己是日军第五艘航母的舰长，会怎么做？当然不会走之前的老路，大概率会选择向西。

斯普鲁恩斯判断，日军高级将领恐怕正希望展开夜战，于是决定避开，把航速放慢到 15 节左右以节省燃油，返回东部。当然，为防止日军继续进攻中途岛，且为保证自己得到岛上空中支援，斯普鲁恩斯之后还会继续改变航线。

———

夜幕降临，广阔的海面从战场化为燃烧的坟场。幸存者在巡洋舰上关切地望着"苍龙号"急剧倾斜，最后在晚上 7 点 13 分彻底消失于视野之中。柳本大佐与 718 具尸体随着"苍龙号"一起沉入海底。

"苍龙号"以南 40 英里处，另外一艘燃起大火的航母——"加贺号"连续两次爆炸，随后连同 800 名舰员遭到大海吞没。

"苍龙号"沉没的海面还冒着水泡，山本为鼓舞士气，向各部队传令道：

（1）敌舰队事实上已溃败，正在朝东退却。

（2）附近联合舰队正在准备追击敌军残部，同时攻占中途岛。

（3）主力部队将于 5 日凌晨 3 点到达北纬 32 度 8 分，东经 175 度 45 分；航向 90 度，航速 20 节。

（4）机动部队、攻略部队（第 7 战队除外）及潜艇部队立即探寻敌军踪迹，加以攻击。

山本等人还抱有希望，认为完成主要目标，即摧毁太平洋舰队的可能性依然存在。直到晚上 9 点 30 分，内心动摇的南云发来一封电报，给山本和众参谋从头到脚浇下一盆凉水：

敌军共计航母 5 艘、重型巡洋舰 6 艘、驱逐舰 15 艘，正在西行。我部护卫"飞龙号"，以 18 节航速朝西北方向撤退中。

电文内容并不准确。参谋长宇垣缠海军少将读罢，愤愤不平地说道："南云没胆量打夜战。"

时间缓缓流逝，美军显然并未西行，而是选择避开夜战，山本希望落空。到午夜时分，日军引诱斯普鲁恩斯残存航母与之夜战的希望全部落空。

事已至此，山本麾下参谋开始考虑一些孤注一掷的愚蠢策略，先任参谋黑岛龟人海军大佐甚至草拟出一份暂定计划，利用全部战列舰轰击中途岛。

"用海面部队攻击陆上设施，实属愚不可及，你难道不清楚？"面对黑岛无谋的计划，宇垣参谋长答复道，"舰队发起炮击，首先需要足够接近。还没等靠近中途岛，战列舰就会被飞机及潜艇击沉。"宇垣建议下一轮空袭推迟，等到角田第 2 机动部队从阿留申群岛归来再行攻击，"退一步讲，即便最后没能等到，被迫接受此次行动的失败结局，也不等于输掉整个战争。联合舰队仍有 8 艘航母，因此绝不能灰心丧气。战场如棋局，只有愚者才会自暴自弃，鲁莽行动。"

然而，部分军官为保全颜面，不惜付出一切代价。"此次失败，我们该以何面目向陛下谢罪？"其中一人问道。

始终缄口不言的山本下定决心，高声道："责任在我。真正有必要向陛下谢罪的，只有我山本一人。"0 点 15 分，山本命令近藤及南云西行，与主力部队会合。

数小时后，一个日本海军从未遇到的问题摆在山本面前："赤城号"火势失控，不得不将其击沉。舰长青木先提请击沉许可，而后把自己绑在锚上。山本不情愿地批准许可，很快，四艘驱逐舰便将燃烧着的航母击沉。

最后一艘航母——"飞龙号"也即将沉入水中，结束服役生涯。眼见引擎室大火肆虐，普林斯顿大学毕业生——不屈不挠的山口终于放弃希望。6 月 5 日凌晨 2 点 30 分，山口命令全员到甲板集合，郑重地向 800 名幸存者致辞:"身为第 2 航空战队司令官,须为'飞龙号''苍龙号'两舰沉没负起全责。我与本舰共存亡,各位立即弃舰,今后继续为天皇陛下效忠。"

部下纷纷恳求留下一同殉舰,山口不予准许。众人以水代酒,默默交盏,以示告别。山口少将表示自己没有遗言,只把自己的黑色战斗帽留给先任参谋伊藤(Ito)以作纪念,同时从伊藤那里拿来一块长布。众人都明白,那布是把自己捆在舰桥上的道具。

"飞龙号"舰长加来止男海军大佐最后一次请求山口离舰,山口只是笑着摇摇头。不过,当加来在舰桥上依着长官坐定时,山口并未阻止。

————

6 月 5 日黎明之前,另有不幸的事件折磨着山本:重型巡洋舰"最上号""三隈号"发生碰撞。天亮后不久,一架中途岛出发的"卡特琳娜"发现两舰落在大队之后,随即回报;中途岛派出 6 架海军陆战队俯冲轰炸机、6 架"拥护者"(Vindicator)①,循着海面浮油的痕迹找到两艘巡洋舰,于上午 8 点 5 分发起袭击。两舰防空炮火猛烈且精准,未有一枚炸弹命中;不过,理查德·弗莱明(Richard Fleming)上尉成功把燃烧的飞机冲进"三隈号"后部的一座炮塔里。

当天下午,一架"卡特琳娜"救起沃尔德隆鱼雷机中队唯一的幸存者——盖伊海军少尉。军医问盖伊对伤口采取过何种治疗措施,盖伊答道:"泡盐水呗,泡了 10 个小时。"

翌日,即 6 月 6 日,几乎就在太阳升上无云天空的同时,战斗重新打响。"最上号"及三隈号",两艘曾参与击沉"珀斯号"及"休斯敦号"的重型巡洋舰,此时落在队伍后面,被"企业号"出发的侦察机发现。斯普鲁恩斯发动三波轰炸,最终将"三隈号"击沉;"最上号"身中 6 枚炮弹,受创严重,但在舰艇损管队挽救下安全脱离战场,缓慢地朝西行进。

与此同时,日军也在发动攻击。约上午 11 点,田边弥八海军少佐站在

---

① SB2U 俯冲轰炸机,俗称"拥护者",二战期间主要为美国海军所使用。

"伊-168 号"潜艇舰桥上监视海面。突然，海面上出现一个黑点，田边决定浮上海面进行调查。小点逐渐变大，在距离 6 公里时，田边感到一阵激动：是"约克城号"！上级曾有指示，称"约克城号"舰体向左舷倾斜，正在漂流，一旦发现，立即击毁。"伊-168 号"潜艇艇首鱼雷舱受损，一直有氯气渗出，但田边决定不顾潜艇状态，毅然发起攻击，便操纵潜艇下潜，接近"约克城号"。

透过潜望镜，田边看到七艘驱逐舰在航母周围快速航行。潜艇快速下潜，从航母下方经过，转头再看去时，声呐虽杂音众多，但周围并无驱逐舰，只有巨大的史前怪物一般的"约克城号"，赫然耸立在水面上。田边缓缓操纵潜艇移动至鱼雷发射点。

下午 1 点 30 分，田边准备就绪，从 57 英尺深度小心翼翼地接近航母。距目标 1300 码时，潜艇发射两枚鱼雷；3 秒钟后，又接连发射两枚。鱼雷射出后，田边毫不停留，迅速下潜至 100 英尺深度。突然，潜艇全体艇员都感觉到三次巨大的震动，纷纷高呼"万岁"。三枚鱼雷命中，足以令众人欣喜若狂。

"闭嘴！"田边吼道。在潜艇里，再细小的声音都是对耳朵的折磨。一名水兵给田边端来苹果酒。

三枚鱼雷中，一枚击中驱逐舰"哈曼号"（Hammann）；舰体被炸成两半，不到 4 分钟便沉入海中。"约克城号"遭到两枚鱼雷击中，却迟迟未沉没。一连数小时，部分舰员无望地困在浸水的舱室之中。一名其他舰艇上的军官好不容易通过电话联系到其中一个舱室，问道："你们现在是什么状态，能弄清楚吗？"

海里的声音回答道："怎么弄不清，我们在水底下玩双六①，正玩得火热呢。就拜托一件事：击沉的时候，拿鱼雷瞄准这个舱室，给咱弟兄来个痛快的。"

没等击沉，"约克城号"就朝着左舷方向翻转过去。次日日出之后，"约

---

① 双六（acey-deucey），一种棋盘游戏。传统双六（backgammon）的一种变体，在 20 世纪美国海军中颇为流行。

克城号"渐渐沉入海中,只剩旗帜在海面飞舞。当巨大的航母彻底沉没时,附近巡洋舰上官兵纷纷排成一列,脱帽敬礼。

——

从田边发射鱼雷开始,已经过 1 个小时。山本依然在拼命挽回败局。下午 3 点,山本对全体部队下令:

> 本地区联合舰队作战部队听令:现将于威克岛航空部队攻击范围内追踪并歼灭敌特遣舰队。

然而,此举未收到任何成效。作为尼米兹精心挑选出来接替哈尔西的将军,足智多谋的斯普鲁恩斯绝不会被诱敌之计迷惑,进行没有胜算的战斗。次日,即 6 月 7 日上午,山本意识到诱敌无望,消沉地率舰队朝日本返航而去。

有史以来最为宏大的海战就此拉下帷幕。日军的失误、密码的破译、美军出色的指挥决策,加上沃尔德隆、盖伊、莱斯利、麦克卢斯基及加拉赫等人的英勇奋战,各方面要素巧妙结合在一起,使胜利的天平倾斜于美军一方。

日本海军遭到意料之外的失败,美国一举夺取太平洋控制权。6 月 6 日,尼米兹通过公报发表声明;就声明之内容,有人批评言之尚早,不过总体而言并无谬误:

> 珍珠港是一笔血债,我们已部分讨回。当然,只有彻底击垮日军海上作战力量,复仇才算真正结束;不过,在该方向上,我们已取得实质性进展。即便我在此宣布,复仇之路已走到"中途",那也并不为过。

2

珊瑚海战役中,日军进攻莫尔兹比港,为美军所击退;此次中途岛战役,美军再次获胜,澳大利亚民众首次获得真正意义上的安全感。

在太平洋地区,美军撤退、防守的时代就此结束。自珍珠港事件以来,盟军首次处于攻势。

麦克阿瑟坚称局势已逆转,力主在拉包尔展开全面突袭。此时的麦克阿瑟麾下有 3 个师:2 个美军生力军——第 32 师、第 41 师,以及久经沙场的澳军第 7 师。将军迫不及待要踏上菲律宾战场的归途。

———

在菲律宾,许多人在为麦克阿瑟的归来做着准备。不论军方、民间,大量美菲高层人物自发组织游击队,也有一部分人在组织筹划复杂的间谍网。

距克拉克基地不远,三描礼士山高处,一对来自民间的美国双胞胎威廉·法索斯(William Fassoth)、马丁·法索斯(Martin Fassoth)为"死亡行军"的逃亡者精心打造出一座营地。包括雷·亨特中士、弗兰克·贝纳基中士、拉塞尔·沃尔克曼(Russell Volckmann)少校、唐纳德·布莱克伯恩(Donald Blackburn)上尉在内的 200 多名美军官兵来到此地,调养那被饥饿与疾病折磨的身体。

法索斯兄弟从 1913 年起就经营甘蔗农场,打造营地只有一个目的,那就是帮助那些为病痛所折磨的官兵恢复健康。但对大多数美军官兵而言,等待麦克阿瑟归来的日子里,仅仅躲在山上则不够尽兴。亨特、沃尔克曼、布莱克伯恩等人已制订好计划,要组建队伍,盗取日军武器,为自己而战。

吕宋岛北部,碧瑶附近的山区里,有两支队伍已经运作数月。一支由菲军中校吉列尔莫·Z. 纳卡(Guillermo Z. Nakar)指挥;另一支最初由约翰·霍兰上校建立,现由矿工出身的沃尔特·库欣统率。在库欣领导下,游击队袭击迅如闪电,神出鬼没,令敌人生畏;库欣本人则成为吕宋岛上日军头号悬赏目标。

远在南部的宿务岛上,库欣的兄弟吉姆(Jim)也在打造属于自己的传奇。吉姆同样是矿工出身,曾做过拳击手,在米沙鄢群岛各游击队领袖中最为勇猛,最有才干。附近班乃岛上,切诺斯将军原作战参谋小马卡里奥·佩拉尔塔（Macario Peralta,Jr.）也组织起一支井然有序的队伍。更往南的棉兰老岛上，数百名菲律宾人及美国人正着手组织一支强大的游击队，此后不久会由凯西将军麾下的一名工兵军官——温德尔·菲蒂格（Wendell Fertig）上校指挥。而在各游击队当中，作战成果最为突出的乃是一支由凶猛的摩洛人组成的队伍，其指挥官是一名律师出身的摩洛人少校，名叫萨利帕拉·彭达通（Salipala Pendatun）。

本间将军组织的政府稳定度不高，平民也在致力于将其推翻。关押在奥唐纳战俘营的美菲战俘遭受饥饿与疾病折磨，每天有 370 人丧生。菲律宾红十字会医疗主任罗密欧·阿蒂恩扎（Romeo Atienza）博士冒着生命危险，每日给战俘偷偷传递药品、食物及外界消息。倘若没有阿蒂恩扎夫妇及其支持者，惨死的战俘只会更多。

阿蒂恩扎所获得的支持主要来自一个团体。该团体由一位名叫约翰·乌丁斯基夫人（Mrs. John Utinsky）的坚强女性所建立，夫人本人是一名战俘的妻子，组织内聚集着形形色色的人士，使用化名行动，如"U 小姐"（乌丁斯基夫人）、"A 博士"（阿蒂恩扎）、"牵牛花"（劳勒尔神父）、"大高个儿"（克莱尔·菲利普斯夫人）、"范妮"（范妮·格林威尔）、"开朗"（拉蒙·阿穆萨泰吉）。对那些认为自己遭到遗忘与抛弃的战俘而言，该组织带来的是生命与希望。

菲律宾群岛远未被征服。在各个岛屿上，不论男女老少，都在密谋推翻日本管治。人们在行动，也在等待，等待着麦克阿瑟守约归来。

3

在日本，中途岛海战的真相被大本营隐瞒，上至政府高官，下至普通百姓，无人知晓。军方将沉船的幸存者隔离，把战役当作帝国大捷高调宣扬，大肆庆贺。6 月 11 日，《朝日新闻》刊登大本营声明：

《经中途岛一役，太平洋战场大局已定》

经此一役，美军航母几近全灭，太平洋海域控制权终入我军之手。两军航母对决，战局白热之际，皇军男儿舍身奋战，以我之肉，取彼之骨，克敌制胜……

此役虽苦，却为我国一扫后顾之忧，太平洋战场局势亦就此确立。

为庆祝大捷，东京市民满腔热情，展开举旗提灯游行。

有一个日本人并未参加庆祝，此人便是酒卷和男海军少尉——珍珠港发起潜艇袭击的日军唯一生还者。酒卷此时被关押在田纳西州一座战俘营里。（其小型潜艇则被带到美国各地巡回展示，以刺激战争债券。）从海军兵学校入学那天起，酒卷无时无刻不在磨炼身心，只选择与天皇的狂热崇拜者同气相求。

然而，数个月的战俘生活中，不知不觉之间，酒卷逐渐对美国人产生出欣赏与尊敬的心情。意识到自己的转变，就好像有一把锤头，敲击着自己过去的心脏。出生长大的国家——日本的全部历史与文化，在酒卷的心中突然崩塌。他意识到，那是理性的种子在心中重新萌芽。

酒卷在美国报纸上读到中途岛情况，确信报道属实。此前不久，酒卷从威斯康星州（Wisconsin）麦考伊战俘营（Camp McCoy）沿密西西比河南下时，沿途目睹无数工厂，方才明白：美国的战斗还只是刚刚开始，中途岛则是日本征服之梦破灭的开端。

酒卷的想法无误。对美国而言，中途岛海战的意义并不仅仅是一场胜利。日本如同一个拳击手，拼尽全力挥出一拳，却没有击中；此时门户大开，不堪一击。而"民主兵工厂"则已全面投入生产：不用过多久，盟军飞行员便不会再乘坐旧式飞机与"零式"作战，步兵也不会再举着可乐瓶、手榴弹与步枪去阻拦日军坦克。

太平洋战争最初的6个月里，盟军训练不足、装备粗劣，陆海两军时常指挥不当。士兵尚未了解敌人的本性，就被派上战场，被迫在弹药不足、燃油受限、食粮匮乏的情况下作战，只能一而再、再而三地失败撤退、屈辱投降。那并不是官兵的过错。部队确实很少拿出战果，但其表现足以无愧于心。

至于官兵之上的军方高层，早已备受批评家指责；然而，那指责同样属于过分。6个月以来的连战连败，不应归咎于金梅尔、肖特、麦克阿瑟、白思华、韦维尔或赫尔弗里希，更不应把责任推脱给政治领袖罗斯福与丘吉尔；早在战争来临之前，两人就在呼吁增强战备。

中途岛海战之后，太平洋战场危机得以解除，但那并不意味着此后的战斗通通一帆风顺。盟军依然需要付出惨痛的代价，通过一系列歼灭战，把在纵深阵地负隅顽抗的日军一一消灭。在尼米兹与麦克阿瑟共同指挥下，日本帝国侵占领土的范围日渐缩小，开战以来打下的岛屿——瓜达尔卡纳尔岛、新乔治亚群岛（New Georgia）、布干维尔岛（Bougainville）、新不列颠岛、新几内亚岛、菲律宾群岛、天宁岛、塞班岛、硫黄岛逐个丧失。

最终，1945年，美国成功制造出了原子弹。

———

酒卷得知原子弹在广岛、长崎爆炸的消息，痛苦万分，悔恨不已。"我们战斗过，最后失败了。"酒卷告诉自己，"不能怪别人，不能乱抱怨，一切都是自己的错误。今后，我们只能默默地用双手重建国家，那是补偿错误的唯一途径。"

对于过去，我们不可忘却，无从原谅——唯有认清其本质。